国防科技图书出版基金

舰船结构毁伤力学

DAMAGE MECHANICS OF WARSHIP
STRUCTURE SUBJECTED TO EXPLOSION

朱　锡　张振华　梅志远　侯海量　著

国防工业出版社

·北京·

图书在版编目(CIP)数据

舰船结构毁伤力学/朱锡等著. —北京:国防工业出版社,
2013.9
ISBN 978-7-118-08713-0

I. ①舰… Ⅱ. ①朱… Ⅲ. ①军用船—船体结构—损伤
(力学)—研究 Ⅳ. ①U674.7

中国版本图书馆 CIP 数据核字(2013)第 203442 号

※

国防工业出版社出版发行

(北京市海淀区紫竹院南路23号 邮政编码100048)
北京嘉恒彩色印刷责任有限公司
新华书店经售

*

开本 710×1000 1/16 印张 21¼ 字数 389 千字
2013 年 9 月第 1 版第 1 次印刷 印数 1—3000 册 定价 86.00 元

(本书如有印装错误,我社负责调换)

国防书店:(010)88540777 发行邮购:(010)88540776
发行传真:(010)88540755 发行业务:(010)88540717

致　读　者

本书由国防科技图书出版基金资助出版。

国防科技图书出版工作是国防科技事业的一个重要方面。优秀的国防科技图书既是国防科技成果的一部分,又是国防科技水平的重要标志。为了促进国防科技和武器装备建设事业的发展,加强社会主义物质文明和精神文明建设,培养优秀科技人才,确保国防科技优秀图书的出版,原国防科工委于1988年初决定每年拨出专款,设立国防科技图书出版基金,成立评审委员会,扶持、审定出版国防科技优秀图书。

国防科技图书出版基金资助的对象是:

1. 在国防科学技术领域中,学术水平高,内容有创见,在学科上居领先地位的基础科学理论图书;在工程技术理论方面有突破的应用科学专著。

2. 学术思想新颖,内容具体、实用,对国防科技和武器装备发展具有较大推动作用的专著;密切结合国防现代化和武器装备现代化需要的高新技术内容的专著。

3. 有重要发展前景和有重大开拓使用价值,密切结合国防现代化和武器装备现代化需要的新工艺、新材料内容的专著。

4. 填补目前我国科技领域空白并具有军事应用前景的薄弱学科和边缘学科的科技图书。

国防科技图书出版基金评审委员会在总装备部的领导下开展工作,负责掌握出版基金的使用方向,评审受理的图书选题,决定资助的图书选题和资助金额,以及决定中断或取消资助等。经评审给予资助的图书,由总装备部国防工业出版社列选出版。

国防科技事业已经取得了举世瞩目的成就。国防科技图书承担着记载和弘扬这些成就,积累和传播科技知识的使命。在改革开放的新形势下,原国防科工委率先设立出版基金,扶持出版科技图书,这是一项具有深远意义的创举。此举势必促使国防科技图书的出版随着国防科技事业的发展更加兴旺。

设立出版基金是一件新生事物,是对出版工作的一项改革。因而,评审工作需要不断地摸索、认真地总结和及时地改进,这样,才能使有限的基金发挥出巨大的效能。评审工作更需要国防科技和武器装备建设战线广大科技工作者、专家、教授,以及社会各界朋友的热情支持。

让我们携起手来,为祖国昌盛、科技腾飞、出版繁荣而共同奋斗!

国防科技图书出版基金
评审委员会

前　言

目前,舰船船体结构强度设计主要是考虑自然环境载荷作用下的坚固性和可靠性问题,如静水中舰体强度计算校核、波浪中舰体强度计算校核、波浪冲击力作用下首部局部强度计算校核、潜艇深水压力下耐压壳体强度和稳定性计算校核等,而对战争环境载荷,在规范设计中考虑较少。

舰船的主要功能是作战,因此舰船在遭受对舰攻击武器命中后可能造成舰体的毁伤程度,应该在舰船设计中就给出较为准确的评估和计算,这对于提高舰船的抗毁伤能力和生命力优化设计极为重要。舰船结构毁伤力学就是研究在战争环境载荷(即毁伤载荷)作用下舰船船体结构抗爆与防护设计方法和毁伤程度评价方法的一门科学,它是涉及舰船结构力学、结构动力学、塑性动力学、爆炸力学和舰船强度等多个学科的一门交叉科学。舰船结构毁伤力学的发展与完善,不仅可以对舰船在战争环境下的抗毁伤能力和生命力进行评估,而且将使战争环境载荷成为舰船强度的设计载荷,从而在舰船设计阶段就能进行舰体结构抗爆与防护设计,定量给出舰船在战争条件下的生存能力。

本书著入了作者团队成员20多年对舰船船体结构抗爆抗冲击与装甲防护的研究成果,并部分结合国内外最新研究成果,主要阐述了舰体结构在武器命中后可能受到爆炸与冲击载荷的表征与计算方法、舰体结构在该载荷作用下的动力响应或毁伤破损程度计算方法,以及舰体结构毁伤程度的表征和评价方法等问题。期望本书能对我国舰艇抗爆抗冲击与装甲防护研究以及舰船船体结构生命力优化设计的提高有所贡献。

本书章节设计和内容编排由朱锡教授完成,第1章至第3章及第6章由朱锡教授撰写;第4章、第5章和第7章由张振华副教授撰写;第8章由梅志远副教授撰写;第9章由梅志远副教授、侯海量高工与张振华副教授撰写。参与本书相关编写工作的团队成员还有:黄骏德教授、冯文山教授、徐顺棋高工和刘润泉高工,以及博士生和硕士生刘燕红、袁建红、白雪飞、方斌、陈昕、李海涛、黄晓明、牟金磊、王晓强、李伟、谷美邦、王恒、陈长海等同志。本书由武汉理工大学吴卫国教授和华中科技大学程远胜教授主审,吴有生院士对全书进行了审查,并提出了许多宝贵意见。朱红英同志承担了部分打字和绘图工作。对此一并表示诚挚的感谢。

鉴于作者水平,书中难免存在错误与不当之处,敬请读者指正。

目　录

Contents

第1章 绪 论

1.1 舰船结构毁伤力学的基本内涵

舰船的主要功能是作战,因此舰船在遭受对舰攻击武器命中后可能造成舰体的毁伤程度,应该在舰船设计中就能给出较为准确的估计,这对于提高舰船的抗毁伤能力和生命力优化设计极为重要。舰船结构毁伤力学就是要研究舰体结构在武器命中后可能受到的爆炸冲击载荷、舰体结构在该载荷作用下的动力响应或破损程度计算方法,以及舰体结构毁伤程度的评价方法和标准等问题。

舰船结构毁伤力学是研究在战争环境毁伤载荷(即战争环境武器爆炸毁伤作用载荷,简称战争环境毁伤载荷)作用下舰体结构毁伤响应计算方法及其抗爆抗冲击防护设计方法和毁伤程度评价方法的一门科学,它是涉及舰船结构力学、结构动力学、塑性动力学、爆炸力学和舰船强度等多个学科的一门交叉学科。舰船结构毁伤力学的发展与完善,不仅可以对舰船在战争环境下的抗毁伤能力和生命力进行评估,而且可将战争环境毁伤载荷作为舰船船体结构抗毁伤强度的设计载荷,在舰船设计阶段就能进行船体结构抗爆抗冲击防护设计,并定量给出舰船在战争条件下的生存能力。目前,舰船船体结构强度设计主要是考虑自然环境载荷作用下的坚固性和可靠性问题,如静水中舰体强度计算校核、波浪中舰体强度计算校核、波浪冲击力作用下首部局部强度计算校核、潜艇深水压力下耐压壳体强度和稳定性计算校核等,而对战争环境毁伤载荷,在规范设计中考虑较少,目前已经有所考虑的是:上层建筑在一定核爆炸冲击波压力作用下的强度设计以及潜艇耐压壳体对一定药量水下爆炸的安全半径评估。

舰船船体结构强度设计主要考虑自然环境载荷的作用,并不是说舰船船体强度不需要考虑战争环境载荷,而是到现在为止,战争环境毁伤载荷自身的定量计算与设计载荷的确定、战争环境载荷对舰体结构作用的响应计算方法、舰体结构毁伤程度的评价方法和标准等问题仍有待进一步研究。

1.2 舰船结构毁伤力学的主要研究内容

根据舰船结构毁伤力学的基本内涵,可将其主要研究内容分为三大类,即战争环境毁伤载荷研究,舰体结构毁伤响应计算方法和抗爆抗冲击防护设计方法研究,以及舰体结构抗毁伤能力评价方法和评价衡准研究。

1.2.1　战争环境毁伤载荷研究

战争环境毁伤载荷根据对舰攻击武器的作用方式可分为空中爆炸冲击波载荷、穿甲弹(半穿甲弹)和爆炸破片(射流)等的动能穿甲冲击载荷、水中爆炸冲击波载荷以及水中爆炸气泡作用载荷等四大类,每一类载荷又可以根据是引起舰体局部毁伤,或是引起舰体总体毁伤,是使舰体结构产生塑性变形,或是使舰体结构产生破口和裂纹扩展等毁伤形式再进行细分。例如,水中爆炸冲击波载荷可分为接触爆炸冲击波载荷和非接触爆炸冲击波载荷等,水中爆炸气泡作用载荷可分为水中爆炸气泡周期脉动冲击压力载荷、气泡失稳破裂产生的水射流冲击载荷以及近场气泡负压区作用产生的舰体中垂弯矩等。另外,由于对舰攻击武器的种类和规格繁多,因而造成战争环境毁伤载荷的大小具有不确定性和随机性。

综上所述,毁伤载荷研究的主要内容应包括:战争环境载荷的主要作用形式、载荷大小的计算方法以及舰体结构抗爆抗冲击设计计算所采用的标准设计载荷的确定方法等。该研究内容所需的基础知识主要是爆炸力学、穿甲力学和舰艇强度等。

1.2.2　舰体结构毁伤响应计算方法和抗毁伤防护设计方法研究

舰体结构毁伤响应计算方法和抗爆抗冲击防护设计方法研究的主要内容有:①舰体局部结构在爆炸冲击载荷作用下的塑性动力响应和毁伤破损响应计算方法研究;②舰体局部结构在接触爆炸作用下的破口计算方法研究;③舰体局部结构在高速弹丸或破片作用下的侵彻动力学响应计算方法研究;④舰体整体结构(船体梁)在爆炸冲击波载荷、水中爆炸气泡脉动载荷以及水中爆炸气泡负压场等载荷作用下的整体弯曲动响应计算方法研究;⑤舰体破损后的剩余强度计算方法研究;⑥舰体结构抗毁伤防护设计方法研究等。

舰体结构毁伤响应计算方法研究的主要目的是在给定爆炸冲击载荷的条件下,通过结构简化、力学建模和动力学分析,给出舰体结构的响应和破损过程,或仅给出舰体结构最终响应和破损状态。由于舰体结构在爆炸冲击载荷作用下的响应和破损过程十分复杂,它要涉及结构各向异性、材料非线性、大变形几何非线性、连续介质力学和断裂力学,以及惯性效应和瞬态效应等很多因素,是一个高度非线性瞬态复杂结构动力学问题,要想通过动力学基本方程求解该问题是极其困难的,因此如何进行简化求解或仅给出问题最终状态的经验或半经验计算方法和公式是舰体结构毁伤响应计算方法研究的主要途径。该研究内容所需的基础知识主要是船舶结构力学、塑性力学、塑性动力学、断裂力学和穿甲力学等。舰体结构抗毁伤防护设计方法研究的主要目的是在给定防御目标和作用载荷的条件下,确定结构防护的区域、防护结构的形式以及计算防护结构的防护

2

能力。

1.2.3　舰体结构抗毁伤能力评价方法和评价衡准研究

舰体结构遭武器攻击后所具有的控制毁伤程度的能力是否能达到舰体结构设计的预期要求,或是说舰体结构在武器攻击下的抗毁伤能力是否满足舰船生命力的指标要求,仅进行上述的载荷研究和响应计算是不够的,必须根据舰船生命力要求进行舰体结构抗毁伤能力评价方法和评价衡准研究。

一般来说,舰体结构抗毁伤能力是舰体固有的抵抗战争环境毁伤载荷,并将毁伤限制在一定允许程度和范围内的能力,因此舰体结构抗毁伤能力的大小是相对于标准战争环境载荷(设计载荷)来说的,并与载荷的作用部位、形式和强度有关。舰体结构抗毁伤能力的评价方法可以根据毁伤载荷作用形式的不同进行分解和划分。

(1) 舰体局部结构抗水中(空中)非接触爆炸冲击波毁伤能力。该抗毁伤能力的评价方法可采用允许变形法或允许应变法,也可称为临界变形或临界应变,即在设计爆炸冲击波载荷作用下,舰体局部板架结构的最大变形(挠度)应限制在一定范围内,一般应保证局部板架结构不会产生撕裂破坏。由于变形与应变具有对应关系,因此允许变形法和允许应变法是等价的,可以相互转换。

(2) 舰体局部结构抗水中(空中)接触爆炸毁伤能力。该抗毁伤能力的评价方法可采用允许破口法和破损剩余强度法。一般在接触爆炸载荷作用下,薄壁的舰体结构通常都会产生爆炸破口,因此,在接触爆炸载荷作用下,首先要求的是舰体结构爆炸破口的最大直径(破口撕裂最远两点间距离)应限制在一定范围内,这与舰船大小和所承受的药量有关,一般情况下,最大破口直径应限制在 1~2 个舱段之间;其次舰体结构产生爆炸破口后,应保证其在自然环境载荷作用下不会产生舰体整体断裂破坏,因此要保证破损舰体结构具有抵抗常见风浪载荷而不产生断裂破坏的能力,即具有一定的破损剩余强度。

(3) 舰体整体结构抗爆炸冲击毁伤能力。在大药量非接触水中爆炸冲击波作用下可能使舰体整体结构产生总纵弯曲破坏;在水中爆炸气泡脉动压力作用下,一旦气泡脉动周期与舰体船体梁固有频率一致或接近时,舰体总体将产生鞭状运动,并可能产生较大的冲击振动弯矩而折断;另外,舰船底部近距水中爆炸气泡产生的负压场可能造成舰船中部浮力损失而产生中垂弯曲折断。因此在上述爆炸冲击载荷作用下舰体结构可能产生整体毁伤,其抗毁伤能力的评价方法可采用极限弯矩法。

(4) 舰体局部结构抗弹丸(破片)侵彻毁伤能力。舰体结构遭武器攻击可能产生弹丸或破片侵彻穿甲而造成舰体结构(包括装甲防护结构)毁伤的情况较多,如预制破片战斗部爆炸产生的高速破片、带壳战斗部爆炸产生的高速破片

3

和接触爆炸作用下舰体结构破裂产生的高速破片对舰体结构的侵彻破坏作用，以及穿甲和半穿甲战斗部对舰体的直接侵彻破坏作用等。提高舰体结构抗弹丸（破片）侵彻毁伤能力的主要目的是防止由于该侵彻穿甲作用而可能对舰船重要部位和舱室造成无法承受的毁伤，从而对舰船战斗力造成无法承受的破坏，例如：穿甲或半穿甲导弹战斗部穿入舰体内部爆炸而对舰体及内部人员和设备造成比舷外爆炸大得多的毁伤破坏；在临近舱室爆炸产生的高速破片穿过弹库舱壁进入弹药库而引起弹药库二次爆炸对舰体造成毁灭性的破坏；或者高速破片进入作战指挥室、动力集控室等中枢部位而引起该重要部位人员伤亡和设备损坏，造成舰船战斗力的严重损失等。舰体结构抗侵彻毁伤能力的评价方法可采用背板极限速度法，即对于设计的防御对象（战斗部或破片），舰体结构（单层或多层）能够抵御该防御对象而不被穿透（防弹层背板可开裂，但战斗部或破片没有穿过）的最高速度。

总结舰体结构抗毁伤能力的评价方法主要有：允许变形法或允许应变法、允许破口法、破损剩余强度法、极限弯矩法和背板极限速度法等。每一种评价方法仅适用于特定形式的毁伤载荷，这就要求从不同的方面去评价舰体结构的抗毁伤能力。当抗毁伤能力评价方法体系建立以后，必须研究舰体结构抗毁伤能力的评价衡准，以便对舰体结构抗毁伤能力的优劣作出定量的评价。

舰体结构抗毁伤能力的评价衡准与评价方法是对应的，也就是说舰体结构抗毁伤能力评价衡准可根据毁伤载荷形式的不同分为大变形衡准、破口衡准、破损剩余强度衡准、极限弯矩衡准和背板极限速度衡准等。舰体结构抗毁伤能力评价衡准的制定必须与毁伤载荷大小和形式、毁伤载荷计算方法以及毁伤响应计算方法相联系，其中标准设计毁伤载荷与毁伤评价衡准应该具有一一对应关系。

因此，舰船结构毁伤力学是一门系统研究舰船结构毁伤载荷、毁伤响应和毁伤评价的科学。

1.3 舰船结构毁伤力学的主要研究方法

舰船结构毁伤力学是一门多学科的交叉学科，同时涉及瞬态冲击、塑性大变形造成的几何非线性和物理非线性、结构和材料破坏以及舰船结构错综复杂构造物的响应计算方法等复杂问题，因此其研究方法将更加突出实验研究和实验总结，通过实验来了解毁伤过程和毁伤机理，从而指导并建立毁伤理论模型和计算方法。另外数值计算研究是不可缺少的研究手段，由于实验的经费要求较高，进行系列的数值仿真计算研究不仅能有效解决经费不足的问题，而且大大降低了研究难度，对于建立理论模型和理论计算方法同样具有直接指导作用。

1.3.1 理论研究方法

舰船结构毁伤力学作为一门科学,必须建立自己的一套科学理论体系,因此理论研究是舰船结构毁伤力学研究的重点和最终目标,实验研究和数值计算分析为理论研究提供规律性认识,同时又验证理论研究结果的正确性和可靠性。

1. 能量法

由于舰船结构毁伤力学的研究对象和问题的复杂性,其理论研究方法目前采用较多、也较为有效的是能量法,即根据系统最小能量原理,通过假设位移函数的方法分析系统的各种能量,建立系统总位能,最终对总位能变分,由极值原理确定问题的有关待定参数。该方法一般用于研究毁伤问题的最终状态,如果在位移函数中引入时间参数,并借助于动量守恒等其他条件,也可以用来研究毁伤过程中任一时刻的响应参数,但该问题的研究非常复杂。能量法在舰船结构毁伤力学中通常可用来进行以下研究工作:非接触爆炸冲击波作用下舰体梁、板、板架结构的塑性动力响应研究,接触爆炸作用下舰体板、板架结构的破口及花瓣撕裂动力响应研究,接触爆炸作用下舰体多层结构(如防雷舱)的毁伤研究,高速弹丸或破片对舰体结构(装甲防护结构)的侵彻动力学研究等。用能量法进行舰船结构毁伤力学的毁伤响应研究,通常要依赖于实验来确定毁伤破坏模式,只有假设变形和破坏模式,才能建立数学模型和能量方程。

2. 解析法

由动力学基本方程出发,通过初始条件和边界条件来求解动力学问题的解析法,在舰船结构毁伤力学的理论研究中也可采用。由于该方法仅适用于梁、板等简单结构,因此必须对舰体结构进行简化处理,如质量等效和刚度等效处理等。解析法求解舰船结构毁伤力学问题一般多研究非接触爆炸冲击波作用下的弹塑性动力响应问题。

3. 经验公式法

舰船结构毁伤力学理论研究的另一重要方法是经验公式法,该方法是以爆炸力学的量纲分析和实验测试结果统计分析为基础的,其研究对象一般是具有特定限制条件的各种毁伤力学现象,其研究目的是给出各种毁伤力学现象与毁伤载荷、目标特性参数(如材料参数、几何参数等)之间的规律描述和经验计算公式。该理论研究方法仅能给出各种毁伤力学现象的最终状态和结果,无法给出毁伤中间过程。一般在毁伤载荷作用下的舰体结构残余变形(挠度)、破口大小以及弹丸或破片侵彻深度、破片侵彻舰体结构和装甲结构以后的剩余速度等的毁伤响应问题均可采用经验公式法进行理论研究。另外爆炸与冲击毁伤载荷的研究也经常采用经验公式法,如空中爆炸和水中爆炸的冲击波峰值压力、冲量、冲击波正压作用时间随传播距离的变化规律,水中爆炸气泡膨胀周期和半径的计算公式,带壳弹爆炸破片初速计算公式等。

舰船结构毁伤力学中有关舰体结构毁伤程度评价方法和评价衡准的理论研究，一般也采用经验总结的方法。根据现有对舰攻击武器性能及其对舰体结构的毁伤威力，分为不同类别，分别进行标准毁伤载荷、毁伤评价方法和毁伤评价衡准的体系研究。

1.3.2 实验研究方法

建立舰船结构毁伤力学的科学理论体系，必须依靠实验研究。实验研究一方面可用来发现舰体结构毁伤过程的机理和模式，实测舰体结构毁伤参数的阈值等，为舰船结构毁伤力学的理论研究提供支撑；另一方面可用来检验或验证舰船结构毁伤力学理论计算方法的正确性。实验研究方法从不同角度，可以有很多不同的分类方法，如：从实验对象的真实性可分为模型实验研究和实船实验研究；从实验的物理现象和加载方法可分为水中爆炸实验研究、空中爆炸实验研究和动能穿甲实验研究等；从实验的研究手段可分为毁伤后效实验研究（仅对毁伤后的最终结果和效果进行测量和分析）、毁伤过程的电测实验研究和毁伤过程的光测实验研究等；从实验对象的结构形式可分为船体板抗毁伤实验研究、船体板架抗毁伤实验研究、船体立体舱段抗毁伤实验研究等。另外，无论哪一种实验研究，都必须进行实验方法研究，这就是实验模型的方法和实验的加载方法，以及实验现象各物理参数的测试方法研究，主要包括压力载荷测量、速度测量、加速度测量、应变应力测量、变形挠度测量以及开裂和裂纹扩展过程测量等。

由于舰船结构实船毁伤实验研究的代价太高，一般财力上无法承受，因此舰船结构毁伤实验多采用模型实验研究，并针对不同的毁伤源和毁伤目标，通过合理的实验设计，以实现对实船毁伤现象的模拟。模拟实验研究的基础是基于量纲分析理论的爆炸几何相似律理论，即对于实际爆炸现象和模型实验而言，当材料相同（包括炸药、弹丸和目标结构等材料），且物理场满足几何相似时，则爆炸响应过程满足几何相似性，且对应点的压力、应力和速度相等。爆炸几何相似律理论对于空中爆炸作用、水中爆炸作用、高速冲击响应以及弹丸侵彻等爆炸作用现象都可以适用，因此爆炸模拟实验研究方法在舰船结构毁伤实验研究中广泛采用。另外等效模拟方法在模型实验设计中也经常采用，如重量等效、刚度等效等，通过等效模拟，可以简化模型，避开完全几何相似带来的复杂模型的加工困难。

爆炸实验从场地条件可分为野外爆炸（加载）实验和室内爆炸（加载）实验。野外爆炸实验主要有野外空中爆炸加载实验、海上水中爆炸加载实验、水池（湖）中水中爆炸加载实验以及靶场打靶穿甲实验等；室内爆炸实验主要有爆炸洞空中爆炸加载实验、爆炸容器（筒）空中或水中爆炸加载实验、室内高速冲击穿甲实验[包括空气（枪、炮）发射弹丸或飞片、火药枪（炮）发射弹丸或飞片]等。

爆炸实验中各物理参数和毁伤过程的测试方法,随着电子技术、光学分析技术和新材料技术的发展而得到不断提高。

压电和压阻传感器及其测试系统(包括放大器、记录仪、分析仪等)是爆炸冲击波压力的主要测试手段。压电传感器的工作原理是通过压力改变传感器的电荷输出量并转换为电流从而获得电信号。压电传感器种类主要有电气石压电晶体传感器,其测量瞬态动压力最大为 0.7GPa;红宝石压电晶体传感器,其最大测量瞬态动压力可达 10GPa;聚氟乙烯(PUDF)压电薄膜传感器,其最大测量瞬态动压力可达 30GPa。压阻传感器是用碳电阻制作而成,其原理是通过压力改变传感器的电阻值,从而获得电信号。

由于爆炸毁伤实验研究多为破坏性实验,对结构模型的毁伤过程进行测量具有较大的难度,并且代价比较高,因此大多爆炸毁伤实验仅进行后效性实验研究,即仅对结构模型在一定爆炸载荷作用下的毁伤效果及毁伤后的状态进行测量,包括变形挠度、减薄率、裂纹长度等,并从最终毁伤效果和破坏状态来指导并验证毁伤力学理论。但是为了更好地研究和了解爆炸载荷作用下结构模型的毁伤过程和爆炸冲击对结构的毁伤机理,从而建立以实验测试结果为依据的爆炸毁伤力学的理论分析模型,有必要对爆炸毁伤实验的毁伤过程进行数据测量,主要包括瞬时位移场、应力应变场、断裂破坏的临界判据及裂纹扩展规律等。

目前,采用高速摄影技术和图像分析技术,可进行实验模型爆炸毁伤过程的瞬时位移和速度场的测试分析,从而可以对实验模型的毁伤和机理进行深入研究。该实验测试方法可用于空中爆炸毁伤、水中爆炸毁伤和高速侵彻毁伤等实验研究。高速摄影技术还可用于弹丸侵彻过程中加速度的测量,从而研究弹丸侵彻力的大小。高速摄影技术用于研究水中爆炸气泡的动力规律及其与结构模型的相互作用规律,包括气泡的破灭、气泡射流的产生等,已成为水中爆炸毁伤实验研究的重点和热点。

爆炸毁伤实验研究过程中的电测方法主要有:①电探针法测量模型变形过程中的位移场和速度场,即在模型变形方向的不同距离上布置多根触发探针,当模型平面运动至探针将使触发电路放电,从而可记录电脉冲信号,当位置、距离一定,电脉冲时间间隔一定时,即可绘制该测点的变形和速度随时间的变化曲线,当探针分布布置时,即可测量位移场和速度场;②应变片法测量模型变形过程中的应变场和应力场,该方法受应变片线性变形范围的限制,只能测量模型弹性变形或小塑性变形的应变场和应力场(目前应变片最高量程可达 2 万微应变);③加速度传感器测量模型的运动加速度,该方法由于受到加速度传感器量程的限制(目前最高量程为 $10^4 g$),无法用于近距或接触爆炸的毁伤实验研究;④靶网测速法测量高速弹丸或破片的入靶速度和出靶速度,其靶网材料为导电性能较好的铜箔、铝箔或锡纸等,当靶网两层隔离的箔或纸在弹丸穿透瞬间接通后将产生电脉冲信号,通过两组相隔一定距离上的靶网所测得的电脉冲信号时间间隔,即可计算弹丸的飞行速度;⑤光电感应法测量高速弹丸的入靶或出靶速度,其原理是利用光电敏感材料的放电量与光照度成比例的特性,当弹丸飞过阻挡光路时,即引起电信号的变化;⑥裂纹扩展片法测量表面裂纹的扩展速度,其原理是当裂纹扩展通过扩展片的并联箔条时,箔条断开,从而使扩展片电阻增大,改变扩展片的输出电信号。

1.3.3 数值计算方法

由于舰船结构毁伤力学问题的复杂性,解析方法的研究只能局限于简单结构的动响应问题,即使进行各种简化也无法求解复杂的舰船工程结构毁伤问题,因而数值计算方法是研究复杂结构瞬态非线性动力学问题的有效手段。在瞬态非线性动力学问题及爆炸力学问题的数值计算方面,目前已开发了多种较为成熟的三维有限元计算软件,主要包括 Dytran、Abaqus、Dyna3D 等。数值计算分析的精度主要依赖于以下几个方面:①物理计算模型(包括流场、结构、炸药等)单元种类和尺寸的选取;②物理计算模型的边界、界面及耦合方法的选取;③物理计算模型材料本构方程的描述精度;④物理计算模型结构单元失效准则的选取;⑤计算软件自身算法的有效性和精确性。由于爆炸冲击而引起的复杂结构的毁伤问题的数值分析计算本身的复杂性,仅从计算软件的计算方法上去保证数值计算的精度控制到目前为仍然是十分困难的。大多数情况下,要保证数值计算精度,必须依赖于实验结果,即人们可以通过建立合适的计算模型(包括单元参数、材料参数、失效判据等的选取),去拟合实验结果,从而保证用该计算模型的建模方法去建模并计算同类爆炸冲击毁伤问题具有更高的可信度。

数值仿真计算从理论上讲可以解决一切复杂问题,但前提是必须事先对该问题具有数学的描述方法,否则将无法实现编程计算。因此瞬态非线性数值仿真计算软件的功能将受制于爆炸冲击动力学和爆炸冲击结构毁伤力学理论的发展水平。现有的大多数超瞬态非线性商用有限元软件已具备的计算功能主要是不同介质中结构的瞬态应力应变场分析计算和瞬时位移、速度、加速度分析计算,并可进行应变失效、应力失效和稳定性失效的判断与计算处理。而断裂失效分析和裂纹扩展过程的计算仿真到目前为止还没有得到很好的解决。另外,现有相关计算软件要么是基于冲击波平面波假设,只能针对爆炸冲击作用早期的高频响应过程进行计算,如 Dytran、Dyna 等,要么是基于虚质量假设法,只能进行爆炸冲击作用后期的低频响应计算,如 Nastran、Ansys 等。美国和日本花了很大的人力物力,联合采用 MSC. Dytran 软件进行潜艇的水下爆炸安全性研究。对于较远距离上水下爆炸冲击振动毁伤问题,由于冲击波传播及结构早期毁伤响应是高频问题,而结构后期振动响应是低频问题,目前的处理与计算方法是在超瞬态非线性有限元软件中加入 DAA 计算方法,即双重渐近近似计算方法,该方法在高频和低频段分别用平面波假设和虚质量假设进行逼近,在中频段采用平滑过渡,从而在高、中、低频段都有良好的精度,较适合于工程应用。

一般超瞬态非线性有限元软件都具有分别描述流体和固体的欧拉(Euler)单元和拉格朗日(Lagrange)单元。欧拉单元为在时间和空间中静止的网络,材料可以穿过欧拉单元,且可描述液体、气体和进入流动状态的固体;拉格朗日单元用于描述固体结构,是建立在固体结构上的单元,并随固体结构的运动而运动,随固体结构的变形而变形。爆炸冲击作用下的结构毁伤问题中,经常会发生不同介质之间的接触相互作用和运动过程中介质间的相互碰撞作用,该问题有两种模拟计算方式,即一般耦合法(General Coupling)和 ALE 法(Arbitrary Lagrange Euler)。用一般耦合法模拟流体和结构的相互作用时,程序在壳单元和水单元之间定义一般耦合面以分析它们之间的流固耦合作用。欧拉网格和拉格朗日网格之间的相互作用力通过这层耦合面互相传递,虽然采用一般耦合法的计算时间并不是十分经济的,但是该程序提供了一种快速算法,可以将计算时间缩短1/2 左右,因而可以认为是一种有效的方法;ALE 法可以用于光滑的但不必是小的结构运动,也可以在流体域中包括多种材料。两种数学模拟的结果非常接近,并且都能够反映爆炸冲击的整个过程,可以根据具体情况进行选择。

第2章　毁伤载荷及其计算方法

2.1　对舰攻击武器及其破坏威力[1]

2.1.1　对舰攻击武器种类和破坏特点

从历次海战来看,攻击舰船的武器主要有舰炮、反舰导弹、航空炸弹、鱼雷、水雷、深水炸弹等。随着科学技术的进步,这些武器的性能不断完善和发展,它们在战斗中的主次关系也不断发生变化。以舰炮为例,第二次世界大战(简称二战)以前,舰炮是主要的攻击武器,第一次世界大战(简称一战)中,被舰炮击沉的大中型水面舰船占27%。二战中,航空兵和航空母舰的出现,宣布了大炮巨舰时代即将成为过去。二战后,由于反舰导弹的出现,舰炮的作用进一步降低,其使命任务已由攻击转为主要用于防御。因此现代海战中,攻击舰船主要依靠反舰导弹、制导炸弹、鱼雷、水雷等武器,其中以反舰导弹和鱼雷威胁最大。

1. 反舰导弹及其破坏特点

反舰导弹是二战后新发展的一种武器。自1949年瑞典研制第一枚"罗伯特"315反舰导弹以来,反舰导弹已经历了四代的研制和发展,有陆上、舰上、飞机和潜射四种发射平台,并分别称为岸舰导弹、舰舰导弹、空舰导弹和潜舰导弹。有70多个国家装备了100多种型号的各种反舰导弹。与火炮相比,反舰导弹具有射程远、威力大、命中精度高等优点。20世纪60年代中期以来发生的几次著名海战,如1967年的第三次中东战争的海上战斗、1971年的印巴战争的海上战斗、1973年的第四次中东战争的海上战斗、1982年的英阿马岛战争,都是以反舰导弹作为主要的对舰攻击武器。反舰导弹战斗部主要有爆破型、穿甲、半穿甲型和聚能破甲型三种类型。表2-1-1列举了部分典型反舰导弹的性能参数。

表2-1-1　典型反舰导弹的性能

国别与地区	名称及代号	类型	射程/km	弹径/mm	弹速 Ma①	战斗部			服役时间
						类型	重量/kg	装药或威力	
法国	"飞鱼"MM40	舰舰	64~70	350	0.95	半穿甲、爆破	165	48kg	1981
国际合作	"奥托马特"I	舰舰	4~80	400~460	0.9	半穿甲、爆破	210	65kg	1977
	"奥托马特"II	舰舰	100~180	400~460	2	半穿甲、爆破	210	65kg	1982
	超声速反舰导弹 ANS	舰舰	200		2.5	半穿甲、爆破	200		1990

10

国别与地区	名称及代号	类型	射程/km	弹径/mm	弹速 Ma①	战斗部 类型	重量/kg	装药或威力	服役时间
美国	"捕鲸叉" RGM-84A	舰舰	11~110	344	0.85	半穿甲、爆破	230		1977
	"战斧" BGM-109B	舰舰	450	517	0.7	常规	454		1983
	主动标准 RGM-66F	空舰	>18	343					1973
	"幼畜"AGM-65F	空舰	>1	300		半穿甲、爆破	136	59kg	1986
苏联	SS-N-2C	舰舰	40~80	760		常规	500	380 kg	1971
	"沙箱"SS-N-12	舰舰	50~500	900		常规或核	900	350kt TNT	1973
	SS-N-19	舰舰	55~500	800~1100		常规或核	1000	350kt TNT	1979
	SS-N-22	舰舰	120~200	800		常规或核	500	200kt TNT	1980
	"狗窝"AS-1	空舰	70~90	1200	0.9	聚能爆破	933	800 kg	1986
意大利	"海上杀手"I	舰舰	3~10	207	0.9	破片	35		1969
	"海上杀手"II	舰舰	25	206	0.9	半穿甲、爆破	70	25 kg	1969
	"火星"	空舰	>25	210	0.9	半穿甲、爆破	70	25 kg	1977
英国	"舰射海鸥"	舰舰	15	250		半穿甲、爆破			
	"海鸥"CL-834	空舰	3~24	250	低超声速	半穿甲、爆破	20		1981
	"战槌"AJ-168	空舰	30~60	400	1		150		1971
中国台湾	"雄风"I	舰舰	40	300	0.65	爆破	180		1977
	"雄风"II	舰舰	160		0.85	半穿甲、爆破	225	75 kg	1983
挪威	"企鹅"	岸舰 舰舰	20~30	280	0.7~0.9	半穿甲、爆破	120		20世纪70年代末
瑞典	Rb-04E	空舰	>6	500		爆破	30		1973
	Rb-08	舰舰	80	670	0.6~0.8	常规	250		1967
	RBS-15G	岸舰	150	500		半穿甲、爆破	200~250		20世纪80年代末
日本	XASM-1	空舰	>40	400					
	XSSM-1	岸舰	150	350		半穿甲、爆破	200		20世纪90年代

国别与地区	名称及代号	类型	射程/km	弹径/mm	弹速Ma[①]	战斗部			服役时间
						类型	重量/kg	装药或威力	
德国	"鸬鹚" I	空舰	37	340	0.95	半穿甲、爆破、射弹杀伤	160		1975
以色列	"迦伯列"	舰舰	40	330	0.7	爆破	150～180	100 kg	1970

　　爆破型战斗部的壳体较薄,主要依靠爆炸后产生的冲击波破坏舰体和设备及杀伤人员。其装填系数较大,可达50%～70%,一般采用接触爆炸引信,是一种在目标外部爆炸的(外爆式)战斗部,其破坏威力取决于装药量和炸药效能,适用于攻击无装甲或装有较薄装甲的舰船。这种战斗部用得最早,大体在20世纪50年代中期,由于只有部分爆炸后产生的爆炸产物、冲击波及破片作用于目标,相对而言其破坏效果不佳。目前,装用这种战斗部的反舰导弹型号较少。

　　半穿甲战斗部的设计原理是依靠弹头的冲击动能,穿透舰船外壳进入舰体内部爆炸,充分发挥其破坏威力,也叫内爆式战斗部。同爆破型战斗部相比,这种战斗部的壳体较厚,装填系数要小,一般为30%～45%,通常采用触发延时引信。其破坏威力与侵彻能力及进入舰体内部后的爆炸威力有关,而侵彻能力又与弹头形状有关,进入舰体内部后的爆炸威力与其结构、装药量及炸药性能有关。

　　半穿甲战斗部按其弹头形状可分为平头型和尖头(或卵)型战斗部,按其结构和作用可分为半穿甲爆破型战斗部和半穿甲自锻破片型战斗部。平头型战斗部的优点是装填系数大(可达45%)、跳弹角度大(一般可达80°),缺点是穿甲能力差。相反,尖头(或卵)型战斗部的优点是穿甲能力强,缺点是装填系数小(约为35%)、跳弹角度小(约为65°,若采用防跳环结构,可达70°)。进入舰体内部后,半穿甲爆破型战斗部以爆炸冲击波破坏舰船,半穿甲自锻破片型战斗部以爆炸冲击波和预制破片破坏和毁伤舰船,杀伤人员,适于攻击没有装甲的轻型巡洋舰及中小型舰船。20世纪70年代以后研制的反舰导弹多采用这种战斗部。

　　聚能爆破型反舰导弹主要是苏联为了攻击美国大型航母编队而研制的,其设计原理是利用聚能射流穿透舰船装甲,适于攻击具有大面积较厚装甲的舰船,如航空母舰。

　　目前反舰导弹正朝着超声速攻击、超视距攻击、混合装药、复合制导、"智

---

① 1Ma 即 1 倍声速,其大约速度换算相当于340m/s。

12

能"导引等方向发展,导弹的突防能力和对舰船的破坏威力大大提高。

2. 鱼雷及其破坏特点

鱼雷的起源在战争史上可以追溯到很早。两次世界大战期间,鱼雷发挥了巨大的战斗效能。一战中,被鱼雷击沉的舰船占被击沉舰船总数的 23%,二战中,被鱼雷击沉的舰船占 38.5%。二战后,鱼雷有了新的发展,普遍采用了各种制导装置,发展了混合装药,命中精度和爆炸威力大大提高;此外二战后还发展了反潜用的双平面自导鱼雷。1982 年英阿马岛战争中,英国核动力潜艇"征服者"号两条鱼雷击沉了阿根廷第二大军舰"贝尔格拉诺将军"号巡洋舰,显示了鱼雷在现代海战中的巨大威力。表 2-1-2 列举了部分典型鱼雷的性能参数。

表 2-1-2 典型鱼雷的性能

国别	型号及名称	用途	直径/mm	航速/kn	航程/km	航深/m	制导方式	装药量/kg	爆破方式	引信类别	服役时间
美国	MK46-5	机箭舰→潜	324	45	10	1000	主被动声自导	44PBX/核弹头			1979 年研制
	MK48-5	潜舰→潜舰	533	55	46	1000	智能惯导线导主被动声自导	PBXN 102			1988
	MK50 ALWT 高级轻型鱼雷	机箭舰→潜舰	324	60		1250	主被动声自导智能化	PBXN 103	定向聚能		1992
苏联	53-65	潜→舰	533					400			1968
	SAET-60	潜→潜舰	533	35/42	13~15		主被动声自导	300/核弹			1960
	65 型	潜→潜舰	650	30~50	50~100		尾流+主被动声自导	500/核弹			1981
法国	L4-2	机箭舰→潜	533	>30	>6	300	主动声自导 1000m	100			1980
	F17P(Z 型)	潜舰→潜舰	533	35	19	6~500	线导+主被动声自导 1000m	250 HBX-3		触发主动电磁近爆	1985
英国	MK24-1 "虎鱼"	潜→潜舰	533	18/35	13~29	5~450	线导+主被动声自导	134		触发引信电磁近爆	1980
	Sting Ray 2 "鲋鱼"	机箭舰→潜	324	45~62	20	25~1000	主被动声自导 1500m 智能化	45	定向聚能	触发引信	1991
	"旗鱼"	潜→潜舰	533	55~70	40	50~1200	线导捷联式惯导自导智能化	300PBX	定向聚能	近爆 3m~8m	1988

13

(续)

国别	型号及名称	用途	直径/mm	航速/kn	航程/km	航深/m	制导方式	装药量/kg	爆破方式	引信类别	服役时间
德国	SUT	潜舰→潜舰	533	三速制	19~35	2~400	线导+主被动声自导智能化	260		电磁近爆	1976
德国	SST4	潜→舰	533	35	12	300	线导+主被动声自导	260			1975
意大利	A200	机箭舰→潜	123		>2		主动自导	4	定向聚能	触发引信	1991年研制
意大利	A244/S	机箭舰→潜	324	40	18	20~500	主被动声自导智能化	>40			1977
瑞典	TP43×2	机舰潜→潜舰	400	三速制			线导+主被动声自导			触发引信及声近爆	1991
瑞典	TP614	多用途	533	45/30	20~30		线导+被动声自导	240		触发+近爆引信	20世纪80年代末
日本	GRX-2	潜→潜舰	533	55	20	600	线导+主被动声自导2000m				1989
日本	GRX-32型	空舰→潜	324	60	5	600	惯导+主动声自导1200m				20世纪80年代

目前,按不同的分类方法,可将鱼雷分成多种类型(见图2-1-1)。除按攻击对象、运载工具及用途分类外,鱼雷还可按直径大小、制导方式、触发引信等进行分类,如表2-1-2所列。

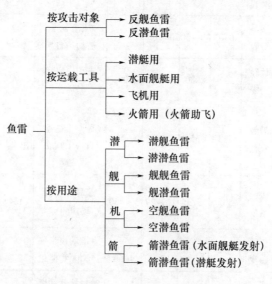

图2-1-1 鱼雷的分类

14

鱼雷战斗部目前多为普通爆破型战斗部,其对舰船的破坏威力主要取决于战斗部装药量的多少和炸药的爆炸效能。一般反舰鱼雷的装药量为150kg ~ 500kg,大多为200kg ~ 300kg,而反潜鱼雷的装药量为40kg ~ 150kg,通常多采用混合装药,其破坏威力是 TNT 的 1.5 倍以上,为高爆炸药。

随着科技的发展,现代鱼雷普遍采用火箭助飞、定向聚能爆破、智能导引、隐身航行等新技术,以及新型动力源,大大增加了现代鱼雷的航速、航程、命中精度和作战威力,对舰船有着巨大的威胁。

2.1.2 导弹战斗部对舰攻击破坏威力

相对来讲,导弹用于实战中攻击舰船或实弹打靶试验的情况并不多见,且都是针对中小型舰船的。表 2 - 1 - 3 列举了导弹攻击舰船的典型战例及实弹打靶试验。由表 2 - 1 - 3 可知,一枚小型战斗部(<70kg)半穿甲导弹,可以摧毁一艘 700t 左右的小艇(如英国的"海鸥"CL - 834);一枚中小型战斗部(70kg ~ 200kg)半穿甲导弹,可以摧毁一艘 1000t ~ 2000t 的中小型驱护舰(如"飞鱼"、"企鹅"、"鸬鹚"、"幼畜");一枚大型战斗部(200kg ~ 300kg)半穿甲导弹(如"捕鲸叉"、"奥托马特"Ⅰ),对于 3000t 以下的中小型驱护舰摧毁率为 100%,在舰内爆炸可在入口处造成 9m 左右的破口。由表 2 - 1 - 3 可知,在 3 枚"冥河"导弹攻击下,击沉了"埃拉特"号驱逐舰,击沉"凯巴鲁"号驱逐舰和击伤"巴德尔"号驱逐舰的"冥河"导弹数量不详,而在 1 枚"飞鱼"导弹攻击下,排水量更大的舰船却发生沉没或重伤,"冥河"导弹战斗部重量约为"飞鱼"导弹的 3 倍,可见聚能爆破型战斗部攻击没有大面积厚装甲的中小型水面舰船,效果并不明显,其破坏威力小于半穿甲战斗部。从表 2 - 1 - 3 中 2 和 16 示例可看出,摧毁相近吨位的舰船爆破型战斗部的破坏威力远小于半穿甲战斗部的破坏威力,示例 16 为爆破型战斗部秃鹰 AGM - 53A(战斗部质量 286kg)攻击"弗雷曼"号护卫舰(排水量 1400t),示例 2 为半穿甲战斗部"伽伯列"(战斗部质量 100kg)攻击"雅福"号驱逐舰(排水量 1700t),而外板破口相当。

表 2 - 1 - 3 导弹攻击舰船的战例及实弹打靶试验

序号	被攻击舰船			攻击反舰导弹	命中枚数	毁伤效果
	名 称	国别	排水量/t			
1	"埃拉特"号驱逐舰	以色列	1710(标准)	"冥河"	3	第 1 枚命中中部锅炉舱,全舰电子通信系统中断;第 2 枚命中轮机舱,大量进水,舰体急剧倾斜;第 3 枚命中舰尾,沉没

序号	被攻击舰船			攻击反舰导弹	命中枚数	毁伤效果
	名 称	国别	排水量/t			
2	"雅福"号驱逐舰	以色列*	1710（标准）	"迦伯列"	1	破口长8m~9m,中等程度破坏
3	"凯巴鲁"号驱逐舰	巴基斯坦#	2325（标准）	"冥河"		沉没
4	"穆罕菲茨"号扫雷艇	巴基斯坦#		"冥河"		沉没
5	"巴德尔"号驱逐舰	巴基斯坦#	2325（标准）	"冥河"		重伤
6	"谢菲尔德"号驱逐舰	英国	3150（标准）	"飞鱼"AM39	1	击中右舷中部水线以上1.8m要害部位,引起严重火灾;沉没
7	"格拉摩根"号驱逐舰	英国	6200（满载）	"飞鱼"MM38	1	击伤机库和尾部导弹发射装置
8	"大西洋运输者"号运输船	英国	18000（标准）	"飞鱼"MM38	1	沉没
9	"A. Sobral"号巡逻艇	阿根廷	689（标准）	"海鸥"CL-834	2	沉没
10	"J. M. Sobral"号巡逻艇	阿根廷	689（标准）	"海鸥"CL-834	1	严重破坏,失去战斗力
11	"纳奴契卡"Ⅱ级小型护卫舰	阿尔及利亚	800（标准）	"捕鲸叉"GM-84A	1	沉没
12	"纳奴契卡"Ⅱ级小型护卫舰	阿尔及利亚	800（标准）	"捕鲸叉"AGM-84A	1	严重毁伤
13	"纳奴契卡"Ⅱ级小型护卫舰	阿尔及利亚	800（标准）	"捕鲸叉"AGM-84A		严重毁伤
14	"斯塔克"号护卫舰	美国	2750（标准）	"飞鱼"AM-39	2	击中左舷,破口7m×4m,引发大火,舱内大量进水,严重左倾
15	"Gunsun"号驱逐舰	美国*	1400（标准）	"捕鲸叉"RGM-84A		舰船甲板破口直径达9m,打穿船身,破坏扩展到水线以下,几乎沉没

序号	被攻击舰船			攻击反舰导弹	命中枚数	毁伤效果
	名称	国别	排水量/t			
16	"弗雷曼"号护卫舰	美国*	1400(标准)	"秃鹰"AGM-53A	1	严重破坏,外板破口长约8m,几乎沉没
17	"豪奇森德"号护卫舰	挪威*	1217(标准)	"企鹅"	1	舰桥、烟囱和桅杆均被炸掉,右舷被炸开,失去战斗力
18	"基林"级驱逐舰	美国*		"战斧"BGM-109B		右舷上层建筑穿进,左舷穿出
19	"奥扎克"号水雷对抗支援舰	美国*	5857(标准)	"幼畜"AGM-65F	2	沉没
20	"劳勒"号护卫舰	德国*	1087(标准)	"鸬鹚"	1	破口直径3m~4m
21	"弗列彻"级驱逐舰	委内瑞拉*	2940(标准)	"奥托马特"I	1	沉没
22	"勇猛"号驱逐舰	英国*	2440(标准)	"飞鱼"MM-38	1	破口长10m以上,扩展到水线以下

注:*表示实弹打靶试验;#为推断结果,据报道,在1971年的印巴战争中,印度海军的导弹艇发射"冥河"导弹13发12中,击沉巴基斯坦一艘驱逐舰、一艘扫雷舰和数艘货船,并击伤另一艘驱逐舰,但每艘舰的具体中弹数量未见报道

反舰导弹对于大型舰船(如航空母舰、巡洋舰等)的破坏威力,目前还没有直接的经验数据,只能通过比较得到。在相同炸药当量和相同爆炸形式(接触爆炸或半穿甲内部爆炸)下,导弹与炸弹对于大型舰船的破坏威力相当。考虑到现代反舰导弹都是采用高爆装药,其爆炸当量为1.5倍~1.7倍TNT当量,45kg高爆装药的反舰导弹战斗部爆炸威力相当于二战时期227kg(500磅)炸弹(普通装药70kg)的爆炸威力,而90kg高爆装药的反舰导弹战斗部爆炸威力相当于二战时期454kg(1000磅)炸弹(普通装药140kg)的爆炸威力。此外,二战中,日本自杀性飞机"神风"号,一般装有500kg炸药,或者装载1颗363kg的炸弹,或者装载1颗~2颗227kg的炸弹,它对舰船的攻击与现代反舰导弹类似,在舰船水线以上造成破坏,对舰船的攻击破坏威力与战斗部重量相当的爆破型反舰导弹的破坏威力不相上下。

表2-1-4、表2-1-5分别列举了二战期间航空炸弹和自杀性飞机攻击下航空母舰(排水量为10000t~30000t)、战列舰(排水量为25000t~45000t)战损统计结果。由表可知,被1颗炸弹或1架自杀性飞机命中的航空母舰有17例,达到失去战斗力以上损伤程度的有3例,约占17.6%;被2颗炸弹或2架自杀性飞机以上命中的航空母舰,都达到了失去战斗力以上损伤程度;而被1颗炸弹或1架自杀性飞机命中的战列舰6例,丧失战斗力的2例,约占33%;2颗炸

弹命中的战列舰 2 例,丧失战斗力的 1 例;3 颗炸弹命中的战列舰 1 例,丧失战斗力;4 颗以上炸弹命中的案例中只有 1 例为轻伤,但总的案例较少。

表 2-1-4　二战期间航空炸弹和自杀性飞机攻击下航空母舰战损统计

弹药类别和数量		沉没		失去战斗力		轻伤		共计/艘
		艘数	百分比	艘数	百分比	艘数	百分比	
炸弹 300kg～500kg（TNT 炸药）	1 颗	1	14%			6	86%	7
	1 颗＋若干近炸	1	100%					1
	2 颗			4	100%			4
	2 颗＋若干近炸	1	33%	2	67%			3
	3 颗			3	100%			3
	3 颗＋若干近炸	1	25%	3	75%			4
	4 颗以上	4	67%	2	33%			6
	其他					1	100%	1
	小计	8	28%	14	48%	7	24%	29
自杀性飞机	1 架			2	20%	8	80%	10
	2 架	1	25%	3	75%			4
	4 架			1	100%			1
	若干	1	100%					1
	小计	2	13%	6	38%	8	50%	16
总计		10	22%	20	45%	15	33%	45

表 2-1-5　二战期间航空炸弹和自杀性飞机攻击下战列舰战损统计

弹药类别和数量		沉没		失去战斗力		轻伤		共计/艘
		艘数	百分比	艘数	百分比	艘数	百分比	
炸弹 300kg～500kg（TNT 炸药）	1 颗			1	20%	4	80%	5
	2 颗			1	50%	1	50%	2
	3 颗#			1	100%			1
	4 颗			1	100%			1
	6 颗#	1	100%					1
	10 颗＋20 颗近炸	1	100%					1
	11 颗*					1	100%	1
	15 颗			1	100%			1
	19 颗	1	100%					1
	22 颗	1	50%	1*	50%			2
	44 颗＋44 颗近炸*	1	100%					1
	小计	5	30%	6	35%	6	35%	17
自杀性飞机	1 架			1	100%			1
	小计			1	100%			1
总计		5	28%	7	39%	6	33%	18%

注:#为德制制导炸弹 SD1400X,重 1400kg,相当于 3 颗一般质量的炸弹;* 弹重 5.5t,相当于 11 颗一般质量的炸弹

18

综合表2－1－4、表2－1－5可知,二战期间被1颗炸弹或1架自杀性飞机命中大型水面舰船的(排水量大于10000t)有24例,达到失去战斗力以上损伤程度的有5例,约占20.8%,有1例沉没(不考虑有近炸的案例,因为这些案例中舰船沉没不完全是命中炸弹的爆炸威力所致,下同),约占4.2%。由于被1颗炸弹或1架自杀性飞机以上命中的案例较少,尤其是4颗炸弹或4架自杀性飞机以上命中的案例更少,得到的沉没后果随被击中弹数变化太分散,难于反映客观规律,因此,以被1颗炸弹或1架自杀性飞机命中的24例为基础,可求出大型水面舰船被击中不同炸弹数(反舰导弹)造成失去战斗力以上或沉没的概率(见图2－1－2)为

$$P_n = 1 - (1 - P_1)^n$$

式中:P_1为命中1枚反舰导弹造成失去战斗力以上或沉没的概率,P_1分别为0.208、0.042;n为命中反舰导弹的枚数;P_n为命中n枚反舰导弹造成失去战斗力以上或沉没的概率。

因此,要有效摧毁(概率90%)一艘排水量在10000t～45000t的大型舰船(如现代的中小型航母),需要命中10枚～20枚反舰导弹(战斗部重200kg～300kg);较有效地(概率80%)击沉相应吨位的大型舰船,需要命中40枚反舰导弹以上。

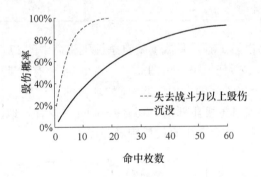

图2－1－2 反舰导弹攻击下大型水面舰船的毁伤概率

表2－1－6列举了二战期间航空炸弹和自杀性飞机攻击下巡洋舰(排水量为5000t～10000t)战损统计结果。由表2－1－6可知,被1颗炸弹或1架自杀性飞机命中的17例中,4例沉没,约占23.5%,失去战斗力以上的有14例,约占82%;被2颗炸弹或2架自杀性飞机命中的4例中,1例沉没,全部达到失去战斗力以上损失程度。被3颗以上炸弹命中的10例中,全部达到失去战斗力以上损失程度,其中只有被3颗炸弹命中的2例中的1例沉没。

表2-1-6　二战期间航空炸弹和自杀性飞机攻击下巡洋舰战损统计

弹药类别和数量		沉没		失去战斗力		轻伤		共计/艘
		艘数	百分比	艘数	百分比	艘数	百分比	
炸弹300kg～500kg（TNT炸药）	1颗	4	27%	9	60%	2	13%	15
	1颗+1颗近炸	1	100%					1
	2颗	1	50%	1	50%			2
	2颗+1颗近炸			1	100%			1
	3颗	1	50%	1	50%			2
	4颗	1	100%					1
	4颗+若干近炸	1	100%					1
	5颗	1	100%					1
	8颗	2	100%					2
	12颗+若干近炸	1	100%					1
	17颗	1	100%					1
	20颗	1	100%					1
	小计	15	52%	12	41%	2	7%	29
自杀性飞机	1架					1	100%	1
	2架			1	100%			1
	小计			1	50%	1	50%	2
总计		15	48%	13	42%	3	10%	31

图2-1-3为以被1颗炸弹或1架自杀性飞机命中的17例为基础,计算得到的中型水面舰船的毁伤概率。由图2-1-3可知,要有效摧毁(概率90%)一艘排水量在5000t～10000t的大中型舰船(如现代的巡洋舰、大型驱逐舰),需要命中2枚反舰导弹以上(战斗部重200kg～300kg);较有效地(概率80%)击沉相应吨位的大型舰船,需要命中6枚反舰导弹以上。

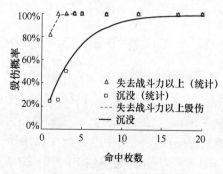

图2-1-3　反舰导弹攻击下中型水面舰船的毁伤概率

20

2.1.3 鱼雷、水雷战斗部对舰攻击破坏威力

由于水雷多为非接触爆炸,而能接触爆炸的水雷其装药量一般不会很大,可以认为水雷的破坏威力小于鱼雷,或是相当。因此,我们重点分析鱼雷对舰船的破坏效应。

表2-1-7列举了二战期间鱼雷攻击下大型水面舰船(航空母舰、战列舰,排水量为10000t~45000t)的战损统计结果。由表2-1-7可知,大型水面舰船被1条鱼雷击中后,达到失去战斗力及以上毁伤效果的占79%,其中沉没的占43%;被2条鱼雷以上击中后,全部达到失去战斗力及以上的毁伤效果。因此,只要被2条鱼雷以上击中后,就能使排水量为10000t~45000t的大型水面舰船达到失去战斗力及以上的毁伤效果。

表2-1-7 二战期间鱼雷攻击下航空母舰及战列舰战损统计结果

命中鱼雷数量 (200kg~450kg TNT炸药)	沉没			失去战斗力			轻伤			共计 /艘
	航母 艘数	战列 舰艘数	百分比	航母 艘数	战列 舰艘数	百分比	航母 艘数	战列 舰艘数	百分比	
1条	4	2	43%	3	2	36%		3	21%	14
2条	4		80%	1		20%				5
3条	3	2	71%	1	1	29%				7
4条	4	3	88%		1	12%				8
5条	1		100%							1
5条~6条	1*		100%							1
8条	1		100%							1
总计	25		68%	9		24%	3		8%	37
注:* 另一说法是7条鱼雷,2颗炸弹										

图2-1-4为以被1条鱼雷命中的14例为基础,计算得到的二战期间大型水面舰船的毁伤概率。由图2-1-4可知,2条鱼雷命中后,排水量为10000t~45000t的大型水面舰船被摧毁的概率为96%;3条鱼雷命中可以较有效地(概率80%)击沉相应吨位的大型舰船。

表2-1-8列举了二战期间鱼雷攻击下中型水面舰船(巡洋舰,排水量为5000t~10000t)的战损统计结果。由表可知,中型水面舰船被1条鱼雷击中后,达到失去战斗力及以上毁伤效果的约占89%,其中沉没的占14%;被2条鱼雷击中后,达到失去战斗力及以上毁伤效果的约占94%,其中沉没的占59%;被3条鱼雷击中后,全部沉没。因此,只要被3条鱼雷以上击中后,就能使排水量为5000t~10000t的大中型水面舰船沉没。图2-1-5为鱼雷命中数量与摧毁及

击沉中型水面舰船频数的关系。

表 2 − 1 − 8　二战期间鱼雷攻击下巡洋舰战损统计结果

| 命中鱼雷数量 | 沉 没 | | 失去战斗力 | | 轻 伤 | | 共计 |
(200kg~451kg TNT 炸药)	艘数	百分比	艘数	百分比	艘数	百分比	/艘
1 条	5	14%	26	75%	4	11%	35
2 条	10	59%	6	35%	1	6%	17
3 条	6	100%					6
4 条	3	100%					3
5 条	1	100%					1
10 条	1	100%					1
总计	26	41%	32	51%	5	8%	63

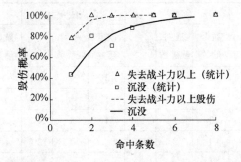

图 2 − 1 − 4　鱼雷攻击下大型水面舰船的毁伤概率

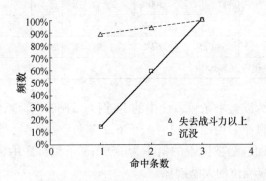

图 2 − 1 − 5　鱼雷命中数量与摧毁及击沉中型水面舰船频数关系

　　表 2 − 1 − 9 列举了二战期间鱼雷攻击下中小型水面舰船(驱护舰,排水量为 1000t ~ 3000t)的战损统计结果。由表可知,中小型水面舰船被 1 条鱼雷击中后,达到失去战斗力及以上毁伤效果的占 98%,沉没的占 65%;被 2 条鱼雷击中后,全部达到失去战斗力及以上毁伤效果,沉没的占 88%;被 3 条鱼雷击中的 1 条,沉没。因此,只要 2 条鱼雷以上命中,就能摧毁排水量为 1000t ~ 3000t 的中

小型水面舰船。

表 2-1-9   二战期间鱼雷攻击下驱护舰战损统计结果

命中鱼雷数量 (200kg～451kg TNT 炸药)	沉 没		失去战斗力		轻 伤		共计 /艘
	艘数	百分比	艘数	百分比	艘数	百分比	
1 条	28	65%	14	33%	1	2%	43
2 条	7	88%	1	12%			8
3 条	1	100%					1
总计	36	69%	15	29%	1	2%	52

2.2   舰船结构毁伤载荷的类型及计算方法

2.2.1   舰船结构毁伤载荷的主要类型

如前所述,舰船在战争环境中所受的主要攻击武器是导弹、炸弹、鱼雷和水雷,根据各种武器战斗部类型的不同,其对舰船的作用方式不同,因而舰船所受的战争环境载荷也就不同。根据武器攻击方式的不同,主要分为水下攻击和水上攻击两大类。而根据战斗部类型不同又可分为:爆破型,包括接触爆炸、近距离爆炸和远距离爆炸;破甲爆破型,一般为射流破甲和接触爆炸;穿甲爆破型,一般为弹丸穿甲、爆炸破片杀伤和爆炸冲击杀伤;穿甲型,弹丸穿甲;破片杀伤型,一般为非接触爆炸破片和冲击波杀伤。由于水介质对高速运动物体的速度衰减非常快,因此水下攻击武器(鱼雷和水雷)的战斗部类型只采用爆破型和聚能破甲爆破型。由于水介质和空气介质对爆炸的响应不同,因而对目标形成的载荷形式也不同。另外,一般情况下在一次武器攻击中射流破甲与爆炸冲击波作用、动能穿甲与爆炸冲击波作用,以及破片杀伤与冲击波作用等都具有一定的时间差,即破甲和穿甲作用通常早于冲击波作用,因而在初步研究舰船结构毁伤问题时,由于问题本身的复杂性,要求必须对问题进行简化处理,而载荷的解耦处理将大大简化问题求解的复杂程度。所谓载荷的解耦处理就是对于破甲爆破型战斗部、穿甲爆破型战斗部和带壳或预制破片杀伤战斗部的攻击作用,都认为射流破甲、弹体穿甲和破片穿甲作用在爆炸冲击波作用之前完成,研究破甲和穿甲作用时,可不考虑冲击波的影响,而研究冲击波作用时,仅需考虑由于破甲和穿甲造成的结构穿孔对冲击波作用下结构变形的影响。除了战斗部直接攻击载荷以外,舰船结构毁伤力学还必须考虑破损舰船在波浪载荷作用下的破损扩展和生存概率问题,因此破损舰船的静水弯矩和剪力、波浪附加弯矩和剪力以及波浪砰击弯矩等载荷也应考虑。另外还应考虑水下爆炸气泡脉动载荷以及气泡负压载荷对舰船鞭状振动破坏和整体折断的总纵强度破坏的影响。

2.2.2　空中爆炸冲击波载荷计算[2]

炸药在空气中爆炸时,化学能迅速加热爆轰产物,使其处于高温高压状态,其爆轰压力10GPa~20GPa 以上,爆炸产物在空气中膨胀,其结果是在爆炸产物中形成反射稀疏波,而在空气内形成冲击波。冲击波形成之初的压力较高,一般为$(5\sim8)\times10^7\text{Pa}$,随后一方面冲击波波阵面在向外传播的过程中压力迅速下降,另一方面,爆炸产物邻层空气压力随着爆炸产物的膨胀而迅速下降,该过程可由图2-2-1来描述。当爆炸产物平均压力降低到大气压力P_0 时,冲击波正压作用结束,并进入负压作用区,当爆炸产物过膨胀后反向压缩时,则一个带正压区和负压区的完整空气冲击波才脱离爆炸产物独自传播(如图2-2-1t_4 时刻)。空气冲击波独立传播过程中,由于冲击波波阵面压强高,冲击波波速D 较正压区尾部低压区接近于声速c_0 的传播速度要高,因此正压将不断拉宽,但负压区几乎都是以声速c_0 运动,其宽度几乎不变。

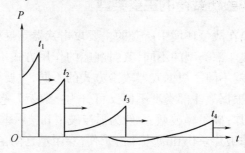

图2-2-1　空气冲击波的形成与传播

空气冲击波对目标的作用通常可用三个参量表示:①冲击波波阵面的峰值超压ΔP_m;②正压作用时间t_+;③比冲量i。

根据爆炸力学的爆炸相似律理论及量纲分析理论(π 定理),可以求出无限空气介质中爆炸冲击波峰值超压和正压作用时间为

$$\Delta P_m = f_1(\bar{r}) \qquad\qquad (2-2-1)$$

$$t_+ / \sqrt[3]{m_e} = f_2(\bar{r}) \qquad\qquad (2-2-2)$$

式中:m_e 为炸药 TNT 当量;$\bar{r}$为比例距离,$\bar{r} = r/\sqrt[3]{m_e}$;$m_e$ 单位为 kg;r 为冲击波传播的距离,r 单位为 m;冲击波峰值超压$\Delta P_m = P_m - P_0$,P_m 为空气冲击波峰值压力,P_0 为大气压力。

根据大量实验实测空气冲击波峰值超压和正压作用时间,并采用多项式进行拟合,则式(2-2-1)和式(2-2-2)可由以下经验公式表示

$$\Delta P_m = \begin{cases} 10^5(0.76\bar{r}^{-1} + 2.55\bar{r}^{-2} + 6.5\bar{r}^{-3}) & 1 \leqslant \bar{r} \leqslant 15 \quad (2-2-3a) \\ 10^5(14.07\bar{r}^{-1} + 5.5397\bar{r}^{-2} + 0.3572\bar{r}^{-3} + 0.00625\bar{r}^{-4}) & 0.05 \leqslant \bar{r} \leqslant 0.5 \quad (2-2-3b) \end{cases}$$

或 $$\Delta P_{\mathrm{m}} = 10^5(0.67\bar{r}^{-1} + 3.01\bar{r}^{-2} + 4.31\bar{r}^{-3}) \quad 0.5 \leqslant \bar{r} \leqslant 70.9 \quad (2-2-4)$$

$$t_+ = 1.35 \times 10^{-3} r^{\frac{1}{2}} m_{\mathrm{e}} \quad (2-2-5)$$

式中：ΔP_{m} 为无限空中爆炸时冲击波峰值超压，单位为 Pa；t_+ 为正压作用时间，单位为 s。

对于非 TNT 炸药，应根据炸药的能量等效换算成 TNT 当量，即

$$m_{\mathrm{e}} = m_i Q_i / Q_{\mathrm{TNT}} \quad (2-2-6)$$

式中：m_i 为所用炸药质量；Q_i 为所用炸药爆热；Q_{TNT} 为 TNT 炸药爆热。表 2-2-1 给出了三种炸药的密度 ρ_{e}、爆轰速度 D_{e}、爆热 Q、空气冲击波初始速度 D_{x}、空气介质初始速度 U_{x} 和空气冲击波初始压力 P_{x}。

对于非无限空中爆炸，如炸药在地面爆炸，则通过对炸药 TNT 当量 m_{e} 的修正，公式（2-2-3）~式（2-2-5）仍然适用。对于刚性地面，TNT 当量 $m_{\mathrm{ef}} = 2m_{\mathrm{e}}$，而普通地面，可取 $m_{\mathrm{ef}} = 1.8m_{\mathrm{e}}$。对于带壳弹药爆炸，由于弹壳的破裂和高速飞散要吸收较多的爆炸能量，留给爆炸产物和冲击波的当量炸药由下式确定

$$m_{\mathrm{ef}} = \frac{m_{\mathrm{e}}}{1 + a - a\alpha}\left[\alpha + (1 + a)(1 - \alpha)\left(\frac{r_0}{r_{\mathrm{m}}}\right)^{N(\gamma-1)}\right] \quad (2-2-7)$$

表 2-2-1 炸药爆轰及空气冲击波始初系数

炸药	ρ_{e} /(g/cm³)	D_{e} /(m/s)	Q /(kJ/kg)	D_{x} /(m/s)	U_{x} /(m/s)	P_{x} /MPa
TNT	1.6	7000	4187	7100	6450	57
黑索金	1.6	8200	5443	8200	7450	76
泰安	1.6	8400	5862	8450	7700	81

式中：a 为与弹药有关的系数，平面爆轰 $a=2$，柱对称爆轰 $a=1$，球对称爆轰 $a=2/3$；N 为爆药形状系数，对于平板、柱和球分别取 $N=1、2$ 和 3；α 为装药系数，$\alpha = m_{\mathrm{e}}/(m_{\mathrm{e}} + M)$，其中 m_{e} 为装药量，M 为弹壳质量；γ 为爆炸产物绝热指数，$\gamma = 3$；r_0 为装药半径；r_{m} 为破片达到最大速度的半径，钢壳 $r_{\mathrm{m}} = 1.5r_0$，铜壳 $r_{\mathrm{m}} = 2.24r_0$，对于脆性材料和预制破片弹，r_{m} 则更小。

空气冲击波比冲量的计算由冲击波超压曲线 $\Delta P(t)$ 对时间的积分给出，即 $i_+ = \int_0^{t_+} \Delta P(t)\mathrm{d}t$，根据实验数据可得

$$i_+ = A \cdot \bar{r}^{-1} \cdot m_{\mathrm{e}}^{1/3} \quad r > 12r_0 \quad (2-2-8)$$

式中：i_+ 为比冲量，单位为 N·s/m²；A 为系数，无限空间爆炸时可取 $A = 200 \sim 250$。

当空气冲击波传播到物体表面时，物体表面对空气冲击波有阻碍作用，空气冲击波在物体表面将产生反射和绕流。对于具有较大刚性平面的物体，空气冲击波正入射时对物体的作用压力将大大提高，该压力一般称为反射冲击波超压，

或称为壁压,记为 ΔP_r,由入射波、反射波作用前后刚性壁面处空气遵守质量守恒、动量守恒和能量守恒,可推导出反射冲击波超压的计算公式为

$$\Delta P_r = 2\Delta P_m + \frac{6\Delta P_m^2}{\Delta P_m + 7P_0} \qquad (2-2-9)$$

式中:ΔP_m 和 P_0 分别为空气冲击波超压(入射超压)和大气压力(初始压力)。

空气冲击波载荷随时间的变化曲线,在正压作用区通常用递减三角形来描述,如图 2-2-2 所示,入射冲击波载荷曲线可由下式计算

$$P(t) = \Delta P_m\Big(1 - \frac{t}{t_+}\Big) \qquad t \leqslant t_+$$

$$(2-2-10)$$

式中:ΔP_m 和 t_+ 分别为冲击波峰值超压和正压作用时间。

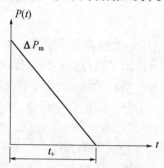

图 2-2-2 空气冲击波载荷曲线

对于反射冲击波载荷曲线,由公式(2-2-10)将 ΔP_m 代换为 ΔP_r 即可。

2.2.3 水中爆炸冲击波载荷计算[2-4]

水中爆炸与空中爆炸相比,其主要差别在于水介质与空气介质的不同。水介质具有较大的密度、微小的可压缩性,因而造成水中爆炸冲击波强度远大于空中爆炸冲击波,如 TNT 爆炸水中爆炸初始冲击波压力峰值约为 14GPa,而空中爆炸初始冲击波压力仅为 57MPa,相差 200 多倍。但水中冲击波对目标作用的反射压力,在入射冲击波压力为 100MPa 以下时,反射压力仅为入射压力的 2 倍,另外,水中爆炸冲击波正压作用时间约为空中爆炸冲击波正压作用时间的 1/8。因此,综合而言,在相同药量下,水下爆炸冲击波威力(主要以冲量来衡量)为空中爆炸冲击波威力的 8 倍左右。

水中爆炸与空中爆炸还有一个显著不同点:由于水介质较大的惯性效应,使水中爆炸产物进行膨胀和压缩的周期性运动,从而产生气泡脉动压力,该问题将在 2.2.4 节中专门给予讨论。另外,本节采用的参数符号,除专门说明以外,其余均与 2.2.2 节中相同。

水中某点冲击波压力随时间的变化规律,可近似用指数函数来表示,即

$$P(t) = P_m e^{-t/\theta} \qquad (2-2-11)$$

式中:P_m 为冲击波波头的峰值压力;e 为自然对数的底;t 为波头过后的时间;θ 为指数衰减时间常数,即冲击波压力下降到 $0.368P_m$ 时所需的时间。

根据水中爆炸相似律理论和大量实验数据可推出水中冲击波正压作用时间 t_+、冲击波峰值压力 P_m、冲击波冲量 i、冲击波能量密度 E 和冲击波衰减时间常

数 θ 的经验计算公式

$$t_+ = 10^{-4}\bar{r}^{1/2}m_e^{1/3} \qquad (2-2-12)$$

$$P_m = k\bar{r}^{-\alpha} \qquad (2-2-13)$$

$$i = l\bar{r}^{-\beta} \cdot m_e^{1/3} \qquad (2-2-14)$$

$$\theta = \frac{l}{k}\bar{r}^{\alpha-\beta}m_e^{1/3} \qquad (2-2-15)$$

$$E = \Gamma\bar{r}^{-\gamma}m_e^{1/3} \qquad (2-2-16)$$

式中:k、l、Γ 和 α、β、γ 为炸药相关的实验确定的常数,表 2-2-2 列出了常用炸药的相关常数实验值。

表 2-2-2　某些炸药水中冲击波实验常数

炸 药	ρ_e /(g/cm³)	P_m/Pa		$i/(N \cdot s/m^2)$		$E/(J/m^2)$	
		$k \times 10^6$	α	ℓ	β	$\Gamma \times 10^{-4}$	γ
TNT	1.52	52.27	1.13	5768	0.89	8.14	2.05
TNT	1.57	52.47	1.11	5396	0.87	7.08	1.98
50TNT/50PETN	1.60	54.43	1.13	9084	1.05	10.4	2.12
PETN	1.2~1.6	63.26	1.20	7573	0.92	16.9	2.16
HBX-1	1.2~1.6	59.33	1.15	4944	0.86	12.3	2.06

以上水中冲击波计算公式都是针对无限水域而言的。炸药在水中爆炸时,如果有自由面存在,那么对作用于水中某点的压力有明显的影响,自由水面的影响可采用镜面反映的虚装药理论,即在真实装药 O 点的对称点 O' 点处,假设有一药量相同,并产生负爆压的虚拟药,如图 2-2-3 所示。根据该理论,则水域中某 C 点的水中爆炸冲击波压力 P 的计算公式为

$$P - P_w = (P_i - P_w)\frac{r_0}{R_1} \cdot k \qquad (2-2-17)$$

式中:P_w 为 C 点的水压力;P_i 为水中冲击波初始压力;r_0 为药包半径;R_1 为 C 点至真实爆点 O 的距离;$k = 1 - R_1/R_2$,R_2 为 C 点至虚拟爆点 O' 的距离。实验结果表明,应对 k 值进行修正,并由下式确定

$$k = 1 - 0.85R_1/R_2 \qquad (2-2-18)$$

同样,对于刚性壁面,采用实映像装药理论,即在以刚性壁面的对称面的对称点上,虚拟一个相同装药,并产生正冲击波压力的虚拟装药,则公式(2-2-18)中的 k 值应改为 $k = 1 + R_1/R_2$。

由上述理论也可推论:①在刚性壁面处,反射压力为入射压力的 2 倍,即 $P_r(t) = 2P_m e^{-t/\theta}$;②在刚性海底爆炸时,爆炸效果相当于无限水域爆炸装药的 2 倍。

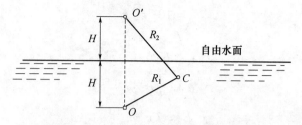

图 2 - 2 - 3　自由水面对水中冲击波压力的影响

水中爆炸冲击波对舰体结构的作用,一般情况下,将使舰体板产生较大的变形,即舰体板不能视为刚性壁面,而是可动平面。可动平面在水中冲击波作用时,将有一稀疏波向冲击波运动的反向传播。设入射波为 $P_1(t)$,反射波为 $P_2(t)$。在壁面处,反射压力为

$$P_r(t) = P_1(t) + P_2(t) \qquad (2-2-19)$$

另一方面,由动量守恒可得在 $P_1(t)$ 和 $P_2(t)$ 分别作用下壁面处的水质点的速度为

$$\begin{cases} U_1(t) = P_1(t)/\rho_w C_w \\ U_2(t) = P_2(t)/\rho_w C_w \end{cases} \qquad (2-2-20)$$

式中:ρ_w 为水的密度;C_w 为水的声速。

由式(2 - 2 - 20)可得靠近壁面处水质点的合速度,即壁面运动速度为

$$U(t) = [P_1(t) - P_2(t)]/\rho_w C_w \qquad (2-2-21)$$

由式(2 - 2 - 19)和式(2 - 2 - 21)或消去 $P_2(t)$,并求得

$$P_r(t) = 2P_1(t) - \rho_w C_w U(t) = 2P_m e^{-t/\theta} - \rho_w C_w U(t) \qquad (2-2-22)$$

式(2 - 2 - 22)说明,水中冲击波对舰体板这样的薄板结构作用时,其冲击波作用压力 $P_r(t)$ 不能仅由入射冲击波大小决定,而与薄板的动力响应速度 $U(t)$ 有关,也就是说必须考虑流固耦合作用。

水中冲击波对薄板作用的流固耦合现象不仅仅表现在冲击波反射压力峰值较刚壁反射压力峰值要减小,而且冲击波反射压力较入射压力的衰减要快得多,正压作用时间将大大减小。图 2 - 2 - 4 所示为运动薄板水中冲击波反射压力曲线示意图。

由图 2 - 2 - 4 可知,在冲击波作用下,薄板运动速度由零开始逐渐增大,当到达 t_c 时刻时,薄板运动速度达到最大值,而冲击波对板的反射作用压力下降为零,即 $P_r(t_c) = 0$;当 $t > t_c$ 时,反射作用压力将变为负值。由于水是不能承受拉力的,因此,在 t_c 时刻水和板将脱离,产生空穴。

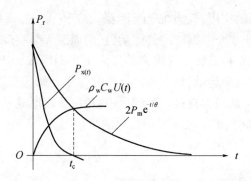

图 2 - 2 - 4　水中冲击波对薄板作用的反射压力曲线示意图

对于有边界约束的舰体板来说,在约束力作用下,其运动将迅速减速,而水介质在空穴的吸引下向前加速运动,当水介质再次与板相接触时,将对板产生第二次冲击加载。实验表明,二次冲击波加载能量的大小与板的厚薄、边界条件、水深等很多因素有关,有时其加载能量比首次冲击波的加载能量还大。图2 - 2 - 5为矩形钢板在水下爆炸冲击波作用下,不同浸水深度对冲击波二次加载的影响[2]。

另外必须指出,冲击波二次加载与气泡二次脉动压力是两种不同的载荷作用,二次加载一般在首次冲击波到达几毫秒到几十毫秒后产生。而气泡二次脉动压力将在首次冲击波到达几百毫秒后才出现。

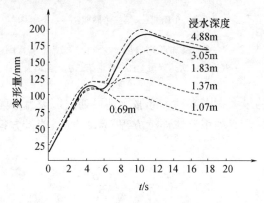

图 2 - 2 - 5　浸水深度对二次加载的影响

2.2.4　水中爆炸气泡的产生与特征参数的计算[2-4]

水中爆炸在产生爆炸冲击波的同时,将产生一个被水介质包围的爆炸产物气体团,一般称为水中爆炸气泡。水中爆炸气泡形成初期是一个高温、高压、高密度气团,在水介质界面稀疏波的作用下,爆炸气泡不断膨胀,其温度、压力和密度也迅速下降。当气泡压力降到水介质环境压力 P_w 时,由于气泡外围水介质向外运动的惯性力的作用,气泡将继续膨胀,并产生负压,该负压对周围水介质具有吸力作用,阻止水介质继续向外运动,直到周围水介质运动速度降到零。此时气泡膨胀到最大直径 D_m,而气泡内的压力小于周围水介质的压力,水介质在负压吸引作用下作反向运动,对气泡进行压缩作用。如此反复,气泡由最小直径膨胀到最大直径,又从最大直径压缩到最小直径,从而形成气泡的脉动作用。图2-2-6为爆炸产物气团半径随时间变化的示意图。

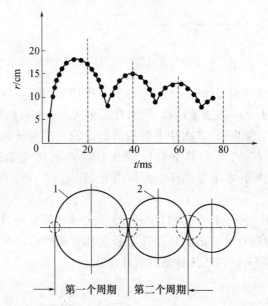

图 2-2-6 爆炸产物气团半径随时间变化示意图
1—气泡第一次达到最大;2—气泡第二次达到最大。

气泡膨胀时的最大膨胀半径和膨胀周期可通过假设流体为不可压缩和无重流体,且仅有径向运动,利用流体连续方程、运动方程、能量方程和绝热方程等可求得,即

$$R_m = R_0 \sqrt{\frac{Q_v \rho_e}{P_w}} \qquad (2-2-23)$$

$$t_m = R_m \sqrt{\frac{2}{3} \frac{\rho_w}{P_w}} \qquad (2-2-24)$$

式中:R_m 为气泡最大膨胀半径;t_m 为气泡膨胀周期;R_0 为装药半径;ρ_e 为炸药密度;Q_v 为炸药爆热;P_w 为爆炸深度水的初始压力;ρ_w 为水的初始密度。

例如,当 1kgTNT 炸药在不大的深度处爆炸时,已知 $Q_v = 4.188 \times 10^6 J$,$\rho_e = 1580kg/m^3$,$P_w = 98070Pa$,$\rho_w = 980.7kg/m^3$,则由式(2-2-23)和式(2-2-24)可求得

$$R_\mathrm{m} = 40.7R_0, t_\mathrm{m} = 0.0816 \times 40.7R_0$$

爆炸为球形时可求得,当 $R_0 = 0.05327\mathrm{m}$ 时,则

$$R_\mathrm{m} = 2.186\mathrm{m}, t_\mathrm{m} = 0.177\mathrm{s}$$

另外,气泡膨胀周期和最大膨胀直径 D_m 可由下列经验公式给出

$$t_\mathrm{m} = K_\mathrm{w} \frac{m_\mathrm{e}^{1/3}}{(H + H_0)^{5/6}} \qquad (2-2-25)$$

$$D_\mathrm{m} = J_\mathrm{w} \frac{m_\mathrm{e}^{1/3}}{(H + H_0)^{1/3}} \qquad (2-2-26)$$

式中:H 为药包浸深,单位为 m;H_0 为大气压头,单位为 m;m_e 为炸药质量,单位为 kg;K_w、J_w 为经验常数,由表 $2-2-3$ 给出。

表 $2-2-3$　爆炸气泡经验常数

炸药类型	J_w	K_w	炸药类型	J_w	K_w
TNT	11.037	2.109	特屈尔	11.256	2.153
泰安	11.702	2.235	HBX-1	12.578	2.404
彭托里特	11.037	2.109	HBX-3	13.682	2.617

对 1kg TNT 炸药在不大的深度处爆炸时,已知 $K_\mathrm{w} = 2.109, J_\mathrm{w} = 7.0, m_\mathrm{e} = 1\mathrm{kg}$,若 $H = 10\mathrm{m}, H_0 = 9.807\mathrm{m}$,则由式($2-2-25$)和式($2-2-26$)可求得

$$t_\mathrm{m} = 0.175\mathrm{s}, D_\mathrm{m} = 2.587\mathrm{m}$$

该结果与式($2-2-23$)和式($2-2-24$)所求值基本一致。

若将水中爆炸产物视为绝热指数 K 为常数的理想气体,则气泡内压 P 与气泡体积 V 之间的关系满足

$$P(V/m_\mathrm{e})^K = A \qquad (2-2-27)$$

式中:m_e 为爆炸产物的质量(即炸药量),单位为 kg;K 为爆炸产物气体的绝热指数,$K = 1.25$;A 为常数,对 TNT 炸药,当 $P < 31\mathrm{MPa}$ 时,$A = 43.86 \times 10^6$,此时,P 的单位为 Pa,V 的单位为 m^3。

2.3　对舰攻击武器威力表征方法和舰船结构抗毁伤设计载荷

2.3.1　对舰攻击武器威力表征方法

由于对舰攻击武器对舰船结构的毁伤作用大多为多种毁伤效应的耦合,因此对舰攻击武器威力的表征是一个十分复杂的问题,为了简化该问题,必须对武

31

器威力按毁伤方式和效应进行分解,从武器对舰船结构毁伤方式的不同方面进行武器威力的表征。

不同武器对舰船结构的毁伤方式,以及攻击威力的表征参数和表征方法可简单由表 2 – 3 – 1 给出。必须指出,武器攻击威力的表征方法是建立在爆炸力学、穿甲力学和破甲力学等理论研究的基础上的,采用当量炸药或穿甲动能的表征方法,实际上包含了采用爆炸力学和穿甲力学理论来定量确定攻击威力表征参数,从而确定对目标的毁伤载荷及对具体目标的毁伤效果。

表 2 – 3 – 1　主要武器对舰船结构的毁伤方式和威力表征

武器类型	主要毁伤方式	威力表征参数	威力表征方法
爆破型导弹战斗部	冲击波	超压峰值 P_m	爆能:TNT 当量 × 装药量
		正压作用时间 t_+	
半穿甲导弹战斗部	穿甲侵彻	弹体质量 M	侵彻动能:$V_0 = Mv^2/2$
		弹体速度 v	
	冲击波	超压峰值 P_m	爆能:TNT 当量 × 装药量
		正压作用时间 t_+	
鱼雷、水雷战斗部	水中冲击波	超压峰值 P_m	冲击波能:TNT 当量 × 装药量
		正压作用时间 t_+	
	气泡和气泡脉动	气泡半径 R	气泡能:TNT 当量 × 装药量
		气泡脉动周期 t	
爆炸破片	穿甲侵彻	破片质量 m	侵彻动能:$V_0 = mv^2/2$
		破片速度 v	
聚能破甲导弹战斗部	射流破甲	射流速度 v	侵彻能流密度
		射流直径 d	
	冲击波	超压峰值 P_m	爆能:TNT 当量 × 装药量
		正压作用时间 t_+	

2.3.2　舰船结构抗毁伤能力的设计载荷

一般情况下,由于舰船用途和吨位大小的不同,舰船对抗爆炸毁伤能力的设计要求是不同的,3.2.1 节给出了舰船结构典型目标类型的划分。所谓舰船结构抗毁伤能力的设计载荷,就是对舰船结构抗爆炸毁伤能力进行评价和评估所选取的标准设计载荷。

目前,我国水面舰船上层建筑设计中,对其核爆炸作用下的抗毁伤能力有明确的设计要求,即对于驱逐舰和护卫舰,要求其上层建筑结构能抵御 60kPa ~ 70kPa 冲击超压的作用,该设计要求是在大量核试验和上层建筑结构实际可能实现的基础上提出的,其科学性和合理性都是相对的,该标准设计载荷应该随着设计水平和科学技术的发展而不断完善。下面将针对不同舰船类型和不同毁伤方式,给出舰船结构抗爆炸毁伤能力的设计载荷。虽然该设计载荷是在大量的舰船结构抗爆性能研究的基础上给出的,但其科学性和系统性还有待进一步完善。

1. 无防护或轻型防护水面舰船结构抗水下接触爆炸毁伤的设计载荷

由于水下接触或近距爆炸攻击多为鱼雷攻击,驱护舰等无防护或轻型防护舰船的船体结构必然要产生破口毁伤,因此其抗毁伤能力应该体现为船体结构破损后保持其总纵剩余强度的能力。若假设设计载荷强度与舰船的排水量成正比,考虑到4000t级驱逐舰在500kgTNT当量炸药接触爆炸作用下,其舰体结构破损剩余强度应能保证舰船在一定级别风浪下漂浮,因而取舰船结构抗水下接触或近距爆炸毁伤的设计载荷为:在舰船船体中部50%范围内水下任意位置经受 TNT 当量炸药量为 M_{e1} 的标准装药战斗部攻击的情况下,舰船结构破损剩余强度仍能保证舰船在一定级别海况下不产生折断破坏,其中 m_{e1} 由式(2-3-1)确定。对于排水量较大的舰船,当 m_{e1} 大于一般鱼雷装药时,可认为是多枚鱼雷的攻击。

$$m_{e1} = c_1 \Delta \qquad (2-3-1)$$

式中:Δ 为舰船正常排水量;c_1 为比例系数,建议取 $c_1 = (0.8 \sim 1.2) \times 10^{-4}$。

2. 舰船水下舷侧防雷舱结构抗水下接触爆炸毁伤的设计载荷

由于有重型装甲防护的大型舰船才设置水下舷侧防雷舱结构,因此该类舰船在水下舷侧鱼雷接触爆炸作用下,其抗毁伤能力的要求主要是能保证防雷舱以内舱室的水密性。同样假设设计载荷强度与舰船排水量成正比,可取防雷舱结构抗水下接触爆炸毁伤的设计载荷为:在舰船防雷舱设置范围内任意位置经受 TNT 当量炸药量为 m_{e2} 的战斗部攻击的情况下,舰船防雷舱结构能保证其内部舱室的水密性,其中 m_{e2} 由下式确定

$$m_{e2} = c_2 \Delta \qquad (2-3-2)$$

式中:Δ 为舰船正常排水量;c_2 为比例系数,建议取 $c_2 = (0.8 \sim 1.2) \times 10^{-5}$。

3. 无防护或轻型防护水面舰船结构抗水下非接触爆炸冲击波毁伤的设计载荷

舰船结构在非接触爆炸作用下的毁伤程度不仅与爆炸载荷强度有关,还与爆炸距离有关,因而可采用爆炸力学的分析方法,引进爆炸比例距离的概念,即 $\overline{R} = R / \sqrt[3]{m_e}$,其中 R 为爆炸源至目标的距离,m_e 为爆炸 TNT 当量炸药量。由爆炸力学知识可知,当 $\overline{R}$ 相同时,作用于目标的冲击波压力相同,$\overline{R}$ 越大,冲击波峰值压力越小。假设舰船结构抗水下非接触爆炸冲击波毁伤的能力与舰船无量纲主尺度成正比,即

$$\frac{m_e^{1/3}}{R} = \frac{\Delta^{1/3}}{A} \qquad (2-3-3)$$

式中:Δ 为舰船正常排水量;A 为长度量纲的特征常数。

对于水下非接触爆炸,大多数为水雷的爆炸作用,作为设计载荷,可以先确定爆炸药量 m_e 的值,并假设取 $m_e = 1000\text{kg}$,则舰船结构抗水下非接触爆炸冲击波毁伤的设计载荷可定义为毁伤特定爆距 R_i,由下式给出

$$R_i = A_i \left(\frac{m_e}{\Delta}\right)^{1/3} \qquad (2-3-4)$$

式中:$i = 1,2,3$,R_1 为安全半径,R_2 为临界半径或称许用半径,R_3 为破坏半径;$A_i(i = 1,2,3)$ 为三种半径对应的特征常数。当 R_i 和 A_i 以 m 为单位,$m_e = 1000\text{kg}$ 时,建议可取 $A_1 = 800\text{m} \sim 1000\text{m}$,$A_2 = 300\text{m} \sim 400\text{m}$,$A_3 = 150\text{m} \sim 200\text{m}$。这里给出上述三个特定爆距的毁伤程度定义:

(1)安全半径是指在该爆炸距离上爆炸时,舰船结构的塑性变形很小,不会对舰船结构强度产生任何影响,并可定义其最大中面塑性应变小于 0.1%,或板格残余挠曲变形小于短边跨距的 0.2%。将安全半径定义为有少量塑性变形时的爆距,将更具有工程运用价值,大量研究表明,无塑性变形的爆距太远,使舰船的不安全范围变得很大,与实际不符。

(2)临界半径是指在该爆炸距离上爆炸时,舰船结构的塑性变形量不会引起舰船结构出现开裂破坏,并可定义其最大中面塑性应变小于 8%,或残余挠曲变形小于短边跨距的 15%。

(3)破坏半径是指在小于该爆炸距离爆炸时,舰船结构将可能产生大范围断裂或花瓣开裂破口,并可定义其最大中面塑性为 20%,或由船体材料的极限塑性应变确定。

4. 无防护或轻型防护水面舰船结构抗空中爆炸毁伤的设计载荷

空中爆炸对舰船的作用一般是指导弹或炸弹的爆炸攻击。由于目前对舰导弹或炸弹多以接触爆炸或穿入舰体后内部爆炸为主,因此,其对舰船结构的毁伤作用都会产生较大的破口,同抗水下接触爆炸毁伤的设计载荷一样,可将其定义为:在舰船中部 50% 范围内,舷侧或舱内任意位置经受 TNT 当量炸药量 m_e 的装药战斗部攻击的情况下,舰船结构破损剩余强度仍能保证舰船在一定级别海况下不产生折断破坏,其中导弹或炸弹装药量 m_{e3} 可由式(2-3-5)确定,当舰船排水量较大时,m_{e3} 大于对舰导弹或炸弹装药量时,可认为是多枚导弹或炸弹的攻击。

$$m_{e3a} = c_{3a}\Delta \quad \text{或} \quad m_{e3b} = c_{3b}\Delta \qquad (2-3-5)$$

式中:Δ 为舰船正常排水量;c_{3a} 为舱内爆炸比例系数;c_{3b} 为舷外爆炸比例系数,考虑到排水量 4000t 级舰船应能承受装药量为 150kgTNT 当量战斗部舱内爆炸的攻击,建议取 $c_{3a} = (3 \sim 4) \times 10^{-5}$,而舷外空中爆炸的威力较小,建议取 $c_{3b} = 3c_{3a}$。

5. 潜艇结构抗水下爆炸冲击波毁伤的设计载荷

对于双层壳潜艇结构而言,鱼雷、水雷对潜艇攻击时,潜艇耐压壳体结构主要承受非接触爆炸冲击波的作用,因此潜艇结构抗水下爆炸毁伤的设计载荷是由爆距 R 和炸药量 m_e 来确定的。与水面舰船非接触爆炸冲击波毁伤设计载荷类似,在确定攻击武器爆炸 TNT 当量炸药量 m_e 的情况下,潜艇抗水下爆炸冲击波毁伤设计载荷可定义为毁伤特定爆距 R_i,由下式确定

$$R_i = B_i \left(\frac{m_e}{\Delta}\right)^{1/3} \qquad (2-3-6)$$

式中:$i = 1,2,3$,R_1 为安全半径,R_2 为临界半径,R_3 为破坏半径,三个半径的定义同前;B_i 为潜艇耐压壳体在非接触爆炸冲击波作用下毁伤设计载荷(特定爆距)R_i 的对应特征常数。若 R_i 和 B_i 以 m 为单位,$m_e = 1000\text{kg}$,则可取 $B_1 = 300\text{m} \sim 400\text{m}$,$B_2 = 50\text{m} \sim 60\text{m}$,$B_3 = 30\text{m} \sim 40\text{m}$;若 $m_e = 100\text{kg}$,则可取 $B_1 = 500\text{m} \sim 600\text{m}$,$B_2 = 220\text{m} \sim 250\text{m}$,$B_3 = 100\text{m} \sim 120\text{m}$。

6. 轻型装甲防护舰船结构抗破片侵彻毁伤的设计载荷

轻型装甲防护舰艇一般是指驱护舰等中小型舰艇,舰艇内部重要舱室轻型装甲防护结构的主要防御目标是导弹或炸弹爆炸产生的高速破片。目前一般的做法是首先对不同侵彻毁伤能力的攻击破片进行等级划分,轻型装甲根据防御不同等级的攻击破片,再将其划分为不同防护等级的装甲结构。

根据战斗部爆炸破片不同类型、破片初始速度(一般为 2000m/s)、破片质量分布以及破片在空气中运动的速度衰减规律等研究成果,轻型装甲防护结构抗破片侵彻毁伤的设计载荷建议采用以下三个毁伤载荷等级的破片类型:

一级侵彻毁伤破片为钢质破片模拟弹(图 2-3-1 和图 2-3-2):速度 $v = 1800\text{m/s}$,质量 $m = 10\text{g}$;或 $v = 1200\text{m/s}$,质量 $m = 26\text{g}$。

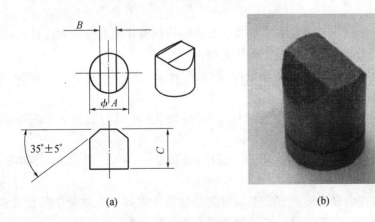

(a)   (b)

图 2-3-1　破片模拟弹(FSP)结构
(a) 示意图;(b) 实物照片。

二级侵彻毁伤破片为钢质破片模拟弹(图2-3-1和图2-3-2):速度$v = 1500\text{m/s}$,质量$m = 10\text{g}$;或$v = 1000\text{m/s}$,质量$m = 26\text{g}$。

三级侵彻毁伤破片为立方体钢质破片:速度$v = 1200\text{m/s}$,质量$m = 3.3\text{g}$。

对于轻型装甲防护而言,其防护的对象都是舰船局部重要舱室和重要部位,轻型装甲的防护等级与舰船的吨位和舰船的设计思想有关,但是,一旦轻型装甲的防护等级确定后无论舰船吨位大小如何,相同的装甲防护等级,其装甲防护结构的抗毁伤设计载荷是一样的。

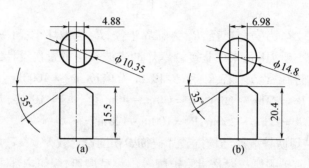

图2-3-2　破片模拟弹(FSP)几何尺寸

(a) 10.0g;(b) 26.0g。

7. 大型舰船装甲防护结构抗破片侵彻和爆炸冲击波毁伤的设计载荷

大型舰船一般是指排水量2万t以上的舰艇,如航空母舰等。由于大型舰船可以为装甲防护结构提供较大的重量和空间,因此较轻型装甲防护舰船而言,其内部重要舱室装甲防护结构可以采用较重的装甲防护结构形式,并称为重型装甲防护结构。大型舰船重型装甲防护结构抗毁伤的设计载荷可以大大提高,其防御目标是导弹战斗部在1m～5m距离上近炸作用下的破片侵彻和爆炸冲击波毁伤。

大型舰船内部重要舱室重型装甲防护结构抗破片侵彻毁伤的设计载荷建议采用以下三个载荷毁伤等级的破片类型:

一级侵彻毁伤破片为钢质破片模拟弹(图2-3-1):速度$v = 2000\text{m/s}$,质量$m = 100\text{g}$。

二级侵彻毁伤破片为钢质破片模拟弹(图2-3-1):速度$v = 1800\text{m/s}$,质量$m = 80\text{g}$。

三级侵彻毁伤破片为钢质破片模拟弹(图2-3-1):速度$v = 1800\text{m/s}$,质量$m = 50\text{g}$。

大型舰船内部重要舱室重型装甲防护结构抗爆炸冲击波毁伤的设计载荷,建议采用200kg TNT当量的导弹战斗部在1m、3 m、5m三个距离上的爆炸冲击波毁伤载荷等级。

第3章 舰船结构抗毁伤能力的评价方法

3.1 概 述

舰船结构的抗毁伤能力虽然是其固有的一种能力,但其评价方法确实是一项十分复杂的科学问题。舰船结构抗毁伤能力评价方法所涉及的主要问题有以下几个方面:

(1)舰船结构抗毁伤能力的表征参数。舰体是一个复杂的结构物,为了描述舰船结构的抗毁伤能力,首先必须要对其毁伤程度进行描述,确定舰船典型结构被毁伤的主要形式、毁伤程度表征的主要参数和方法,同时要考虑舰船结构毁伤程度与典型毁伤载荷之间的相互关系,从而确定舰船结构抗毁伤能力的表征参数。

(2)对舰攻击武器威力的表征方法和舰船结构抗毁伤能力的设计载荷。对舰攻击武器种类很多,其对舰船结构的毁伤方式也各不相同,因此,为了描述舰船结构的抗毁伤能力,必须要对武器威力进行描述,确定对舰攻击武器威力的表征参数、毁伤的主要方式和毁伤威力的表征方法(见2.3.1节)。在研究舰船结构目标的毁伤表征和对舰攻击武器威力表征以后,应确定不同舰船结构目标分别应该抵抗何种威力武器及其毁伤载荷的作用,并针对不同舰船结构目标分别给出其抗毁伤能力的设计或评估载荷(见2.3.2节)。

(3)舰船结构抗毁伤能力的表征方法和评价衡准。舰船结构抗毁伤能力的表征方法和评价衡准是在舰船结构抗毁伤能力表征参数确定性计算和武器攻击威力定量描述的基础上,通过对舰船结构抗毁伤能力表征参数值与舰船结构毁伤程度的相关性分析和舰船结构抗毁伤结构完好性等级与抗毁伤能力表征参数阈值的对应关系分析,确定不同类型舰船结构在不同类型毁伤载荷作用下抗毁伤结构完好性等级的划分与描述、舰船结构抗毁伤能力的表征参数与阈值等,从而实现舰船结构抗毁伤能力的定量表征和评价衡准。

3.2 舰船结构毁伤形式和抗毁伤能力表征参数

对舰船结构抗毁伤能力进行科学的表征是很难做到的,其完善程度和实现途径的科学性只能是相对的。基于作者对该问题的研究和理解,我们认为舰船结构典型目标类型的划分、舰船结构毁伤形式的分类、舰船结构抗毁伤能力表征参数和舰船结构毁伤程度表征方法的确定是构成舰船结构抗毁伤能力表征方法的重要方面。

3.2.1 舰船结构典型目标类型的划分

为了更科学地评价舰船结构的抗毁伤能力,通常应对舰船结构不同目标类型进行划分。从抗毁伤能力的角度,可将舰船结构分为无装甲防护的舰船结构、轻型装甲防护舰船结构和重型装甲防护舰船结构,可简称为无防护结构、轻型防护结构和重型防护结构三大类:

(1) 无装甲防护结构是指舰船结构的设计没有考虑各种攻击武器的直接或间接(二次杀伤)毁伤作用,而是单纯以自然环境载荷作为设计依据。

(2) 轻型装甲防护舰船结构是指舰船结构的设计专门考虑了对舰攻击武器在一定条件下的爆炸毁伤载荷作用,并对舰船结构进行了专门的加强。如驱逐舰的上层建筑结构要求能承受 60kPa ~ 70kPa 的核爆炸冲击波超压作用;猎扫雷舰船船体结构要求能承受 1000kgTNT 当量炸药在 50m 距离上的水下爆炸作用而无破损;舰船重要舱室设置轻型复合装甲结构,以抵御导弹攻击爆炸所产生的一定距离上爆炸破片的二次杀伤等。

(3) 重型装甲防护舰船结构是指舰船结构的设计是针对典型对舰攻击武器的直接攻击而进行的。在典型武器攻击下舰船重型装甲防护结构能保证限制毁伤范围和程度,尽量减少对舰船的战斗力和生命力的影响。如航空母舰的水下防雷舱结构,在鱼雷直接命中下,其破损应不会影响动力舱室的安全;航空母舰水上舷侧防护结构应保证在导弹攻击下其保护的内部舱室不会受到冲击波和破片的攻击等。

无论是轻型装甲防护舰船结构,还是重型装甲防护舰船结构,都是针对有防护部分的舰船结构而言,并不是整个舰船所有结构都有这样的防护结构。另外,轻型或重型防护结构一般都是指舰船局部防护结构,但也有进行舰船总体强度结构防护的,如大型驱逐舰设置抗爆箱型纵桁,以保证在各种武器爆炸作用下舰船具有足够的舰体总纵强度或总纵剩余强度。

3.2.2 舰船结构毁伤形式的分类

舰船结构的抗毁伤能力,不仅与其结构的防护程度有关,而且与其结构的毁伤形式密切相关。例如,对于抗弹丸侵彻能力很强的陶瓷复合装甲结构,其抗爆炸冲击波毁伤的能力可能就很弱。

舰船结构毁伤形式与武器毁伤载荷形式有关,根据对舰攻击武器的毁伤载荷形式,可将舰船结构毁伤形式分为以下几种类型:

(1) 爆炸冲击波载荷造成的水面舰船结构总纵强度毁伤。该舰船结构毁伤形式是由爆炸冲击波载荷直接引起舰船结构总纵弯曲动响应而造成的总纵强度毁伤。引起舰船结构产生总纵强度毁伤的主要载荷形式有空中核爆炸冲击波超压、水下大药量中近距离爆炸冲击波、水下爆炸冲击波和气泡脉动压力作用下舰船产生鞭状运动,以及底部水下爆炸产生的冲击振动与爆炸气泡膨胀产生负压区使舰船产生中垂状态的叠加作用(简称近场气泡作用)等。舰船结构总纵强度毁伤严重时将直接造成舰船结构的纵向折断破坏。

(2)爆炸破损造成的水面舰船结构破损总纵剩余强度毁伤。在对舰攻击武器接触爆炸作用下(如空中爆炸或水下爆炸在舰体附近或接触舰体发生时),舰船结构将产生较大的破口,造成水面舰船结构总纵强度损失。当舰船破损剩余强度不足时,在自然环境载荷作用下,舰船结构可能产生总纵弯曲破坏。该毁伤形式是由于舰船结构的局部直接毁伤而引起舰船结构间接的总体毁伤,对于总强度而言,是属于舰船结构破损剩余强度问题。

(3)爆炸冲击波载荷造成的潜艇耐压壳体总体动力失稳毁伤和剩余强度毁伤。潜艇在深水状态下,再受到水下爆炸冲击波的作用,极易产生耐压壳体的总体动力失稳破坏。或者在水下爆炸冲击波作用下潜艇耐压壳体产生失稳变形损伤后,造成耐压船体剩余强度毁伤。

(4)爆炸大变形造成的潜艇耐压壳体结构耐压强度毁伤。在近距水下爆炸冲击波作用下,潜艇耐压壳体由于局部塑性动力响应或局部动力失稳将产生较大的挠曲变形,从而导致潜艇耐压壳体的极限下潜深度大大减小,造成潜艇结构的耐压强度毁伤。

(5)近距或接触爆炸作用下水面舰船结构局部破损毁伤。空中爆炸或水下爆炸在舰体附近或接触舰体发生时,水面舰船结构将产生局部区域的破口,从而造成舰船结构的局部破损毁伤。局部结构破损毁伤的后果主要是造成舰船进水和浮力损失,以及舰船结构总纵剩余强度的损失。

(6)非接触爆炸作用下水面舰船结构局部塑性变形毁伤。空中或水下非接触爆炸冲击波作用下,舰船局部结构大多产生塑性动力响应,从而造成舰船结构的局部塑性变形或塑性动力失稳毁伤。局部结构塑性变形毁伤的后果主要有:引起内部安装的设备、轴系、管系等的破坏,以及水面舰船结构总纵剩余强度或潜艇耐压壳体耐压强度的损失。

(7)高速弹丸或破片作用下舰船结构的局部侵彻毁伤。在穿甲或半穿甲弹(导弹、炸弹等)、聚能爆炸射流、聚能爆炸射弹、爆炸产生的破片等高速物撞击下,将使舰船结构产生局部穿孔或花瓣开裂毁伤,该毁伤破坏将引起毁伤载荷对该结构内部人员、设备和其他结构的进一步毁伤作用,并可能与爆炸冲击波载荷叠加,对结构产生进一步的毁伤作用。

3.2.3 舰船结构抗毁伤能力的表征参数

根据舰船结构毁伤类型,可分别采用最能表征其抗毁伤特征的参量来表述舰船结构的抗毁伤能力,则该参量称为舰船结构抗毁伤能力的表征参数。

1. 舰船结构总纵强度抗毁伤能力表征参数

无论是水面舰船还是潜艇,是有装甲防护舰船结构还是无装甲防护舰船结构,舰船结构总纵强度抗毁伤能力表征参数都可以采用舰船船体梁的相对极限抗力$\overline{M}$来表示,即

$$\overline{M}_i = \frac{M_{ui}}{M_{qi}} \qquad (3-2-1)$$

式中:M_{ui}为计算状态对应的船体梁计算剖面弹性极限弯矩值;M_{qi}为船体梁计算剖面所受静、动外力合成作用弯矩的最大设计值。

式(3-2-1)中,M_{ui}根据毁伤形式是爆炸冲击直接造成舰船结构总纵强度毁伤还是爆炸破损造成舰船结构剩余总纵强度毁伤的不同,其内涵是不同的,i值分别为 1 和 2,M_{u1}为完好船体梁的弹性极限弯矩值,又根据计算状态的不同,分为中拱状态极限弯矩和中垂状态极限弯矩;M_{u2}为破损船体梁的剩余弹性极限弯矩值。

式(3-2-1)中,$M_{qi}(i=1$ 或 2)根据舰船结构毁伤形式的不同,其计算公式也是不同的,对于爆炸冲击直接造成舰船结构总纵强度毁伤

$$M_{q_1} = \max\{M_{s_1} + M_{w_1} + M_{d_1}\} \qquad (3-2-2)$$

式中:M_{s_1}为完好舰船静水弯矩值;M_{w_1}为完好舰船设计波高下波浪附加弯矩值或气泡载荷附加弯矩值;M_{d_1}为爆炸冲击引起的最大设计冲击振动弯矩值。

对于爆炸破损造成舰船结构剩余总纵强度毁伤

$$M_{q_2} = \max\{M_{s_2} + M_{w_2} + M_{d_2}\} \qquad (3-2-3)$$

式中:M_{s_2}为破损舰船静水弯矩值;M_{w_2}为破损舰船设计波高下的波浪附加弯矩;M_{d_2}为破损舰船设计航速下的波浪砰击振动弯矩值。上述舰船结构总纵强度抗毁伤能力表征参数的具体计算方法可见第 6 章。

2. 潜艇耐压船体总体耐压强度抗毁伤能力表征参数

潜艇耐压船体总体耐压强度毁伤一般都是产生总体失稳破坏。无论是爆炸冲击直接引起的耐压船体总体失稳,还是爆炸大变形引起的潜艇耐压船体总体失稳,其耐压强度抗毁伤能力都可以用耐压船体相对极限承压抗力$\overline{P}_i$来表示,其中 $i=1$ 为完整耐压船体相对极限承压抗力,$i=2$ 为受损耐压船体相对剩余极限承压抗力,其表达式为

$$\overline{P}_i = \frac{P_{ci}}{P_{qi}} \qquad (3-2-4)$$

式中:P_{ci}为耐压船体极限承压等效抗力,$i=1$ 或 2,其中 P_{c_1}为计算状态(可取潜艇工作潜深)耐压船体抗动力失稳的冲击波等效临界超压值,P_{c_2}为爆炸大变形受损状态下,耐压船体剩余抗失稳临界压力值;P_{qi}为耐压船体所受毁伤载荷,$i=$

1或2,其中P_{q1}为计算状态(可取潜艇工作潜深)耐压船体所受冲击波设计等效超压,P_{q2}为受损耐压船体所受设计极限潜深静水压力。

3. 舰船结构抗局部破损毁伤能力表征参数

舰船结构局部破损抗毁伤能力可通过相对破口抗力和相对破深抗力两个参数来表征,对于无装甲防护或轻型装甲防护舰船,局部破损毁伤只需用相对破口抗力一个表征参数,而对于重型装甲防护舰船,则需要用上述两个表征参数。

相对破口抗力$\overline{D}$可表示为

$$\overline{D} = D_0/D_{\mathrm{m}} \qquad\qquad (3-2-5)$$

式中:D_0为水面舰船或潜艇设计特征破口直径,通常取不会造成舰船因浮力损失而沉没的最大破口长度或平均水密舱室长度;D_{m}为舰船在近炸或接触爆炸设计载荷作用下所产生的破口最大直径。

相对破深抗力$\overline{d}$可表示为

$$\overline{d} = d_0/d_{\mathrm{m}} \qquad\qquad (3-2-6)$$

式中:d_0为舰船防护结构设计防护纵深;d_{m}为舰船在设计载荷作用下攻击部位内部非破裂结构至外板的最小距离。

4. 舰船结构抗局部塑性变形毁伤能力表征参数

在非接触爆炸载荷作用下,舰船结构的典型毁伤形式是局部壳板或板架的塑性变形,对于潜艇环肋圆柱壳结构或水面舰船舷部凸面加筋结构有可能产生局部失稳塑性变形。舰船结构局部塑性变形抗毁伤能力的表征参数通常采用相对挠曲变形抗力或相对中面塑性应变抗力。

相对挠曲变形抗力$\overline{W}$可表示为

$$\overline{W} = W_0/W_{\mathrm{m}} \qquad\qquad (3-2-7)$$

式中:W_0为水面舰船或潜艇设计特征挠度值;W_{m}为板或板架在设计载荷作用下其中部产生的最大残余挠度值。

相对中面塑性应变抗力$\overline{\varepsilon}$可表示为

$$\overline{\varepsilon} = \varepsilon_0/\varepsilon_{\mathrm{m}} \qquad\qquad (3-2-8)$$

式中:ε_0为水面舰船或潜艇设计特征中面塑性应变值;ε_{m}是指板的中面或板架的板中面在设计载荷作用下产生的最大塑性应变值。在一定变形模式假设下,中面最大塑性应变ε_{m}与最大残余挠度值W_{m}是一一对应关系,即$\varepsilon_{\mathrm{m}} = f(W_{\mathrm{m}})$是单调函数。

5. 舰船结构抗局部侵彻毁伤能力表征参数

舰船结构在高速动能侵彻体作用下的抗毁伤能力可以采用舰船结构耗能相对侵彻抗力参数来表征,舰船结构耗能相对侵彻抗力$\overline{E}$可表示为

$$\bar{E} = W/V_0 \qquad\qquad (3-2-9)$$

式中:W 为舰船结构抗侵彻体设计可损耗的总能量,包括塑性变形耗散功、断裂表面耗散功以及其他能量吸收功;V_0 为设计侵彻体的初始动能,并可表示为

$$V_0 = m_0 v_0^2/2 \qquad\qquad (3-2-10)$$

式中:m_0 为设计侵彻体初始质量;v_0 为设计侵彻体初始速度。

另外,舰船结构局部侵彻毁伤表征参数还可以采用相对侵彻速度抗力 $\bar{v}$ 来描述,并可表示为

$$\bar{v} = v_{50}/v_0 \qquad\qquad (3-2-11)$$

式中:v_{50} 为舰船结构局部抗设计侵彻体侵彻的设计背板极限速度;v_0 为设计侵彻体初始速度。

事实上,舰船结构抗毁伤能力表征参数的定量计算是一个涉及对舰攻击武器威力、舰船结构抗毁伤能力设计载荷、舰船结构抗毁伤结构完好性等级的参数阈值以及舰船结构毁伤响应计算等的复杂问题。

3.3 舰船结构抗毁伤能力的表征方法和评价衡准

舰船结构抗毁伤能力的表征方法和评价衡准是舰船结构毁伤力学的基本问题之一,它与舰船结构毁伤载荷及其计算方法、舰船结构在毁伤载荷作用下的响应计算方法共同构成了舰船结构毁伤力学的理论体系。

舰船结构抗毁伤能力的表征方法和评价衡准是舰船结构在毁伤载荷作用下的强度标准问题。由于对舰攻击武器威力存在着巨大的差异,且现有舰船结构在抗毁伤能力方面仍然是非常有限度的,因此舰船结构抗毁伤能力的好坏或是否满足要求,仅仅是一个相对的概念,是相对于设计载荷而言的。为了科学地建立舰船结构抗毁伤能力的表征方法和评价衡准体系,应该在前面论述的舰船结构抗毁伤能力表征参数的基础上,针对毁伤载荷的不同毁伤方式,首先建立舰船结构抗毁伤结构完好性的不同等级标准,并用抗毁伤能力表征参数处于相应的抗毁伤结构完好性等级的方法来确定舰船结构抗毁伤能力的表征方法和评价衡准。

3.3.1 舰船结构抗毁伤结构完好性等级划分

一般而言,舰船结构的抗毁伤结构完好性等级可分为三级,即基本完好、部分毁伤和完全毁伤。对于不同的毁伤载荷和毁伤方式,以及不同的舰船结构,其结构完好性等级的内涵是完全不同的。例如,对于舰船总体强度而言,"完全毁伤"意味着舰船结构毁伤后不具备保持漂浮状态的能力;而局部结构变形程度"完全毁伤"仅是指该局部结构将产生开裂毁伤;又例如局部防护结构"完全毁伤"仅是指该局部防护结构未能对所防护的目标(舱室或部位)起到应有的防护

效果,使被防护目标遭到破坏。下面从一般意义上对舰船结构抗毁伤结构完好性的等级作出标准定义:

(1) 结构基本完好:在毁伤作用后,该结构实现了设计抗毁伤能力的功能,并仍然具备实现设计抗毁伤能力的功能。

(2) 结构部分毁伤:在毁伤作用后,该结构实现了设计抗毁伤能力的功能,并仍然具备实现部分设计抗毁伤能力的功能。

(3) 结构完全毁伤:在毁伤作用后,该结构未能实现设计抗毁伤能力的功能,或者完全不具备继续实现设计抗毁伤能力的功能。

结构部分毁伤又可根据毁伤后具备部分实现设计抗毁伤能力的比例,进一步分为三个抗毁伤结构的完好性子等级,即:轻度毁伤,具备 70% 以上的设计抗毁伤能力;中度毁伤,具备 30% ~ 70% 设计抗毁伤能力;重度毁伤,具备 30% 以下设计抗毁伤能力。

必须指出,并不是所有的毁伤形式和所有的结构功能都具有三级抗毁伤结构完好性等级和三个抗毁伤结构的完好性子等级,有的毁伤只有三级抗毁伤结构完好性等级,如装甲防护结构在弹丸或破片侵彻作用下的毁伤问题等就是如此。

3.3.2 舰船结构抗毁伤能力表征参数阈值及其完好性等级

根据舰船结构不同类型的毁伤形式,分别对舰船结构抗毁伤能力表征参数阈值及其与结构完好性等级之间的关系进行阐述。必须指出,下述结构完好与否,是根据舰船结构抗毁伤结构完好性等级定义确定的,并非指结构受毁伤载荷作用后该处结构的完好与否。

1. 水下爆炸载荷造成的水面舰船结构总纵强度毁伤

水面舰船结构该类抗毁伤能力的表征参数是船体梁相对极限抗力 $\overline{M}_1$,并由式(3-2-1)确定。当舰船在水下接触爆炸设计载荷作用下,或在水下非接触爆炸破坏半径的设计载荷作用下,舰船船体梁相对极限抗力 $\overline{M}_1$ 的建议阈值及其与结构完好性等级之间的关系如表 3-3-1 所列。该阈值的确定主要考虑完好舰船结构的强度储备和舰船结构的塑性强化等因素。

表 3-3-1 船体梁相对极限抗力阈值及其结构完好性等级

抗毁伤结构完好性等级		船体梁相对极限抗力 $\overline{M}_1$ 的阈值
结构基本完好		$\overline{M}_1 \geq 1.5$
结构部分毁伤	轻度毁伤	$1.3 \leq \overline{M}_1 < 1.5$
	中度毁伤	$1.0 \leq \overline{M}_1 < 1.3$
	重度毁伤	$0.8 \leq \overline{M}_1 < 1.0$
结构完全毁伤		$\overline{M}_1 < 0.8$

2. 水下爆炸冲击波载荷造成的潜艇耐压船体的总体动力失稳毁伤

潜艇耐压船体该类抗毁伤能力的表征参数是耐压船体相对极限承压抗力 $\overline{P}_1$，并由式（3-2-4）确定。当潜艇在水下非接触爆炸破坏半径的设计载荷作用下，潜艇耐压船体相对极限承压抗力 $\overline{P}_1$ 的建议阈值及其与结构完好性等级之间的相互关系如表3-3-2所列。

表3-3-2　潜艇耐压船体相对极限承压抗力阈值及其结构完好性等级

抗毁伤结构完好性等级		耐压壳体相对极限抗力 $\overline{P}_1$ 的阈值
结构基本完好		$\overline{P}_1 \geqslant 1.5$
结构部分毁伤	轻度毁伤	$1.3 \leqslant \overline{P}_1 < 1.5$
	中度毁伤	$1.1 \leqslant \overline{P}_1 < 1.3$
	重度毁伤	$1.0 \leqslant \overline{P}_1 < 1.1$
结构完全毁伤		$\overline{P}_1 < 1.0$

3. 爆炸破损造成的水面舰船剩余总纵强度毁伤

水面舰船结构该类抗毁伤能力的表征参数是破损船体梁相对剩余极限抗力 $\overline{M}_2$，并由式（3-2-1）确定。当舰船在水下接触爆炸设计载荷作用下，或水面以上舱内或舷外接触爆炸设计载荷作用下时，舰船破损船体梁相对剩余极限抗力 $\overline{M}_2$ 的建议阈值及其与结构完好性等级之间的相互关系如表3-3-3所列。表3-3-3与表3-3-1中各毁伤等级对应阈值的取值不同，主要是考虑破损船体结构存在破口开裂和裂纹扩展问题。

表3-3-3　破损船体梁相对剩余极限抗力阈值及其结构完好性等级

抗毁伤结构完好性等级		破损船体梁相对剩余极限抗力 $\overline{M}_2$ 的阈值
结构基本完好		$\overline{M}_2 \geqslant 1.5$
结构部分毁伤	轻度毁伤	$1.3 \leqslant \overline{M}_2 < 1.5$
	中度毁伤	$1.1 \leqslant \overline{M}_2 < 1.3$
	重度毁伤	$1.0 \leqslant \overline{M}_2 < 1.1$
结构完全毁伤		$\overline{M}_2 < 1.0$

4. 爆炸大变形造成的潜艇耐压船体剩余总体耐压强度毁伤

潜艇耐压船体该类抗毁伤能力的表征参数是受损耐压船体相对剩余极限承压抗力 $\overline{P}_2$，并由式（3-2-4）确定。当潜艇结构在水下非接触爆炸破坏半径或临界半径的设计载荷作用下时，潜艇耐压船体受损变形后的相对剩余极限承压抗力$\overline{P}_2$的建议阈值及其与结构完好性等级之间的相互关系如表3-3-4所列。

表3-3-4 受损耐压船体相对剩余极限承压抗力阈值及其结构完好性等级

抗毁伤结构完好性等级		受损耐压船体相对剩余极限承压抗力阈值
结构基本完好		$\overline{P}_2 \geqslant 1.5$
结构部分毁伤	轻度毁伤	$1.3 \leqslant \overline{P}_2 < 1.5$
	中度毁伤	$1.1 \leqslant \overline{P}_2 < 1.3$
	重度毁伤	$1.0 \leqslant \overline{P}_2 < 1.1$
结构完全毁伤		$\overline{P}_2 < 1.0$

5. 近距或接触爆炸作用下舰船结构的局部破损毁伤

由于局部破损毁伤除了造成船体总纵强度毁伤(该类毁伤已在破损船体梁相对剩余极限抗力中进行了研究)之外,其主要后果是造成舰船进水和浮力损失,舰船结构该类抗毁伤能力的表征参数是船体或耐压船体相对破口抗力$\overline{D}$或相对破深抗力$\overline{d}$,其表达式分别由式(3-2-5)和式(3-2-6)确定。

对于无防护或轻型防护舰船,通常用相对破口抗力$\overline{D}$来表征舰船结构的局部破损抗毁伤能力。由式(3-2-5)可知,相对破口抗力$\overline{D}$是与设计特征破口直径D_0相关的,而D_0值是根据舰船抗沉性要求确定的。为了保证在接触爆炸设计载荷作用下,舰船结构破口直径的尺寸能限制在两个舱段范围以内,可取$d_0 = L_c$,其中L_c为舰船水密舱段长度的平均值,$L_c = L/n$,其中L为舰船设计水线长,n为水密舱段的数量,水面舰船取$n \geqslant 10$,n小于10时,取$n = 10$。当无防护或轻型防护驱逐舰舰船结构在水下接触爆炸设计载荷的作用下,其相对破口抗力$\overline{D}$的建议阈值及其与结构完好性等级之间的相互关系如表3-3-5所列。对于其他舰船应根据因浮力损失而沉没的最大破口长度与平均水密舱长度的比值关系来确定其毁伤等级阈值。

表3-3-5 水面舰船结构相对破口抗力阈值及其结构完好性等级

抗毁伤结构完好性等级		相对抗破损破口抗力$\overline{D}$的阈值
结构基本完好		$\overline{D} \geqslant 20$
结构部分毁伤	轻度毁伤	$10 \leqslant \overline{D} < 20$
	中度毁伤	$1.0 \leqslant \overline{D} < 10$
	重度毁伤	$0.5 \leqslant \overline{D} < 1.0$
结构完全毁伤		$\overline{D} < 0.5$

对于重型防护舰船的水下舷侧防雷舱结构,其抗毁伤能力的表征参数是防雷舱相对破深抗力 $\bar{d}$。当舷侧防雷舱结构在水下接触爆炸设计载荷作用下,其相对破深抗力 $\bar{d}$ 的建议阈值及其结构完好性等级之间的相互关系如表 3-3-6 所列。

表 3-3-6　舷侧防雷舱相对破深抗力阈值及其结构完好性等级

抗毁伤结构完好性等级	相对破深抗力 $\bar{d}$ 的阈值
结构基本完好	$\bar{d} \geqslant 5.0$
结构部分毁伤	$1.0 \leqslant \bar{d} < 5.0$
结构完全毁伤	$\bar{d} < 1.0$

6. 非接触爆炸冲击波载荷作用下结构局部塑性变形毁伤

舰船结构该类抗毁伤能力的表征参数是局部结构的相对挠曲变形抗力 $\bar{W}$,或相对中面塑性应变抗力 $\bar{\varepsilon}$,并由式(3-2-7)或式(3-2-8)确定。由式(3-2-7)和式(3-2-8)可知,要确定 $\bar{W}$ 和 $\bar{\varepsilon}$,必须首先确定舰船结构的设计特征挠度值 W_0 和设计特征中面应变值 ε_0,除此之外,还要确定在设计载荷作用下的舰船结构挠曲变形的挠度值 W_m 和中面应变值 ε_m。无论是设计特征值或是结构响应值,都是与设计载荷的选取有关,对于水下非接触爆炸冲击波载荷,设计载荷分为临界半径设计载荷和破坏半径设计载荷。对于临界半径设计载荷,可取设计特征值 $W_0 = 0.15l, \varepsilon_0 = 0.08$;对于破坏半径设计载荷,可取设计特征值 $W_0 = 0.3l, \varepsilon_0 = 0.28$,其中 l 为受损结构的短边跨距,上述设计特征的取值大小与舰船结构材料的断裂极限应变值 ε_f 有关,一般破坏半径载荷对应的设计应变特征值 $\varepsilon_0 = \varepsilon_f$。在确定设计特征值之后,可给出对应于特定设计载荷的舰船结构相对挠曲变形抗力 $\bar{W}$ 的建议阈值和相对中面塑性应变抗力 $\bar{\varepsilon}$ 的建议阈值,及其与抗毁伤结构完好性等级之间的相互关系,分别如表 3-3-7 和表 3-3-8 所列。

表 3-3-7　相对挠曲变形抗力阈值及其结构完好性等级

抗毁伤结构完好性等级		相对挠曲变形抗力 $\bar{W}$ 阈值
结构基本完好		$\bar{W} \geqslant 10$
结构部分毁伤	轻度毁伤	$5.0 \leqslant \bar{W} < 10$
	中度毁伤	$2.0 \leqslant \bar{W} < 5.0$
	重度毁伤	$1.0 \leqslant \bar{W} < 2.0$
结构完全毁伤		$\bar{W} < 1.0$

表 3 - 3 - 8   相对中面塑性应变抗力阈值及其结构完好性等级

抗毁伤结构完好性等级		相对中面塑性应变抗力$\bar{\varepsilon}$阈值
结构基本完好		$\bar{\varepsilon} \geq 10$
结构部分毁伤	轻度毁伤	$5.0 \leq \bar{\varepsilon} < 10$
	中度毁伤	$2.0 \leq \bar{\varepsilon} < 5.0$
	重度毁伤	$1.0 \leq \bar{\varepsilon} < 2.0$
结构完全毁伤		$\bar{\varepsilon} < 1.0$

7. 高速破片作用下舰船结构的局部侵彻毁伤

在穿甲、半穿甲弹(导弹、炸弹等)或爆破弹等武器爆炸产生的高速动能侵彻体作用下,将使舰船结构产生局部穿孔或花瓣开裂毁伤,该类毁伤的舰船结构抗毁伤能力可以采用舰船结构耗能相对侵彻抗力$\bar{E}$和相对侵彻速度抗力$\bar{v}$来表示,并由式(3-2-9)或式(3-2-10)确定。本节仅针对三个毁伤等级的爆炸毁伤破片,给出在抗破片侵彻毁伤设计载荷作用下的舰船轻型装甲防护结构相对侵彻抗力$\bar{E}$和相对侵彻速度抗力$\bar{v}$的的阈值,及其与抗毁伤结构完好性等级之间的相互关系,分别如表3-3-9和表3-3-10所列。

表 3 - 3 - 9   相对侵彻能量抗力阈值及其结构完好性等级

抗毁伤结构完好性等级	相对侵彻抗力$\bar{E}$阈值
结构基本完好	$\bar{E} \geq 1.5$
结构部分毁伤	$1.0 \leq \bar{E} < 1.5$
结构完全毁伤	$\bar{E} < 1.0$

表 3 - 3 - 10   相对侵彻速度抗力阈值及其结构完好性等级

抗毁伤结构完好性等级	相对侵彻速度抗力$\bar{v}$阈值
结构基本完好	$\bar{v} \geq 1.5$
结构部分毁伤	$1.0 \leq \bar{v} < 1.5$
结构完全毁伤	$\bar{v} < 1.0$

第4章 船体材料及典型结构在爆炸载荷作用下的动态特性

在很多动力试验的结果中,可以观察到固体材料在受到冲击载荷作用时屈服极限有明显的提高,同时瞬时应力随着应变率的提高也提高。本章着重介绍常用船体钢材料在冲击载荷作用下的动态特性,同时介绍潜艇和水面舰艇典型结构形式在冲击载荷作用下开裂判据和极限应变的试验确定方法。本章内容可为理论计算提供损伤判据,也可为数值仿真计算的输入数据提供参考。

4.1 常用船体结构钢材料的动态屈服特性

测量船体结构钢材料动态屈服特性的设备通常为分离式霍普金森(Hopkinson)压杆(图4−1−1),简称SHPB,以及改进的反射型分离霍普金森拉杆(图4−1−2)。SHPB最初是由美国著名力学家Kolsky(1949)提出的,现在广泛应用于材料动态力学性能的试验研究,用于实测材料在应变率为 $10^2/s \sim 10^4/s$ 范围内的动态应力—应变关系。本节对三种常用的船用钢进行了动态性能测试,其代号分别为902、907和921。试验用的试件分压缩试件和拉伸试件两种,其规格尺寸如图4−1−3所示。

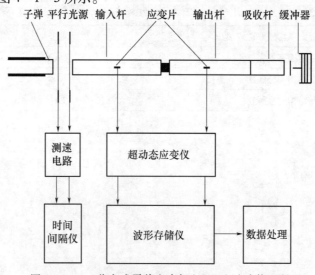

图4−1−1 分离式霍普金森杆(SHPB)试验装置图

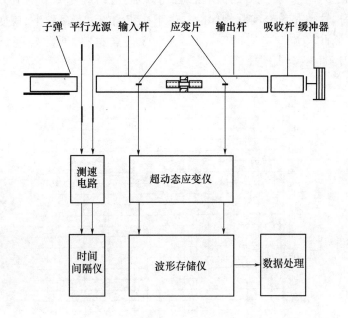

图 4 - 1 - 2　反射型分离式霍普金森杆(SHPB)试验装置图

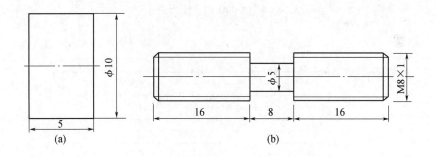

图 4 - 1 - 3　试件尺寸

(a) 动态压缩试件尺寸图;(b) 动态拉伸试件尺寸图。

4.1.1　船用钢动态屈服性能的压缩试验

　　冲击压缩试验在 SHPB 上进行,共分三组,每组做五次,各次试验所得的应力—应变曲线平均后再光滑,所得结果分别如图 4 - 1 - 4 ~ 图 4 - 1 - 6 所示。图中已将每一种材料的三种应变率及准静态压缩结果画在一起比较,相关的数据在表 4 - 1 - 1 中列出。结果表明,这三种船用钢均有明显的应变率效应,它们的动态屈服强度比准静态强度高出 15% ~ 30%,相对而言,强度低的 902、907

钢应变率敏感性强些。另外,冲击压缩试验中的三组应变率下的应力—应变曲线基本重叠,这也是符合实际规律的。由于在我们的试验条件下,应变率的变化仅为四倍,因此其流动应力的变化 $\Delta\sigma_s$(对于金属材料,通常与应变率的对数 $\Delta\lg\varepsilon$ 成正比)也不会太明显。

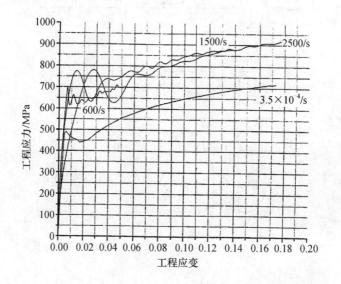

图 4 - 1 - 4 902 钢在各应变率下的应力—应变曲线(压缩)

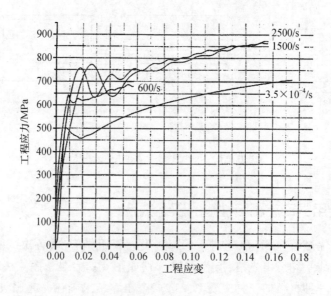

图 4 - 1 - 5 907 钢在各应变率下的应力—应变曲线(压缩)

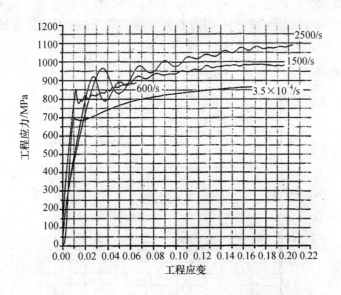

图 4 – 1 – 6 921 钢在各应变率下的应力—应变曲线(压缩)

表 4 – 1 – 1 船用钢压缩试验结果

序号	$\dot{\varepsilon}/(1/s)$	σ_y/MPa	σ_s/MPa (应变为 10% 的流动应力值)
902 钢	600	602	690 *
	1500	660	847
	2500	702	824
	$3.5 \times 10^{-4}_{(准静态)}$	502	650
907 钢	600	588	680 *
	1500	683	812
	2500	695	797
	$3.5 \times 10^{-4}_{(准静态)}$	490	637
921 钢	600	795	864 *
	1500	846	938
	2500	874	993
	$3.5 \times 10^{-4}_{(准静态)}$	685	831
注:* 处表示采用应变为 5% 的流动应力值			

4.1.2 船用钢动态性能的拉伸试验

冲击拉伸试验在反射型分离式霍普金森拉杆上进行,试验分成两组,每组做

五次,各次试验所得的应力—应变曲线平均后再光滑,所得结果如图 4 – 1 – 7 ~
图 4 – 1 – 9 所示。图中已将每一种材料的两种应变率冲击及准静态试验结果画
在一起比较,相关的数据在表 4 – 1 – 2 中列出。

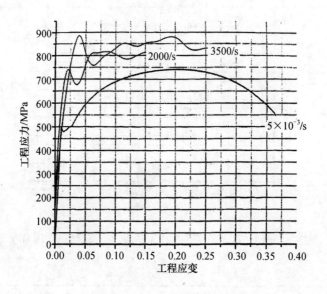

图 4 – 1 – 7　902 钢在各应变率下应力—应变曲线(拉伸)

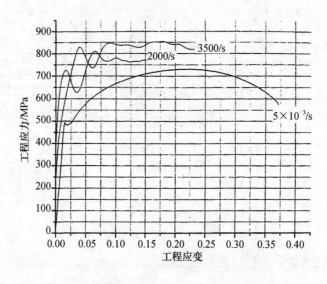

图 4 – 1 – 8　907 钢在各应变率下的应力—应变曲线(拉伸)

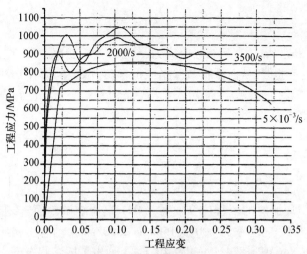

图 4 – 1 – 9 921 钢在各应变率下的应力—应变曲线（拉伸）

表 4 – 1 – 2 船用钢拉伸试验结果

序号	$\dot{\varepsilon}/(1/s)$	σ_y/MPa	σ_s/MPa （应变为 10% 时的流动应力值）	σ_b/MPa	$\delta_{1.6}$
	2000	760	803	816	未断
902 钢	3500	798	930	877	43.8%
	$5 \times 10^{-3}_{(准静态)}$	480	689	740	61.2%
	2000	734	776	811	未断
907 钢	3500	823	841	854	42.7%
	$5 \times 10^{-3}_{(准静态)}$	490	667	731	59.0%
	2000	893	986	988	未断
921 钢	3500	939	1037	1047	36.5%
	$5 \times 10^{-3}_{(准静态)}$	719	846	857	58.6%

另外与冲击压缩不同的是，这几种船用钢在冲击拉伸时都出现了颈缩失稳现象。表 4 – 1 – 2 中给出的 $\delta_{1.6}$ 是指试件的初始长径比为 1.6 的伸长率。它不同于通常所说的 δ_{10} 或 δ_5，后者为试件长径比为 10 或 5 时的伸长率。但是表 4 – 1 – 2 中给出的 $\delta_{1.6}$ 值具有相对意义，比较表明，这三种材料均存在动脆现象，即冲击拉伸时的伸长率比准静态的结果小，相对而言，强度高的 980 钢的动脆现象弱一些，强度低的几种船用钢的动脆现象明显些。

4.1.3 921 钢材料动态模型数据拟合

1. 压缩状态下 921 钢的应变率强化模型参数拟合

材料应变率强化模型拟用 Cowper – Symonds 应变率强化模型

53

$$\frac{\sigma_{\mathrm{d}}}{\sigma_{\mathrm{y}}} = 1 + \left(\frac{\dot{\varepsilon}}{D}\right)^{\frac{1}{p}}$$

式中：σ_{d} 为动态应力；σ_{y} 为静态屈服应力；$\dot{\varepsilon}$ 为等效应变率。本节的目的在于得到 σ_{d} 和 $\dot{\varepsilon}$ 的关系曲线，从而根据试验结果拟合参数 D 和 p。上节中试验数据均为工程应变和工程应力，需要换算成真实应变和真实应力。已知真实应力应变和工程应力应变有如下变换关系

$$\varepsilon_{\mathrm{ture}} = \ln(1 + \varepsilon_{\mathrm{eng}}) \quad \sigma_{\mathrm{ture}} = \sigma(1 + \varepsilon_{\mathrm{eng}})$$

由上式可得
$$\dot{\varepsilon}_{\mathrm{ture}} = \frac{1}{1 + \varepsilon_{\mathrm{eng}}}\dot{\varepsilon}_{\mathrm{eng}}$$

式中：$\varepsilon_{\mathrm{eng}}$ 取材料屈服时的工程应变。对于 921 钢压缩试验而言，准静态屈服应力为 685MPa。工程应变率为 600/s、1500/s、2500/s 时，动态压缩屈服工程应力分别为 795MPa、846MPa、874MPa。表 4-1-3 列出了压缩状态下真实应变率和真实屈服应力。

表 4-1-3　压缩情况下的真实应变率和真实屈服应力

工程应变率/(1/s)	3.5×10^{-4}	600	1500	2500
工程屈服应力/MPa	685	795	846	874
工程屈服应力对应的工程应变	0.0105	0.0108	0.0222	0.0275
真实屈服应力/MPa	692.17	804	865	898
真实应变率/(1/s)	0	594	1467	2433

以下按照真实应变和真实应力计算，设 $y = \frac{\sigma_{\mathrm{d}}}{\sigma_{\mathrm{y}}} - 1$，$x = \dot{\varepsilon}$，因而有

$$\ln y = \frac{1}{p}(\ln x - \ln D)$$

故 $p = 2.269$；$D = 3.6586 \times 10^{4}$。由此得到了 921 钢的压缩应变率强化关系为

$$\frac{\sigma_{\mathrm{d}}}{692.17} = 1 + \left(\frac{\dot{\varepsilon}}{3.6586 \times 10^{4}}\right)^{\frac{1}{2.269}}$$

式中：σ_{d} 为动态应力，单位为 MPa；$\dot{\varepsilon}$ 为等效应变率。

2. 拉伸状态下 921 钢的应变率强化模型参数拟合

对于 921 钢拉伸试验而言，准静态屈服应力为 719MPa。当应变率为 2000/s、3500/s 时，动态拉伸屈服应力分别为 893MPa、939MPa。表 4-1-4 列出了拉伸状态下的真实应变率和真实屈服应力。

表 4 − 1 − 4   拉伸情况下的真实应变率和真实屈服应力

工程应变率/(1/s)	5×10^{-3}	2000	3500
工程屈服应力/MPa	719	893	939
工程屈服应力对应的工程应变	0.0227	0.0165	0.0218
真实屈服应力/MPa	735.32	907	959.43
真实应变率/(1/s)	0	1967	3425.48

设 $y = \dfrac{\sigma_d}{\sigma_y} - 1$，$x = \dot{\varepsilon}$，同理有

$$\ln y = \frac{1}{p}(\ln x - \ln D)$$

故 $p = 2.116$；$D = 4.2306 \times 10^4$。由此得到了 921 钢的拉伸应变率强化关系为

$$\frac{\sigma_d}{735.32} = 1 + \left(\frac{\dot{\varepsilon}}{4.2306 \times 10^4}\right)^{\frac{1}{2.116}}$$

式中：σ_d 为动态应力，单位为 MPa；$\dot{\varepsilon}$ 为等效应变率。

4.2   潜艇典型结构在爆炸载荷作用下的动态断裂极限应变

　　随着现代反潜武器的快速发展，潜艇面临着日益严重的威胁环境，因此各国海军一直致力于潜艇艇体结构在水中兵器攻击下的毁伤研究。其中实艇和模型试验是研究的重要手段之一[8,9]，但由于需要耗费大量的人力物力而在很大程度上受到限制。近年来，随着计算机技术和有限元理论的发展，相继出现了一些大型商业有限元软件，它们已经能够对圆柱壳结构甚至更复杂的舰艇结构在爆炸载荷作用下的冲击响应问题进行数值仿真模拟。由于数值仿真方法具有研究周期短和投入经费少等优点，因而已经成为目前研究的主要手段。

　　数值仿真的关键在于要保证仿真结果的可靠性，这主要取决于输入参数、建模方法、计算手段等多方面的因素[10,11]。在对潜艇艇体结构受爆炸载荷作用下的毁伤情况进行数值仿真研究时，材料的动态性能至关重要。如在判断潜艇壳体在爆炸载荷作用下是否破损进水时，需要首先确定材料的开裂判据[12,13]。

　　本节试验研究了潜艇艇体用钢在爆炸冲击载荷作用下的动态断裂极限应变值。利用体积等效原理，得到了潜艇两种典型结构在双向应变假设和单向应变假设下的动态开裂极限应变。试验结果可为潜艇艇体结构在爆炸冲击载荷作用下破损进水的数值仿真提供开裂判据。

4.2.1 试验研究方案

潜艇艇体结构是由很多块钢板焊接而成的,并在钢板上焊接加强筋以增强壳体强度。一般情况下在爆炸冲击作用下钢板焊缝处是结构容易开裂的薄弱部位。而钢板在加强筋的支撑作用下也会产生较高的结构抗力,成为高应力区。所以这两种结构是潜艇艇体在爆炸冲击作用下的易开裂部位,因而本节的试验主要针对这两种结构进行。试验设计了两种结构形式的平板,分别是对接焊缝平板和内侧中部加筋平板,主要研究这两种结构的动态开裂应变值。

1. 模型设计

对接焊缝平板结构模型如图 4-2-1 所示。钢板材料为潜艇耐压壳体用钢,尺寸为 1270mm × 1280mm,厚度为 20mm。焊缝方向的长度为 1280mm。平板的边界固定情况如下:将四根板条满焊在平板的四周,同时将板条满焊在一个刚性框架之上以达到固支的目的。板条宽为 100mm,厚度为 20mm。为确保边界的强度,在刚性框架的内部每边加焊两个三角形肘板,避免边界发生内缩。

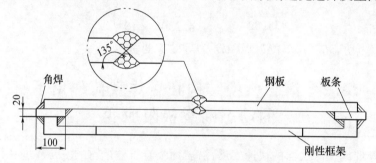

图 4-2-1　对接焊缝平板模型横截面示意图

内侧中部加筋结构模型的尺寸与对接焊缝平板模型基本相同,如图4-2-2所示,加筋位置在内侧中部。加强筋为 T 形材。面板尺寸为 64mm × 20mm,腹板尺寸为 130mm × 20mm。焊接部位采用填角焊。

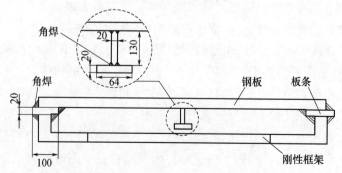

图 4-2-2　内侧中部加筋板模型横截面示意图

在焊接模型时按照实艇焊接工艺进行操作,尽量保证焊接工艺。焊接方法为手工焊接。焊条的型号为602W,直径为4mm。采用直流电焊机。因为板厚大于12mm,故焊接电流采用180A~260A。由于潜艇用钢刚性较大,焊接时进行多层多道焊,并采用锤击的方法尽量减少焊接应力。

2. 试验实施与试验结果

试验在爆炸试验筒内进行。将刚性框架及对接焊缝平板模型放置在沙包上,底部留空以使钢板有足够的变形空间。将3kg的2号岩石炸药包置于钢板上方约2.3cm处。引爆炸药,观察钢板的变形情况。爆炸后,发现钢板四周固定很好,没有出现内缩现象,说明边界达到了固支要求。从外部观察,钢板中心虽有较大变形但没有裂纹。将模型吊起,观察钢板背部变形情况。钢板背部也没有裂纹。因为结构没有开裂,所以没有达到试验目的,需要继续对模型进行爆炸冲击使其破裂。将3kg的2号岩石炸药装入塑料袋中,使其形状为球状,置于已有变形的钢板上接触爆炸。引爆之后,模型裂纹情况如图4-2-3所示,共有5条裂纹,分别记为1号~5号裂纹。

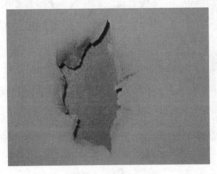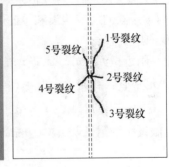

图4-2-3 对接焊缝平板裂纹分布

将3kg岩石炸药制成球状,悬挂于加筋平板中部上方距钢板1cm处。引爆药包之后,观察板架变形情况。钢板中部明显下凹,外部表面没有裂纹。将模型吊起,观察钢板内侧和加强筋的变形情况。加强筋有少量变形。加强筋跨中与钢板之间已经开裂,裂缝位置在钢板和加强筋腹板连接的焊缝处。从失效情况来看,可以判断该处加强筋的腹板已经失稳,但钢板上并无裂纹。再将3kg岩石炸药制成球状实施第二炸,悬挂于钢板中部上方,距离已变形的钢板凹坑底部1cm。引爆炸药之后,观察板架变形情况。从外部观察,在钢板中部沿加强筋方向向两边有一长条形裂口,记为1号裂纹和2号裂纹,如图4-2-4所示。方向1和方向2为垂直于裂纹两侧的方向。最后采用超声波测厚仪测量裂纹边缘的厚度。

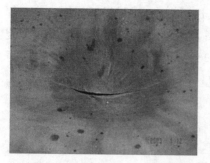
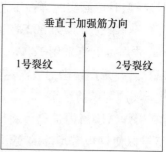

图 4 – 2 – 4 加筋板结构裂纹分布

4.2.2 极限应变分析

观察图 4 – 2 – 3 和图 4 – 2 – 4 中对接焊缝平板模型和加筋板模型的裂纹断口情况,发现裂纹边缘相对于其他部位有明显的减薄现象,这是典型的拉伸型断裂特征。与薄板在接触爆炸载荷作用下的剪切断裂不同的是,由于本试验中模型板较厚,因而其在接触爆炸载荷作用下的变形主要以弯曲和拉伸变形为主。所以可以采用材料的拉伸应变值来判断板是否发生断裂。下面将根据断口的减薄率,分别采用双向应变假设和单向应变假设推导结构的动态极限应变值。

1. 双向应变假设

取裂纹附近微元 $\mathrm{d}x\mathrm{d}y \times t$,设爆炸作用后在 x、y、t 方向的应变分别为 ε_x、ε_y、ε_t,则该微元变形后的尺寸变为 $\mathrm{d}x(1+\varepsilon_x)\mathrm{d}y(1+\varepsilon_y)t_1$,根据体积不变原理,有

$$\mathrm{d}x\mathrm{d}y \times t = \mathrm{d}x(1+\varepsilon_x)\mathrm{d}y(1+\varepsilon_y)t_1 \qquad (4-2-1)$$

近似假设裂纹附近两方向上的应变是对称的,即 $\varepsilon_x = \varepsilon_y$,可得

$$\varepsilon_f = \varepsilon_x = \varepsilon_y = \sqrt{\frac{t}{t_1}} - 1 \qquad (4-2-2)$$

式中:ε_f 为结构动态极限应变。

2. 单向应变假设

当某一方向的变形远大于另一方向时可作单向应变假设,取板裂纹附近微元 $\mathrm{d}x \times t$,设爆炸作用后在 x、t 方向的应变分别为 ε_x、ε_t,则该微元变形后的尺寸变为 $\mathrm{d}x(1+\varepsilon_x)t_1$,根据体积不变原理,有

$$\mathrm{d}x \times t = \mathrm{d}x(1+\varepsilon_x)t_1 \qquad (4-2-3)$$

因此有

$$\varepsilon_f = \varepsilon_x = \frac{t}{t_1} - 1 \qquad (4-2-4)$$

由式(4 – 2 – 2)和式(4 – 2 – 4)可知,由于 t 始终大于 t_1,因而由单向应变假设得到的动态极限应变始终大于双向应变假设。下面将根据不同结构的特点分

别采用这两种应变假设进行分析,从而得到潜艇艇体的开裂判据。

4.2.3 开裂判据的确定

结构动态极限应变主要与材料属性有关,同时也受结构形式、加载方式等诸多因素的影响。根据以上的应变分析可知,应变可以用该处的减薄率来表示。沿裂纹方向对裂纹边缘钢板进行测厚。根据式(4-2-2)和式(4-2-4)分别计算沿裂纹扩展方向裂纹边缘的单向应变值和双向应变值,结果如图4-2-5和图4-2-6所示。

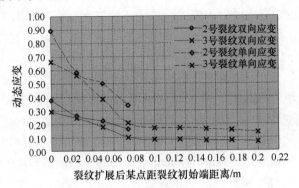

图4-2-5 对接焊缝平板模型裂纹单双向应变

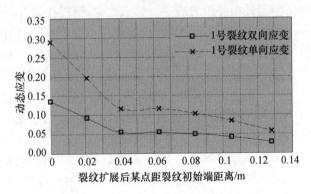

图4-2-6 加筋板模型各方向单双向应变

对接焊缝平板模型的裂纹开始于平板中部。根据测量的厚度情况,1号、3号和5号裂纹初始端的减薄情况基本相同,2号和4号裂纹初始端的减薄情况基本相同,故图4-2-5中画出了2号裂纹和3号裂纹的应变情况,分别代表沿焊缝方向和垂直于焊缝方向的裂纹情况。

由图4-2-5可见,平板中部的初始开裂应变明显高于其他位置的动态应变,裂纹扩展应变从爆炸中心沿裂纹扩展方向逐渐降低,这说明使材料发生初始裂口比使裂纹扩张更加困难一些。3号裂纹在距爆炸中心7cm的范围内,裂纹扩展应变下降得很快,而在7cm范围之外应变则趋向于一个常数,这个常数可视为裂纹的稳态扩展应变。由图4-2-5可知,3号裂纹由双向应变假设计算的结构初始开裂应变值为0.289,稳态扩展应变约为0.08;由单向应变假设的结构初始开裂应变值为0.56,稳态扩展应变约为0.16。按照单向应变假设计算得到的开裂应变约为双向应变假设的两倍,而结构初始开裂应变值是稳态扩展应变的4倍左右。

2号裂纹长度较短且应变高于3号裂纹,即2号裂纹初始端的厚度比3号裂纹初始端的厚度要薄。由此可以断定3号裂纹开裂的时间比2号裂纹要早,这是因为钢板在断裂之后由于应力释放而不再减薄,而后断裂的钢板则在外力的作用下继续减薄。因此说明焊缝方向的断裂韧性比母材的要低,因而更容易断裂。

而且从图4-2-3的裂纹分布情况看,裂纹沿焊缝方向(在焊接热影响区)的扩展长度较大,也说明焊接热影响区材料的断裂韧性有所下降。但焊缝上并未出现裂纹,可见焊接质量较好时,焊接处的强度可以达到母材强度。根据结构和材料的对称性,从确定结构的初始开裂应变的角度来说,将采用3号裂纹双向应变假设公式计算的结果作为对接焊缝平板模型的初始开裂应变则更为合理一些,故可取对接焊缝平板结构的初始开裂应变为0.289。

对于内侧中部加筋平板结构,第一炸之后内侧加强筋根部填角焊缝处就已经发生局部破坏,但是外板并没有破裂。第二炸时,钢板在爆轰波的作用下继续变形,虽然加强筋与板之间已有了裂缝,但因仍有支撑壳板的作用,所以加强筋继续受到板传递的压力作用。外板的进一步变形使得加强筋的腹板发生失稳破坏,同时外板产生"一"字形裂缝。由于1号裂纹的应变情况和2号裂纹基本相同,故图4-2-6中只画出了1号裂纹的应变。和对接焊缝平板模型一样,平板中部的动态应变明显高于其他位置的应变,同时应变沿裂纹扩展方向逐渐降低。分析板中部的受力情况,裂纹仅产生在加强筋方向,而垂直于加强筋的方向则没有裂纹,这说明由于中部有加强筋的支撑,沿加强筋方向的应变远小于垂直于加强筋方向的应变,因而按照单向应变假设计算的结果更合理一些。所以确定这种结构的初始开裂应变应该取1号裂纹的初始开裂单向极限应变,即0.288。

通过以上的分析可知,在计算潜艇艇体结构在爆炸冲击载荷作用下的动态响应时,可以取921A钢结构的初始开裂应变为以上两种结构初始开裂应变的平均值,即0.2885。这个数值可以作为数值仿真时艇体结构开裂失效的判据。

本节通过试验手段确定了采用潜艇用钢的两种典型潜艇艇体结构在爆炸冲击载荷作用下的初始开裂应变值。试验结果表明,材料的动态初始开裂应变远大于裂纹稳态扩展应变。双向应变假设适用于对接焊缝平板模型的开裂判断,单向应变假设适用于内侧中部加筋板模型的开裂判断。最后得到的这两种典型结构的动态初始开裂应变值基本相同,为0.2885。

4.3 水面舰艇典型结构在水下爆炸 作用下的动态断裂极限应变

本节介绍了水面舰艇典型局部结构在水下爆炸冲击载荷作用下的动态断裂极限应变值的试验确定方法。利用体积等效原理,得到了结构的动态开裂应变。试验结果可为水面舰艇局部结构在爆炸冲击载荷作用下破损进水的数值仿真提供开裂判据。

4.3.1 模型设计与试验实施

试验采用 907 钢,设计三种典型结构形式的单元结构模型,分别模拟舰体壳板、普通加筋板架和特大加筋板架。特大加筋板架采用"井"字形加筋,普通加筋板架采用"卄"字形加筋。设计的三种 4 个单元结构模型,如下所述:

模型 1 为"井"字形加筋板,其钢板为 3.9mm 厚 907A 钢板,规格为 1280mm×1245mm,加强筋均为"T"形钢,沿纵横两方向各均匀布置两根,其尺寸为:面板 50mm×5.0mm,腹板 142mm×4.2mm,模型的示意图如图 4 – 3 – 1 所示。

模型 2 和模型 3 均为"卄"字形加筋,其钢板规格同模型 1,加强筋为"T"形钢,横向设一大筋,纵向设两小筋。大筋尺寸为:面板 40mm×2.75mm,腹板 100mm×1.75mm;小筋尺寸为:面板 20mm×1.75mm,腹板 60mm×1.75mm。模型的示意图如图 4 – 3 – 2 所示。

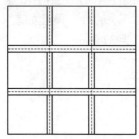

图4 – 3 – 1　模型1示意图

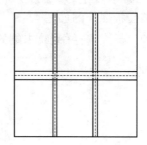

图4 – 3 – 2　模型2、3 和 4 示意图

模型 4 的加筋方式同模型 3 和模型 4,为"卄"字形加筋,其钢板规格同模型 1,其大筋尺寸为:面板 43.4mm×3.0mm,腹板 106.2mm×3.0mm;小筋尺寸为:面板 18.4mm×3.0mm,腹板 63.7mm×3mm。

模型水下爆炸试验在海军工程大学爆炸试验筒内进行。试验程序为:模型加工完毕后,用螺钉将其四边密封固定在刚性钢质方形框架上(保证在一定吃水量下模型内侧无水进入),并将其整体水平吊放于爆炸筒中,使试验板位于水面下约 10cm 处,对于加筋板,使加强筋所在面向上(即处于内侧),如图 4 - 3 - 3 所示。将药包紧贴试验板放于试验板底部指定位置。起爆后,将试验模型拉出,进行观察测量,记录变形和破损情况。

图 4 - 3 - 3　模型水下爆炸试验环境

爆炸试验所用炸药为圆柱形 TNT 块状药包,爆炸点均贴在试验板下方中央处,所用药量和爆距分别为:模型 1 为 150g,接触爆炸;模型 2 为 150g,接触爆炸;模型 3 为 120g,接触爆炸;模型 4 包括两种工况,①150g,爆距为 115mm,②150g,接触爆炸。

4.3.2　模型试验结果

(1)模型 1:试验板中部在加强筋所围成的矩形区域内呈花瓣形破裂,共分为 5 瓣,各瓣破裂板块紧贴在加强筋上,破口形状接近于矩形。加强筋在爆炸载荷作用方向有较小的塑性变形,在外翻的破裂板块的横向压迫作用下有一定的扭曲,破裂板展开图如图 4 - 3 - 4 所示,各瓣破裂板块的最小厚度如表 4 - 3 - 1 所列,破口最大直径(裂纹末端的最大间距,下同)为 374mm。

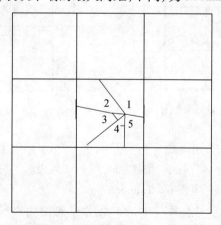

图 4 - 3 - 4　模型 1 破裂板展开图

62

表 4 - 3 - 1   模型 1 破损后各瓣最小厚度

破裂板号	1	2	3	4	5	平 均
最小厚度/mm	2.1	1.85	2.1	2.3	1.95	2.06

(2)模型 2：整个模型呈花瓣形破裂,共分为 6 瓣,其中两瓣破裂板块上还各有一条小裂纹,破口形状接近椭圆形。两方向加强筋均发生断裂,与破裂板块一同变形扭曲,爆炸后,模型 2 变形形貌如图 4 - 3 - 5 所示,破裂板展开图如图4 - 3 - 6 所示,各瓣破裂板块的最小厚度如表 4 - 3 - 2 所列,破口最大直径为 980mm。

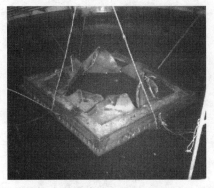

图 4 - 3 - 5   模型 2 变形形貌

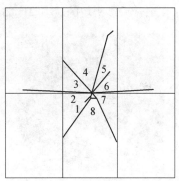

图 4 - 3 - 6   模型 2 破裂板展开图

表 4 - 3 - 2   模型 2 破损后各瓣最小厚度

破裂板号	1	2	3	4	5	6	7	8	平 均
最小厚度/mm	3.34	3.11	2.61	2.27	2.43	2.73	2.85	2.69	2.75

(3)模型 3：模型呈花瓣形破裂,破口偏向板的一边,共分为 3 瓣,破口形状接近椭圆形。两纵向加强筋在中部断裂与破裂板块一同变形扭曲,横向加强筋与板脱开,右 2/3 段横向加强筋脱落。爆炸后,模型 3 变形形貌如图 4 - 3 - 7 所示,破裂板展开图如图 4 - 3 - 8 所示,各瓣破裂板块的最小厚度如表 4 - 3 - 3 所列,破口最大直径为 626mm。

图 4 - 3 - 7   模型 3 变形形貌

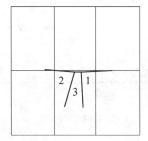

图 4 - 3 - 8   模型 3 破裂板展开图

表 4 – 3 – 3　模型 3 破损后各瓣最小厚度

破裂板号	1	2	3	平　均
最小厚度/mm	2.07	2.6	2.52	2.40

（4）模型 4：经过非接触爆炸后，模型产生大范围塑性变形，中央内侧形成较大凸起，挠度由中央向边缘逐渐减小，纵横加筋同钢板一同变形，如图 4 – 3 – 9 所示，但无破裂现象发生。然后进行了接触爆炸试验，接触爆炸后，模型呈花瓣形破裂，共分 6 瓣，其中一块破裂板上还有一段小裂纹。纵横加筋均断开，随钢板一同变形扭曲，破口接近椭圆形。变形形貌如图 4 – 3 – 10 所示，破裂板展开图如图 4 – 3 – 11 所示，各瓣破裂板块的最小厚度如表 4 – 3 – 4 所列，破口最大直径为 890mm。

图 4 – 3 – 9　模型 4 非接触爆炸后变形形貌

图 4 – 3 – 10　模型 4 接触爆炸后变形形貌

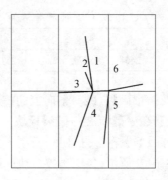

图 4 – 3 – 11　模型 4 接触爆炸后破裂板展开图

表 4 – 3 – 4　模型 4 接触爆炸破损后各瓣最小厚度

破裂板号	1	2	4	5	平　均
最小厚度/mm	1.91	2.16	1.95	2.35	2.01	2.08

4.3.3　极限应变分析

取板中部微块 $\mathrm{d}x\mathrm{d}y \times t$，设爆炸作用后在 x、y、t 方向的应变分别为 ε_x、ε_y、ε_t，

64

则该微块变形后的尺寸变为 $dx(1+\varepsilon_x)dy(1+\varepsilon_y)t_1$，根据体积不变原理，有

$$dxdy \times t = dx(1+\varepsilon_x)dy(1+\varepsilon_y)t_1 \qquad (4-3-1)$$

$$t_1 = t(1+\varepsilon_t) \qquad (4-3-2)$$

将式(4-3-2)代入式(4-3-1)，可得

$$(1+\varepsilon_x)(1+\varepsilon_y)(1+\varepsilon_t) = 1 \qquad (4-3-3)$$

由载荷的对称性，可以假设板中央在两方向上的应变是对称的，即 $\varepsilon_x = \varepsilon_y$，由式(4-3-2)和式(4-3-3)可得

$$\varepsilon_t = \frac{t_1}{t} - 1$$

$$\varepsilon_x = \varepsilon_y = \sqrt{\frac{1}{1+\varepsilon_t}} - 1 = \sqrt{\frac{t}{t_1}} - 1 \qquad (4-3-4)$$

有效应变由下式确定

$$\bar{\varepsilon} = \sqrt{\frac{2}{9}\left[(\varepsilon_1-\varepsilon_2)^2 + (\varepsilon_2-\varepsilon_3)^2 + (\varepsilon_3-\varepsilon_1)^2\right]} = \frac{2}{3}|\varepsilon_x - \varepsilon_t| \qquad (4-3-5)$$

式中：$\varepsilon_1,\varepsilon_2,\varepsilon_3$ 为主应变。

由此可计算出模型1、2、3、4的最大应变值和有效应变值，如表4-3-5所列。该应变值即为模型在爆炸作用下的动态断裂极限应变。

表4-3-5　模型最大应变和有效应变值

模型号	1	2	3	4	平均
ε_t	-0.472	-0.295	-0.385	-0.467	-0.405
ε_x	0.376	0.191	0.275	0.369	0.303
$\bar{\varepsilon}$	0.565	0.324	0.440	0.557	0.472

由表4-3-5可知，907钢动态断裂极限应变取最大单向应变时，其值为19%~37%，平均为30%；取有效应变时，其值为32%~56%，平均为47%。

第5章 舰船局部结构毁伤强度计算方法

舰船局部结构强度是舰船强度的重要组成部分,它是保障舰船结构生命力所必需的。本章着重讨论了舰船局部结构在空中爆炸和水下爆炸作用下的毁伤响应问题,提出了近距离非接触爆炸和接触爆炸相应的计算方法和试验方法,可为舰船结构抗爆设计提供参考。

5.1 爆炸载荷作用下固支方板的应变场及破坏分析

诸多试验研究认为爆炸载荷作用下固支方板的瞬时位移场为具有塑性运动铰线的正方形平顶锥,锥顶平面随时间增加而缩小。平顶锥侧面斜率基本保持不变,并且当塑性铰线通过以后,侧面变为刚性。对带肋圆柱壳肋间壳板局部破坏的试验研究表明,肋间壳板的变形与破坏也可视为固支方板。本节在前人试验结果的基础上,对相对板厚 H/L 为 0.02 ~ 0.09 的钢、铝薄板进行了爆炸试验研究,测量了固支方板厚度的变化规律。通过试验提出变形模式的假设,给出了大挠度固支方板在爆炸脉冲压力作用下的瞬时位移场和速度场,并导出了固支方板在爆炸脉冲载荷作用下的应变场。通过分析在爆炸载荷下固支方板的破裂形式,找出了固支方板在爆炸脉冲作用下破裂最危险部位,最后得到了大挠度固支方板破裂的临界压力。

5.1.1 试验设计

试板材料采用普通低碳钢和铝,板面尺寸为 $2L \times 2L = 15\text{cm} \times 15\text{cm}$,厚度分别为 1.40mm、2.94mm、5.00mm、6.75mm(其中两种钢板两种铝板),如图5-1-1所示。

试验夹具采用厚度为 3.7cm、宽度为 20cm 的高硬度金属制成,试板由 24 个螺栓固定在两夹具之间。为了试板更接近固支条件,本试验将夹具的夹面铣出了高低细斜纹,以增加中面方向的摩擦力,阻止被夹部分板向边界内收缩。

加载采用重 600g 的 TNT 柱状炸药(直径10cm,高度5cm),通过非接触爆炸进行爆炸加载,并通过调节炸药与试板之间的距离,改变脉冲压力

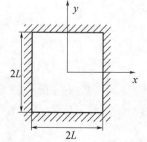

图 5-1-1 固支方板示意图

的幅值。

5.1.2　试验现象

　　试验对四种板厚的板进行了厚度变化测量,测量方法是切开后用千分卡尺测量。试验结果表明,试板在固支边界处有明显厚度减薄,这说明,边界处除了弯曲变形以外,必然存在拉伸变形,但是,在距边界 $1H \sim 2H$ 范围内板厚又逐渐增加,很快接近原始板的厚度,再往板中心去,板厚又逐渐减薄,在板中心处板厚减薄为最大,这说明板的边界处和板边界以内两部分的变形过程有本质的区别,在变形开始至形成运动塑性铰线为一种变形方式,而形成运动塑性铰线以后为另一变形方式。本试验边界以内板厚的变化趋势与文献[14]所得固支方板爆炸载荷下的瞬时变形模态是一致的,即当运动塑性铰线经过以后,锥体侧面变为刚性,不再产生中面拉伸变形。

5.1.3　应变场的推导

　　固支方板在较高幅值的爆炸脉冲压力作用下首先在固支边界产生弯曲变形,并形成塑性铰线,塑性铰线随时间不断向板中心移动[14,18],其变形形状如图 5-1-2 所示。当塑性铰线经过之后,锥体侧面变为刚性且斜率保持不变,而锥顶平面在中面力作用下处于塑性状态,以上结论是由试验所得[14]。

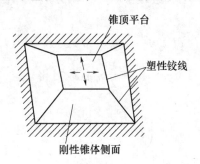

图 5-1-2　加载后形成的正方形平顶锥

　　在以上试验现象和结论的基础上,可以认为,变形开始首先在边界处产生弯曲转角,由于弯曲转角较大,因此,在弯曲变形范围内($1H \sim 2H$ 宽)必然存在拉伸应变,以补偿变形后斜边的伸长量,当形成运动塑性铰线以后,这种锥体侧面的斜边伸长量将由平台拉伸应变补偿,而在形成转角到形成运动塑性铰线这一过渡阶段,斜边伸长量是由边界弯曲伴随的拉伸应变和中间平台拉伸应变两部分共同提供,这一假设与试验结果较为一致。由几何关系,边界处弯曲应变为

$$\varepsilon_{b边} = \frac{H}{2}K_{边} \qquad (5-1-1)$$

式中:H 为板厚;$K_{边} = \dfrac{\theta_0}{C}$ 为板边界处弯曲曲率,θ_0 为板边界处形成的转角,C 为弯曲变形范围宽度。板弯曲变形范围宽度可以近似地取梁的研究结果[17,19],对于大挠度问题,取 $C = 2H$,代入式(5 – 1 – 1)可得

$$\varepsilon_{b边} = \frac{1}{4}\theta_0 \tag{5 – 1 – 2}$$

边界伴随的最大拉伸应变根据直边变为斜边的几何关系可求得

$$\varepsilon_t = 1 - \cos\theta_0$$

当 θ_0 不太大时,$\cos\theta_0$ 可改成级数形式,并取前两项可得

$$\varepsilon_{t边} = \frac{1}{2}\theta_0^2 \tag{5 – 1 – 3}$$

因此,边界总应变为

$$\varepsilon_0 = \varepsilon_{b边} + \varepsilon_{t边} = \frac{1}{4}\theta_0 + \frac{1}{2}\theta_0^2 \tag{5 – 1 – 4}$$

转角形成后,塑性铰线开始运动,锥顶平台在中面力作用下产生均匀拉伸变形,而塑性铰线经过的锥体侧面则变成刚性的,因而,随后的应变场可由各瞬时平台厚度所确定。设 t 时刻,平台边半长为 l,平台厚度为 h,到了 $t + \mathrm{d}t$ 时刻,平台边半长变为 $l - \mathrm{d}l$,平台厚度变为 $h - \mathrm{d}h$,正方形锥体侧面增长了 $\mathrm{d}l/\cos\theta_0$,由体积不变原理可得

$$4l^2h = 4 \times 2(l - \mathrm{d}l)(h - \mathrm{d}h) \cdot \mathrm{d}l/\cos\theta_0 + 4(l - \mathrm{d}l)^2(h - \mathrm{d}h)$$

略去高阶小量,并将 $1 - \cos\theta_0 \approx \dfrac{1}{2}\theta_0^2$ 代入可得

$$\left(\frac{\theta_0^2}{1 - \dfrac{1}{2}\theta_0^2}\right)\frac{\mathrm{d}l}{l} = \frac{\mathrm{d}h}{h} \tag{5 – 1 – 5}$$

令

$$n = \frac{\theta_0^2}{1 - \dfrac{1}{2}\theta_0^2} \tag{5 – 1 – 6}$$

对式(5 – 1 – 5)进行积分,并利用初始边界条件,即当 $l \approx L$ 时,$h \approx H$,可得边界以内板的厚度分布

$$\frac{h}{H} = \left(\frac{l}{L}\right)^n \quad l < L \tag{5 – 1 – 7}$$

由式(5 – 1 – 7)可知,在板中心,板厚 $h = 0$,出现奇点,这主要是由于所设变形模式最终在板中心形成尖角,这与试验不符。实际上,锥体侧面并不是一直以原 θ_0 的斜率增长,而是当 l 小于某一值时,侧面开始产生弯曲,不再以 θ_0 斜率增长,因此可设当 $l \leqslant L_1$ 时,侧面增长斜率发生变化。简单起见可设

$$\begin{cases} \theta = \theta_0 & l > L_1 \\ \theta = C_0 l & l \le L_1 \end{cases} \qquad (5-1-8)$$

式中: C_0 为待定常系数。将式(5-1-8)第二式代入式(5-1-5),得

$$\frac{C_0^2 l \, dl}{1 - \frac{1}{2} C_0^2 l^2} = \frac{dh}{h} \qquad (5-1-9)$$

对式(5-1-9)进行积分,并利用连续条件

$$l = L_1 \text{ 时} \qquad \theta = \theta_0 \qquad h = H\left(\frac{L_1}{L}\right)^n \qquad (5-1-10)$$

可求得

$$C_0 = \theta_0 / L_1 \qquad (5-1-11)$$

该区域厚度分布为

$$\frac{h}{H} = \left(\frac{L_1}{L}\right)^n \frac{1 - \frac{1}{2} \theta_0^2}{1 - \frac{1}{2} \left(\frac{l}{L_1}\right)^2 \theta_0^2} \qquad l \le L_1 \qquad (5-1-12)$$

上述斜率变化分界区长 L_1 可由几何关系进行确定

$$\theta_0 (L - L_1) + \int_0^{L_1} C_0 \, l \, dl = W_m \qquad (5-1-13)$$

将式(5-1-11)代入式(5-1-13)并积分可求得 L_1

$$L_1 = 2 \left(L - \frac{W_m}{\theta_0} \right) \qquad (5-1-14)$$

W_m 和 θ_0 由试验测定,如表 5-1-1 所列。

表 5-1-1　试验测定的 W_m 和 θ_0

试 板 编 号	1	2	3	4
边界半长 L/mm	75	75	75	75
原始板厚 H/mm	1.40	2.94	5.00	6.75
相对板厚 H/L/mm	0.02	0.04	0.067	0.09
最大残余挠度 W_m/mm	25	16	25	12
边界转角 θ_0/rad	0.419	0.297	0.489	0.279

由式(5-1-7)、式(5-1-12)、式(5-1-14)可求得边界内板的拉伸应变,考虑到板减薄是由锥顶平台双向拉伸应变造成的,所以有边界内板的拉伸应变场为

$$\varepsilon_{t中} = \frac{1}{2} \left(1 - \frac{h}{H} \right) \qquad (5-1-15)$$

69

另外，由于当 $l < L_1$ 时板开始产生弯曲，所以应当考虑板中部的弯曲应变，同公式(5-1-1)一样，只是板中部的弯曲曲率 $K_中$ 应为

$$K_中 = \frac{\partial \theta}{\partial S} \approx \frac{\partial \theta}{\partial l} = \frac{\theta_0}{L_1} \qquad (5-1-16)$$

式中：S 为板曲面弧长，从而可得

$$\varepsilon_{b中} = \frac{1}{2} \frac{H}{L_1} \theta_0 \qquad (5-1-17)$$

由此可得板边界内的总应变场为

$$\varepsilon = \begin{cases} \frac{1}{2}\left[1 - \left(\frac{l}{L}\right)^n\right] & L > l > L_1 \\ \frac{1}{2}\frac{H}{L_1}\theta_0 + \frac{1}{2}\left[1 - \left(\frac{L_1}{L}\right)^n \frac{1 - \frac{1}{2}\theta_0^2}{1 - \frac{1}{2}\left(\frac{l}{L_1}\right)^2\theta_0^2}\right] & l \leq L_1 \end{cases}$$

$$(5-1-18)$$

固支方板的整个应变场可由式(5-1-4)和式(5-1-18)确定。

5.1.4 试验验证

实际上，当 θ_0 和 W_m 一定时，板的弯曲应变即为定值，所以板的应变场完全由板的减薄来确定。作为对本节理论的一个验证，用本试验实测固支方板的减薄率与本节理论计算值比较，计算结果如表5-1-2所列，其中边界减薄率由边界拉伸应变确定，考虑边界为单向拉应变，所以边界处有

$$\frac{h}{H} = 1 - \frac{1}{2}\theta_0^2 \qquad (5-1-19)$$

表5-1-2 理论计算减薄率与试验值比较

减薄率 $\left(1 - \frac{h}{H}\right)$　编号	位置/ mm	$l = 75$（边界）	$l = 65$	$l = 50$	$l = 35$	$l = 20$	$l = 10$	$l = 0$
1	实测	0.071	0.036	0.064	0.086	0.114	0.143	0.157
	计算	0.088	0.024	0.068	0.124	0.188	0.211	0.218
2	实测	0.048	0.010	0.017	0.031	0.048	0.057	0.064
	计算	0.044	0.013	0.037	0.065	0.084	0.091	0.093
3	实测	0.090	0.020	0.040	0.070	0.084	0.092	0.100
	计算	0.120	0.038	0.104	0.168	0.204	0.217	0.211
4	实测	0.037	0.007	0.010	0.022	0.030	0.035	0.037
	计算	0.039	0.012	0.028	0.040	0.048	0.050	0.051

由表 5 – 1 – 2 可见,用本节所给厚度减薄计算公式计算,其结果与试验值在减薄规律上很一致,但计算减薄率值都比实测值大,这是由于试验试板的固支边界仍然没有完全实现,试板被紧固部分仍向边界内产生一定的滑移,最大残余挠度越大,滑移量越大,因此,在同样变形条件下,试验板的厚度减薄率必然要小于完全固支边界条件的板的厚度减薄率,也就是说,本理论计算结果与实际固支方板的试验值要更一致。实际上,本节计算公式是由板体积不变导出的,所以理论本身不会造成板的减薄率普遍增大的误差。

5.1.5 破裂分析及破裂临界压力

固支方板在爆炸载荷作用下的应变场存在两个极值点,它们是边界处和板中心处,板边界应变由式(5 – 1 – 4)确定。由式(5 – 1 – 18),令 $l = 0$,可得板中心应变为

$$\varepsilon_{\mathrm{m}} = \frac{1}{2}\frac{H}{L_1}\theta_0 + \frac{1}{2}\left[1 - \left(\frac{L_1}{L}\right)^n\left(1 - \frac{1}{2}\theta_0^2\right)\right] \qquad (5 - 1 - 20)$$

一般可以认为,当应变达到极限应变 ε_{c} 时,板发生破裂,所以,边界应变 ε_0 和中心应变 ε_{m} 的大小,确定了固支方板的破裂形式。当 θ_0 一定时,边界最大应变值 ε_0 为常数,而中心最大应变值 ε_{m} 还要随锥体侧面斜率发生变化时的平台相对板厚 H/L_1 和平台相对半宽 L_1/L 的变化而变化,由试验结果可知,对于薄板,H/L_1 和 L_1/L 的大小与固支方板本身的相对厚度 H/L 的大小有关,L_1/L 与 H/L 的关系近似成正比关系,如图 5 – 1 – 3 所示。L_1/H 与 H/L 成双曲线关系,如图 5 – 1 – 4 所示。

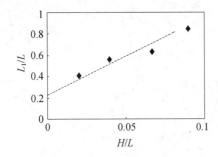

图 5 – 1 – 3　L_1/L 与 H/L 的曲线关系

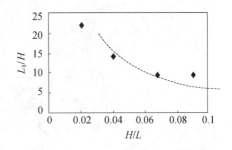

图 5 – 1 – 4　L_1/H 与 H/L 的曲线关系

由式(5 – 1 – 4)和式(5 – 1 – 20)计算表明(见表 5 – 1 – 3),对于相对厚度 H/L 为 0.02 ~ 0.09 的薄板,在爆炸载荷作用下必然有 $\varepsilon_0 > \varepsilon_{\mathrm{m}}$,所以,对于爆炸载荷作用下固支板的破裂必然在边界首先发生,如果边界与中心板的材料不同,中心处板的极限应变较小,则固支方板的破裂位置需另行讨论。

表 5-1-3 应变极值点比较

试 板 编 号	1	2	3	4
边界应变 ε_0	0.193	0.118	0.242	0.109
中心应变 ε_m	0.119	0.057	0.136	0.040

由以上分析可知,当板边界应变达到材料极限应变时,板即产生开裂破坏,此时所对应的爆炸脉冲压力即为破裂临界压力。由式(5-1-4)可得

$$\theta_0 = \left[-\frac{1}{4} + \sqrt{\frac{1}{16} + 2\varepsilon_0} \right] \qquad (5-1-21)$$

由式(5-1-14)可得

$$\frac{W_m}{H} = \left(\frac{L}{H} - \frac{1}{2}\frac{L_1}{H} \right)\theta_0 \qquad (5-1-22)$$

令

$$K = \frac{L}{H} - \frac{1}{2}\frac{L_1}{H} \qquad (5-1-23)$$

由此可见,K 仅与固支板相对板厚 H/L 有关,其关系曲线如图 5-1-5 所示,式(5-1-22)可化为

$$\frac{W_m}{H} = K\theta_0 \qquad (5-1-24)$$

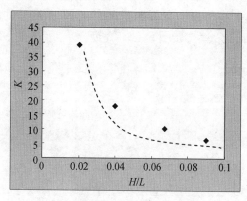

图 5-1-5 K 与 H/L 的关系

由固支方板塑性动力分析[16]可知,相对最大残余挠度值 W_m/H 在试板尺寸材料一定时,只取决于压力脉冲的幅值及其作用时间。文献[16]的方程式(5-1-7)和式(5-1-9)给出了在递减三角形脉冲压力作用下的 W_m/H 的表达式,即

当 $t_d > 0.4T_n$ 时

$$\frac{W_m}{H} = 2(\eta - 1) - \frac{\eta}{\omega_n t_d}\left[\pi - 2\arctan\frac{\eta}{\omega_n t_d(1 - \eta)} \right] \qquad (5-1-25)$$

72

当 $t_d \leqslant 0.4T_n$ 时

$$\frac{W_m}{H} = \left\{ (\eta - 1)\left[(\eta - 1) - 2\frac{\eta}{\omega_n t_d}\sin\omega_n t_d \right] + 2\left(\frac{\eta}{\omega_n t_d}\right)^2 (1 - \cos\omega_n t_d) \right\}^{\frac{1}{2}} - 1$$

$$(5 - 1 - 26)$$

式中：$T_n = \dfrac{2\pi}{\omega_n}$；$\omega_n = \dfrac{1}{L}\sqrt{\dfrac{6\sigma'_0}{\rho}}$；$\eta = \dfrac{P_0}{P_c}$；$P_c = \dfrac{12M_0}{L^2}$；$\rho$ 为密度；t_d 为载荷作用时间；σ'_0 为材料动屈服应力；M_0 为板单位宽度上的极限弯曲力矩。

将式(5-1-25)、式(5-1-26)与式(5-1-21)、式(5-1-24)联立,则可求解递减三角形脉冲压力作用下其压力幅值与试板最大应变的关系,当试板最大应变达到材料的极限应变 ε_c 时,即 $\varepsilon_0 = \varepsilon_c$ 时,试板产生开裂,此时对应的载荷压力幅值为固支方板的破裂临界压力 P_{cr},并求得

$$P_{cr} = \frac{1}{2A}(B + \sqrt{B^2 - 4AC}) \cdot P_c \qquad (5 - 1 - 27)$$

其中,当 $t_d > 0.4T_n$ 时

$$\begin{cases} A = 2 + \dfrac{2}{(\omega_n t_d)^2} - \dfrac{\pi}{\omega_n t_d} \\ B = 4 - \dfrac{\pi}{\omega_n t_d} + K\left[-\dfrac{1}{4} + \sqrt{\dfrac{1}{16} + 2E_c} \right] \\ C = 2 + K\left[-\dfrac{1}{4} + \sqrt{\dfrac{1}{16} + 2E_c} \right] \end{cases} \qquad (5 - 1 - 28)$$

当 $t_d \leqslant 0.4T_n$ 时

$$\begin{cases} A = 1 + 2\dfrac{1 - \cos\omega_n t_d}{(\omega_n t_d)^2} - 2\dfrac{\sin\omega_n t_d}{\omega_n t_d} \\ B = 2\left(\dfrac{\sin\omega_n t_d}{\omega_n t_d} - 1 \right) \\ C = 1 - \left[K\left(-\dfrac{1}{4} + \sqrt{\dfrac{1}{16} + 2E_c} \right) + 1 \right]^2 \end{cases} \qquad (5 - 1 - 29)$$

5.1.6 小结

（1）本节导出的固支方板应变场与试验结果吻合较好,该理论与文献[16]相结合,可确定各种爆炸载荷作用下固支方板的变形及应变分布。

（2）通过试验可以看到,固支方板的破坏模式以大变形拉伸和弯曲破坏为主,因此在本节的研究中,忽略了剪切应变的影响。本节导出的固支方板应变场可用于该板的破坏分析;相对厚度 H/L 为 0.02~0.09 的固支薄板,在爆炸载荷作用下,破裂必然在边界首先发生。

（3）本节理论可近似确定固支方板的破裂临界爆炸载荷压力峰值P_{cr}。

5.2　刚塑性板在柱状炸药接触爆炸载荷作用下的花瓣开裂研究

众多试验结果表明,薄板在接触爆炸载荷作用下会产生花瓣开裂的破坏模式[17,18]。当接触爆炸所产生的高压气团作用在薄板上时,首先会将板冲开一个破口,随后由于横向变形所引起的环向应变使破口边缘产生径向开裂,之后裂纹沿径向扩展,由开裂的板块旋转形成了一些比较对称的花瓣结构。目前关于这个问题的研究还不是很多,且国内还未见相关文献,但该问题的研究对于舰艇在爆炸载荷作用下的损伤评估具有重要意义。Nurick 和 Radford 对在接触爆炸载荷作用下的薄板破坏进行了一系列的试验研究[19]。如图 5-2-1 所示,他们在薄板上放置圆柱形装药,药量从少到多,逐步观测到了板的冲塞、凹陷、开裂和花瓣翻转等现象。图 5-2-1 中标明了每种工况下的装药量。

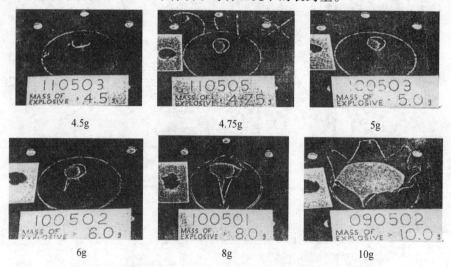

| 4.5g | 4.75g | 5g |
| 6g | 8g | 10g |

图 5-2-1　薄板在不同装药量接触爆炸载荷作用下的变形

将薄板在接触爆炸载荷作用下的变形分为花瓣开裂之前和花瓣开裂之后两个阶段进行分析。利用 Hamilton 变分原理得到了花瓣开裂瓣数和花瓣翻转的曲率半径。分析中考虑了系统动能在运动过程中的变化对结果的影响。通过花瓣的旋转曲率半径实现了花瓣动能、弯曲能和断裂能之间的耦合,得到了装药量与破口之间的关系,计算结果与试验结果吻合较好。

Wierzbicki 运用能量原理研究了接触爆炸载荷作用下薄板的花瓣开裂变形[20],运用能量原理比较真实地显示了板的撕裂和花瓣旋转的变形过程,并考虑了弯曲能和断裂能之间的耦合效应。但遗憾的是,他没有考虑系统动能在运动过程中的变化对花瓣旋转曲率半径的影响;其次他只对花瓣开裂之后的变形模式进行了分析,没有考虑花瓣开裂之前的冲塞和凹陷,因而存在明显的缺陷。本节在 Wierzbicki 工作的基础上,将整个过程分为两相,并考虑动能变化对花瓣翻转半径的影响,同时提出一个简单的铰线运动场。与试验结果比较说明,本节的计算结果更为合理。

5.2.1 系统能量分析

从 Nurick 和 Radford 对薄板在接触爆炸载荷作用下的响应所做的一系列试验中,可以观察到薄板在接触爆炸载荷下的变形过程。首先爆轰波会使板产生一个破口,之后随着板横向变形的逐渐增大,板内环向拉伸应变也随之增大。当缺口边缘的环向拉伸应变达到断裂应变时,板开始发生花瓣开裂。之后系统所具有的剩余动能转化为断裂能和花瓣根部塑性铰旋转所消耗的塑性能,直到动能耗尽裂纹停止扩展为止。由此可见在接触爆炸载荷作用下,发生花瓣开裂之前和之后是两种不同的变形模式。以花瓣开裂作为两种不同变形模式的分界点,不仅能够使得对现象的描述清晰明了,也将使问题的理论分析更加便利。图 5-2-2 所示为薄板在接触爆炸载荷作用下的变形过程和形态。

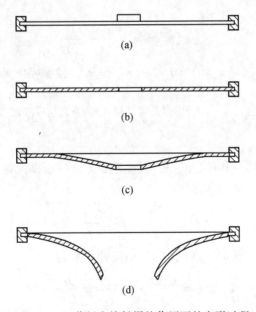

图 5-2-2 薄板在接触爆炸作用下的变形过程
(a)装药起爆;(b)冲塞产生缺口;(c)横向变形运动;(d)缺口边缘达到极限应变开始花瓣开裂。

1. 花瓣开裂前系统能量分析

花瓣开裂之前装药爆轰传递给薄板的能量主要转化为三个部分,分别是使板中心产生破口的能量 E_{cr}、板的径向塑性变形能 W_r 和环向塑性变形能 W_θ,由于中央有破口,可近似认为径向不产生拉伸,径向塑性变形能就是径向弯曲变形能,而环向塑性变形能又分为环向拉伸变形能 $W_{\theta t}$ 和环向弯曲变形能 $W_{\theta b}$,即

$$W = W_{\theta t} + W_{\theta b} + W_r + E_{cr} \qquad (5-2-1)$$

(1) 环向拉伸变形能 $W_{\theta t}$。如图 5-2-3 所示,设圆柱形装药与半径为 r_1、厚度为 t 的圆板接触半径为 r_p,瞬时爆轰之后板被冲开一个半径为 r_p 的圆形缺口。之后由于初始动能的作用,板开始向下凹陷。当板的横向位移达到 w_0 时,缺口边缘的环向拉伸应变达到材料的极限应变,边缘发生断裂进而开始产生花瓣开裂,设此时缺口边缘的径向坐标为 r'_p。

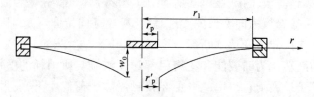

图 5-2-3 花瓣开裂前的临界状态

以板中心为原点取极坐标,则该临界状态下板的横向变形位移可以表示为[21]

$$w(r) = w_0 \frac{\ln(r_1/r)}{\ln(r_1/r'_p)} \qquad (5-2-2)$$

式 (5-2-2) 满足 $w(r_1) = 0$ 和 $w(r'_p) = w_0$。根据径向无伸长的假设有

$$r_1 - r_p = \int_{r'_p}^{r_1} \mathrm{d}s = \int_{r'_p}^{r_1} (\mathrm{d}r^2 + \mathrm{d}w^2)^{\frac{1}{2}} \approx (r_1 - r'_p) - \frac{1}{2}(\frac{w_0}{\ln(r_1/r'_p)})^2(\frac{1}{r_1} - \frac{1}{r'_p})$$

$$(5-2-3)$$

考虑任意 r 处的环向拉伸应变,设原来在 r 处的板微元运动到 r' 处,利用式 (5-2-2) 和式 (5-2-3) 有

$$r_1 - r = (r_1 - r') - \frac{r_1 r'_p (r'_p - r_p)}{r_1 - r'_p}(\frac{1}{r_1} - \frac{1}{r'}) \qquad (5-2-4)$$

根据定义,板上任意一点 r 处的环向拉伸应变为

$$\varepsilon_{\theta t}(r) = \frac{(2\pi r' - 2\pi r)}{2\pi r} = (\frac{r'}{r} - 1) \qquad (5-2-5)$$

利用式 (5-2-5) 也可求得 r_p 和 r'_p 的关系,将式 (5-2-4) 的解代入式 (5-2-5),则环向拉伸应变仅为 r 的函数,整个板内的环向拉伸应变能为

$$W_\theta = \int_0^{2\pi} \int_0^t \int_{r'_p}^{r_1} \sigma_0 \cdot \varepsilon_{\theta t} \cdot r \cdot \mathrm{d}r \cdot \mathrm{d}\delta \cdot \mathrm{d}\theta = 2\pi\sigma_0 t \int_{r_p}^{r_1} (r' - r)\mathrm{d}r$$

$$(5-2-6)$$

式中：σ_0 为屈服流应力。

（2）环向弯曲变形能 $W_{\theta b}$。

$$W_{\theta b} = \int_0^{2\pi} \int_{r'_p}^{r_1} M_0 dr \cdot K_\theta r \cdot d\theta \qquad (5-2-7)$$

式中：M_0 为铰线单位长度的全塑性弯曲；K_θ 为 r 处的环向曲率。代入曲率公式中可得

$$W_{\theta b} = 2\pi \cdot M_0 \left[\frac{2 \cdot r_1 r'_p (r'_p - r_p)}{r_1 - r'_p} \right]^{\frac{1}{2}} \ln\left(\frac{r_1}{r'_p} \right) \qquad (5-2-8)$$

（3）径向弯曲变形能 W_r。单位长度的径向弯曲塑性铰在 r 处所做的功为 $M_0 dw'$，将其在整个板的区域内积分可得

$$W_r = \int_0^{2\pi} \int_{r'_p}^{r_1} r \cdot M_0 \cdot w'' dr d\theta \qquad (5-2-9)$$

（4）冲塞临界能

根据文献[20]，板在冲击作用下发生冲塞的临界速度为 $V_{cr} = 2.83 \sqrt{\varepsilon_f \sigma_0 / \rho}$，其中 ρ 为板材密度。所以

$$E_{cr} = \frac{1}{2}\pi \cdot r_p^2 \cdot t \cdot \rho \cdot V_{cr}^2 \qquad (5-2-10)$$

2. 花瓣开裂之后系统能量分析

（1）花瓣动能。为方便起见，从板中心开始分析花瓣开裂。如图 5-2-4 所示，根据板的变形模式将其中心对称分为 n 瓣，花瓣顶角为 2θ。其中 O 为裂纹开裂中心。设 n 为花瓣个数，则 $n = \pi/\theta$。OA 为裂纹长度，AB 为花瓣根部塑性铰线。当径向裂纹 OA 扩展时，铰线 AB 向边界移动。同时留下一块翘曲的三角形板块 AOB。设 $\triangle AOB$ 在 AB 上的高为 l，则铰线 AB 的运动速度为 $\dot{l}$。花瓣以铰线 AB 为轴转动，转动角速度为 $\dot{\phi}$，则 $\dot{\phi} = \dot{l}/R$。其中 $R = PN$，为裂瓣在铰线 AB 处的旋转半径，如图 5-2-5 所示。根据试验观察，近似认为 NO 为一段以 P 为圆心、R 为半径的弧线，且 $\angle NPO = \beta$。在裂瓣上平行于铰线 AB 取一微块 CD。CD 与 AB 的交点为 S，设 $\angle NPS = \alpha$，可得 $CD = l_{AB}(1 - R\alpha/l)$。

微块 CD 的质量为 $dm = \rho \cdot CD \cdot R \cdot t \cdot d\alpha$，速度为 $\dot{\phi} \cdot 2R\sin(\alpha/2)$，则裂瓣 AOB 的动能可以表示为

$$E_k = \int_0^\beta \frac{1}{2} dm \cdot \left(\dot{\phi} \cdot 2R\sin\left(\frac{\alpha}{2}\right) \right)^2 = 2\rho \cdot t \cdot R^4 \cdot \tan\theta \cdot \dot{\beta}^2 \cdot \left(\frac{\beta^2}{2} - 2\sin^2\left(\frac{\beta}{2}\right) \right)$$

$$(5-2-11)$$

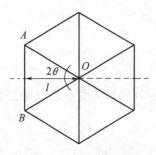

图 5-2-4 裂纹分布

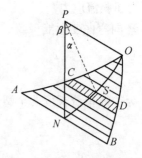

图 5-2-5 翘曲的裂瓣

每一块裂瓣的动能随时间的变化率为

$$\dot{E}_k = 2\rho \cdot t \cdot R^4 \cdot \tan\theta \cdot \left[2\dot{\beta}\ddot{\beta} \cdot \left(\frac{\beta^2}{2} - 2\sin^2\left(\frac{\beta}{2}\right) \right) + \dot{\beta}^3 \cdot (\beta - \sin\beta) \right]$$

$$(5-2-12)$$

当 β 在 0 到 π 范围内时

$$\dot{E}_k \approx 0.176\rho \cdot t \cdot \tan\theta \cdot (2 \cdot l \cdot \ddot{l} + 3.4\dot{l}^2) \cdot \dot{l} \cdot l \cdot \frac{1}{R}$$

$$(5-2-13)$$

由式(5-2-13)可以看到,花瓣的动能功率不仅和塑性铰距板中心的距离有关,而且和塑性铰的运动速度和加速度也有关系。

(2)弯曲能。实际上由于板的凹陷,铰线 AB 是略带一点弯曲的,因而裂瓣的全塑性弯矩 M 实际上比 M_0 要大一些,设 $M = \eta M_0$,其中 η 为弯矩放大因子,它取决于板的环向曲率,对 η 将在后面进行分析。根据 Tresca 屈服条件,每一块裂瓣的弯曲能随时间的变化率为

$$\dot{E}_b = M\dot{\phi} \cdot l_{AB} = 2M \frac{\dot{l}}{R} \cdot l \cdot \tan\theta \qquad (5-2-14)$$

(3)断裂能。由文献[18]有

$$\dot{E}_m = 3.84 \cdot M_0 \cdot t^{-\frac{2}{3}} \cdot (\delta_t/t)^{\frac{1}{3}} \cdot R^{\frac{2}{3}} \cdot \dot{l} \cdot (\sin\theta)^{\frac{4}{3}} (\cos\theta)^{-1}$$

$$(5-2-15)$$

5.2.2 花瓣旋转半径和裂瓣数

根据 Hamilton 变分原理,在任意两个瞬时 τ_0 和 τ_1 之间,物体真实运动使得 Hamilton 作用量取驻值[22]:

$$\delta J = \delta \int_0^\tau (E_k - \Pi - D) \mathrm{d}\tau = 0 \qquad (5-2-16)$$

78

式中:E_k 为物体在运动中的动能;$\varPi$ 为物体的弹性势能;D 为塑性耗散能。因为采用的是刚塑性模型,系统的弹性势能为零。系统的塑性耗散能包括裂瓣根部的塑性弯曲能和断裂能,将式(5-2-16)对时间 t 求两次微分可得

$$\delta\dot{E} = \delta(\dot{E}_k - \dot{E}_b - \dot{E}_m) = 0 \qquad (5-2-17)$$

由动能、弯曲能和断裂能的表达式可得

$$\dot{E} = 0.176\rho \cdot t \cdot \tan\theta \cdot (2 \cdot l \cdot \ddot{l} + 3.4\dot{l}^2) \cdot \dot{l} \cdot l \cdot \frac{1}{R} - 3.84 \cdot$$

$$M_0 \cdot t^{-1} \cdot \delta^{\frac{1}{3}} t \cdot R^{\frac{2}{3}} \cdot \dot{l} \cdot (\sin\theta)^{\frac{4}{3}}(\cos\theta)^{-1} - 2M\frac{\dot{l}}{R} \cdot l \cdot \tan\theta$$

$$(5-2-18)$$

将式(5-2-18)代入式(5-2-17)对 R 求变分可得

$$R = 1.3\left(\frac{0.5M \cdot l - 0.088\rho \cdot t \cdot (l \cdot \ddot{l} + 1.7\dot{l}^2) \cdot l^2}{M_0 \cdot t^{-1} \cdot \delta^{1/3}}\right)^{0.6} \cdot (\sin\theta)^{1.4}$$

$$(5-2-19)$$

再将 R 代入式(5-2-18)中对 θ 求变分可得

$$\tan\theta = 0.63$$

可求得 $\theta = 32.3°$,裂瓣的数量为 $n = \pi/\theta = 5.57 \approx 6$ 块。式(5-2-18)表示的是每一块裂瓣的总能量,从整个系统的角度来看,使整个系统的 Hamilton 变分取驻值则更为合理一些。将式(5-2-18)乘以 $n = \pi/\theta$,并对其求变分可得 $\theta = 53.7°$,所以 $n = \pi/\theta = 3.35$。因此可以认为裂瓣数为 4 块。根据以往的试验结果,花瓣开裂瓣数在 3 块~6 块之间,以 4 块居多。

5.2.3 弯矩扩大因子

花瓣根部的全塑性弯矩的大小取决于板的环向曲率。如果裂瓣的环向曲率为零,则每块裂瓣的全塑性弯矩为 M_0。如图 5-2-6 中左图所示,曲率半径为 r_θ,中心角为 2γ。为了使结果不至于过于复杂,将裂瓣根部的横截面近似为两个尺寸为 $b \times t$ 的矩形,如图 5-2-6 右图所示。

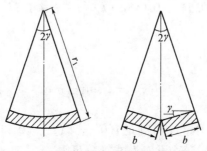

图 5-2-6 板的凹陷对全塑性弯矩的影响

当花瓣根部凹陷程度不是太大时根据几何关系可得

$$\eta = \frac{M}{M_0} \approx 1 + \frac{\gamma^2}{3}\left(\frac{b}{t}\right)^2 \qquad (5-2-20)$$

由图 5 – 2 – 6 的几何关系可得

$$b = r \cdot \theta = r_\theta \cdot \gamma \qquad (5-2-21)$$

式中：r 为裂瓣根部的径向坐标，根据几何关系并利用式(5 – 2 – 2)可得

$$\eta = 1 + \frac{2}{3}\frac{\theta^4}{t^2}\frac{r_1 r'_p (r'_p - r_p)}{r_1 - r'_p} \qquad (5-2-22)$$

5.2.4 接触爆炸破口确定

由于是接触爆炸，因而可以认为当装药爆轰后传递给板的能量全部集中在以 r_{p1} 为半径的板上，板上其他部分的初始动能为零。板的初始能量 E_0 首先将在花板开裂之前消耗一部分，剩余能量则转化为裂瓣的弯曲能 E_b 和裂纹扩展的断裂能 E_m，即

$$E_0 = W + E_b + E_m = W + \int_{t_{rp1}}^{t_c} (\dot{E}_b + \dot{E}_m) \cdot \mathrm{d}\tau \qquad (5-2-23)$$

其中

$$E_0 = \frac{1}{2}\pi \cdot r_p^2 \cdot t \cdot \rho \cdot v_0^2 \qquad (5-2-24)$$

式中：v_0 为装药传递给半径为 r_{p1} 的板的初始速度；t_{rp1} 为花瓣根部塑性铰开始运动时刻，开始运动的位置距板中心 r_{p1}；t_c 为系统停止运动时刻，即裂纹停止扩展的时刻。

由式(5 – 2 – 17)得

$$\delta\dot{E} = 0 \rightarrow \delta(\dot{E})^2 = 0 \rightarrow \int_0^{t_c}\delta(\dot{E})^2 = 0 \rightarrow \delta\int_0^{t_c}(\dot{E})^2 = 0$$

将 $\dot{E}$ 代入上式可得

$$\delta(\dot{l}^2 \cdot l \cdot (0.5M - 0.088\rho \cdot t \cdot (l \cdot \ddot{l} + 1.7\dot{l}^2) \cdot l)) = 0$$
$$\qquad (5-2-25)$$

设铰线的运动位移场为

$$l(\tau) = l_c \sin(\frac{\pi}{2t_c}\tau) \qquad (5-2-26)$$

式中：l_c 为铰线最终位移。$l(\tau)$ 满足 $l(0) = \dot{l}(t_c) = 0$ 和 $l(t_c) = l_c$。将式(5 – 2 – 26)代入式(5 – 2 – 25)中并对 l_c 求变分可得

80

$$t_c^2 = \frac{0.18 \cdot \rho \cdot t}{M} \cdot l_c^3 \qquad (5-2-27)$$

由式(5-2-26)可求得花瓣根部从缺口边缘开始运动的时间 t_{rp1}，将式(5-2-27)代入式(5-2-23)中即有

$$\frac{1}{2}\pi \cdot r_p^2 \cdot t \cdot \rho \cdot v_0^2 = W +$$

$$\int_{rp1}^{t_c} \left(3.84 \cdot M_0 \cdot t^{-1} \cdot \delta_t^{\frac{1}{3}} \cdot R^{\frac{2}{3}} \cdot \dot{l} \cdot (\sin\theta)^{\frac{4}{3}} (\cos\theta)^{-1} + 2M\frac{\dot{l}}{R} \cdot l \cdot \tan\theta \right) d\tau \qquad (5-2-28)$$

式(5-2-28)中左式和右式第一项均为已知，且积分项中 t_{rp1}、$l(t)$、l_c 和 R 均可以用 t_c 表示。所以式(5-2-28)中仅有 t_c 一个未知数。利用数值方法可求得 t_c，代入式(5-2-26)可得铰线最终位移 l_c。而破口的最终半径 L 为

$$L = \frac{l_c}{\cos\theta} \qquad (5-2-29)$$

5.2.5　算例

为了验证本节推导，以 Nurick 和 Radfork 的试验对象作为计算参数。如图 5-2-1 所示，试验对象为一圆形平板，半径为 50mm，板厚 $t = 1.6$mm，屈服应力 $\sigma_0 = 330$MPa，极限应变 $\varepsilon_f = 0.3$，装药与板的接触半径 $r_p = 12.5$mm。表 5-2-1 将他们试验中 5g、6g、8g 和 10g 装药的试验结果与本章计算结果进行了比较。

根据 Nurick 的试验，如图 5-2-1 所示，当装药量为 4.75g 时刚好使板的中心发生开裂，所以 4.75g 装药可视为使板发生冲塞的临界药量，对于圆柱形装药的接触爆炸，作用在板上的冲量与装药的高度成线性关系，故根据装药量与冲量的关系可求出不同装药量下的破口半径。

表 5-2-1　装药量和破口大小

装药量 /g	破口半径/mm	
	本节	Wierzbicki
5	14.4	26.1
6	26.0	30.8
8	49.9	40.6
10	69.0	51.1

对比图 5-2-1 中可见，当装药量为 5g 时，由于装药的能量在达到花瓣开裂之前已经全部消耗在板的变形能上，没有剩余能量使板发生花瓣开裂，因而破口大小介于 r_p 和 r_{p1} 之间。该工况下 Wierzbicki 的破口半径计算结果为 26.1mm，该值大于 r_{p1} 说明已经产生了花瓣翻转，其结论与试验不符。产生这种错误结论的原因是没有考虑花瓣开裂之前板的变形能。当装药量为 6g 时，破口半径约为板半径 50mm 的一半。当装药量为 8g 时，破口半径已经到了板的边界。当装药量为 10g 时，虽然理论上破口应为 69mm，但是由于破口半径已经到了板的边界

因而将破口限制在50mm内。可见与图5-2-1的试验结果相比较,本节计算结果与试验结果很吻合。

5.3　空中非接触爆炸载荷作用下舰船板架的塑性动力响应

在舰船的生命力研究中,如何正确预报非接触爆炸作用下舰船板架变形是船舶结构毁伤力学研究的一个重要课题。舰船遭受攻击后舰体的塑性变形过程比较复杂,能量法是求解该问题的有效方法。本节提出了一个适用于非接触爆炸条件下的单向或双向加筋船体板架塑性变形的计算方法。通过对运动系统的能量分析,利用能量法给出了船体板架在非接触爆炸载荷作用下的塑性动力响应解。对有关板架试验结果进行了计算,比较表明该方法具有较好的实用价值。

5.3.1　计算模型和基本假设

炸弹与导弹对舰船的非接触爆炸作用为空气冲击波形式。舰船板架在爆炸载荷作用下将产生较大的塑性变形,可假设舰体材料为理想刚塑性。假设舰体板架为四边固支,考虑到板架边界要产生塑性铰线,在爆炸载荷作用下板架变形的挠曲面函数可取为

$$W(x,y) = W_0 \sin\frac{\pi x}{L}\sin\frac{\pi y}{B} \qquad (5-3-1)$$

式中:L 为板架长;B 为板架宽;W_0 为板架中心挠度。坐标 xOy 位于板架初始平面,如图5-3-1所示。

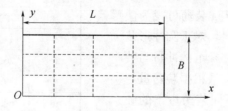

图5-3-1　板架示意图

板架在爆炸载荷作用下的塑性动力响应研究,主要是要求解板架的中心挠度 W_0,可根据能量守恒建立所需方程,即冲击波对板架作用的能量要等于板架的塑性变形能。考虑到冲击波作用时间很短,冲击波对板架的作用可按冲量来考虑,则冲击波能量将首先转化为板架初始动能 K,由能量守恒原理可得板架塑性变形能 U 等于板架初始动能 K,即

$$U = K \qquad (5-3-2)$$

5.3.2 板架塑性变形能计算

板架塑性变形能的计算可将板架化为正交的骨架梁系来考虑,并将板架的板作为骨架的带板。而板架变形能由三部分组成,即边界塑性铰弯曲变形能 U_1、板架区域内的弯曲变形能 U_2 和板架区域伸长变形能 U_3。因而总塑性变形能为

$$U = U_1 + U_2 + U_3 \qquad (5-3-3)$$

设板架沿 x 方向有 n 根骨架梁,其在 y 方向的坐标为 $y_i(i=1,2,\cdots,n)$;沿 y 方向上有 m 根骨架梁,其在 x 方向的坐标为 $x_j(j=1,2,\cdots,m)$。下面分别求解板架的各项塑性变形能。

1. 边界塑性铰弯曲变形能 U_1

板架边界塑性铰弯曲变形能 U_1 取决于边界塑性铰的相对转角 θ 和骨架梁的极限弯矩 M_0。而板架边界塑性铰的相对转角的大小不仅取决于板架变形挠度的大小,而且与相邻板架对计算板架的固定程度有关,因此板架边界塑性铰的相对转角可写成

$$\theta_{x0} = \gamma_x \frac{\partial W}{\partial x}\bigg|_{x=0} , \theta_{y0} = \gamma_y \frac{\partial W}{\partial y}\bigg|_{y=0}$$

式中:W 为板架挠曲面函数,并由式(5-3-1)给出,γ_x、γ_y 分别为 x 方向和 y 方向边界的固定程度系数。边界为刚性固定时,$\gamma=1$;边界完全自由支持时,板架在边界处不产生塑性铰,因而取 $\gamma=0$。

根据弯曲塑性变形能计算公式可得

$$U_1 = 2\left(\sum_{i=1}^{n} M_{0i}\gamma_x \frac{\partial W(x,y_i)}{\partial x}\bigg|_{x=0} + \sum_{j=1}^{m} M_{0j}\gamma_y \frac{\partial W(x_j,y)}{\partial y}\bigg|_{y=0} \right)$$

$$(5-3-4)$$

将式(5-3-1)代入上式得

$$U_1 = 2\left(\sum_{i=1}^{m} \frac{\pi}{L}\gamma_x M_{0i} W_0 \sin\frac{\pi y_i}{B} + \sum_{j=1}^{m} \frac{\pi}{B}\gamma_y M_{0j} W_0 \sin\frac{\pi x_j}{L} \right)$$

$$(5-3-5)$$

式中:M_{0i} 为 x 方向第 i 根骨架梁的塑性极限弯矩;M_{0j} 为 y 方向第 j 根骨架梁的塑性极限弯矩。

2. 板架弯曲变形能 U_2

板架弯曲变形能 U_2 为

$$U_2 = -\left(\sum_{i=1}^{n} \int_0^L M_{0i} K_{xi} \mathrm{d}x + \sum_{j=1}^{m} \int_0^B M_{0j} K_{yj} \mathrm{d}y \right) \qquad (5-3-6)$$

考虑到 x 方向第 i 根骨架梁的曲率为

$$K_{xi} = \frac{\partial^2 W(x, y_i)}{\partial x^2} = -W_0 \left(\frac{\pi}{L} \right)^2 \sin \frac{\pi x}{L} \sin \frac{\pi y_i}{B}$$

y 方向第 j 根骨架梁的曲率为

$$K_{yj} = \frac{\partial^2 W(x_j, y)}{\partial y^2} = -W_0 \left(\frac{\pi}{B} \right)^2 \sin \frac{\pi x_j}{L} \sin \frac{\pi y}{B}$$

将曲率代入式(5-3-6)并积分可得

$$U_2 = \sum_{i=1}^{n} \frac{2\pi}{L} M_{0i} W_0 \sin \frac{\pi y_i}{B} + \sum_{j=1}^{m} \frac{2\pi}{B} M_{0j} W_0 \sin \frac{\pi x_j}{L} \qquad (5-3-7)$$

3. 板架伸长变形能 U_3

板架伸长变形能 U_3 为

$$U_3 = \sum_{i=1}^{n} N_{0i} \Delta_i + \sum_{j=1}^{m} N_{0j} \Delta_j \qquad (5-3-8)$$

式中：N_{0i}、N_{0j} 为 x 方向 i 根骨架梁和 y 方向 j 根骨架梁的塑性极限中面力；Δ_i、Δ_j 为 x 方向 i 根骨架梁和 y 方向 j 根骨架梁的伸长量。

并有

$$\Delta_i = \frac{1}{2} \int_0^L \left(\frac{\partial W(x, y_i)}{\partial x} \right)^2 \mathrm{d}x = \frac{\pi^2}{4L} W_0^2 \sin^2 \left(\frac{\pi y_i}{B} \right)$$

同理可得

$$\Delta_j = \frac{\pi^2}{4B} W_0^2 \sin^2 \left(\frac{\pi x_j}{L} \right)$$

从而可得

$$U_3 = \sum_{i=1}^{n} N_{0i} \frac{\pi^2}{4L} W_0^2 \sin^2 \left(\frac{\pi y_i}{B} \right) + \sum_{j=1}^{m} N_{0j} \frac{\pi^2}{4B} W_0^2 \sin^2 \left(\frac{\pi x_j}{L} \right) \qquad (5-3-9)$$

将式(5-3-5)、式(5-3-7)、式(5-3-9)代入式(5-3-3)即可得板架变形的总变形能。

5.3.3 板架塑性极限弯矩 M_0 及极限中面力 N_0

采用 Johansen 方形屈服条件[22]，由塑性力学知识，骨架梁的塑性极限弯矩 M_0 和塑性极限中面力 N_0 可表示为

$$M_0 = \sigma_s (S_1 + S_2) = \frac{1}{2} \sigma_s A (l_1 + l_2)$$

$$N_0 = \sigma_s A$$

式中：σ_s 为材料屈服极限；S_1、S_2 为骨架间距内受压和受拉部分面积对骨架梁中和轴的静矩；l_1、l_2 为骨架间距内受压和受拉部分面积形心至骨架梁中和轴的距离；A 为骨架梁断面面积。

84

5.3.4 板架初始动能计算

爆炸载荷作用在舰船板架上,冲击波作用时间与板架固有周期相比很小,因此可用动量定理求解板架初始动能。根据文献[2],单位面积入射冲量为

$$i_+ = A_i \frac{\sqrt[3]{m_e^2}}{r}$$

式中:A_i 为系数,TNT 炸药在无限空间爆炸时取 $A_i = 200 \sim 250$;m_e 为炸药 TNT 当量;r 为爆距。

由动量定理可得板架初始速度为

$$v = \frac{i}{m}$$

式中:m 为单位面积质量,$m = \rho h$;h 为相当厚度,$h = t + \frac{f}{b}$;t 为附连翼板宽度;f 为骨架断面面积;b 为骨架间距;i 为反射冲量,且 $i = 2i_+$。

所以板架初始动能为

$$K = \frac{2LBA_i^2}{\rho h} m_e^{4/3} r^{-2} \qquad (5-3-10)$$

5.3.5 求解板架挠度

由式(5-3-5)、式(5-3-7)、式(5-3-9)和式(5-3-10)可得出板架中心最大变形挠度计算公式如下

$$A_1 W_0^2 + B_1 W_0 - C_1 = 0 \qquad (5-3-11)$$

式中

$$A_1 = \sum_{i=1}^n N_{0i} \frac{\pi^2}{4L} \sin^2\left(\frac{\pi y_i}{B}\right) + \sum_{j=1}^m N_{0j} \frac{\pi^2}{4B} \sin^2\left(\frac{\pi x_j}{L}\right)$$

$$B_1 = 2\left(\sum_{i=1}^n \frac{\pi}{L} \gamma_x M_{0i} \sin\frac{\pi y_i}{B} + \sum_{j=1}^m \frac{\pi}{B} \gamma_y M_{0j} \sin\frac{\pi x_j}{L} \right) +$$

$$\sum_{i=1}^n \frac{2\pi}{L} M_{0i} \sin\frac{\pi y_i}{B} + \sum_{j=1}^m \frac{2\pi}{B} M_{0j} \sin\frac{\pi x_j}{L}$$

$$C_1 = \frac{2LBA_i^2}{\rho h} m_e^{4/3} r^{-2}$$

综上所述,在已知炸药 TNT 当量、爆距以及板架几何尺寸和边界约束条件情况下,即可求解板架中心点的最大位移 W_0,进一步即可得整个板架变形。

5.3.6 算例

1. 矩形板架在空爆载荷作用下的塑性变形

矩形板架的尺寸如图 5-3-2 所示,其他参数如下:$\rho = 7.8 \times 10^3 \text{kg/m}^3$,

$\sigma_s = 441\mathrm{MPa}$，$A_i$ 因其范围为 200～250，所以取 $A_i = 225$，γ 根据其边界固定程度介于简支与固支之间，所以取 $\gamma = 0.5$。炸药量和爆距以及试验结果与计算结果的比较如表 5-3-1 所列。

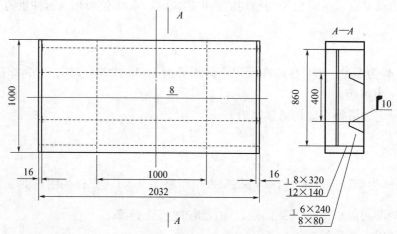

图 5-3-2　矩形板架示意图

表 5-3-1　板架变形的试验结果与计算结果比较

炸药量/kg	爆距/m	中心挠度(试验值)/mm	中心挠度(本节计算值)/mm
5	0.87	15	14.3
注:试验值取自文献[28]			

2. 固支加筋方板在空爆载荷作用下的塑性变形

正方形加筋板模型尺寸如图 5-3-3 所示，其他参数如下：$\sigma_s = 235.56\mathrm{MPa}$，$\rho = 7.8 \times 10^3 \mathrm{kg/m^3}$，炸药量为 0.6kg，超压为 7.165N/mm²，爆距为 0.3135m(该值由文献[24]数据和文献[22]推导得出)，由于该板架为固支边界 γ 取为 1。文献[23]的试验值与本节计算结果的比较如表 5-3-2 所列。

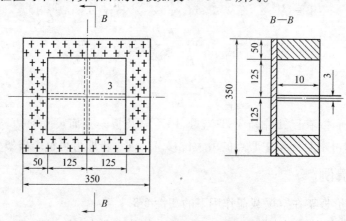

图 5-3-3　固支加筋方板示意图

86

表 5 - 3 - 2　加筋固支方板中心挠度 W_0 试验结果与计算值比较

文献[24]试验值	本节计算值/mm			文献[23]计算值/mm	
	$A_i = 200$	$A_i = 225$	$A_i = 250$	Johnson 屈服条件	内接正方形条件
22.86	20.5	23.4	27.7	19.69	28.97

5.3.7　小结

在本节方法的应用中,要根据板架的边界固定情况确定 γ 值。例如,固支板架 $\gamma = 1$;简支板架 $\gamma = 0$。另外,爆炸冲量参数 A_i 值的选定也对结果有一定的影响,建议取 $A_i = 225$。本节方法可用于板架结构(单向或双向加筋)或平板在非接触爆炸载荷作用下的塑性动力响应计算。当加筋很强时,由于加筋间壳板可能形成塑性铰,在能量的计算中要考虑到这一部分能量,否则计算值会偏大。

5.4　空中接触爆炸作用下船体板架塑性动力响应及破口研究

舰船结构在遭受来自导弹或炸弹的攻击时将产生不同程度的破损,在爆炸载荷作用特别是接触爆炸作用下舰船结构的塑性动力响应研究是各国海军共同关心的课题。本节对该问题建立了圆板模型,运用动量定理和能量原理求解板的最大挠度和最大环向应变,用极限动应变作为断裂判据得出板架破口大小。

导弹或炸弹接触爆炸对船体板架的破坏作用分为初始穿孔作用和爆炸冲击波作用两部分,从而可将船体板架结构在接触爆炸作用下的破损看作早期穿孔和壳板的后续塑性变形两阶段。为简化计算,将船体板架按照一定的等效原则简化为圆形板。第一阶段,该圆形板在中心产生初始穿孔;第二阶段,爆炸冲击波以冲量的形式作用在穿孔后的剩余板结构上,给板一个初始动能。剩余结构在该动能驱动下继续变形,动能逐渐转化为变形能,并最终达到平衡状态。通过假设一定的塑性变形模式,得到变形能与变形的关系,利用动量定理和能量守恒定理,建立了板架塑性变形的理论模型,得出了变形挠度的计算公式。通过接触爆炸试验,得出材料极限动应变的估算值,并以最大环向应变等于极限动应变作为板架径向撕裂的条件,得到破口半径的计算公式。利用上述破口计算方法,对某型驱逐舰的几个典型船体甲板板架在受到"飞鱼"导弹及 GBV - 12 型激光炸弹攻击时的变形挠度和破口尺寸进行计算,列举了实船在遭受空中打击时的战损事例和打靶试验数据作为比较,发现该破口计算公式结果可信,可用于对舰船受空中接触爆炸作用下产生的破口进行估算。

5.4.1 计算模型与假设

炸弹与导弹对舰体接触爆炸的破坏作用主要是:①接触爆炸初始穿孔作用;②爆炸冲击波作用。接触爆炸时,在炸药作用附近,因高温高压,壳板材料进入流动状态,必然产生穿孔。由于爆炸穿孔效应与炸药爆轰的历时相当,可以认为是早期效应。而穿孔后,孔径以外壳板在爆炸冲击波作用下将继续产生塑性变形,该塑性动力响应为爆炸作用的后期效应。考虑到已经给出了接触爆炸的初始穿孔直径,因此,接触爆炸作用下板架塑性动力响应可近似为如下过程:①板架中部(爆炸点)有半径为 r_0 的初始破孔(r_0 已知);②有初始破孔的板架受到爆炸冲击波的作用产生塑性变形。

5.4.2 板架破口计算

1. 板架模型等效

假设矩形板架长为 L,宽为 B,板厚为 δ,其上有纵向骨架 n 根,骨架断面积为 F_i,横向骨架 m 根,骨架断面积为 F_j,则:

(1)将板架中的骨架均布到板上,得到板架的相当板厚为

$$\bar{\delta} = (LB\delta + \sum_{i=1}^{n} F_i L + \sum_{j=1}^{m} F_j B)/(LB)$$

(2)为方便积分,假设塑性变形区域为圆形,塑性变形外缘塑性铰线直径为 $D = \min\{L, B\}$,塑性铰线半径为 $R = D/2$,即将板架化成厚度为 δ、半径为 R 的圆形板。

2. 板架单位宽度相当极限抗弯弯矩 $\bar{M}_0$

板架单位宽度相当极限抗弯弯矩 $\bar{M}_0$,是整个板架断面在纯弯曲状态下正应力达到材料屈服极限时,单位宽度上的弯矩。定义式为

$$\bar{M}_0 = M_0/b$$
$$M_0 = \sigma_0(S_1 + S_2)$$

式中:M_0 为骨架梁极限弯矩;b 为骨架间距;σ_0 为材料屈服极限;S_1、S_2 分别为骨架间距内受压和受拉部分面积形心对中和轴的静矩。

根据纵向和横向骨架的截面形状和骨架间距,按照上述公式分别计算出相应的 $\bar{M}_0$,然后对纵横两方向骨架的 $\bar{M}_0$ 进行平均得出整个板架单位宽度相当极限抗弯弯矩 $\bar{M}_0$。

3. 板架初始动能计算

假设最终变形模式为截顶圆锥形,其母线图如图 5-4-1 所示。根据动量定理有

$$M \cdot \bar{v} = \int_0^{2\pi} \int_{r_0}^{R} I_r \cdot r \cdot \mathrm{d}r \cdot \mathrm{d}\theta$$

式中:M 为塑性变形区板架质量,$M = \rho \cdot \pi \bar{\delta}(R^2 - r_0^2)$,$\rho$ 为板架材料密度,r_0 为初始破口半径;$\bar{v}$ 为塑性变形区平均速度;I_r 为作用于板架单位面积的分布爆炸反射冲量,I_r 与爆炸作用距离 r 有关,可用二次函数来模拟

$$I_r = A_1 + \frac{B_1}{r} + \frac{C_1}{r^2}$$

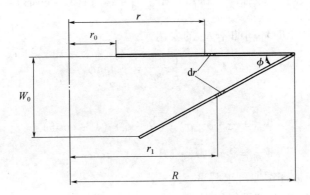

图 5-4-1 板架塑性变形图

从而可求得

$$\bar{v} = \frac{2\pi\left[A_1(R^2 - r_0^2)/2 + B_1(R - r_0) + C_1(\ln R - \ln r_0)\right]}{M}$$

式中:r_0 为板架中间破孔半径。故板架初始动能 T 为

$$T = M \cdot \bar{v}^2/2 \qquad (5-4-1)$$

4. 板架塑性变形能 W

板架塑性变形能可分为径向塑性变形能 W_r 和环向塑性变形能 W_θ,由于中央有破口,径向将不产生拉伸,因而径向无伸长,径向塑性变形能就是塑性铰线弯曲变形能,而环向塑性变形能又分为环向拉伸变形能 $W_{\theta t}$ 和弯曲变形能 $W_{\theta b}$,即

$$W = W_r + W_{\theta t} + W_{\theta b}$$

$$W_r = 2\pi R \cdot \overline{M}_0 \phi \qquad (5-4-2)$$

式中:ϕ 为塑性铰线处径向转角,$\phi = \arcsin \dfrac{W_0}{R - r_0}$,$W_0$ 为破口边缘挠度值;$\overline{M}_0$ 为单位宽度板架相当塑性极限弯矩。

$$W_{\theta t} = \int_0^{2\pi} \int_0^{\bar{\delta}} \int_{r_0}^{R} \sigma_0 \cdot \varepsilon_{\theta t} \cdot r \cdot \mathrm{d}r \cdot \mathrm{d}\bar{\delta} \cdot \mathrm{d}\theta$$

$$W_{\theta b} = \int_0^{2\pi} \int_{r_0}^{R} \overline{M}_0 \mathrm{d}r \cdot K_\theta r \cdot \mathrm{d}\theta$$

式中:σ_0 为材料屈服极限;$\varepsilon_{\theta t}$ 为环向拉伸应变;K_θ 为环向曲率。

如图 5-4-1 所示,由几何关系可知,板架上距离中央 r 位置的板条变形后与中央的距离为

$$r_1 = (1 - \cos\phi) \cdot R + r \cdot \cos\phi$$

$$\varepsilon_{\theta t} = (2\pi r_1 - 2\pi r)/2\pi r = \left(\frac{R}{r} - 1\right)(1 - \cos\phi) \qquad (5-4-3)$$

式中:当 ϕ 角较小时环向曲率 K_θ 的表达式为

$$K_\theta = -\frac{1}{r}\frac{\partial W}{\partial r} = \frac{1}{r}\tan\phi \qquad (5-4-4)$$

从而可求出

$$W_{\theta t} = \pi \cdot \bar{\delta} \cdot \sigma_0 \cdot (R - r_0)^2 (1 - \cos\phi) \qquad (5-4-5)$$

$$W_{\theta b} = 2\pi \cdot \overline{M}_0 \cdot (R - r_0) \cdot \tan\phi \qquad (5-4-6)$$

5. 运用能量守恒原理求解 W_0

根据能量守恒原理可得如下表达式

$$T = W = W_r + W_{\theta t} + W_{\theta b}$$

将式(5-4-1)、式(5-4-2)、式(5-4-5)、式(5-4-6)代入上式可得

$$M \cdot \bar{v}^2/2 = 2\pi R \cdot \overline{M}_0 \phi + \pi \bar{\delta} \cdot \sigma_0 \cdot (R - r_0)^2$$
$$(1 - \cos\phi) + 2\pi \cdot \overline{M}_0 \cdot (R - r_0) \cdot \tan\phi \qquad (5-4-7)$$

考虑到

$$\cos\phi = (1 - \sin^2\phi)^{1/2} = \left(1 - \left(\frac{W_0}{R - r_0}\right)^2\right)^{1/2} \qquad (5-4-8)$$

同时,在 ϕ 较小时有

$$\phi \approx \tan\phi \approx \sin\phi = \frac{W_0}{R - r_0} \qquad (5-4-9)$$

将式(5-4-8)、式(5-4-9)代入式(5-4-7),得到如下一元二次方程

$$a_1 W_0^2 + b_1 W_0 + c_1 = 0$$

其中

$$a_1 = \left(\frac{2\pi R \overline{M}_0}{R - r_0} + 2\pi \cdot \overline{M}_0\right)^2 + \pi^2 \bar{\delta}^2 \sigma_0^2 (R - r_0)^2$$

$$b_1 = 2\left(\pi \bar{\delta}\sigma_0(R - r_0)^2 - \frac{1}{2}M\bar{v}^2\right) \cdot \left(\frac{2\pi R \overline{M}_0}{R - r_0} + 2\pi \overline{M}_0\right)$$

$$c_1 = (\pi\bar{\delta}\sigma_0(R-r_0)^2 - M\bar{v}^2/2)^2 - \pi^2\bar{\delta}^2\sigma_0^2(R-r_0)^4$$

经过计算发现

$$b_1^2 - 4a_1c_1 = \pi^2\bar{\delta}^2\sigma_0^2(R-r_0)^2\lfloor 4\pi\bar{\delta}\sigma_0 Mv^2(R-r_0)^2 + 16\pi M_0(2R-r_0)^2\rfloor > 0$$

故该一元二次方程有解,其解为

$$W_0 = (-b_1 + \sqrt{b_1^2 - 4a_1c_1})/2a_1 \qquad (5-4-10)$$

运用板架结构和材料参数,在已知初始破口半径 r_0 的情况下,可分别求出上述参数 a_1、b_1、c_1,从而可由式(5-4-10)求出变形挠度 W_0,进而可由式(5-4-8)求出 ϕ 值。

6. 破口半径的确定

板架径向无伸长,最大应变应该发生在环向,式(5-4-3)给出了环向拉伸应变 $\varepsilon_{\theta t}$。环向最大弯曲应变 $\varepsilon_{\theta b m}$ 可表示为

$$\varepsilon_{\theta b m} = K_\theta \cdot \frac{\bar{\delta}}{2} = \frac{\bar{\delta} \cdot W_0}{2r(R-r_0)}$$

最大环向应变 $\varepsilon_{\theta m}$ 为环向拉伸应变和最大弯曲应变的叠加,即

$$\varepsilon_{\theta m} = \varepsilon_{\theta t m} + \varepsilon_{\theta b m} = \left(\frac{R}{r} - 1\right)(1 - \cos\phi) + \frac{\bar{\delta} \cdot W_0}{2r(R-r_0)}$$

假设该板架材料的极限动应变为 ε_f,则当 $\varepsilon_{\theta m} \geqslant \varepsilon_f$ 时,板架将在环向发生撕裂破坏,出现径向裂纹,在裂纹中止处应满足 $\varepsilon_{\theta m} = \varepsilon_f$,由此可得板的破口半径为

$$r = \frac{R(1-\cos\phi) + 0.5\bar{\delta} \cdot W_0/(R-r_0)}{\varepsilon_f + 1 - \cos\phi} \qquad (5-4-11)$$

5.4.3 对若干问题的讨论

1. 极限动应变 ε_f 的试验测试

极限动应变 ε_f 主要与材料属性有关,同时也受结构形式、加载方式等诸多因素的影响,对于同种材料的结构,其极限动应变值可近似认为是一个常数。为了确定该材料的极限动应变,利用与算例中同型钢板和型材采用"卅"字形加筋制作了板架单元结构模型,如图 5-4-2 所示,并对该模型进行了接触爆炸试验,炸后沿裂纹线方向对裂纹附近钢板进行测厚,如图 5-4-3 所示,与初始板厚进行比较即可得减薄率 ε_t,从而得到裂纹附近环向残余塑性应变。该应变即可作为材料极限动应变值 ε_f。具体分析过程可参见 4.3 节中式(4-3-1)至式(4-3-5)。

根据试验模型测厚数据,可得初始平均板厚为 $t = 4.13mm$,依式(4-2-2)计算得出各条裂纹上 ε_f 的平均值变化范围为 $0.092 \sim 0.155$,取其中值作为最终 ε_f 的估算值,即 $\varepsilon_f = 0.124$。

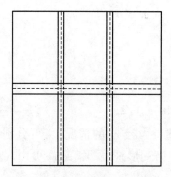

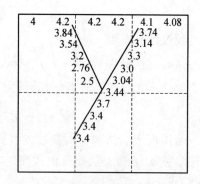

图 5 – 4 – 2　接触爆炸试验板架
单元结构模型

图 5 – 4 – 3　接触爆炸后沿裂纹测厚
注:厚度单位 mm。

2. 初始破孔大小的估计

以上计算模型中是将初始破孔半径 r_0 作为已知条件给出,该破孔的产生可能有两种情形:①导弹或炸弹直接穿过钢板而引起的破孔,此时 r_0 为弹体穿甲破孔半径,可近似等于弹径,即 $r_0 = D/2$,其中 D 为弹径;②导弹或炸弹在钢板表面直接爆炸所引起的破孔,此时 r_0 为爆炸冲塞破孔半径。考虑到弹径及相应杀伤参数[32],经过计算发现,对 GBV – 12 型激光炸弹作用下初始破孔直径取 250mm ~ 350mm 时,最终板的破口半径 r 相对误差不超过 3%,对"飞鱼"导弹初始破孔直径取 350mm ~ 450mm 时,最终板的破口半径 r 相对误差不超过 2%。故初始破孔半径 r_0 的值在一定范围变化时对最终板的破口半径 r 的计算结果影响不大,可参照以上数值取 r_0 的估算值为:"飞鱼"导弹初始破孔 $r_0 = 200mm$,GBV – 12 型激光炸弹初始破孔 $r_0 = 150mm$。

3. 计算公式在一般 ϕ 角下的修正

以上所得到的计算公式是建立在 ϕ 角较小的前提下的,当 ϕ 角不太小时,式(5 – 4 – 4)、式(5 – 4 – 9)等一些近似表达式不再成立。环向曲率 K_θ 应改为如下形式

$$K_\theta = \frac{\sin\phi}{R(1 - \cos\phi) + r\cos\phi}$$

W_r 和 $W_{\theta t}$ 表达式仍采用式(5 – 4 – 2)和式(5 – 4 – 5),而 $W_{\theta b}$ 表达式应改为如下形式

$$W_{\theta b} = 2\pi \cdot \overline{M}_0 \cdot \tan\phi \Big[(R - r_0) + \frac{R(1 - \cos\phi)}{\cos\phi} \ln \frac{R}{R(1 - \cos\phi) + r_0\cos\phi} \Big]$$

从而能量平衡方程改写为

$$M \cdot \bar{v}^2/2 = 2\pi R \cdot \overline{M}_0 \phi + \pi\bar{\delta} \cdot \sigma_0 \cdot (R - r_0)^2 (1 - \cos\phi) +$$

$$2\pi \cdot \overline{M}_0 \cdot \tan\phi \Big[(R - r_0) + \frac{R(1 - \cos\phi)}{\cos\phi} \ln \frac{R}{R(1 - \cos\phi) + r_0\sin\phi} \Big]$$

$$(5 – 4 – 12)$$

由式(5-4-12)可解出 ϕ 值,从而可根据

$$W_0 = (R - r_0)\sin\phi$$

解出挠度 W_0 值。

同时,最大环向应变表达式变为如下形式

$$\varepsilon_{\theta m} = \varepsilon_{\theta t m} + \varepsilon_{\theta b m} = \left(\frac{R}{r}\right)(1 - \cos\phi) + \frac{1}{2}\frac{\bar{\delta}\sin\phi}{R(1 - \cos\phi) + r\cos\phi}$$

$$(5-4-13)$$

根据上面求得的 ϕ 值,利用 $\varepsilon_{\theta m} = \varepsilon_f$,可计算出破口半径 r。

注意到上述各方程均为超越方程,对 ϕ 和 r 的求解无法通过简单的解析表达式得到,只能通过数值求解得出满足所需精度要求的近似解。

通过计算发现,当所解出的 $\phi < 45°$ 时,采用式(5-4-11)求解和采用本节的方法求数值解,最终所得出的破口半径相对误差不超过5%,当解出的 $\phi > 45°$ 时,相对误差可能比较大。考虑到采用公式法计算较为简便,且能够满足工程精度的要求,故建议在 ϕ 角不太大的情况下使用式(5-4-10)、式(5-4-11)求解挠度 W_0 和破口半径 r,若解出的 ϕ 角较大,再采用本节的方法求近似解。

5.4.4 算例

1. 典型板架破口计算

本节将利用上述破口计算方法,对某型驱逐舰的几个典型船体甲板板架受到"飞鱼"导弹及 GBV-12 型激光炸弹攻击时的破口尺寸进行计算。板架尺寸和材料参数如表5-4-1和表5-4-2所列。板架材料采用屈服极限 $\sigma_0 = 400\text{MPa}$ 的船用低合金钢,极限动应变依据本节试验结果取为 $\varepsilon_f = 0.124$。在单位面积爆炸反射冲量 I_r 表达式中,A_1、B_1、C_1 为常系数。通过相关资料查得,当各参量均采用国际单位制时,对于 GBV-12 型激光炸弹,其装药量为 87kg,I_r 表达式中各系数为:$A_1 = -9.919 \times 10^3$,$B_1 = 7.4254 \times 10^4$,$C_1 = -2.3374 \times 10^4$;对于"飞鱼"导弹,其装药量为 43kg,$I_r$ 表达式中各系数为:$A_1 = -0.415 \times 10^3$,$B_1 = 5.672 \times 10^3$,$C_1 = 4.217 \times 10^3$。

表5-4-1　遭受"飞鱼"导弹攻击的板架尺寸和材料参数

板架参数	甲板板架1	甲板板架2
板架长度 L/m	9.0	14.5
板架宽度 B/m	16.5	16.0
相当板厚 $\bar{\delta}/\text{m}$	5.86×10^{-3}	5.96×10^{-3}
相当极限弯矩 $\bar{M}_0/\text{N} \cdot \text{m}$	2.370×10^4	2.370×10^4

表 5 -4 -2 遭受 GBV -12 型激光炸弹攻击的板架尺寸和材料参数

板架参数	甲板板架 3	甲板板架 4
板架长度 L/m	9.0	9.0
板架宽度 B/m	16.2	16.2
相当板厚 t/m	5.90×10^{-3}	1.25×10^{-2}
相当极限弯矩 $\overline{M}_0/N \cdot m$	2.370×10^4	1.060×10^5

采用5.4.3节公式计算可得船体甲板板架遭受"飞鱼"导弹和GBV -12型激光炸弹攻击时,接触爆炸作用下板中央变形挠度和破口半径,如表5 -4 -3 和表5 -4 -4 所列。

表5 -4 -3 在"飞鱼"导弹接触爆炸作用下板架变形和破口半径

板架破损参数	甲板板架1	甲板板架2
板中央挠度 W_0/m	1.374	1.116
破口半径 r/m	1.342	0.673

表5 -4 -4 在 GBV -12 型激光炸弹接触爆炸作用下板架变形和破口半径

板架破损参数	甲板板架3	甲板板架4
板中央挠度 W_0/m	4.349	2.654
破口半径 r/m	3.996	2.829

可以验证,若采用5.4.3节修正公式进行计算,其结果与上述结果相对误差不超过5%。可见,在"飞鱼"导弹接触爆炸作用下,甲板板架 1 将产生直径2.68m的破口,甲板板架 2 将产生直径 1.32m 的破口;在 GBV -12 型激光炸弹接触爆炸作用下,甲板板架 3 将产生直径 7.98m 的破口,甲板板架 4 将产生直径 5.66m 的破口。

2. 计算结果分析

由于很难找到能对该破口计算公式直接进行验证的实例,通过查阅相关文献,列举出如下的实船战损事例[5-5]:①美国"斯塔克"护卫舰,标准排水量2750t,遭受"飞鱼"导弹攻击,在第1和第2甲板产生7m长、4m宽的破口;②英国"勇敢"号驱逐舰,标准排水量2240t,用"飞鱼"导弹进行打靶试验,破口的最大直径有7m~8m。在前面的算例中,甲板板架1在"飞鱼"导弹接触爆炸作用下产生破口直径为2.68m,从破口大小上看,虽然量级相同,但比上述战例中的破口小很多。分析其主要原因是结构和材料形式上的差别,上节所取算例的母型船排水量为4000多吨,采用的钢材为高强度钢材,屈服应力为400MPa,且断裂韧性值较高,而上述文献中的战损舰艇排水量均为2000多吨,船体板架相对较弱,同时所采用的钢材为HY315,屈服应力约为315MPa,故破口的计算结果较小是合理的。

如果采用吉田隆根据二战中舰船破损资料及试验结果给出的接触爆炸破坏半径公式[35]

$$R_d = 6.4\alpha Q^{0.38}/t \qquad\qquad (5-4-14)$$

进行破口估算(其中 R_d 为破损半径;Q 为装药量,单位为 kg;t 为板厚,单位为 mm;α 为结构特征系数,有加强结构的平板取为 0.62),前面算例中甲板板架 1 的结构参数代入式(5-4-14)可计算出破口半径 $R_d = 3.27\text{m}$,可见本节方法计算出的破口大小与该结果在量级上相同,但仍比该计算结果小,考虑到二战时舰艇多为铆接结构,板架结构强度较弱,且钢板材料强度较低,二战时期的舰船抗爆性能自然比采用高强度钢材利用现代焊接工艺制作而成的母型船差,故算例中得出的板架破口理应比二战中的经验公式值小。

从板架模型接触爆炸试验[9]可以看出,在接触爆炸作用下,板架的破口呈花瓣形,其形成往往是裂纹扩展的过程,即:首先在初始破口周围由于环向应变达到极限动应变值,满足开裂条件,形成若干条初始裂缝,然后裂纹沿着初始裂缝的方向不断扩展,最终形成较大破口。在裂纹扩展过程中,裂缝两侧的材料会出现颈缩效应,产生一定的应变集中,导致实际裂纹尖端应变值大于上述理论模型计算值,若以同样的极限动应变值作为继续开裂的条件,则裂纹扩展所产生的破口范围将比上述理论预测的范围更大。由于上述理论模型中未考虑裂纹扩展效应,故计算所得出的破口偏小是合理的,若要考虑裂纹扩展对破口大小的影响,则需要对开裂判据进行一定的修正。

由此可见,采用本节所给出的计算公式,能够比较合理地估算出船体板架在空中接触爆炸作用下的破口,由于无法找到直接的验证实例,通过与实船战损事例和二战中战损经验公式的比较,该公式的计算结果是可信的。

5.4.5 小结

(1)根据动量定理和能量守恒定理,建立了船体板架在接触爆炸作用下的塑性动力响应模型,通过适当简化得出了塑性变形挠度一元二次方程,从而可以方便地求解空中接触爆炸作用下的板架挠度 W_0(式(5-4-10))和破口半径 r(式(5-4-11))。

(2)可采用本节理论模型对空中接触爆炸作用下的舰体板架破口尺寸进行估算。

5.5 船体板架在水下接触爆炸作用下的破口试验研究

由于舰船结构遭受鱼雷、水雷水下接触爆炸作用的破口大小和形状与爆炸点位置、战斗部性质、舰船结构形式和材料等多种因素有关,因而,要精确计算出水下接触爆炸对舰体结构的破坏作用是很困难的。国外有关水雷攻击舰船后产生破口的公开报道多为二战中舰体结构遭受攻击破损的战例,记载甚多但较笼统[36]。现有水下接触爆炸对舰船破坏作用的估算方法是,估算一定炸药量接触

爆炸下舰船结构可能的破坏范围,即破口的长度,其估算公式[37]为

$$L_p = K_0 \sqrt{G} / \sqrt[3]{h} \qquad (5-5-1)$$

式中:L_p 为破孔或破损长轴的长度,单位为 m;G 为装药的 TNT 当量,单位为 kg;h 为外板厚度,单位为 m;K_0 为经验系数。刘润泉等通过对单元结构模型的水下接触爆炸试验研究[9]得出,上述破口估算公式中系数 K_0 可取为 0.37。该公式对于估算固支方板受水下接触爆炸作用产生的破口比较有意义,但由于公式中仅考虑了炸药量和板厚而未考虑加强筋的影响,对于舰船结构中较常见到的加筋板结构的破口预测则会有较大偏差。为此我们对船体板架结构模型进行了水下接触爆炸试验,分析了加强筋对破口范围的影响,并给出了考虑加强筋影响的水下接触爆炸破口计算公式。

针对船体中常见的加筋板结构,在矩形方板上运用 3 种不同尺寸的 T 形材,采用"井"字形和"卄"字形两种加筋形式设计了 4 个板架模型,将模型四边刚性固定,在板中央放置炸药,分别对其进行了水下接触爆炸试验,爆炸作用下板架模型均以花瓣形破裂,产生大面积的破口,不同形式和尺寸的加强筋对板架的破坏程度具有不同的影响。通过对破口尺寸和形状的观测,分析了加强筋对破口长度的影响,提出了板架结构加强筋相对刚度 C_j 的概念,描绘了不同尺寸加强筋在不同炸药量下对板架结构破口范围的影响。同时对现有的水下接触爆炸作用下的破口长度估算公式进行了修正,给出了考虑加强筋影响的破口计算公式,经过比较,该公式比现有的破口估算公式更好地与试验结果相吻合。

5.5.1 试验研究方案

试验设计了两种结构形式的板架结构模型,分别模拟加普通筋板架和加特大筋板架。加特大筋板架采用"井"字形加筋,加普通筋板架采用"卄"字形加筋,通过调整试验装药量来丰富试验内容,研究舰体结构形式和炸药量等参数对破口大小的影响。模型尺寸和爆炸工况与 4.3 节中完全相同。

5.5.2 加强筋对破口长度的影响分析

1. 加强筋相对刚度的度量

为描述在水下接触爆炸条件下,不同尺寸加强筋在不同炸药量下对板架结构破坏程度的影响,引入加强筋相对刚度因子 C_j,其定义式为

$$C_j = 100 \cdot \frac{\sqrt[4]{I}}{\sqrt[3]{G}} \qquad (5-5-2)$$

式中:I 为加强筋在板架弯曲方向上的剖面惯性矩,单位为 m^4;G 为炸药的 TNT 当量,单位为 kg。分别求出本试验中所采用的三类加强筋:特大筋(模型 1 加筋)、较大筋(模型 2、3、4 的大筋)和小筋(模型 2、3、4 的小筋)在相应药量下的

C_j 值,如表 5 – 5 – 1 所列。

表 5 – 5 – 1　三类加强筋在相应药量下的 C_j 值

加强筋类型	特大筋	较大筋		较小筋	
剖面惯性矩/m⁴	6.637×10^{-6}	1.623×10^{-6}		2.581×10^{-7}	
TNT 当量/kg	0.15	0.15	0.12	0.15	0.12
C_j	9.6	6.7	7.2	4.2	4.6

　　由试验结果知,模型 1 中,加强筋($C_j = 9.6$)对破口范围有着限制作用,且加强筋自身结构在水下接触爆炸作用下均无较大破坏;模型 3 中,破口基本限制在较大筋的一侧,但加强筋有较大破坏,可见较大筋($C_j = 7.2$)对破口范围有较大影响;模型 2 和模型 4 的破坏形式为规则的花瓣开裂,与钢板的破坏形式一致,最长裂纹穿过较小筋($C_j = 4.2$),但其他多段较长裂纹均终止于较小筋处,可见较小筋对破口范围有一定影响,但影响较小。据此,可利用 C_j 值粗略估计在不同炸药量下,不同加强筋的相对刚度对加强筋板架破口范围的影响,如表 5 – 5 – 2 所列。

表 5 – 5 – 2　C_j 不同取值条件下加强筋的相对作用

C_j 范围	> 9	7 ~ 9	4 ~ 7	< 4
加强筋的相对作用	可限制破口范围,加强筋无较大破坏	对破口范围有较大影响	对破口范围有一定影响	对破口范围影响较小

　　由表 5 – 5 – 2 可见,当 $C_j < 4$ 时,加强筋作用较弱,如纵骨及其他小加强构件,模型中的加强筋可以看作板的一部分,可将加强筋按一定的等价关系折算到板中,从而将板架问题转化为固支方板问题求解;$C_j = 4 \sim 9$ 时,加强筋对破口范围有一定的影响,采用上述折算方法所产生的误差将视相对刚度的强弱而定;当 $C_j > 9$ 时,加强筋作用较强,加强筋起到了限制板破损变形的作用,不宜采用上述折算方法计算。

　　2. 破口长度估算公式

　　破口估算公式(5 – 5 – 1)中仅考虑了板厚和药量两个因素,为反映加强筋对破口大小的影响因素,对式(5 – 5 – 1)做如下修正

$$L_p = K_0 \times \frac{\sqrt{G}}{\sqrt[3]{h} \cdot \bar{I}^\alpha} \qquad (5 – 5 – 3)$$

式中:L_p 为破孔或破损长轴的长度,单位为 m;K_0 为经验系数;G 为装药的 TNT 当量,单位为 kg;h 为板架结构的相当板厚,单位为 m;$\bar{I}$ 为加强筋相对刚度,单位为 m³。其定义式为

$$\bar{I} = \frac{I_Z}{b_Z} + \frac{I_H}{b_H} \qquad (5 - 5 - 4)$$

式中：$I_Z(I_H)$、$b_Z(b_H)$分别为纵（横）向加强筋在板架弯曲方向的剖面惯性矩和加强筋间距。板架结构相当板厚h依照面积等效的原则计算，首先求出加强筋的等效板厚t'，然后与原始板厚t_0叠加得到板架结构的相当板厚，其计算式为

$$t' = \frac{A_Z}{b_Z} + \frac{A_H}{b_H} \qquad (5 - 5 - 5)$$

$$h = t_0 + t' \qquad (5 - 5 - 6)$$

式中：A_Z、A_H分别为纵、横加强筋的截面积。由式(5 – 5 – 4)、式(5 – 5 – 5)、式(5 – 5 – 6)可计算出模型 2、4 的相当板厚h、相对刚度$\bar{I}$，如表 5 – 5 – 3 所列。

表 5 – 5 – 3　模型 2、4 的相当板厚h和相对刚度$\bar{I}$　（单位：mm）

项目	A_Z	A_H	I_Z	I_H	b_Z	b_H	h	$\bar{I}$
模型 2	140	285	2.581×10^5	1.623×10^6	350	550	4.82	3.688×10^3
模型 4	246.3	448.8	4.194×10^5	2.287×10^6	350	550	5.42	5.356×10^3

由试验结果可知，模型 3 破口长度$L_p = 980$mm，TNT 当量$G = 150$g；模型 5 破口长度$L_p = 890$mm，TNT 当量$G = 150$g。将上述试验结果和表 5 – 5 – 3 中计算值以国际单位制代入式(5 – 5 – 3)中，可计算得：$\alpha = 0.153$，$K_0 = 0.063$，从而得到板架结构在水下接触爆炸作用下的破口计算公式为

$$L_p = 0.063 \times \frac{\sqrt{G}}{\sqrt[3]{h} \cdot \bar{I}^{0.153}} \qquad (5 - 5 - 7)$$

5.5.3　修正后的破口估算公式的验证

根据中国船舶重工集团公司第七〇二研究所（简称七〇二所）及文献[38]所提供的水下接触爆炸试验数据对式(5 – 5 – 7)进行检验，其试验模型主结构为长 5m、宽 1m、高 1m 的板架结构，长方向均匀分为 5 个隔舱，模型底部有两根 L63mm×63mm×5mm 的角钢加强，整个模型钢板板厚均为 5mm。水下爆炸时，模型吃水 0.6m，炸药位于水下 0.4m 处，在模型舷侧接触爆炸，炸药 TNT 当量为 1kg，模型爆炸后破口形状如图 5 – 5 – 1 所示。由上述试验结果可知，该模型在舷侧受到水下接触爆炸所产生的破口长轴长度为$L_p = 1.08$m。

根据上述破口估算公式的要求，将横舱壁看作舷侧板架的横向加筋，计算其舷侧板架的相当板厚h和加筋的等效刚度$\bar{I}$为：$h = 7.5$mm，$\bar{I} = 1.584 \times 10^5$mm^3，分别用式(5 – 5 – 1)和式(5 – 5 – 7)对上述试验模型的破口进行计算，并对计算结果进行比较，如表 5 – 5 – 4 所列。

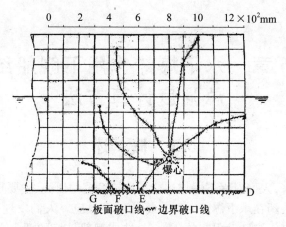

图 5 – 5 – 1 七〇二所模型破口形状

表 5 – 5 – 4 对试验模型破口估算结果的比较

试验破口大小	估算公式(5 – 5 – 1)结果	改进的估算公式(5 – 5 – 7)结果
1.08m	1.594m	1.04m

可见修正后的破口长度估算公式(5 – 5 – 7)能较好地反映加筋板架结构在水下接触爆炸作用下所产生的破口大小。

5.5.4 小结

（1）引入加强筋相对刚度因子 C_j，并得出在水下接触爆炸条件下加强筋的相对作用为：当 $C_j > 9$ 时，可限制破口范围，加强筋无较大破坏；$C_j = 7 \sim 9$ 时，对破口范围有较大影响；$C_j = 4 \sim 7$ 时，对破口范围有一定影响；$C_j < 4$ 时，对破口范围影响较小。

（2）板架结构在水下接触爆炸作用下的破口计算应考虑加强筋的影响，其计算公式为：$L_p = 0.063 \times \dfrac{\sqrt{G}}{\sqrt[3]{h} \cdot \bar{I}^{0.153}}$，其中 G 为装药的 TNT 当量，单位为 kg；h 为板架结构相当板厚，单位为 m；$\bar{I}$ 为加强筋相对刚度。

第6章　水下爆炸作用下舰船结构
总强度计算方法

6.1　概　述

自二战以来,人们对水下爆炸进行了比较系统的研究,主要是从军事的角度着重分析单个装药在水下爆炸时对目标的破坏效应。人们发现,炸药水下爆炸产生的冲击波与气泡脉动引起的压力,是造成舰船破坏的两个主要因素。冲击波的压力峰值大,但持续的时间短(仅数十毫秒到数百毫秒),可能造成舰船结构局部壳板破损或整体强度破坏。而气泡引起的压力波,虽然峰值相对较小(仅为前者的10%~20%),但持续时间远大于前者,气泡脉动产生的二次击波载荷更容易引起舰船结构的整体强度破坏。

图6-1-1为实船整体破坏水下爆炸试验照片,由试验照片可知,在船体中部下方近距水下爆炸对船体的毁伤过程为:船体首先在爆炸冲击波和气泡膨胀

(a) (b)

(c) (d)

图6-1-1　实船整体破坏水下爆炸试验
(a)爆炸冲击波作用产生中拱;(b)气泡膨胀作用产生中拱;
(c)气泡开始收缩中拱消失;(d)船体产生中垂破坏。

滞后流作用下向上拱起变形,如图6-1-1(a)、(b)所示;之后船体在气泡收缩及气泡负压场作用下产生中垂弯矩,并在频率吻合情况下,与冲击波产生的冲击振动中垂弯矩叠加,造成船体中垂弯曲破坏,如图6-1-1(d)所示。船体中部下方近距水下爆炸对舰船的毁伤机理分析如图6-1-2所示,其对舰船的毁伤变形过程与舰船的一阶振型颇为相似。

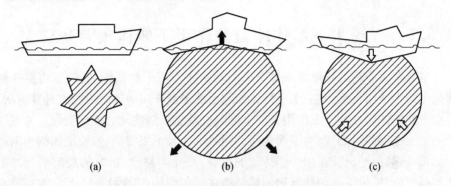

图6-1-2 龙骨下方水下爆炸船体的整体破坏
(a)战斗部在船体中部下方爆炸;(b)气泡膨胀抬升船体产生中拱;
(c)气泡收缩龙骨折断并使船体产生中垂破坏。

水下爆炸载荷直接引起的舰船结构的整体强度破坏形式主要有三种,分别是:

1. 冲击波造成的中拱破坏

当炸药在舰船底部较近处爆炸时,在水下爆炸的初始阶段,近场冲击波和气泡膨胀滞后流作用下,舰船船体结构首先可能产生向上的中拱破坏。

2. "鞭状响应"破坏

"鞭状响应(whipping)"(或称为冲荡效应、振荡效应等),是指在气泡低频脉动载荷作用下船体产生垂向弯曲振动共振变形而造成舰船的破坏。

在中远场水下爆炸作用下,由于水下爆炸气泡的脉动压力周期性较强,当其脉动频率与船体梁结构的一二阶固有频率接近时,将容易使船体梁产生鞭状响应,造成严重的总体结构共振弯曲变形损伤。

3. 冲击振动和气泡收缩负压场造成的中垂破坏

最新试验研究发现,当炸药在船底近场爆炸时,作用于船体的最大弯矩可能出现在船体冲击振动中垂状态,此时正好与气泡收缩状态负压场产生的中垂弯矩叠加。气泡膨胀到最大,气泡内部为负压场,气泡收缩将进一步使船底产生吸力,在气泡负压场和气泡收缩吸力作用下,使船体中部产生向下运动的中垂状态弯曲,并产生中垂弯矩。该弯矩存在于气泡膨胀到最大半径和收缩的大部分时间内,对船体结构的整体弯曲效果明显,并且,当气泡脉动频率与船体冲击振动频率相近时,气泡产生的中垂弯矩和船体冲击振动中垂弯矩的叠加将会加强这

101

种中垂弯曲效果,两种因素的联合作用可能使船体出现中垂折断的破坏模式,这种破坏模式已经在模型和实船试验中得到证实。

除了上述舰船结构的整体破坏之外,水下爆炸可能间接引起舰船结构的整体破坏,主要形式是:船体结构在近距或接触爆炸作用下产生严重破口毁伤后,在波浪弯矩作用下的总纵弯曲破坏。

6.2 近场水下爆炸冲击波作用下船体梁毁伤研究

本节考虑炸药近场爆炸条件下球面冲击波作用于船体梁的情况,将船体结构简化为等截面直梁,建立了船体梁在球面冲击波作用下的总纵强度计算方法,重点研究船体梁在冲击波作用下的总体响应及总纵强度动力损伤问题。考虑初始冲击波作用的瞬态性,为了简化问题同时不失其本来特征,假设船体梁为刚塑性材料,将球面冲击波作用于船体梁的过程,简化为移动、短时的局部平面冲击波加载模型,提出了一种计算船体梁结构在任何爆距(近距)条件下总体运动响应的计算方法。通过将该方法与试验结果进行比较得知,两者吻合较好,说明该方法对于理论预报船体梁结构在初始冲击波作用下的总体变形具有较好的精度。

6.2.1 理论计算模型

1. 基本假设

理论上说,水下爆炸源发出的冲击波为球面波,仅当爆距趋于无穷时,可将其简化为平面波处理。文献[3]对球面波作平面波处理的误差进行了分析研究,发现当爆距与炸药半径之比超过50以后,球面波即可按平面波处理,误差不超过5%;当比值小于此范围时,误差较大。可见,对于水下近场非接触爆炸情况,将球面冲击波传播过程完全看作同时加载的平面冲击波,误差十分明显,且与冲击波作用于船体梁的物理作用过程明显不符。为了研究船体梁在近场爆炸冲击波作用下的动态响应过程,在尽量考虑模型简化的同时,又不失去问题的本质特征,特引入如下假设:

(1)将船体结构简化为等截面直梁,考虑冲击波的高频瞬时特性,采用理想刚塑性材料模型,忽略结构的弹性变形及应变率效应。

(2)将爆炸冲击波在船体梁纵向传播的过程等效为一系列移动、短时的局部平面波加载过程的叠加。

(3)忽略船体梁的横向尺度效应,认为其横向截面受到的冲击波压力为均匀分布。

(4)通过对无限平板的流固耦合作用进行试验修正,以确定有限尺度平板结构的流固耦合作用,忽略散射波效应。

（5）在冲击波作用阶段,忽略气泡的存在对船体梁的影响。

2. 基本理论模型

梁受到爆炸冲击波作用,已有的分析方法多假设冲击波同时作用在整个梁长方向上,且均匀分布。对于远场爆炸条件,这种同时加载的方式具有一定的适用性,但对于近场爆炸,这种加载方式就存在不合理性,下面以一种近场爆炸工况为例进行说明。假设炸药距船中点距离 $R_0 = 20\text{m}$,药量 $W = 500\text{kg}$,半梁长 $L = 60\text{m}$。当炸药爆炸后,冲击波最先达到点 O(见图 6-2-1),随后从梁中向两端传播,假设冲击波传播速度为水中声速 c_f,则波头到达梁端时,冲击波在梁上的作用时间 $t = 29\text{ms}$。如果认为该工况条件下,冲击波是同时加载的,则冲击波在梁上的作用时间不超过 2ms,作用时间明显减小。并且在近场爆炸条件下,冲击波在梁上的作用过程实际上是一种逐步加载的过程,作用区域随着波头的移动而改变。由此可见,同时加载的方式存在明显的不合理性。

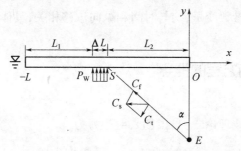

图 6-2-1　船体梁纵向的局部平面冲击波加载

为了解决同时加载方式存在的问题,本节将近场爆炸条件下,初始冲击波以扩展方式作用于船体的过程,看作是由一系列移动、短时的局部平面波加载过程组成。对于每一个局部加载区域,可假设冲击波均匀分布。这样,近场爆炸条件下梁在冲击波作用下的整体响应过程,分解为一系列移动的局部载荷作用过程,对每一个局部载荷作用下的船体梁进行动力响应分析,最后进行响应叠加,就可以得出整个冲击波作用时间内梁的总体运动过程。

为了简化问题,同时又不失一般性,本书以炸药在船体梁中部正下方爆炸的工况为研究对象。考虑到船体梁及载荷的对称性,以左半梁为分析对象。图 6-2-1和图 6-2-2 给出了船体梁受到移动、短时的局部平面波作用的模型示意图。坐标系如图 6-2-1所示,坐标原点 O 为船体梁中点,点 E 为爆炸源,半梁长为 L。设某一时刻 t,冲击波传播到梁上的点 S 处,其冲击波作用压力为 P_w,作用长度为 ΔL,持续时间 Δt,冲击波已扫过的船体长度为 L_2,受载区 ΔL 的移动速度为 c_s。根据几何关系易知,冲击波作用区域 ΔL 的传播速度 c_s 和水中冲击波速度 c_f 之间满足如下关系

$$c_s = c_f/\sin\alpha = c_f \cdot R / \left(L_2 + \frac{1}{2}\Delta L \right) \tag{6-2-1}$$

103

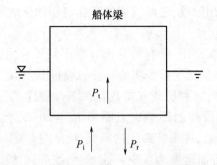

图 6 - 2 - 2　船体梁横截面的冲击波加载

式中:R 为爆距,即炸药到作用点的距离。某一个加载段作用长度 ΔL、持续时间 Δt、速度 c_s 之间又满足

$$\Delta L = c_s \cdot \Delta t \qquad (6-2-2)$$

以上的各相关参数变量,均与时间和纵向位移相关,具体的相互关系将在下文确定。

6.2.2　动力平衡方程的推导

1. 自由场冲击波压力

根据爆炸冲击波理论[4],自由场入射压力为

$$P_i(t) = P_m \exp\left(-\frac{t - R/c_f}{\theta}\right) \qquad (6-2-3)$$

式中:P_m 为测点处的峰值压力,单位为 MPa,$P_m = K_1 \cdot \left(\dfrac{m_e^{1/3}}{R}\right)^{A_1}$;$\theta$ 为冲击波衰减常数,$\theta = K_2 \cdot m_e^{1/3}\left(\dfrac{m_e^{1/3}}{R}\right)^{A_2}$;$m_e$ 为炸药当量,单位为 kg;R 为测点与装药间的距离,单位为 m;K_1、K_2、A_1、A_2 为冲击波常数,与所使用的炸药相关。炸药类型及爆距确定后,即可确定入射压力。对于炸药为 TNT 的情况,$K_1 = 52.27\text{MPa}$,$K_2 = 0.1104\text{ms}$,$A_1 = 1.13$,$A_2 = -0.24$,其适用范围为 12 个 ~ 240 个药包半径[5]。

2. 流固耦合面处的壁压

考虑到水下爆炸冲击波的高频特性,当爆炸冲击波作用到舰艇结构后,主要发生波的反射、透射。为了简化计算,假设冲击波在船体梁横截面上的作用过程为平面冲击波加载,且满足均匀分布,同时将舰艇结构在冲击波作用下的早期响应过程简化为一无限平板在平面波作用下的响应过程,平板两侧分别为水和空气介质,整个简化物理模型如图 6 - 2 - 2 所示。

冲击波以射压力 P_i 作用到平板上,形成反射波 P_r 和透射波 P_t,ρ_a、ρ_f 和

c_a、c_f 为空气、水的密度和声速。根据连续性边界条件,平板两边的质点速度必须相等。入射面一侧质点速度为 $(P_i - P_r)/(\rho_f c_f)$,透射面一侧质点速度为 $P_t/(\rho_a c_a)$,因此

$$v_p = (P_i - P_r)/(\rho_f c_f) = P_t/(\rho_a c_a) \qquad (6-2-4)$$

式中:v_p 为平板的运动速度。根据牛顿第二运动定律,平板两侧的压力差提供平板单位面积质量 m_p 运动的惯性力 $m_p \dfrac{dv_p}{dt}$,列出动力平衡方程式有

$$P_i + P_r - P_t = m_p \frac{dv_p}{dt} \qquad (6-2-5)$$

方程式(6-2-4)、式(6-2-5)中,只有 P_r 和 P_t 为未知量,其他均为已知量,联立求解得平板处壁压 P_w 为

$$P_w = 2P_{max}\left[e^{-\frac{t-R/c_f}{\theta}} - \frac{\theta \rho_f c_f}{m_p(A\theta - 1)}(e^{-\frac{t-R/c_f}{\theta}} - e^{-A(t-R/c_f)}) \right] (6-2-6)$$

上式为简化方程的形式,其中引入的参数 $A = \dfrac{\rho_a c_a + \rho_f c_f}{m_p}$,为已知量。

图 6-2-3 为改变无限平板单位面积质量 m_p 时,入射面壁压 P_w 的时间历程曲线,其中给定入射压力峰值 $P_{max} = 1.63\text{MPa}$,$\theta = 0.107\text{ms}$。从图中可以看出,冲击波压力入射到无限平板后,壁压 P_w 的初值为自由场压力峰值的 2 倍,其衰减速度比自由场条件下更快,在很短的时间内衰减为负压,且其持续时间短,处于毫秒量级。随着 m_p 值的增大,总压力(壁压)P_w 的衰减速度降低,负压峰值增大,说明对于同种材料的板,其厚度越大,流固耦合面处的负压峰值越大;厚度越小,形成负压区的速度越快。

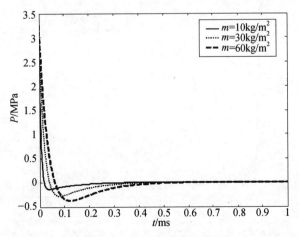

图 6-2-3 不同单位面积质量下的冲击波总压力时程曲线

上述流固耦合面处的壁压是在无限大平板的条件下得到的,而在实际情况中,结构的尺度效应及其他非理想因素必然对壁压的大小产生影响。根据试验结果可对壁压公式(6-2-6)进行修正。引入修正系数 C_v =壁压试验峰值/壁压理论峰值,理论上该修正系数应该在 0.5～1 之间取值。试验在直径为 5 m 的圆柱形水池中进行,水深 2m。试验用板为边长 1m、厚度 2 mm 的固支方形钢板。壁压传感器型号为 WM109c11,安装于平板中央。具体试验工况及结果如表 6-2-1 所列。从中可以看出,在爆炸试验条件下,实际壁压峰值小于理论计算值,壁压修正系数 C_v =0.7。

表 6-2-1　冲击波壁压峰值的理论和试验比较

工况序号	炸药类型	药量/g	爆距/m	理论值/MPa	试验值/MPa	修正系数 C_v
1	TNT	5	0.10	191.68	124.96	0.65
2	TNT	5	0.15	121.22	87.89	0.73
3	TNT	50	1.0	33.82	22.56	0.67
4	G3	55	1.5	32.8	23.6	0.72

图 6-2-4 为工况 4 条件下,钢板入射面总压力 P_w 的理论值和试验值比较曲线,从中可以看出,两条压力曲线在衰减过程中吻合较好,均很快进入负压区,其最低负压值及其发生时刻也比较一致,其中试验压力曲线在负压区持续时间长,这主要是因为平板流固耦合处发生空化后,空化气泡维持了低压的存在,而理论计算没有考虑空化气泡对压力的影响。通过比较试验结果和理论计算结果可以发现,引入壁压峰值修正系数后,平面波近似方法在处理有限尺寸平板在爆炸条件下的冲击响应时具有一定的合理性。

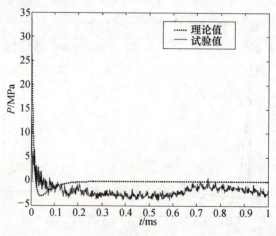

图 6-2-4　冲击波总压力的理论值和试验值曲线

3. 壁压作用时间及加载段长度

前文已提到,在某一时刻 t,船体梁受到的冲击波压力 P_W 的作用,其加载段作用长度 ΔL、持续时间 Δt、传播速度 c_s 之间满足关系式(6-2-2),其中 Δt 的大小与冲击波压力的衰减特性有关。

上节的试验分析已经证明,本节建立的冲击波壁压理论公式(6-2-6),能够较好地反映有限尺寸平板处壁压的实际衰减特性,利用该理论公式即可得到冲击波作用时间。由于水介质无法承受拉应力,忽略其空化效应,假设当理论壁压值衰减到 0 时,冲击波压力的作用过程即结束。根据式(6-2-6)可得冲击波加载段作用时间 Δt 为

$$\Delta t = \frac{\theta \ln(T/(T-1))}{A\theta - 1} \qquad (6-2-7)$$

式中: $T = \dfrac{\theta \rho_f c_f}{m_p(A\theta - 1)}$,结合式(6-2-1)、式(6-2-2),即可得冲击波加载段作用长度 ΔL。

假定梁为刚塑性材料,在冲击波压力作用下,梁的剪力弯矩平衡方程式为

$$\begin{cases} \dfrac{\partial Q}{\partial x} = m \dfrac{\partial^2 w}{\partial t^2} - P_W(x,t) \\ Q = \dfrac{\partial M}{\partial x} \end{cases} \qquad (6-2-8)$$

梁的受力情况如图 6-2-1 所示,对其进行进一步的受力分析,其平衡方程又可分为三个区段,具体可表示为

$$\begin{cases} \dfrac{\partial Q}{\partial x} = m \dfrac{\partial^2 w}{\partial t^2} & -L \leqslant x < -L + L_1 \\ \dfrac{\partial Q}{\partial x} = m \dfrac{\partial^2 w}{\partial t^2} - P_W & -L + L_1 \leqslant x < -L_2 \\ \dfrac{\partial Q}{\partial x} = m \dfrac{\partial^2 w}{\partial t^2} & -L_2 \leqslant x \leqslant 0 \end{cases} \qquad (6-2-9)$$

式中: m 为单位长度梁的惯性质量, $L = L_1 + L_2 + \Delta L$。式(6-2-8)、式(6-2-9)是一耦合系统,对其进行求解,即可得梁的整个运动过程。

船体梁在近场爆炸冲击波作用下的响应过程,可近似看作多个平面冲击波分段加载过程的累加。对于每一个加载段 ΔL,冲击波持续时间为 Δt,梁上的冲击压力为均匀分布。每一个特定加载段结束后所得梁的速度和位移,为下一个加载段速度和位移的初值。

炸药在船体梁中部正下方爆炸,梁中点距离炸药最近,当初始冲击波达到船体梁时,中点附近区域受到最大的冲击载荷,而后随着冲击波的扩展,结构向两端逐渐受到衰减压力波的作用,可见,船体梁中部受到的作用弯矩最大,其应最

先进入塑性运动过程。对于刚塑性材料,当爆炸冲击波压力较小时,冲击压力形成的结构整体运动弯矩达不到材料屈服极限弯矩 M_b,此时船体梁只发生刚体运动;当初始冲击波压力达到某个值,使船体中部总纵弯矩达到屈服极限弯矩 M_b 时,船体结构在发生刚体运动的同时,还存在塑性变形过程,船体梁进入塑性运动过程。此时,假设船体梁中部出现一个固定塑性铰,船体梁两端绕着塑性铰发生相对转动。

4. 刚体运动过程

在爆炸冲击波作用下,当船体梁总纵弯矩不超过极限弯矩 M_b 时,可认为整个梁在冲击波作用下一直作刚体运动。将式(6-2-9)沿梁长方向积分,可得弯矩 M 和剪力 Q 的表达式。由于梁受到对称载荷的作用,在其整个运动响应过程中,梁中点处的剪力始终为0。考虑到梁为整体向上平移运动,$\ddot{w}$ 为常数,因而可得以下计算结果。

(1) 当 $-L \leq x < -L + L_1$ 时

$$Q = \int_{-L}^{x} m\ddot{w}\,dx = m\ddot{w}(x + L) \qquad (6-2-10)$$

$$M = \int_{-L}^{x} Q\,dx = \frac{1}{2}m\ddot{w}(x + L)^2 \qquad (6-2-11)$$

(2) 当 $-L + L_1 \leq x < -L_2$ 时

$$Q = \int_{-L}^{-L+L_1} m\ddot{w}\,dx + \int_{-L+L_1}^{x} (m\ddot{w} - P_W)\,dx = m\ddot{w}(x + L) - P_W(x + L - L_1)$$

$$(6-2-12)$$

$$M = \int_{-L}^{x} m\ddot{w}(x + L)\,dx - \int_{-L+L_1}^{x} P_W(x + L - L_1)\,dx$$

$$= \frac{1}{2}m\ddot{w}(x + L)^2 - \frac{1}{2}P_W(x + L - L_1)^2 \qquad (6-2-13)$$

(3) 当 $-L_2 \leq x \leq 0$ 时

$$Q = \int_{-L}^{-L+L_1} m\ddot{w}\,dx + \int_{-L+L_1}^{-L_2} (m\ddot{w} - P_W)\,dx + \int_{-L_2}^{x} m\ddot{w}\,dx = m\ddot{w}(x + L) - P_W\Delta L$$

$$(6-2-14)$$

$$M = \int_{-L}^{x} m\ddot{w}(x + L)\,dx - \int_{-L+L_1}^{-L_2} P_W(x + L - L_1)\,dx - \int_{-L_2}^{x} P_W\Delta L\,dx$$

$$= \frac{1}{2}m\ddot{w}(x + L)^2 - P_W\Delta L(x + L_2 + \Delta L/2) \qquad (6-2-15)$$

根据中点处剪力始终为0可得 $Q(0,t) = m \cdot L\ddot{w} - P_W \cdot \Delta L = 0$,则有

$$\ddot{w} = P_W \cdot \Delta L/(m \cdot L) \qquad (6-2-16)$$

可以看出,刚体运动时,梁的运动加速度只与压力 P_W 有关。随着 ΔL 位置向梁的两端移动,P_W 的峰值随之减小;对于特定的加载段 ΔL,P_W 随着时间的增加呈指数衰减。

由动力学可知,在图 6-2-1 所示的冲击压力作用下,梁的最大弯矩发生在中点位置。对于任意时刻 t,梁中点弯矩满足

$$M(0,t) = P_W \cdot \Delta L \cdot (L/2 - \Delta L/2 - L_2) \qquad (6-2-17)$$

在 ΔL 一定的条件下,随着 L_2 增加,P_W 幅值越小,中点弯矩 $M(0,t)$ 也越小,因此当 $L_2 = 0$、$t = 0$ 时,中点弯矩最大,如果该值超过弹性极限弯矩 M_b,则梁进入塑性运动。

5. 塑性运动过程

当冲击波压力足够大,使梁中点的总纵弯矩超过极限弯矩时,梁将发生塑性变形运动,假设此时梁中点形成的是固定塑性铰,梁两端绕着该铰作相对转动,同时梁伴随着刚体运动。设此时梁的运动位移函数为

$$w(x,t) = W_0(t) + W_1(t) \cdot X(x) \qquad (6-2-18)$$

式中:W_0、W_1 是时间 t 的挠度函数;X 是 x 的函数,$X = \dfrac{x+L}{L}$,$-L \leqslant x \leqslant 0$。考虑梁上动态响应的轴对称性,我们仅分析左半边梁。

(1)当 $-L \leqslant x < -L + L_1$ 时

$$Q = \int_{-L}^{x} m(\ddot{W}_0 + \ddot{W}_1 X)\mathrm{d}x = m\ddot{W}_0(x+L) + \frac{m\ddot{W}_1}{2L}(x+L)^2$$

$$(6-2-19)$$

$$M = \int_{-L}^{x}\left[m\ddot{W}_0(x+L) + \frac{m\ddot{W}_1}{2L}(x+L)^2 \right]\mathrm{d}x = \frac{1}{2}m\ddot{W}_0(x+L)^2 + \frac{m\ddot{W}_1}{6L}(x+L)^3$$

$$(6-2-20)$$

(2)当 $-L + L_1 \leqslant x < -L_2$ 时

$$Q = \int_{-L}^{-L+L_1} m\ddot{w}\,\mathrm{d}x + \int_{-L+L_1}^{x}(m\ddot{w} - P_W)\mathrm{d}x = \int_{-L}^{x} m\ddot{w}\,\mathrm{d}x - \int_{-L+L_1}^{x} P_W\mathrm{d}x$$

$$= m\ddot{W}_0(x+L) + \frac{m\ddot{W}_1}{2L}(x+L)^2 - P_W(x+L-L_1) \qquad (6-2-21)$$

$$M = \int_{-L}^{x}\left[m\ddot{W}_0(x+L) + \frac{m\ddot{W}_1}{2L}(x+L)^2 \right]\mathrm{d}x - \int_{-L+L_1}^{x} P_W(x+L-L_1)\mathrm{d}x$$

$$= \frac{1}{2}m\ddot{W}_0(x+L)^2 + \frac{m\ddot{W}_1}{6L}(x+L)^3 - \frac{1}{2}P_W(x+L_2-L_1)^2 \quad (6-2-22)$$

(3)当 $-L_2 \leqslant x \leqslant 0$ 时

$$Q = \int_{-L}^{-L+L_1} m\ddot{w}\,\mathrm{d}x + \int_{-L+L_1}^{-L_2}(m\ddot{w} - P_\mathrm{W})\,\mathrm{d}x + \int_{-L_2}^{x} m\ddot{w}\,\mathrm{d}x = \int_{-L}^{x} m\ddot{w}\,\mathrm{d}x - \int_{-L+L_1}^{-L_2} P_\mathrm{W}\,\mathrm{d}x$$

$$= m\ddot{W}_0(x + L) + \frac{m\ddot{W}_1}{2L}(x + L)^2 - P_\mathrm{W}\Delta L) \qquad (6-2-23)$$

$$M = \int_{-L}^{x}\left[m\ddot{W}_0(x + L) + \frac{m\ddot{W}_1}{2L}(x + L)^2 \right]\mathrm{d}x - \int_{-L+L_1}^{-L_2} P_\mathrm{W}(x + L - L_1)\,\mathrm{d}x - \int_{-L_2}^{x} P_\mathrm{W}\Delta L\,\mathrm{d}x$$

$$= \frac{1}{2}m\ddot{W}_0(x + L)^2 + \frac{m\ddot{W}_1}{6L}(x + L)^3 - \frac{1}{2}P_\mathrm{W}\Delta L^2 - P_\mathrm{W}\Delta L(x + L_2)$$

$$(6-2-24)$$

梁进入塑性变形阶段后,利用梁中点剪力始终为 0,弯矩始终为 M_b,可建立挠度函数 W_0、W_1 的运动微分方程组,即

$$\begin{cases} \ddot{W}_0 + \dfrac{1}{2}\ddot{W}_1 = \dfrac{P_\mathrm{W}\Delta L}{mL} \\[3mm] \ddot{W}_0 + \dfrac{1}{3}\ddot{W}_1 = \dfrac{2M_\mathrm{b}}{mL^2} + \dfrac{P_\mathrm{W}\Delta L(\Delta L + 2L_2)}{mL^2} \end{cases} \qquad (6-2-25)$$

利用数值方法求解以上方程,即可得船体梁的运动速度和位移。

6.2.3 塑性运动过程的数值计算及结果分析

1. 数值求解

式(6-2-16)、式(6-2-25)分别为船体梁作刚体运动及塑性变形运动的控制方程。对于刚体运动情况,梁的运动控制方程表示为

$$\ddot{w} = P_\mathrm{W} \cdot \Delta L / (m \cdot L) \qquad (6-2-26)$$

利用二阶 Runge-kutta 方法求解该方程即可得每一个加载工况结束后梁的运动参数值,将该值作为下一个加载工况的初始值,即可得整个冲击波作用后,梁的整体运动参数。

当梁进行塑性变形运动时,对于任一作用长度 ΔL、作用时间 Δt,梁的运动控制方程满足式(6-2-26)。设 $U_1 = W_0$,$U_2 = \dot{W}_0$,$U_3 = W_1$,$U_4 = \dot{W}_1$,对式(6-2-25)进行代换后得

$$\begin{cases} \dot{U}_1 = U_2 \\[2mm] \dot{U}_2 = 3\left[\dfrac{2M_\mathrm{b}}{mL^2} + \dfrac{P_\mathrm{W}\Delta L(\Delta L + 2L_2)}{mL^2} \right] - 2\dfrac{P_\mathrm{W}\Delta L}{mL} \\[3mm] \dot{U}_3 = U_4 \\[2mm] \dot{U}_4 = 6\left[\dfrac{P_\mathrm{W}\Delta L}{mL} - \dfrac{2M_\mathrm{b}}{mL^2} - \dfrac{P_\mathrm{W}\Delta L(\Delta L + 2L_2)}{mL^2} \right] \end{cases} \qquad (6-2-27)$$

上式可利用四阶 Runge – kutta 方法进行数值求解。

2. 爆炸参数对最大弯矩的影响

式（6 – 2 – 17）为刚体运动过程中，船体梁中点在任意时刻的弯矩计算公式，当爆炸冲击波强度达到某值，使计算所得弯矩达到船体材料弹性极限弯矩时，船体梁就将由刚体运动过程进入塑性运动过程。炸药量及爆距是决定冲击强度的两个主要参数，不同的药量、爆距组合，会使结构发生不同的运动过程。本书选取如下计算模型作为研究对象，以分析药量及爆距对船体梁总纵弯矩的影响。

船体梁半长 $L = 60\text{m}$，底板厚度 $b = 0.012\text{m}$，宽度 $B = 16\text{m}$，单位长度质量 $m_b = 1562.5\text{kg/m}$，极限弯矩 $M_b = 2 \times 10^9 \text{N} \cdot \text{m}$。

图 6 – 2 – 5 给出了计算模型的最大弯矩值在不同药量和爆距条件下的变化曲线。可以看出，只有达到一定条件的药量和爆距组合，才能使船体梁进入塑性运动状态。对于近场爆炸条件，爆距一定，最大弯矩随着药量的线性增加而非线性增大，此时药量对结构毁伤作用的影响变得明显；远场爆炸条件下，药量的增加对结构毁伤作用的加强效果减弱。对于一定的药量，随着爆距的增大，船体梁的最大弯矩减小，在近距爆炸时，最大弯矩减小的趋势很明显，而随着爆距的增大，这种变化趋势减慢。

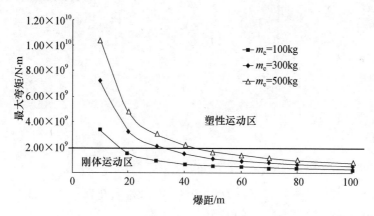

图 6 – 2 – 5　不同药量条件下爆距的变化对船体梁总纵弯矩的影响

6.2.4　试验验证

为了验证计算方法的合理性，设计了两个不同的钢质船体梁模型。试验模型一：船体梁半长 $L = 1.75\text{m}$，底板厚度 $b = 0.003\text{m}$，宽度 $B = 0.34\text{m}$，单位长度质量 $m_b = 16.3\text{kg/m}$，极限弯矩 $M_b = 1.54 \times 10^5 \text{N} \cdot \text{m}$。试验模型二：船体梁半长 $L = 1.4\text{m}$，底板厚度 $b = 0.003\text{m}$，宽度 $B = 0.3\text{m}$，单位长度质量 $m_b = 11.6 \text{kg/m}$，极限弯矩 $M_b = 2.29 \times 10^4 \text{N} \cdot \text{m}$。

选用 TNT 炸药,将其置于船体梁模型中部正下方爆炸,研究以上两种船体梁模型在不同爆炸工况下的运动响应过程。所有试验水深 2m,具体试验工况如表 6 - 2 - 2 所列。

表 6 - 2 - 2　试验工况表

工况序号	模型类型	药量/kg	爆距/m	冲击因子/(kg^{1/2}/m)	塑性极限弯矩/N·m	最大弯矩/N·m
1	模型一	0.009	0.5	0.190	1.54×10^5	7.77×10^4
2	模型一	0.055	0.5	0.469	1.54×10^5	2.79×10^5
3	模型二	0.005	1.0	0.071	2.29×10^4	1.65×10^4
4	模型二	0.005	0.5	0.141	2.29×10^4	3.61×10^4

图 6 - 2 - 6 为工况 3、4 条件下,由式(6 - 2 - 17)计算得到的模型二中点弯矩随时间的变化曲线,其坐标为无量纲参数。可以看出,随着冲击波的传播,结构中点弯矩值逐步减小,当冲击波传播一段时间后,结构中点出现反向弯矩;工况 3 条件下,模型最大弯矩没有超过极限弯矩,整个结构处于刚体运动状态;工况 4 条件下,模型中点的最大弯矩超过极限弯矩,整个模型进入塑性运动过程。

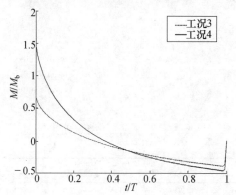

图 6 - 2 - 6　模型二中点弯矩的时间变化曲线

1. 刚体运动模型的试验验证

根据表 6 - 2 - 2 已知工况 1、3 条件下,模型进行刚体运动过程。本节利用刚体运动模型对两个工况条件下,船体梁中点的运动情况进行了理论与试验结果的比较分析。

图 6 - 2 - 7 为工况 1 条件下,模型一中点运动速度和位移的理论值和试验值比较曲线。该试验条件下,冲击波持续时间约 0.83 ms。由图 6 - 2 - 7(a)可以看出,随着作用时间的增加,船体梁的整体运动速度基本呈现增大的趋势;速度理论曲线表现为减加速度的加速运动过程,在 0.83ms 出现速度峰值 2m/s。由图 6 - 2 - 7(b)可以看出,位移试验曲线和理论曲线基本呈现一致的变化过

112

程,两者的位移值基本吻合,均为 0.83ms 出现位移峰值,其中理论峰值 1.3mm,
试验峰值 1.2mm。

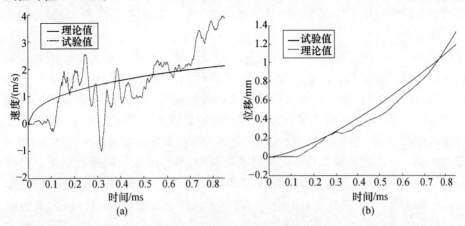

图 6-2-7 工况 1 条件下模型一中点运动情况的理论值和试验值比较
（a）速度比较曲线；（b）位移比较曲线。

图 6-2-8 为工况 3 条件下,模型二中点运动速度和位移的理论值和试验值
比较曲线。该试验条件下,冲击波作用时间约 0.48 ms。由图 6-2-8（a）可以看
出,由于试验模型并非理想的刚塑性材料,冲击波作用初期,速度试验曲线表现出
明显的局部弹性振动,随着作用时间增加,船体梁的整体运动速度基本呈现增大
的趋势;速度理论曲线表现为减加速度的加速运动过程,冲击波作用初期,速度快
速增加,而后速度增加幅值逐渐变小,在 0.48ms 出现速度峰值1.5m/s。由图
6-2-8(b)可以看出,位移试验曲线和理论曲线基本呈现一致的变化过程,前期
由于结构局部振动的影响,两者位移值存在一定的差距,后期两者的位移值基本吻
合,在 0.48 ms 时出现位移峰值,其中理论峰值 0.47mm,试验峰值 0.43mm。

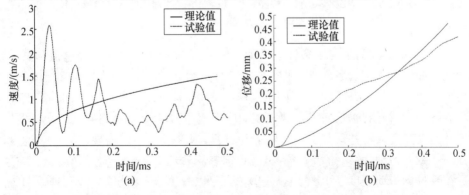

图 6-2-8 工况 3 条件下模型二中点运动情况的理论值和试验值比较
（a）速度比较曲线；（b）位移比较曲线。

2. 塑性运动模型的试验验证

根据表6-2-2已知工况2、4条件下,模型进入塑性运动过程。本节利用塑性运动模型对两个工况条件下船体梁中点的运动情况进行了理论与试验结果的比较分析。

图6-2-9为工况2条件下,模型一中点运动速度和位移的理论值和试验值比较曲线。该试验条件下,冲击波持续时间约0.66ms。由图6-2-9(a)可以看出,速度试验曲线仍表现出明显的局部弹性振动,初始阶段,速度很快出现正向运动峰值,随着作用时间的增加,船体梁的整体运动速度快速减小并最终出现反向运动过程;速度理论曲线表现出与试验速度曲线一致的运动规律,即初期很快出现正向速度峰值2.5m/s,随后速度减小,最后出现反向运动速度。由图6-2-9(b)可以看出,位移试验曲线和理论曲线基本具有相似的变化规律,冲击波作用初期,两者均发生正向运动,约0.3ms时,出现正向位移峰值,其中理论峰值约0.5mm,随后位移曲线出现反向运动过程,约0.66 ms时两者出现最大的反向位移值。

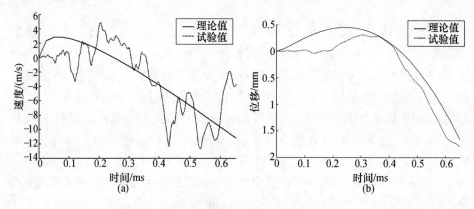

图6-2-9 工况2条件下模型一中点运动情况的理论值和试验值比较
(a)速度比较曲线;(b)位移比较曲线。

图6-2-10为工况4条件下模型二中点运动速度和位移的理论值和试验值比较曲线。该试验条件下,冲击波持续时间约0.65 ms。由图6-2-10(a)可以看出,由于试验模型并非理想的刚塑性材料,速度试验曲线表现出明显的局部弹性振动,初始阶段,速度很快出现响应峰值,随着作用时间的增加,船体梁的整体运动速度减小并最终出现反向运动过程;速度理论曲线表现出与试验速度曲线一致的运动规律,约0.12ms出现正向速度峰值2.3m/s,随后速度减小,最后出现反向运动速度。由图6-2-10(b)可以看出,位移试验曲线和理论曲线基本吻合,随着冲击波作用时间的增加均发生正向运动,约0.6ms时两者达到位移峰值0.8mm,随后出现反向运动过程。

114

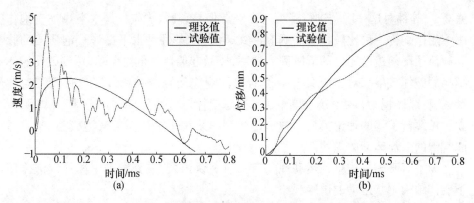

图 6 - 2 - 10　工况 4 条件下模型二中点运动情况的理论值和试验值比较

(a) 速度比较曲线;(b) 位移比较曲线。

　　船体梁在水下爆炸冲击波作用下会发生刚体运动过程和塑性运动过程。当发生刚体运动时,冲击波作用初期,梁中点运动速度很快出现峰值,随后速度出现减加速度的加速运动过程;船体梁中点一直为正向运动过程,在冲击波作用完成后,出现最大运动位移。当发生塑性运动时,响应速度在冲击波作用初期出现正向运动峰值,随着作用时间的增加,船体梁的整体运动速度快速减小并最终出现反向运动过程;船体梁中点位移表现为前期发生正向运动,后期开始反向运动,冲击波作用中期,出现正向位移峰值。

　　比较船体梁中点的速度和位移的理论值和试验值可知,两者吻合较好,误差基本不超过 20%,说明本节所建立的两种运动响应理论模型具有一定的合理性,能够反映船体梁结构在冲击波作用下的运动响应过程。

6.3　水中爆炸气泡作用下舰体结构鞭状运动试验现象与理论分析

6.3.1　爆炸气泡作用下舰体结构鞭状运动的试验现象

　　水中爆炸气泡作用下舰体结构鞭状运动是指舰艇船体梁在爆炸冲击波和气泡脉动压力形成的周期性载荷作用下产生的整体颤振,通常是该载荷作用频率与船体梁低阶固有频率相等或相近时舰体结构产生的共振。

　　水中兵器如水雷等,都是在离船体底部一定距离的水深处引爆,形成冲击波和气泡脉动作用来毁伤船体结构。因此,距离船底一定深度的水下爆炸气泡脉动毁伤是实际存在的必须重视的一种攻击模式。在这一问题的研究工作中,目前认识比较多的是鞭状响应问题,从振动的角度对水下爆炸气泡作用下船体结构的低阶振动响应进行研究, Thomas A. Vernon 等[46,49-50]开展了有益的研究工作,其研究成果被国内学者广泛应用并进一步拓展,方斌[47-48]、李玉节[51-52]、姚熊亮[53]等都对这一问题进行了深入研究。但是,鞭状响应只是水下爆炸气泡作用下船体结构一种比较特殊的响应形式,其发生条件是水下爆炸气泡形成的脉动载荷频率须接近船体的低阶固有频率,以激起船体的低阶振动,达到毁伤船体结构的破坏效果。对于更具普遍性的船体响应问题,Zong Z[54-56]进行了有益探索,将船体视为自由约束的船体梁,考虑船体与气泡之间的部分耦合作用,建立了可解析求解的理论模型。其理论模型中采用了最简单的气泡模型,没有考虑气泡的上浮运动的影响。

为了对舰体结构鞭状运动现象有一直观认识,首先介绍水中爆炸气泡作用下舰体结构鞭状运动的试验现象。

1. 试验模型

气泡脉动作用下典型舰艇结构的鞭状响应试验中最关键的因素是使试验模型低阶固有频率与试验条件下气泡脉动能够产生的激振力频率近似相等,从而使试验模型能够产生鞭状响应。要实现这一点,需要对试验模型进行很好的设计,首先要明确试验条件下所产生的气泡脉动激振频率。库尔等[3]根据试验资料分析结果得出了气泡第一次脉动周期的估算公式

$$T = k \frac{Y^{1/3}}{p_0^{5/6}} \qquad (6-3-1)$$

式中:T 为气泡脉动周期,单位为 s;k 为取决于炸药特性的系数;Y 为气泡运动过程中消耗的总能量;p_0 为爆炸深度的流体静压力。

气泡运动过程中消耗的总能量与药包质量成正比,令

$$\frac{kY^{1/3}}{W} = k_1, p_0 = H + 10.3$$

则

$$T = k_1 \frac{W^{1/3}}{(H + 10.3)^{5/6}} \qquad (6-3-2)$$

式中:W 为药量,单位为 kg;H 为药包的水深,单位为 m;k_1 为试验系数,单位为 s·m$^{5/3}$/kg$^{1/3}$,对于注装 TNT 炸药,$k_1 = 2.11$。那么可得 TNT 炸药在水下爆炸产生的气泡脉动的频率估算公式为

$$f = \frac{1}{T} = \frac{(H + 10.3)^{5/6}}{2.11W^{1/3}} \qquad (6-3-3)$$

式中:f 为气泡脉动频率,单位为 Hz。

在室内爆炸试验室中,考虑到缩比模型固有频率对水下爆炸药量和药包水深的限制,药量选取 4g~10g,水深范围为 0.5m~2.0m,那么可以得到的气泡脉动频率范围如表 6-3-1 所列,其值为 16Hz~24.2Hz。

表 6 - 3 - 1 各工况气泡第一次脉动的频率表

序号	水深 /m	气泡第一次脉动的频率/Hz		
		4g	8g	10g
1	0.5	21.7	17.2	16.0
2	1.0	22.5	17.9	16.6
3	1.5	23.3	18.5	17.2
4	2.0	24.2	19.2	17.8

考虑到频率相似条件限制,不能完全按实船缩比进行水下爆炸气泡作用下的鞭状运动响应试验,一般采用能表征典型水面结构整体形式的细长体箱形梁模型进行鞭状运动响应试验,箱形梁模型仍然能够反映出典型水面结构在水下爆炸气泡作用下的损伤规律。所设计的模型尺寸为:模型总长 2800mm,模型宽度 300mm,模型高度 80mm,舱壁数量 6,舱壁间距 400mm,板厚度 3mm,舷侧板厚度 3mm,舱壁厚度 3mm,如图 6 - 3 - 1 所示。计算得到模型自由边界条件下干模态一阶固有频率为 46.7Hz,自由边界条件下湿模态一阶固有频率为24.8Hz。

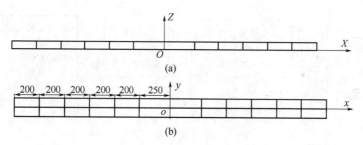

图 6 - 3 - 1 船体箱形梁模型视图
(a) 主视图;(b) 俯视图。

2. 测试系统

水下爆炸试验主要目的是得到模型在水下爆炸载荷作用下结构的响应过程与破坏模式,因此主要测试参数为壳体在爆炸试验前后的挠度、试验中的应变数据,同时还需要测量自由场压力,以监测试验状况并为数值仿真提供输入载荷。

水下爆炸试验测量的主要参数有:

(1) 模型壳体特别是中部的动态位移、应变、振型以及自由场压力数据。

(2) 高速摄像测量模型的响应过程,水中气泡与结构相互作用的过程。

试验测量设备主要有:壁压传感器、自由场压传感器、电荷放大器、瞬态记录仪和瞬态数字式示波器等,具体水下爆炸试验设施及测试系统流程如图 6 - 3 - 2 所示。应变测量系统由应变片、应变仪和数据采集仪组成。压力测量系统由压力传感器、电荷放大器和波形记录仪组成。加速度测量系统由加速度计、电荷放大器和数据采集仪组成。为保证测量精度,全部的传感器、仪器仪表均按有关质量管理规定进行计量鉴定,并且在计量合格期内使用。所用设备牌号及试验框图如图6－3－3所示。

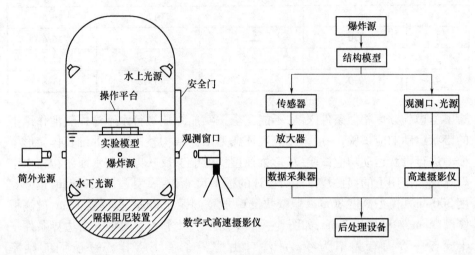

图6－3－2　试验设施及测试系统流程

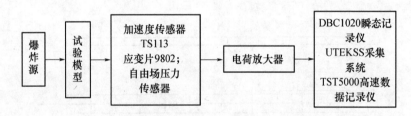

图6－3－3　所用设备牌号及试验框图

3. 模型试验实施与结果

试验模型共布置了9个应变测点和2个加速度测点,应变测量方向为模型纵向,加速度测量方向为垂直方向,如图6－3－4所示。爆炸位置均位于模型中部正下方。药量选择了5g和10gTNT,由于模型浮于水面,则爆深等于爆距加上4cm的吃水深度。试验共进行了4次。具体的试验工况如表6－3－2所列。

表6－3－2　模型试验工况表

爆序	爆炸位置	爆距/m	爆深/m	药量/g	摄影速度/(f/s)
1	中部	1.0	1.04	5	250
2	中部	1.0	1.04	10	250
3	中部	0.5	0.54	5	250
4	中部	1.5	1.54	5	250

118

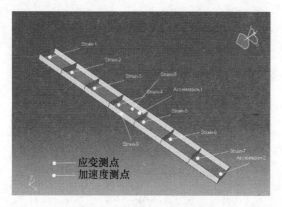

图 6 - 3 - 4　模型测点布置图

（1）工况 1 爆炸试验结果。

工况 1 为 5g TNT - 1.0m 爆距,爆炸开始后,在气泡第一个膨胀收缩周期,模型垂向低阶振动被激起,主要的是一阶振动,模型随着气泡的膨胀和收缩作升沉运动。模型第二次振动的幅值明显增强,并持续 2 个周期的强烈振动,随后模型振动在水的阻尼作用下逐渐衰减。工况 1 试验照片如图 6 - 3 - 5 所示。工况 1 测得的试验数据如图 6 - 3 - 6 至图 6 - 3 - 9 所示。

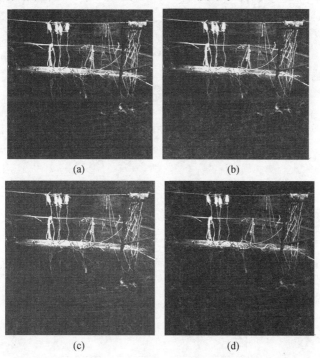

图 6 - 3 - 5　工况 1 试验照片

（a）起爆时刻;（b）16ms 第一次中拱最大;（c）60ms;（d）80ms。

119

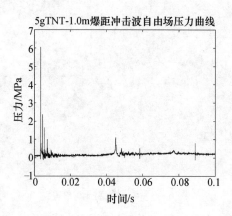

图 6 - 3 - 6　5g TNT - 1.0m 爆距自由场压力曲线

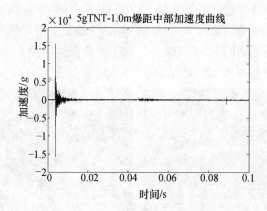

图 6 - 3 - 7　5g TNT - 1.0m 爆距模型中部加速度曲线

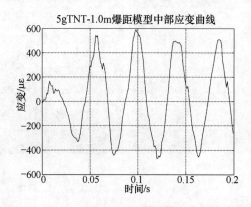

图 6 - 3 - 8　5g TNT - 1.0m 爆距模型中部应变曲线

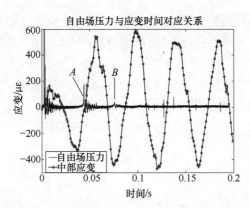

图 6-3-9　自由场压力与中部应变的时间对应关系

第一次气泡脉动产生的时间为 42ms，气泡脉动峰值压力约为冲击波峰值压力的 1/6，第二次气泡脉动产生的时间为 73ms（图 6-3-6）。模型中部的加速度响应峰值为 $1.55 \times 10^4 g$（图 6-3-7），模型端部的加速度响应峰值为 $0.84 \times 10^4 g$，为中部加速度峰值的 54%。加速度最大响应为冲击波阶段产生，气泡脉动造成的加速度响应远远小于冲击波造成的加速度响应。

模型中部应变的原始测量数据中，整体应变的基础上叠加了较多模型局部板格的高频振动应变信号，对应变原始信号进行一次平滑处理，滤掉局部高频振动信号，则模型中部应变与模型中部位置的一阶振动位移相对应。处理后的信号如图 6-3-8 所示。

由图 6-3-8，模型中部应变呈明显的周期特性，其周期为 43ms，对应频率为 23.3Hz，该频率与模型垂向一阶湿模态频率基本一致。

整个响应内的最大应变在第三波峰处，即第三波峰处应变大于第二波峰应变，第二波峰处应变又大于第一波峰应变，由于应变与弯曲变形成正比，因此在这段时间内模型振动产生了增强的共振现象，说明细长体箱形梁在工况 1 爆炸冲击波和气泡脉动压力形成的周期性载荷作用下产生了鞭状响应。

自由场压力曲线与模型中部应变的时间对应关系如图 6-3-9 所示，图中 A、B 两点为气泡脉动压力产生时刻。模型中部应变反映了模型一阶振动特性，与模型中部位置的垂向位移相对应，则从图 6-3-9 可见，气泡脉动产生时，模型中部位置振动运动速度和加速度方向均与气泡脉动压力方向同向（向上），二者产生正叠加效果，使模型振动得到加强，因而应变的振动幅值在前三个周期依次增加，并在第三个周期达到应变峰值。此后，由于气泡能量的衰减，气泡运动频率的增大，二者再没有产生强烈的正叠加效果，因而此后应变曲线表现为在阻尼作用下的逐渐衰减。

（2）工况 2 爆炸试验结果。

工况 2 为 10g TNT-1.0m 爆距，模型的响应过程与工况 1 相似，应变幅值略大于工况1,其时间对应关系曲线如图6-3-10所示。图中可见到前两个周期脉动压力与模型振动产生正叠加,应变峰值增大,而第三个周期脉动压力与模型振动有负叠加效应,因此第二个周期结束时应变绝对值达到最大峰值。说明细长体箱形梁在工况2爆炸冲击波和气泡脉动压力形成的周期性载荷作用下产生了鞭状响应,但是共振周期只有两个。

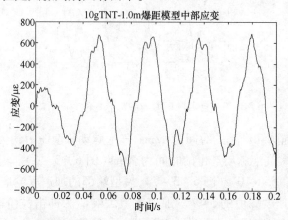

图6-3-10 工况2时间对应关系曲线

（3）工况3爆炸试验结果。

工况3为5g TNT-0.5m 爆距工况,由舷侧顶部应变曲线图6-3-11可见,模型应变响应在第一周期结束时应变绝对值达到最大峰值,且超过量程,模型中部已进入塑性,并产生了塑性变形。试验结束后拍摄模型舷侧处照片,如图6-3-12所示,可观察到中部舷侧处的褶皱。

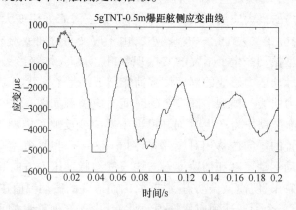

图6-3-11 5g TNT-0.5m 爆距舷侧顶部应变曲线

对于工况3而言,细长体箱形梁在爆炸冲击波和气泡脉动压力形成的周期性载荷作用下并没有产生鞭状响应,而是细长体箱形梁在近距爆炸冲击波和气泡联合作用下整体毁伤响应,见本章6.4节和6.5节。

122

图 6 - 3 - 12　5g TNT - 0.5m 爆距模型舷侧处褶皱

（4）工况 4 爆炸试验结果。

工况 4 为 5g TNT - 1.5m 爆距，整个爆炸过程视觉观察不到明显的模型振动，模型中部应变水平较小，如图 6 - 3 - 13 所示。图中可见到第二个周期开始时脉动压力与模型振动产生正叠加，应变峰值增大，而第二个周期后半周期脉动压力与模型振动就有负叠加效应，因此第二个周期的上半周期应变值达到最大峰值。说明细长体箱形梁在工况 4 爆炸冲击波和气泡脉动压力形成的周期性载荷作用下产生了较弱的鞭状响应，但是共振周期只有一个半周期。

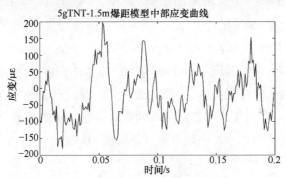

图 6 - 3 - 13　5g TNT - 1.5m 爆距模型中部应变曲线

6.3.2　爆炸气泡作用下舰体结构鞭状运动理论计算方法

1. 概述

理论计算方法包括水中爆炸气泡动力学、流固耦合和典型水面结构在水中爆炸气泡作用下的鞭状运动三个方面，本节主要针对这三个方面给出鞭状运动响应计算方法，得出典型水面结构在水中爆炸气泡作用下的动力响应。

水下爆炸气泡位于船中正下方的情况下，船体变形响应幅度最大，该情况鞭状运动响应最为危险，船体易产生中部折断破坏，如图 6 - 3 - 14 所示。在气泡脉动压力作用下，船体结构将产生刚性位移和弹塑性变形响应，而塑性响应则是最受关注的变形情况，对船体结构的影响最大，而弹性作用阶段一般可以忽略，所以对于船体结构材料一般可采用刚塑性本构关系模型。船中底部水下爆炸气泡作用下船体的刚塑性结构响应，是结构抗爆强度分析的核心内容。

本节将在 Zong Z[54-56] 研究工作的基础上,进一步考虑气泡上浮作用、结构阻尼作用等因素对船体结构响应的影响,建立了水下爆炸气泡作用下船体梁的强度分析模型。

2. 自由面边界条件下水中爆炸气泡动力学模型

对于水面舰船,计算水下爆炸气泡载荷作用下的船体响应时,由于海平面等自由面边界的存在,会对水下爆炸气泡形成的载荷产生一定影响,因此需考虑自由面边界条件,使水下爆炸气泡运动参数和载荷形式的计算更贴近于实际情况。Vernon 在其论文中讨论了这一模型的建立。

（1）基本假设。

① 气泡周围水介质为不可压、无旋理想流体。

② 水下爆炸气泡始终保持球形。

③ 不考虑冲击波传播阶段的影响,水介 图 6-3-14　船体在水下爆炸气泡质的初始状态速度、加速度均为零。 作用下的塑性变形

水中的初始压力为 $p = p_0 + \rho_0 g h$,其中

$p_0 = 1.013 \times 10^5 \text{Pa}$ 为大气压,$\rho_0 = 1000 \text{kg/m}^3$ 为水的密度,h 为水深(m)。由于水的密度随压力的变化量很小,当压力改变 1kgf/cm^2(9.8MPa)时,密度的改变仅为 $10^{-4} \rho_0$[1],因此对于水下爆炸气泡问题可以忽略水的密度变化。

（2）坐标系的建立。在流域中建立坐标系 $OXYZ$,以气泡中心为坐标原点,具体如图 6-3-15 所示。

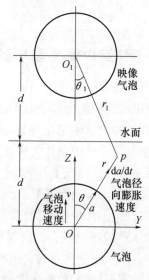

图 6-3-15　自由面边界条件下源气泡和映像气泡示意图

124

（3）速度势。根据平面镜像原理可得流场的速度势函数[46]

$$\phi = \frac{e_1}{r} + \frac{e_2}{r^2}\cos\theta - \frac{e_1}{r_1} - \frac{e_2}{r_1^2}\cos\theta_1 \qquad (6-3-4)$$

速度势第一项相当于强度为 e_1 的空间点源产生的速度势,第二项则相当于强度为 e_2 的空间偶极子产生的速度势,后两项为前两项镜像作用的反映[122], e_1 和 e_2 分别为点源和偶极子的强度系数。根据无边界时的情况可以确定点源的强度 $e_1 = -\dot{a}a^2$。根据气泡表面所需满足的边界条件 $\left(\frac{\partial\phi}{\partial r}\right)_a = \dot{a} + v\cos\theta$,并引入近似条件 $\frac{a}{2d} \approx 0$(即气泡的半径 a 与气泡所在水深的两倍相比是小量),可以得到

$$e_2 = -\frac{a^3}{2}\left(v - \frac{a^2\dot{a}}{4d^2}\right) \qquad (6-3-5)$$

那么根据式(6-3-5)可以求得流体的速度和加速度,其中 v 为气泡垂向迁移运动速度。

流场中的压力分布可根据动坐标系中的柯西—拉格朗日积分求得[58]

$$\frac{\partial\phi}{\partial t} - \vec{v_e} \cdot \vec{v} + \frac{1}{2}\vec{v} \cdot \vec{v} + p - U_m = f(t) \qquad (6-3-6)$$

式中牵连速度 $\vec{v_e} = v\vec{e_z}$,流场速度 $\vec{v} = u_x\vec{e_x} + u_y\vec{e_y} + u_z\vec{e_z}$,压力函数 $p = \frac{p}{\rho_0}$,质量力的势 $U_m = g(d-z)$,其中 d 为泡心水深,z 为计算点垂向坐标,ρ_0 为水的密度。在无穷远处流体处于静止状态,所以 $f(t) = \frac{p_\infty}{\rho_0} = \frac{p_0}{\rho_0}$。将以上关系式代入式(6-3-6)中可得

$$\frac{p}{\rho_0} = \frac{p_0}{\rho_0} - \frac{\partial\phi}{\partial t} + vu_z - \frac{1}{2}(u_x^2 + u_y^2 + u_z^2) + g(d-z) \qquad (6-3-7)$$

根据式(6-3-7)可以求得气泡周围流体介质的压力场。为了确定 e_1、e_2,须求得 a 和 v,这就需要引入能量方程和动量方程。

（4）能量方程。根据文献[1]提出的能量计算方法,对参考文献[46]中自由面边界条件下作垂向运动气泡的能量方程进行重新推导后,得到如下所示的能量方程

$$E_0 = \pi\rho_0 a^3\left[2\dot{a}^2\left(1 - \frac{a}{2d}\right) + \frac{1}{3}v^2 + 2\dot{a}v\left(\frac{a}{d}\right) + \frac{4}{3}gz\right] + \frac{K_e W_e^\gamma}{\gamma - 1}\left(\frac{4\pi a^3}{3}\right)^{1-\gamma}$$

$$(6-3-8)$$

式中:E_0 为水下爆炸气泡产生的总能量,式中动能部分为

$$U_k = 2\pi\rho_0 a^3 \dot{a}^2 + \frac{1}{3}\pi\rho_0 a^3 v^2 - 2\pi\rho_0 a^3 \dot{a}^2 \frac{a}{2d} + 2\pi\rho_0 a^3 \dot{a}v\left(\frac{a}{2d}\right)^2$$

$$(6-3-9)$$

动能中第一项是气泡膨胀作用使周围流体介质获得的动能,第二项是气泡运动产生的动能,后两项是镜像的影响项。势能为

$$V_p = \frac{4\pi}{3}\rho_0 gza^3 + \frac{K_c W_e^\gamma}{\gamma-1}\left(\frac{4\pi a^3}{3}\right)^{1-\gamma}$$

$$(6-3-10)$$

式中第一项是气泡在流场中的水压力势能,第二项是气泡内爆炸产物的压能。在求爆炸产物的压能时,将爆炸生成物视为绝热气体指数为 γ 的理想气体,而且其状态的变化是按照绝热律进行的,则压力与体积间的关系为 $p = K_c(W_e/V)^\gamma$,式中 W_e 为炸药药量(kg),K_c 为爆炸气体绝热常数[3]。

为了方便表达,引入一些无因次化量:无因次气泡半径 $\eta = \dfrac{a}{L_n}$,其中 $L_n = \left(\dfrac{3E_0}{4\pi\rho gz_0}\right)^{1/3}$;无因次时间 $\tau = \dfrac{t}{T}$,其中 $T = \left(\dfrac{3}{2gz_0}\right)^{1/2}L_n$;无因次压头 $\varsigma = \dfrac{z}{L_n}$,无因次初压头 $\varsigma_0 = \dfrac{z_0}{L_n}$;气泡中心离水面垂直距离的无因次量 $\delta = \dfrac{d}{L_n}$;无因次能量参数 $\kappa = \dfrac{(\rho gz_0)^{\gamma-1}}{\gamma-1}K_c\left(\dfrac{W_e}{E_0}\right)^\gamma$。Vernon 给出了 TNT 炸药无因次能量参数的估算公式:$K \approx 0.0743z_0^{1/4}$。

(5) 动量方程。若重力是对气泡的唯一外力,则拉格朗日函数 $L = U_k - V_p$ 满足如下微分方程式[3]

$$\frac{d}{dt}\left(\frac{\partial}{\partial\dot{a}}(U_k - V_p)\right) - \frac{\partial}{\partial a}(U_k - V_p) = 0 \qquad (6-3-11)$$

$$\frac{d}{dt}\left(\frac{\partial}{\partial\dot{z}}(U_k - V_p)\right) - \frac{\partial}{\partial z}(U_k - V_p) = 0 \qquad (6-3-12)$$

它们能够给出仅在重力作用下径向运动和垂向运动的动量方程式。

令 $\sigma = \dot{\eta}, \lambda = \dot{\varsigma}$,应用式(6-3-11)得到径向运动的动量方程

$$\dot{\sigma} = \frac{-3\delta}{(2\delta-\eta)}\left[\frac{\sigma^2}{\eta}\left(1 + \frac{2\eta}{3\delta}\right) - \frac{\lambda^2}{6\eta} + \frac{\varsigma}{\eta\varsigma_0} - \frac{(\gamma-1)\kappa}{\eta^{3\gamma+1}} + \frac{\eta^2\dot{\lambda}}{6\delta^2}\right]$$

$$(6-3-13)$$

应用式(6-3-12)得到垂向运动的动量方程

$$\dot{\lambda} = -3\left[\frac{1}{\varsigma_0} + \frac{\sigma\lambda}{\eta} + \frac{\eta}{4\delta^2}(5\sigma^2 + \eta\dot{\sigma})\right] \qquad (6-3-14)$$

微分方程式(6-3-13)和式(6-3-14)相互耦合,采用无边界时气泡垂向

126

运动的动量方程进行解耦,得到

$$\dot{\sigma} = \frac{-3\delta}{(2\delta - \eta)}\left[\frac{\sigma^2}{\eta}\left(1 - \frac{2x}{3\delta}\right) - \frac{\lambda^2}{6\eta} + \frac{\varsigma}{\eta\varsigma_0} - \frac{(\gamma - 1)\kappa}{\eta^{3\gamma+1}} + \frac{\eta}{4\delta^2}\left(\frac{\sigma\lambda}{3} - \frac{\eta}{\varsigma_0}\right)\right]$$

$$(6 - 3 - 15)$$

(6) 虚拟力的引入。与试验结果的比较发现,理论计算的气泡垂向移动速度过大[46],分析其原因在于没有考虑气泡在脉动过程中以声辐射和热损耗等形式耗散掉的能量,在模型中则是将这部分能量以动能和势能的形式传递给了流体介质和气泡。为控制气泡垂向移动的速度,Vernon 引入一个虚拟的拉力,并在能量方程中考虑这一拉力消耗的能量。虚拟力引起的能量耗散实际上是声辐射和热损耗等能量耗散的一种近似。虚拟拉力定义为

$$F = \frac{1}{2}\rho_0 C_D A v^2 \qquad\qquad (6 - 3 - 16)$$

式中:A 为气泡投影的面积;C_D 为系数,需要通过试验确定,Vernon 给出的取值范围为 $2.0 \sim 2.5$。

(7) 求解方程组。引入虚拟力后对式(6-3-14)和式(6-3-15)进行适当修改,得到问题求解微分方程组。

求解方程组的初始条件为:$\eta = \eta_0$, $\varsigma = \varsigma_0$, $\sigma = 0$, $\lambda = 0$。η_0 值可通过求解处于深水中静止气泡的能量守恒方程 $\dot{\eta}^2\eta^3 + \kappa/\eta^{3(\gamma-1)} + \eta^3 - 1 = 0$ 所得到最小的泡径值确定。微分方程组式(6-3-17)可采用四阶龙格—库塔数值积分方法进行求解。

$$\begin{cases} \dot{\eta} = \sigma \\ \dot{\varsigma} = \lambda \\ \dot{\sigma} = \frac{-3\varsigma}{(2\delta - \eta)}\left[\frac{\sigma^2}{\eta}\left(1 + \frac{2\eta}{3\delta}\right) - \frac{\lambda^2}{6\eta} + \frac{\varsigma}{\eta\varsigma_0} - \frac{(\gamma - 1)\kappa}{\eta^{3\gamma+1}} + \frac{\eta}{2\delta^2}\left(C_D\frac{\lambda^2}{4} - \frac{\eta}{\varsigma_0} - \sigma\lambda\right)\right] \\ \dot{\lambda} = -3\left[\frac{1}{\varsigma_0} + \frac{\sigma\lambda}{\eta} - C_D\frac{\lambda^2}{4\eta} + \frac{\eta}{2\delta^2}(5\sigma^2 + \eta\dot{\sigma})\right] \end{cases}$$

$$(6 - 3 - 17)$$

Vernon 方程组是一组纯水动力学方程组。脉动气泡被假定为绝热的,与外界无热交换。事实上,这是不可能的。灼热的爆炸气体产物不断使周围水介质转换为蒸汽加入泡内,泡脉冲不断使冷凝下来的蒸汽还回到介质中。通过泡壁的热交换与质量交换会持续不断,因而必须将相邻两次脉冲间的能量损失考虑进去,即各次脉冲的能量 E_0 要改变。数学上很难处理好各次脉冲间的能损。实测各次脉冲间余能率在 $0.46 \sim 0.66$ 间。一般可取当量能量为 $E_0 q^{n-1}$(n 为脉冲序号),脉冲余能呈几何级数递减,余能率 $q = 0.66$。在 E_0 改

变后,想象每次脉冲是一个当量爆炸的第一次气泡脉冲。由于当量能量导致各次脉冲的特征长度不同,为保证各次脉冲交接处泡深一致,交接处无量纲压头是不同的,$\zeta_{本次} = \zeta_{上次} L_{上次} / L_{本次}$。无量纲常数 ζ 乘以特征长度即是泡深,因此 ζ 被称为当量深度。

3. 舰体结构在水中爆炸气泡作用下鞭状运动的求解方程

水中爆炸气泡作用下船体梁的鞭状运动可采用简单梁振动模型来求解。对大多数常规舰船受低频气泡载荷引起的鞭状运动,因为其细长比较大,因此其低频振动模态类似梁的弯曲运动,可用简单梁振动理论来描述。通常假定简单梁振动为线弹性应力应变关系和小的转动。将船体当作一根变截面的梁,分为 n 站,每站都由等价弯曲刚度、等价剪切刚度、等价集中质量、等价转动惯量、等价惯性矩和附连水质量等基本要素组成。只考虑垂向振动,则梁模型在鞭状运动条件下的振动方程为

$$[M_b]\{\ddot{y}\} + [C]\{\dot{y}\} + ([K_b] + [K_f])\{y\} = f_b \quad (6-3-18)$$

式中:$[M_b]$ 为梁的质量阵;$[C]$ 为阻尼阵;$[K_b]$ 为梁的刚度阵;$[K_f]$ 为浮力弹簧刚度阵;y 为梁的变形位矢;f_b 为气泡作用在梁上的力。

考虑远距离爆炸,气泡作用在船体上的力可以用简单的物理近似,气泡本身产生一个纯径向流,远距离流场近似假设表明横向和垂向速度对船体有作用,因此水动力流场由 2D 取代 3D 流场来近似描述。并假设气泡引起的船体附近流场均匀加速度为 $\dot{u}$,则流场和船体的相对加速度为 $\dot{u} - \ddot{y}$,该相对加速度乘以附加质量产生作用在船体上的力,还要考虑流场中由均匀加速度 $\dot{u}$ 引起的压力梯度,假设此压力梯度与由重力加速度产生的压力梯度等效,其产生与船体排开水体积成正比的浮力,则气泡产生流场作用在船体上的总力为

$$f_b = [M_f](\{\dot{u}\} - \{\ddot{y}\}) + [M_d]\{\dot{u}\} \quad (6-3-19)$$

式中:$[M_f]$ 为附连水质量阵;$[M_d]$ 为船体排水质量阵,将式(6-3-19)代入运动方程(6-3-18)中得到

$$([M_b] + [M_f])\{\ddot{y}\} + [C]\{\dot{y}\} + ([K_b] + [K_f])\{y\} = ([M_f] + [M_d])\{\dot{u}\}$$
$$(6-3-20)$$

令 $[M] = [M_b] + [M_f]$,$[K] = [K_b] + [K_f]$,$[M'] = [M_f] + [M_d]$,则鞭状运动梁的运动方程变为

$$[M]\{\ddot{y}\} + [C]\{\dot{y}\} + [K]\{y\} = [M']\{\dot{u}\} \quad (6-3-21)$$

将运动方程中的各矩阵进行推导并代入,就可以求解在鞭状运动条件下的梁的振动响应。具体的求解方法和算例可参见参考文献[53-57]。

6.3.3 爆炸气泡作用下舰体结构鞭状运动数值计算

1. 数值计算建模

采用 ABAQUS 软件对水下爆炸进行仿真计算。对 6.3.1 节典型水面箱形梁试验模型进行建模,模型的主要结构尺度见 6.3.1 节,自由边界条件下干模态一阶固有频率为 46.7 Hz,自由边界条件下湿模态一阶固有频率为 24.8 Hz。

结构采用壳单元来离散,如图 6-3-16 所示。在划分流体网格时,将外流场分为两个部分,流体的网格由内到外作了渐变处理,在内部靠近结构的部分,水体网格划分得较密,网格尺寸为 4mm,最外层的网格则相对较粗,网格尺寸约为 140mm,水域采用四面体单元离散,如图 6-3-17 所示,结构材料采用线弹性材料模型。

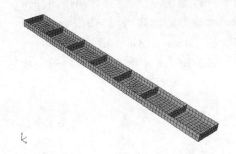

图 6-3-16 箱形梁有限元模型

图 6-3-17 水域的有限元离散
（中部为结构模型）

首先对模型干、湿模态固有频率进行计算,计算结果如图 6-3-18、图 6-3-19 所示。有限元计算结果与理论计算及试验测试结果的比较如表 6-3-3 所列。

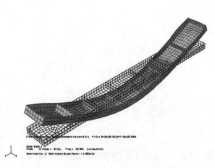

图 6-3-18 模型一阶干模态 46.99Hz

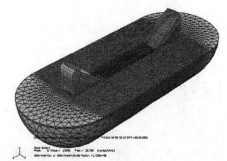

图 6-3-19 模型一阶湿模态 20.78Hz

表 6-3-3 有限元计算与理论计算及试验测定模态频率的比较

	一阶干模态频率/Hz	一阶湿模态频率/Hz
理论计算	46.7	24.8
有限元计算	47.0	20.8
试验测定	46.3	23.3

2. 载荷的确定

对 TNT 炸药水下爆炸载荷,单独采用现有的理论模型以及经验公式都无法很好地进行描述。因此将载荷分为两个阶段:第一阶段从爆炸开始至气泡第一次膨胀收缩产生脉动压力前,采用 Geers Hunter 模型来描述;第二阶段为气泡脉动阶段,该阶段采用正态指数函数来描述,对第一次气泡脉动后的载荷不进行计算。

对第一阶段,采用 Geers Hunter 模型来进行描述,对所计算炸药按照冲击波能当量进行修正。对 TNT 炸药,Geers Hunter 模型的参数为:$K = 5.24 \times 10^7$, $k = 8.4 \times 10^{-5}$, $A = 0.13$, $B = 0.23$, $k_c = 1.045 \times 10^9$, $\gamma = 1.3$, $\rho = 1630$。

对第二阶段,根据 Zamshlyayev 经验公式确定气泡脉动载荷。对气泡一次脉动阶段采用正态数函数描述

$$P(t) = P_{ml} \cdot e^{-(t-T)^2/\theta_2^2} \quad T + t_2 \geq t > T - t_2$$

$$T = 2.11 \frac{(k_b W)^{1/3}}{5/6}$$

$$P_{ml} = \frac{1}{5} \begin{cases} 4.41 \times 10^7 \left(\dfrac{(k_b \cdot W)^{1/3}}{R} \right)^{1.5} & 6 \leq \dfrac{R}{R_{0b}} < 12 \\ 5.24 \times 10^7 \left(\dfrac{(k_b \cdot W)^{1/3}}{R} \right)^{1.13} & 12 \leq \dfrac{R}{R_{0b}} < 240 \end{cases}$$

$$\theta_1 = 20.7 \frac{R_{0b}}{P_0^{0.41}} \qquad t_2 = 3290 \frac{R_{0b}}{P_0^{0.71}}$$

式中:W 为炸药质量,单位为 kg;T 为起泡脉动发生时间;k_b 为炸药相对于 TNT 的气泡能当量系数;θ_1 为气泡脉动时间衰减常数,单位为 s;R 为爆心到测点距离,单位为 m;R_{0b} 为换算为等气泡能当量 TNT 的药包初始半径,单位为 m;z_0 为气球所处位置流体静压力的等效水深。

确定了 T 和 t_2 后即可确定第一阶段的计算时间,为 $0 \sim (T-t_2)$。

3. 典型水面结构在水中爆炸作用下的鞭状运动响应仿真

有限元法中结构有限元运动方程式(6-3-21)可以表示为

$$M\ddot{u} + B\dot{u} + Ku = F - GAp \qquad (6-3-22)$$

式中:u、$\dot{u}$、$\ddot{u}$ 为结构的位移、速度及加速度;M、B、K 分别为结构本身的质量、阻

130

尼和刚度矩阵;F 为作用在结构上的外力矩阵;而 p 为流体的压力;A 是将节点压力转换为湿表面法向压力的转换矩阵;而 G 为将流体压力在全局坐标系中转换为结构受力的转换矩阵。对于水下爆炸问题,流体中的压力可以写为

$$p = p_i + p_s$$

式中:p_i、p_s 为流体中爆炸波的入射压力以及由于结构运动在流体中产生的散射压力,如果将外部流体域进行有限元离散,散射压力 p_s 是唯一的未知量,所以可以将有限元方程写成

$$Q\ddot{p}_s + C\dot{p}_s + Hp_s = F(p) \tag{6-3-23}$$

式中:Q、C、H 为流体的质量、阻尼和刚度矩阵。

而在流体耦合面上,有

$$\partial p_s / \partial n = \rho(\ddot{u}_{ni} - \ddot{u}_n) \tag{6-3-24}$$

式中:n 是单位法向量;ρ 为流体密度;而 $\ddot{u}_{ni}$、$\ddot{u}_n$ 为入射波和总液体产生的流体微粒加速度。假设流固耦合面上的节点重合,则可以推出

$$F(p) = -\rho G_e GA(\ddot{u}_{ni} - \ddot{u}_n) \tag{6-3-25}$$

式中:G_e 是流体单元的剪切模量。有 $u_n = Gu^T$,G^T 表示 G 的转置矩阵。综合式(6-3-23)、式(6-3-24)、式(6-3-25),可得

$$Q\ddot{p}_s + C\dot{p}_s + Hp_s - \rho G_e(GA)^T\ddot{u} = -G_e A\ddot{u}_{ni} \tag{6-3-26}$$

定义流体单元剪切模量 $G_e = 1$,将式(6-3-26)与结构方程式(6-3-22)综合,可以得出按压力形式给出的总矩阵方程。为了得到对称的矩阵,取流体的速度势作为变量,令 $q = \int_0^t p_s \mathrm{d}t$,$\dot{q} = p_s$ 可以得到

$$\begin{bmatrix} M & 0 \\ 0 & Q \end{bmatrix}\begin{Bmatrix} \ddot{u} \\ \ddot{q} \end{Bmatrix} + \begin{bmatrix} B & L \\ L^T & C \end{bmatrix}\begin{Bmatrix} \dot{u} \\ \dot{q} \end{Bmatrix} + \begin{bmatrix} K & 0 \\ 0 & H \end{bmatrix}\begin{Bmatrix} u \\ q \end{Bmatrix} = \begin{Bmatrix} F - L_{p_i} \\ Au_{ni} \end{Bmatrix}$$

式中:q 为散射压力的积分形式;L 为转换后的系数矩阵;而 L^T 为其转置矩阵。

对于水域的大小和流体单元网格尺度对计算精度的影响,已有大量的文献对此进行过专门的研究,基本的结论与 ABAQUS 软件中对水域大小与网格尺度的建议一致:水域的最小宽度为模型宽度的 6 倍,流体单元的最大网格尺度要小于载荷特征波长的 1/9。

在结构和流体的交界面设置 TIE 约束来考虑流固耦合作用,其中结构面为主面,流体面为从面。

4. 计算结果

对 5gTNT 在 1.0m 爆距下的试验工况进行仿真计算。计算得到不同时刻模

型变形,如图 6 - 3 - 20 所示。模型中部的位移变化如图 6 - 3 - 21 所示,模型中部纵向应变与试验值的比较如图 6 - 3 - 22 所示。

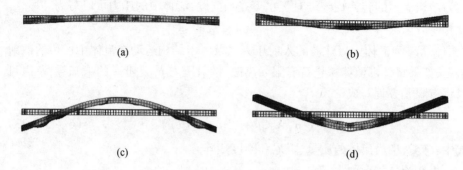

图 6 - 3 - 20　计算得到的模型变形情况
(a) 0ms 模型变形;(b) 30ms 模型变形;(c) 56ms 模型变形;(d) 79ms 模型变形。

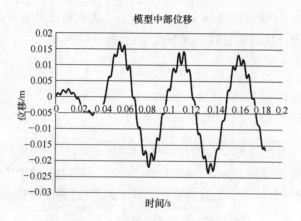

图 6 - 3 - 21　计算得到模型中部位移曲线

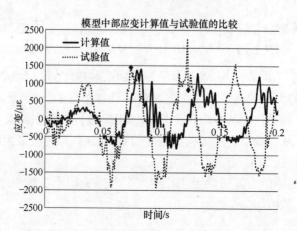

图 6 - 3 - 22　模型中部应变计算值与试验值比较

132

仿真显示出在冲击波加载阶段模型即出现了一阶垂向振型,其振动的频率与模型湿模态频率一致,在气泡脉动加载后,模型振动的幅值得到了明显的增强,模型运动过程的仿真结果与试验一致。由应变的比较可见,在前100ms内,仿真计算值与试验值在幅值和变化规律上基本一致,试验值中包含更多的局部振动叠加效果,因而应变峰值更高。在100ms以后,由于仿真频率与实际频率误差的存在(仿真20.3Hz,试验23.3Hz)以及有限元计算阻尼的存在,仿真值与试验值产生了明显的相位差。

综上所述,采用本节计算方法能够较好地模拟冲击波至第一次气泡脉动作用阶段的模型鞭状运动响应。

6.4 近距爆炸冲击波和气泡联合作用下水面舰艇总强度计算方法

6.4.1 概述

当船体受到非接触近距水下爆炸时,船体梁将会受到冲击波和气泡膨胀与收缩载荷的共同作用。冲击波载荷的瞬时作用,除了使船体梁产生瞬时动力变形以外,还将使船体梁产生总体冲击振动响应。气泡膨胀与收缩载荷也将使船体梁产生中拱和中垂变形,当船体梁总体冲击振动频率与气泡膨胀收缩频率一致或接近时,船体梁在冲击波作用下的冲击振动响应和气泡膨胀与收缩载荷的作用下的动力响应将产生叠加。

6.4.2 冲击波作用下船体梁冲击振动弯矩计算方法[58]

水下爆炸冲击波首先传递到舰船的底部和舷侧,底部和舷侧吸收了一部分动能后,将力传递到侧壁、隔壁和甲板,过了一段时间以后则出现船体梁的自由振动。一般可将船体看作漂浮在水面、两端自由的变截面梁,在水下爆炸冲击波的作用下,船体梁除了产生了总体冲击振动以外,底部、甲板都产生局部的振动。船体总体冲击振动是以船体梁固有频率进行的自由振动,使船体产生交变应力。所以对此问题必须进行工程应用的公式推导。

在动力学问题中,采用拉格朗日方程求解比较方便。基本假定:假定船体梁限于弹性范围内运动,船体为首、尾对称的变截面的自由梁。为了能方便地估算船舶的总纵冲击振动弯矩,人为地假定船体梁以一阶振型和二阶振型进行自由振动,这对于冲击载荷引起的船体振动,具有一定的精确性。

1. 爆炸载荷的计算

炸药水下爆炸形成冲击波在水中传播,引起水中各点压力的变化。水中某一固定点上压力随时间变化的规律,可以近似用指数形式表示

$$p(t) = p_\mathrm{m}\exp\left(-\frac{t - R/C}{\theta}\right) \qquad (6-4-1)$$

式中:峰值压力 $p_\mathrm{m} = k\left(\dfrac{m_\mathrm{e}^{1/3}}{R}\right)^{\alpha}$(对于 TNT 炸药 $k = 52.27\mathrm{MPa}$, $\alpha = 1.13$);水中声速 $C = 1494\mathrm{m/s}$;时间常数 $\theta = \dfrac{1}{k}m_\mathrm{e}^{1/3}\left(\dfrac{m_\mathrm{e}^{1/3}}{R}\right)^{\beta-\alpha}$,即峰值压力 p_m 下降到 $0.368p_\mathrm{m}$ 时所需的时间, $l = 5768\mathrm{N} \cdot \mathrm{s/m}^2$, $\beta = 0.89$。式(6-4-1)的适用范围为 10 个 ~ 100 个药包半径。

船体上各时间作用总压力为

$$F(t) = \int_0^t p(\tau) \cdot S(\tau) \cdot \alpha(\tau) \cdot \mathrm{e}^{\frac{t-\tau}{\theta}}\mathrm{d}\tau \qquad (6-4-2)$$

式中:τ 为冲击波作用于船底纵向某点的时间;t 为冲击波刚接触船底开始计时的时间;$t-\tau$ 表示该点在时间 τ 以前尚未受到冲击波压力,而在 $t-\tau$ 以后压力呈指数衰减;$p(\tau)$ 为压力与时间 τ 的函数关系;$S(\tau)$ 为船底面积与 τ 的函数关系;$\alpha(\tau)$ 为冲击波入射角与 τ 的函数关系。

为了简化计算,可将船体看作一面为空气、一面为水的自由平板,如图 6-4-1所示。爆炸冲击波则视为平面波,这样的简化既能够反映问题的主要方面,又便于数学上的处理。

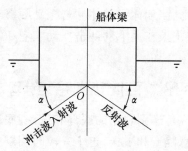

图 6-4-1 冲击波作用于船体梁的示意图

那么,船底受到的总压力由下式确定

$$p = 2\int_0^L B\left[1 - \left(\frac{X}{L}\right)^{\frac{a}{1-a}}\right] \cdot \frac{K \cdot p_\mathrm{m}\sin\alpha}{Z-1}(Z\mathrm{e}^{-t/\theta} - \mathrm{e}^{-t/Z\theta})\mathrm{d}X$$

$$= S\frac{K \cdot p_\mathrm{m}\sin\alpha}{Z-1}(Z\mathrm{e}^{-t/\theta} - \mathrm{e}^{-t/Z\theta}) \qquad (6-4-3)$$

式中:p 为船底受到的总压力;B 为船宽;L 为半船长;a 为水线面系数;K 为壁压系数;α 为入射角度;Z 为控制函数;S 为水线面面积。其中控制函数由下式确定

$$Z = \frac{m\sin\alpha}{\rho C\theta} \qquad (6-4-4)$$

式中:m 为平板单位面积质量,$m = \dfrac{M}{S}$,其中 M 为全船质量;ρ 为水的密度;C 为水中声速;θ 为时间衰减常数。需要注意的是,因为水不能传递拉力,所以壁压的作用时间不应大于 $\left[\dfrac{Z}{1-Z}\ln Z\right]\theta$。

2. 自由振动的振型

可将船体看作是飘浮在水面上、两端自由的变截面自由振动梁。采用拉格朗日方程求解这一动力学问题。假定船体梁限于弹性范围内运动,船体为首、尾对称的变截面自由梁。为方便地估算船舶的总纵动力弯矩,可以先人为地假定船体梁以一阶振型和二阶振型进行自由振动,这对于冲击波载荷引起的船体振动,具有一定的精度。

变截面自由梁的一阶振型由下式确定

$$Z_1 = q_{S1}\left(\frac{X^2}{L^2} - 0.28\right), \text{其中 } q_{S1} = A_1\sin(\omega_{S1}t) \qquad (6-4-5)$$

变截面自由梁的二阶振型由下式确定

$$Z_2 = q_{S2}\left(\frac{X^3}{L^3} - 0.56\frac{X}{L}\right), \text{其中 } q_{S2} = A_2\sin(\omega_{S2}t) \qquad (6-4-6)$$

式中:Z_1、Z_2 分别为一阶和二阶弯曲振型,q_{S1}、q_{S2} 分别为一阶和二阶的广义坐标;L 为半船长;ω_{S1}、ω_{S2} 分别为一阶和二阶圆频率;X 为船长方向的坐标值。

3. 拉格朗日方程的建立及其解

保守系统在微小振动时可以忽略阻尼,其拉格朗日方程的形式为

$$\frac{\mathrm{d}}{\mathrm{d}t}\left(\frac{\partial T}{\partial \dot{q}_S}\right) + \left(\frac{\partial U}{\partial q_S}\right) = \Phi_S \qquad (6-4-7)$$

式中:T 为弯曲振动时梁的动能;U 为弯曲振动时梁的位能;Φ_S 为广义力。

对上述方程进行求解,经过数学处理后可得:

一阶振型时船中冲击振动弯矩为

$$M_d = -0.037M_{S1}\omega_{S1}^2 q''_{S1}L \qquad (6-4-8a)$$

一阶振型时 1/4 船长处的冲击振动弯矩为

$$M_d = -0.0168M_{S1}\omega_{S1}^2 q''_{S1}L \qquad (6-4-8b)$$

二阶振型时 1/4 船长处的冲击振动弯矩为

$$M_d = -0.0066M_{S2}\omega_{S2}^2 q''_{S2}L \qquad (6-4-8c)$$

式中:M_{S1} 为一阶振型时拉格朗日方程中的广义质量;M_{S2} 为二阶振型时拉格朗日方程中的广义质量;$q''_{S1} = -\omega_{S1}q_S$;$q''_{S2} = -\omega_{S2}q_S$,且有

$$q_S = q_{S1} + q_{S2} \qquad (6-4-9a)$$

$$q_{S1} = (\Phi_{S1}/m)\,\theta_1^2 / (1 + \omega_{S1}^2\theta_1^2) \qquad (6-4-9b)$$

$$q_{S2} = (\Phi_{S2}/m)\,\theta_2^2/(1 + \omega_{S2}^2\theta_2^2) \qquad (6-4-9c)$$

式中：$\theta_2 = Z \cdot \theta_1$，$Z$ 由式(6-4-4)求得；m 定义同式(6-4-4)。而

$$\Phi_{S1} = -0.0867 \times BL(K/(Z-1))Z \qquad (6-4-10a)$$

$$\Phi_{S2} = 0.0867 \times BLK/(Z-1) \qquad (6-4-10b)$$

式中：B、L、K 定义同式(6-4-3)。

　　舰船受到水下爆炸的冲击波载荷作用时，船舶产生振动，如果爆点位于船中，则激起的振型以一阶振型为主，如果爆点位于船长方向上的其他位置，将激起二阶振型等不对称的振型。

　　船舶最大总纵弯矩在船中，是"静止在波浪"假设下的船舶总纵弯矩计算结果。但是冲击振动弯矩的分布不同，从垂向挠曲振动的主振型来分析，可以发现在只考虑一阶振动的振型时，则船舯弯矩最大，而根据振型线性叠加原理，在二阶振型时，$(1/4)L$ 和 $(3/4)L$ 处弯矩最大，而叠加以后可能产生弯矩峰值有三处，即 $(1/4)L$，$(1/2)L$ 及 $(3/4)L$ 处。这一观点不但可以从理论上推导而得，也可以由实际的试验加以证明。国外也曾报导过此观点，这种情况不但在水下爆炸时会产生，在船舶受到风暴或拍击时都有可能产生。

6.4.3　近距气泡作用下船体梁动弯矩计算方法

1. 基本假设

　　舰船在水下爆炸近距气泡作用下的破坏是一个十分复杂的动力学问题，目前还无法对该问题进行精确的预报，须对该问题进行简化处理。本节重点研究水下爆炸气泡作用下船体总纵弯矩的计算方法。

　　近距爆炸气泡对船体的作用体现在两个方面：当气泡与船体接触时，气泡排开船体周围流体，气泡内负压使船体产生浮力损失和上下表面压力差，形成中垂弯矩矩用，如图 6-4-2 所示；当气泡不与船体接触时，近距气泡收缩带动周围流体的运动，使得船体底部同样受到一个负压作用，并使船体产生浮力损失和上下表面压力差。为简化计算，上述两种情况气泡负压对船体的作用载荷都近似取为气泡最大半径时船体产生的浮力损失和上下表面压力差。试验观察表明，气泡及其流体运动负压的作用时间较船体结构应力波传播时间要长得多，可以认为爆炸气泡开始作用时船体相对于气泡是静止的。爆炸气泡负压载荷突加在船体梁上，船体要达到力平衡有两种方法：一是浮力不变，将气泡等效载荷加入船体总重当中，船体在新的总重力和浮力的共同作用下船体产生新的平衡，但有些情况下，加上等效载荷后的船体总重将大于船体的最大浮力，此时靠调整浮态将无法达到力平衡；二是引入惯性力来达到力平衡，惯性力方法与浮态调整得到的船体最大弯矩相近，但其计算方法更为简便，且适用性更好，本书采用惯性力平衡方法来进行气泡载荷引起的船体梁剪力弯矩的计算。综上所述，为了计算

方便,给出如下假设:

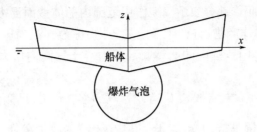

图 6 - 4 - 2　爆炸气泡作用下船体破坏示意图

（1）近距假设,当爆距小于或等于 1.5 倍气泡半径时认为是近距爆炸,适用本节计算方法。

（2）正浮状态假设,即爆炸气泡开始作用时船体保持正浮状态,未发生大的总体变形,且气泡关于船中纵剖面左右对称,气泡为球状。

（3）静置气泡假设,即爆炸气泡负压作用时船体相对于气泡是静止的。

（4）气泡作用载荷假设,即气泡作用范围内的船体浮力全部损失,且该区域船底部压力为气泡最大半径时的气泡内压力。

（5）惯性力平衡假设,即对船体梁突加的气泡载荷将由船体梁惯性力来平衡。船体梁原来的重力和浮力平衡不变。

在上述假设基础上,根据船体受力分析可得到浮力和重力分布的计算公式,将气泡产生的浮力损失和上下表面压力差转化为气泡等效载荷,作用于船体中部,由船体梁惯性力与气泡等效载荷平衡,进而可计算船体的剪力与弯矩。

2. 坐标系的建立及初始条件

以船中为原点建立直角坐标系并分析爆炸气泡作用下船体截面的受力情况,如图 6 - 4 - 3 所示。

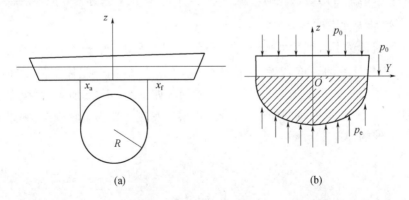

(a)　　　　　　　　　　　　(b)

图 6 - 4 - 3　爆炸气泡作用下船体的受力分析图
（a）主视图;（b）横剖面图。

137

图 6 - 4 - 3(a)中,区间$[x_a, x_f]$表示了气泡作用的纵向范围。图 6 - 4 - 3(b)中水线以下的阴影部分表示气泡作用范围内船体截面浮力完全损失。由于气泡内有残留的爆炸产物,将产生一定的压力,称为气泡内压力,用 p_e 表示,大气压为 p_0。气泡作用范围内的船体底部压力等于气泡内压力 p_e。初始条件主要包括:

(1)船体初始参数:水线长 L,首吃水 d_f,尾吃水 d_a,纵倾角 φ,任意位置处吃水 $d(x)$。总质量 $W = \int_0^L g(x)\mathrm{d}x$,其中 $g(x)$ 为重力分布,初始浮态的浮力 $B_0 = \int_0^L b_0(x)\mathrm{d}x$,其中 $b_0(x) = \rho g\omega(x,z)$ 为初始浮态的浮力分布,初始浮态的静水载荷 $q_0(x) = g(x) - b_0(x)$。初始浮态的静水剪力和弯矩分别为 $N_0(x)$ 和 $M_0(x)$。

(2)气泡参数:气泡中心 $P(x_0, y_0, z_0)$,气泡半径 R,任意截面位置处气泡半径 $r(x)$,气泡内压力 p_e。

3. 气泡产生的等效载荷[59]

如图 6 - 4 - 3 所示,在任意截面 x 处吃水为 $d(x)$(记为 d)时,$q_e(x)$ 为气泡引起的截面 x 处的分布载荷增量(包括浮力损失和压力差)

$$q_e(x) = \begin{cases} 0 & x < x_a \\ 2(p_0 - p_e)B(x,d) + \rho g w(x,d) & x_a \leq x \leq x_f \\ 0 & x > x_f \end{cases}$$

$$(6 - 4 - 11)$$

式中:$B(x,d)$ 为截面处的船体水线半宽;$w(x,d)$ 为截面处水线下的断面面积。

那么气泡引起的总的载荷增量为 $Q_e = \int_0^L q_e(x,d)\mathrm{d}x$,称为气泡等效载荷。

4. 惯性力的求解

对于船体梁引入惯性力来与气泡载荷 Q_e 进行平衡,由于船体中部型线变化较小,从简化计算的角度考虑,可认为气泡载荷 Q_e 作用于船体梁的中部($L/2$ 处),同时假设船体梁的加速度是线性分布的。如图 6 - 4 - 4 所示,设梁左端的平衡加速度为 a_0,梁右端的加速度为 a_1,以梁的左端点作为 x 轴原点,则梁上任意一点 x 处的加速度 $a(x)$ 可表示为

$$a(x) = \left(\frac{a_1 - a_0}{L}\right)x + a_0 \qquad (6 - 4 - 12a)$$

根据惯性力平衡假设,即对船体梁突加的气泡载荷将由船体梁惯性力来平衡,船体梁原来的重力和浮力平衡不变,则船体梁所受的惯性力和气泡载荷要同时满足力和力矩平衡,即满足下式

138

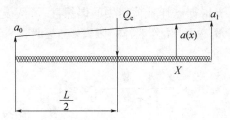

图 6 - 4 - 4 船体梁上加速度假设示意图

$$
\begin{cases}
\displaystyle\int_0^L g(x)a(x)\mathrm{d}x - Q_e = 0 \\[2mm]
\displaystyle\int_0^L g(x)a(x)x\mathrm{d}x - Q_e \cdot \frac{L}{2} = 0
\end{cases} \tag{6-4-12b}
$$

式中:$g(x)$为船体的质量分布,为已知量。将式(6 - 4 - 12a)中的$a(x)$代入式(6 - 4 - 12b)中,求解得到a_0、a_1,进而得到$a(x)$的表达式。

则船体梁上的惯性力分布函数$f(x)$可记为

$$
f(x) = g(x) \cdot a(x) \tag{6-4-12c}
$$

5. 气泡载荷作用下船体梁剪力弯矩的求解

引入惯性力后船体梁上由气泡产生的附加剪力由下式计算

$$
N_e(x) = \int_0^x q_e(x) - f(x)\mathrm{d}x \tag{6-4-13a}
$$

式中:$f(x)$为船体梁惯性力分布函数。而相应的气泡产生的附加弯矩为

$$
M_e(x) = \int_0^x N_e(x)\mathrm{d}x \tag{6-4-13b}
$$

考虑船体静浮时的静水剪力和弯矩为

$$
N_0(x) = \int_0^x \big[g(x) - b_0(x)\big]\mathrm{d}x \tag{6-4-14a}
$$

$$
M_0(x) = \int_0^x N_0(x)\mathrm{d}x \tag{6-4-14b}
$$

则船体梁在近距爆炸气泡载荷作用下产生总的剪力和弯矩计算公式为

$$
N(x) = N_0(x) + N_e(x) \tag{6-4-15a}
$$

$$
M(x) = M_0(x) + M_e(x) \tag{6-4-15b}
$$

6.4.4 近距爆炸冲击波和气泡联合作用下舰船极限强度计算

设船体静置爆炸气泡时的最大弯矩为$M_{\max} = \max\limits_{0 \leqslant x \leqslant L}\big[M(x)\big] = M_0 + M_e$,船体的极限弯矩为$M_u$。参照 GJB 4000—2000《舰船通用规范》关于舰船在波浪中船

体极限强度校核方法,根据爆炸载荷作用的偶然性,可假设当爆炸冲击振动弯矩 M_d 和气泡作用弯矩 $M_0 + M_e$ 达到船体极限弯矩 M_u 时,船体将产生折断破坏,即强度衡准为

$$\frac{M_u}{M_0 + M_e + M_d} \geq 1 \qquad (6-4-16)$$

6.4.5 算例

1. 计算模型一

(1)模型一参数。以爆炸筒试验的水面箱形梁为例计算在爆炸气泡作用下箱形梁模型的剪力和弯矩,模型照片如图 6-4-5 所示,模型参数如表 6-4-1 所列。箱形梁的主尺度:模型长 2.8 m,模型宽 0.3 m,模型高 0.08 m,模型板厚度 3 mm,横舱壁间距 40 mm,模型材料 Q235 钢,准静态屈服应力 $\sigma_p = 235\text{MPa}$。

图 6-4-5　水面箱形梁照片

表 6-4-1　水面箱形梁参数

模型质量 /kg	模型平均 吃水/m	模型最 大浮力/N	弹性极限 弯矩/N·m	塑性极限 弯矩/N·m	一阶湿模态 振动频率/Hz
34.85	0.041	658.56	2791.29	4186.93	24.8

箱形梁的结构简单、左右对称,其重力和浮力分布均可看作均布载荷。因而其静水剪力和弯矩均为 0。

(2)模型一计算结果。

药量为 5gTNT,爆心位于船中底部,爆心距为 0.3m。

气泡等效载荷,$Q_e = \int_{-L/2}^{L/2} q_e(x,d)\,\mathrm{d}x = 16087.67\text{N}$ 远大于模型的最大浮力(658.56N)。

由于模型结构对称,且其质量分布均匀,因而可认为其静水剪力和弯矩为零,即 $M_0 = 0$。

气泡产生的弯矩 $M_e = 5910.15 \text{ N·m}$,冲击波产生的弯矩 $M_d = 823.12 \text{ N·m}$。

根据极限强度衡准假设式(6-4-16)则有

$$M_0 + M_e + M_d = 6743\text{N·m} > M_u = 4186.93\text{N·m}$$

由计算结果可见,在计算工况下,气泡载荷产生的中垂弯矩已经大于模型的

塑性极限弯矩,模型在该工况下将发生中垂破坏。

(3)模型一试验结果。对应工况的模型试验过程为,伴随爆炸气泡的第一次膨胀,模型受冲击波作用中部向上突起呈现中拱振型,达到最大位移后模型回复振动。在第一次达到中垂振型时产生了不可回复的塑性变形,模型再没有回复振动。爆炸结束后观察到模型已发生中垂形式永久变形。爆炸过程如图6-4-6所示,模型破损情况的照片如图6-4-7所示。

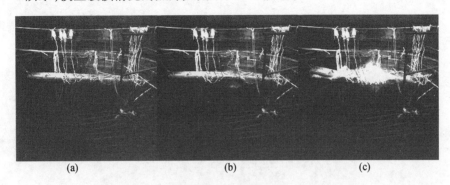

图6-4-6 高速摄影记录的箱形梁试验爆炸过程
(a)起爆(0ms);(b)中拱振型(12ms);(c)中垂发生破坏(44ms)。

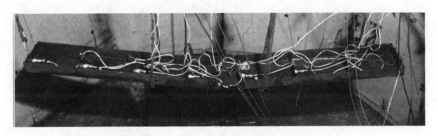

图6-4-7 模型最终破坏照片

由照片可见,爆炸结束后模型呈现出整体中垂形式的永久变形,模型舷侧出现褶皱,是由于模型在中垂状态下发生大变形,模型中部舷侧顶部进入塑性,产生褶皱,进而引起模型的总体失稳,中部发生弯曲折断破坏。该工况下气泡脉动的周期为50ms,高速摄影拍摄到模型中垂破坏发生的时间为44ms,此时爆炸气泡正处于收缩过程中。可见爆炸气泡收缩时带动流体向下运动,对模型产生一个中垂弯矩,该弯矩造成了模型的中垂破坏。

对比理论计算和模型试验结果可见,对近距水下爆炸气泡作用下的船体总纵强度采用静止气泡假设进行计算,其结果是可信的。

2. 计算模型二

(1)模型二参数。以某型舰为例计算气泡作用下船体的剪力和弯矩,主要参数如表6-4-2所列。模型舰的主尺度:船长125 m,船宽16 m,型深11.32

m,船体板厚度 6mm ~ 12mm,肋骨间距 1500mm,$M_u = 9.39 \times 10^5 kN \cdot m$,舰用材料 907 钢,准静态屈服应力 $\sigma_p = 383.6 MPa$。

表 6-4-2 模型舰的基本数据

排水容积/m³	平均吃水/m	水线面积/m²	漂心纵坐标/m	重心纵坐标/m	浮心纵坐标/m
3540	4.05	1322	-8.15	-2.14	-2.66

模型舰的重力分布曲线、静水剪力和弯矩曲线如图 6-4-8 和图 6-4-9 所示。

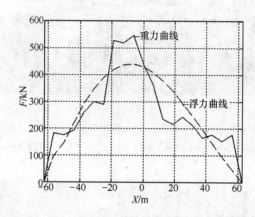

图 6-4-8 模型舰的浮力和重力分布曲线

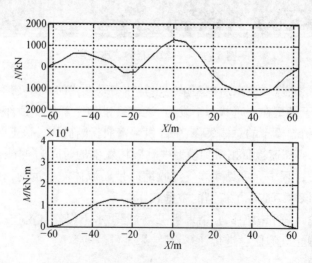

图 6-4-9 模型舰的静水剪力和弯矩曲线

模型舰的总纵强度计算结果如表 6-4-3 所列。

142

表 6 − 4 − 3   模型舰总纵强度计算结果

状态	中 拱		中 垂	
	σ_{max}/MPa	M_u/kN · m	σ_{max}/MPa	M_u/kN · m
完整船	66	938659	73	938659
注：σ_{max}为船体梁在静水和波浪附加弯矩联合作用下总纵弯曲时剖面中的最大应力				

（2）模型二计算结果。采用船体在总重力和浮力的共同作用下产生静力平衡的方法[59]，取六种不同的 TNT 装药量进行计算，药量范围在 50kg ~ 1000kg 之间，六种不同 TNT 装药量时的气泡最大半径及相应的气泡内压力如表 6 − 4 − 4 所列。

表 6 − 4 − 4   各药量时气泡最大半径及相应的气泡压力

名称及单位	药量/kg	最大半径/m	最大半径时的气泡压力/Pa
1	50	4.76	9263
2	100	5.94	9612
3	300	8.47	10013
4	500	9.96	10321
5	700	11.07	10592
6	1000	12.34	10985

在爆炸气泡作用下，船体静置气泡的剪力和弯矩由三部分组成，分别是重力产生的剪力 N_g 和弯矩 M_g、浮力产生的剪力 N_b 和弯矩 M_b，以及气泡产生的附加剪力 N_e 和弯矩 M_e。以 500kg 药量为例，分析船体的剪力和弯矩，如图 6 − 4 − 10 所示。

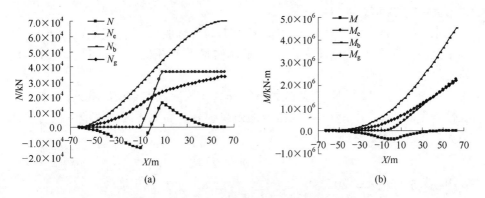

图 6 − 4 − 10   500kg 药量时的剪力和弯矩曲线图
（a）剪力；（b）弯矩。

进一步分析不同药量时的情况。图 6-4-11 所示为不同药量产生的水下爆炸气泡作用时,船体静置气泡的剪力和弯矩的变化关系图。

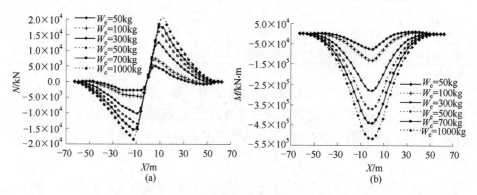

图 6-4-11　不同药量时船体的剪力和弯矩曲线图

(a) 剪力;(b) 弯矩。

由图可知剪力和弯矩的量值随着药量的增大而增大。在气泡中心的纵向位置即船中处,剪力曲线发生突变,此处弯矩也达到最大值。气泡的作用使船体的剪力和弯矩较静水状态发生了很大变化,不仅使剪力和弯矩的量值增大很多,而且剪力和弯矩的曲线形状也发生很大变化,这些都与气泡的作用特点有关。舰船在静水中,一般最大剪力发生在 1/4 或 3/4 船长处,而舰船静置气泡时,最大剪力发生在气泡作用区域的边界处,最大弯矩必然产生于气泡的作用中心处。由图 6-4-10 和图 6-4-11 可发现,气泡产生的附加剪力和弯矩较大,使船体的剪力和弯矩相对于静浮状态发生剧烈的变化,船体发生纵向折断破坏的危险性大大增强。对于 1000kg TNT 炸药水下爆炸气泡,其气泡直径约为算例船长的 1/5,而最大弯矩值由静水弯矩的 $3.66 \times 10^4 \mathrm{kN} \cdot \mathrm{m}$ 增大到 $5.16 \times 10^5 \mathrm{kN} \cdot \mathrm{m}$,弯矩增大了约 14 倍。

定义无因次气泡半径 $\lambda = 2R/L$,其中 L 为目标船长,R 为气泡最大半径,得到了无因次气泡半径与气泡作用下船体的最大弯矩的关系,如图 6-4-12 所示。

由图 6-4-12 可见,船体最大弯矩随着无因次气泡半径的增大,基本上呈线性增大的关系,用一阶多项式拟合的效果很好。因此无因次气泡半径与船体最大弯矩的关系可用下式表示

$$M = (A\lambda + B)M_{\mathrm{u}} \qquad (6-4-17)$$

式中:$A = 3.986, B = -0.236$。

根据不计冲击振动弯矩极限强度衡准假设,由式(6-4-17)可求得,当无因次气泡半径 $\lambda > 0.23 (R > 14.2\mathrm{m})$ 时,船体的最大弯矩达到临界值,船体将可能发生破坏。由此可确定使船体发生折断破坏的无因次气泡半径的临界值为

0.23,此时气泡半径为 14.2m,气泡直径约为船长的 1/4。

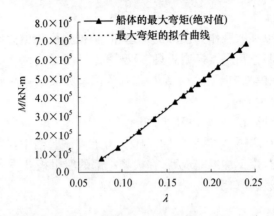

图 6-4-12　不同气泡半径下船体的最大弯矩及其线性拟合曲线

　　爆炸冲击波与气泡联合作用下的剪力和弯矩计算。选取药量为 1000kg,爆心位于船中底部,爆心距为 5m。根据前面的相关计算公式可得气泡产生的弯矩为:$M_0 + M_e = 5.16 \times 10^5 \text{kN} \cdot \text{m}$,冲击波产生的动力弯矩为:$M_d = 6.37 \times 10^5 \text{kN} \cdot \text{m}$,$M_d + M_s + M_e = 11.53 \times 10^5 \text{kN} \cdot \text{m}$。这说明冲击波与爆炸气泡的联合作用下船体会发生破坏,按照常规的仅考虑冲击波作用的处理方法,船体则不会破坏,显然气泡产生的弯矩与冲击波动力弯矩相当,其破坏作用不容忽视。

　　采用静置气泡假设,气泡脉动产生的浮力损失考虑的是最危险的情况,可能有所夸大。但是据此分析,气泡脉动产生的浮力损失对船体的整体破坏作用是非常重要的,如果与冲击波共同作用,将会对船体产生致命破坏。

6.5　近距爆炸冲击波和气泡联合作用下舰船整体毁伤试验研究

6.5.1　试验目的

　　试验设计了两种水面整体结构模型,以某型舰为原型,其中模型一利用总纵弯曲强度相似的原则设计了缩比船体梁结构模型;模型二设计了以频率相似为原则的船体梁模型。通过对以上两种船体梁模型进行水下爆炸试验,以研究典型水面结构在水下近场爆炸气泡作用下的总纵强度动力损伤特性,主要实现:① 研究水下近场爆炸气泡对典型水面结构的毁伤模式和机理;② 根据试验研究结果对典型水面结构在水下近场爆炸气泡作用下的总纵强度动力损伤计算方法进行验证。

6.5.2 船体梁模型设计

1. 模型一设计

模型一主要以某型舰作为设计的母型船,根据强度相似原则来确定结构尺寸。采用 907 钢制作箱形梁模型 4 只,模型缩比尺度为 1:50。为了模拟实船的总纵弯曲强度,在模型中部进行了结构加强。模型如图 6 - 5 - 1、图 6 - 5 - 2 所示,图中标注单位为 mm。

模型质量 57 kg,模型弹性极限弯矩 $1.54 \times 10^5 N \cdot m$,垂向一阶弯曲干模态频率约为 108.0Hz,湿模态频率为 84.6Hz。考虑到试验当中需要安装压力传感器、应变片等因素,模型加工完成后,在模型中部的船甲板开一 20mm ×20mm 的方孔,测试数据线从孔口引出。

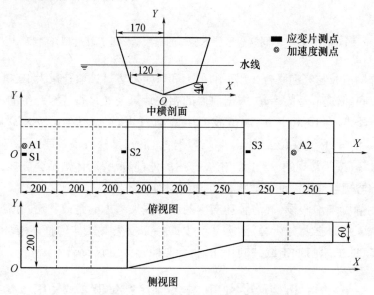

图 6 - 5 - 1　模型一的结构尺寸

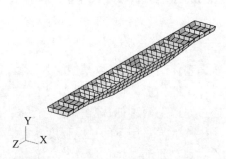

图 6 - 5 - 2　模型一有限元整体结构图

146

2. 模型二设计

模型二的设计过程主要是保证试验用炸药产生的气泡脉动频率与设计的船体梁模型一阶湿模态频率相近。为此,首先要明确试验条件下能够产生的气泡脉动的频率。根据6.3.1节爆炸实验筒中所进行的水下爆炸气泡第一次脉冲频率的计算结果(见表6-3-1),考虑到气泡第二次及第三次脉动频率要升高,最后确定模型二的具体参数如下:模型质量34.2kg,模型弹性极限弯矩 $2.29 \times 10^4 N \cdot m$。其他参数见6.3.1节。图6-5-3为模型二的实体结构图。

图6-5-3 模型二实体结构图

6.5.3 试验设计

实验设计主要包括结构变形和破坏模式测量参数设计以及应变、压力和加速度测量系统,具体见6.3.1节,其水下爆炸试验设施及测试系统流程如图6-3-2和图6-3-3所示。

6.5.4 试验实施

整个爆炸试验在海军工程大学爆炸试验室完成。

1. 测点布置

对于模型一,根据试验方案设计中对测量参数的要求,考虑到结构模型的对称性,我们将测量点布置在结构的一侧,其中应变测点3个,加速度测点2个。应变测点 S1、加速度测点 A1 布置于甲板上,应变测点 S2、S3 以及加速度测点 A2 布置于模型底板,具体的布置情况如图6-5-1所示。

对于模型二,沿船体梁纵向布置9个应变测点、2个加速度测点,其中S4、S9分别位于船体梁中部底板及舷侧板,加速度测点分别位于中部和端部底板,具体布置情况如图6-3-4所示。

2. 模型固定

在爆炸冲击载荷作用下,试验模型会有一定的刚体位移。为了保证模型及测量装置的安全,我们对试验模型进行了一定的约束,以保证模型在静止状态时能自由漂浮于水面,在受冲击后结构移动又不至于过大。两个船体梁模型安装固定后的模型如图6-5-4和图6-5-5所示。

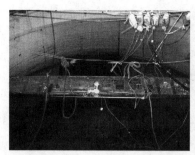

图 6-5-4　模型一安装固定情况

图 6-5-5　模型二安装固定情况

3. 试验工况

针对两种结构模型,设计了不同的试验工况,选用 TNT 为试验炸药,将炸药置于船体梁中部正下方进行水下爆炸,通过改变药量及爆距来研究不同爆炸气泡作用条件下,船体梁模型的整体动力响应特性。模型二试验中主要选择5gTNT 炸药,这是因为 5gTNT 炸药爆炸形成的气泡脉动频率约 20Hz,与船体梁模型的一阶湿频率相近,选此药量主要研究气泡与模型的耦合共振运动效果。所有试验水深2m,具体的试验工况如表 6-5-1 所列。

表 6-5-1　试验工况表

工况序号	模型类型	药量/kg	爆距/m	冲击因子/($kg^{1/2}/m$)
1	模型一	0.009	0.5	0.190
2	模型一	0.020	0.5	0.283
3	模型一	0.055	0.5	0.469
4	模型一	0.055	1.0	0.235
5	模型二	0.005	0.3	0.236
6	模型二	0.005	0.5	0.141
7	模型二	0.005	1.0	0.071
8	模型二	0.010	1.0	0.100

6.5.5　试验结果及分析

1. 模型一试验结果

(1) 主要试验现象。水下爆炸试验中,采集了自由场压力、测点应变和加速

148

度信号,同时还利用高速摄影仪记录了水下爆炸过程。利用两个压力传感器记录冲击波压力时程曲线,编号分别为 P1(近场测点)、P2(远场测点)。图 6-5-6 为工况 1 中近场点 P1(爆距 1.15m)压力传感器获得的压力时程曲线,从中可以看出压力曲线出现了三次峰值,其中第 2、3 次为气泡两次脉动的辐射压力,三次压力峰值分别 7.53MPa、1.31MPa 和 0.387MPa,间隔时间为 55.5ms 和 43.3ms,可见气泡多次脉动的辐射压力逐渐减小,脉动频率加快。

分析各工况试验数据发现,气泡第一次脉动压力为初始冲击波压力的 10%~20%,但压力持续时间要比初始冲击波长很多。

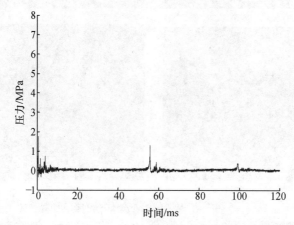

图 6-5-6　工况 1 中 P1 压力测点的压力时程曲线(爆距 1.15m)

表 6-5-2 列出了各工况条件下,水下爆炸气泡的主要试验参数。由于药量较大,气泡脉动频率相对较低,而模型一的低阶湿频率较高,两者之间很难出现明显的低阶耦合共振。

表 6-5-2　不同工况下,水下爆炸气泡的主要参数测量值

工况序号	药量/kg	最大气泡半径/m	第一次脉动周期/ms	第一次脉动频率/Hz
1	0.009	0.324	55.5	18
2	0.020	0.422	68.1	14.7
3	0.055	0.581	97.2	10.3
4	0.055	0.592	104.4	9.6

下面以工况 1 为例分析气泡运动的整个过程。图 6-5-7 为高速摄影仪拍摄到的工况 1 条件下水下爆炸气泡的整个运动过程,拍摄速度为 250f/s。从整个气泡运动过程可以看出,第一次脉动周期约为 56ms,最大气泡半径约为 0.32m,模型随着气泡的膨胀收缩而出现一定的上下升沉运动。试验后发现,整个模型基本处于弹性运动范围,没有出现明显的结构变形。工况 2、4 条件下,结构表现出与工况 1 相似的运动变形过程,基本处于弹性变形范围。工况 3 条件下,结构受到冲击作

用较大,在船体梁模型端部的过渡结构处,出现局部撕裂破坏。

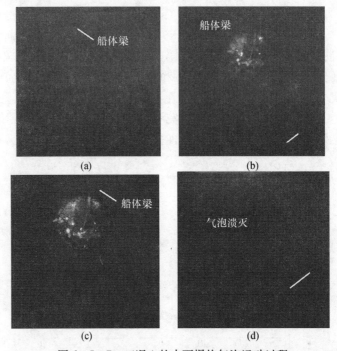

图 6 - 5 - 7　工况 1 的水下爆炸气泡运动过程

（a）瞬时爆轰；（b）12ms 膨胀中期；（c）28ms 气泡最大；（d）56ms 气泡溃灭。

（2）试验数据及分析。在水下爆炸冲击波和气泡脉动的作用下,船体梁模型出现了两次明显的应变响应峰值。表 6 - 5 - 3 列出了 4 个工况条件下,3 个应变测点在冲击波及气泡脉动阶段出现的应变峰值。

表 6 - 5 - 3　不同工况下 3 个应变点的冲击波及气泡脉动响应峰值

工况序号	药量/kg	爆距/m	冲击因子/(kg^{1/2}/m)	S1 应变值/με		S2 应变值/με		S3 应变值/με	
				冲击波	气泡脉动	冲击波	气泡脉动	冲击波	气泡脉动
1	0.009	0.50	0.190	1191.85	948.83	- 172.71	- 253.38	919.87	566.77
2	0.020	0.50	0.283	1740.85	631.29	- 264.75	- 246.42	1435.49	591.09
3	0.055	0.50	0.469	1674.50	853.31	- 341.16	- 275.00	2730.86	852.10
4	0.055	1.00	0.235	711.00	212.66	- 303.18	- 198.39	1506.15	457.57

由表 6 - 5 - 3 中应变数据可以看出,虽然气泡脉动的辐射压力只占冲击波压力的 10% ~20%,其形成的结构应变响应值却为冲击波应变响应值的 30% ~80%,总体上看两者基本处于同一个量级,可见气泡脉动对于结构的整体运动响应具有很大的冲击作用,其毁伤效果不容忽视。

随着冲击因子的增大,应变测点的响应峰值也随之增大;应变点 S1、S2 处的截面惯性矩大小相等,但由于 S1 位于结构中部,总纵弯矩最大,因此应变响应要大于模型过渡段底部的 S2;应变点 S3 位于结构端部,结构偏弱,截面惯性矩相比 S1、S2 要小,在冲击弯矩略小的情况下,仍能形成较大的结构应变响应。

应变点 S1 位于甲板上,在冲击压力作用下,船体梁中部出现中拱弯曲,因此 S1 为正的拉伸应变值;应变点 S2 位于模型底部,中拱弯曲时出现负的压应变;而应变点 S3 位于模型端部的底板处,出现正的拉伸应变,说明模型在该段表现为中垂弯曲,整个模型在冲击压力作用下出现整体的二阶运动变形。

下面以工况 2 为例,具体分析 3 个应变点在水下爆炸作用下的应变响应情况。图 6 - 5 - 8、图 6 - 5 - 9 为工况 2 条件下,两个应变测点的应变时程曲线。从图中可以看出,虽然冲击波形成的应变值略大,但其响应持续时间短,气泡脉动形成的冲击应变值偏小,但作用时间长,这点对于激起船体梁模型的整体低频运动响应而言,效果会更加显著,整体毁伤作用会更加明显。

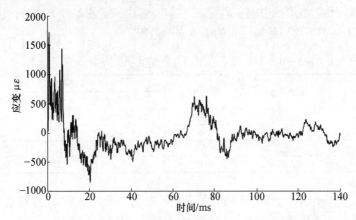

图 6 - 5 - 8　工况 2 条件下 S1 测点的应变时程曲线

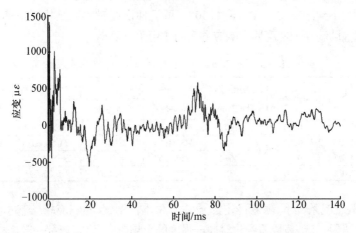

图 6 - 5 - 9　工况 2 条件下 S3 测点的应变时程曲线

分析以上应变曲线还发现,在气泡的第一个膨胀收缩过程中(两个应变峰值之间),中性轴以上的 S1 测点的应变值振动中心向下偏移,这说明在气泡脉动的第一个周期内,试验模型被叠加了一个中垂弯矩,气泡的存在使模型产生了向中垂状态变化的趋势。这种现象在其他工况条件下也存在。

出现以上现象的主要原因是:当气泡在船体梁模型中部正下方运动时,气泡的存在会使结构模型底部的流体区域出现一个低压区,其区内压力低于外部大气压,结构模型在此两种压力的联合作用下,受到一个中垂弯矩作用,使模型产生向中垂状态变化的趋势。由于该中垂弯矩的持续时间相比冲击波及气泡脉动压力的持续时间要长得多,因此它的存在对造成结构的整体低频运动响应作用更加明显。

表 6-5-4 对 4 个工况条件下应变点 S1 的中垂应变进行了比较分析,可以看出,工况 2 条件下的中垂变形响应最为显著;爆距对结构的中垂变形响应影响较大,药量一定,爆距越大,形成中垂变形的效果越小;爆距一定的条件下,增大气泡半径及周期,在一定条件下可以维持更长的中垂变形过程。

表 6-5-4 4 个工况条件下,应变点 S1 的中垂应变比较

工况序号	药量/kg	爆距/m	结构垂向应变/$\mu\varepsilon$	
			最大值	平均值
1	0.009	0.50	-748.65	-165.53
2	0.020	0.50	-856.90	-209.40
3	0.055	0.50	-266.1	-220.12
4	0.055	1.00	-245.13	36.16

在水下爆炸作用下,结构模型除了存在明显的应变响应外,还存在加速度响应峰值。表 6-5-5 为各试验工况下两个加速度测点处的加速度响应峰值。由表中试验数据可以看出,气泡脉动压力造成的结构加速度响应明显小于初始冲击波,从加速度峰值来看,不到冲击波形成峰值的 10%,可见冲击波对水面结构冲击环境的影响巨大,而气泡脉动在加速度冲击响应方面的作用明显要小。

表 6-5-5 各工况条件下加速度测点的响应峰值

工况序号	药量/kg	爆距/m	冲击因子/$(\mathrm{kg}^{1/2}/\mathrm{m})$	$a_1/(\mathrm{m}/\mathrm{s}^2)$		$a_2/(\mathrm{m}/\mathrm{s}^2)$	
				冲击波	气泡脉动	冲击波	气泡脉动
1	0.009	0.50	0.190	295197.78	13392.03	59840.00	9063.80
2	0.020	0.50	0.283	348531.56	9836.37	61820.00	2258.20
3	0.055	0.50	0.469	475626.67	9869.47	261820.00	6927.60
4	0.055	1.00	0.235	472730.22	7510.07	235420.00	12970.20

在试验工况条件下,随着冲击因子的增大,同一测点的响应峰值基本呈增大的趋势;如果爆距一定,药量的变化对冲击强度的影响较大,而若药量一定,爆距的增大并不会明显降低冲击波造成的结构加速度冲击作用,即在一定条件下,增大爆距对降低冲击环境的作用并不很明显。

图 6 - 5 - 10 ~ 图 6 - 5 - 13 为整个水下爆炸作用过程中,各工况条件下 A2 测点的加速度、速度及位移时程曲线。可以看出,在冲击波作用阶段,船体梁模型的加速度响应十分显著,但最终造成的结构整体运动位移却很小,基本处于毫米量级,进一步结合高速摄影图片所观察到的试验现象,初步判定冲击波对造成典型水面结构的整体运动作用并不明显,但对冲击环境的影响却十分显著,这主要是由冲击波的瞬时作用特性决定的。在气泡第一次脉动期间,船体梁模型会随着气泡的膨胀收缩而发生明显的上下升沉运动,气泡膨胀到最大时,结构向上运动到最大值,气泡收缩时,结构出现回落,当气泡第一次收缩到最小时,辐射压力又会促使整个结构快速上升。

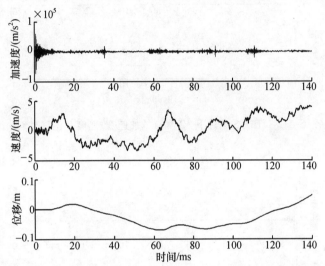

图 6 - 5 - 10　工况 1 条件下 A2 测点的加速度、速度及位移时程曲线

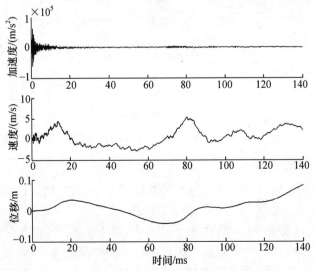

图 6 - 5 - 11　工况 2 条件下 A2 测点的加速度、速度及位移时程曲线

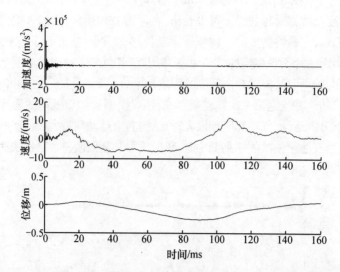

图 6-5-12　工况 3 条件下 A2 测点的加速度、速度及位移时程曲线

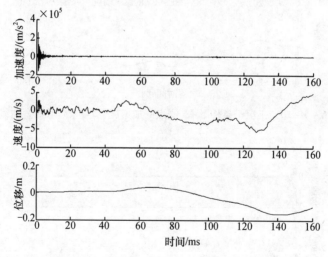

图 6-5-13　工况 4 条件下 A2 测点的加速度、速度及位移时程曲线

2. 模型二试验结果

（1）主要试验现象。模型二的水下爆炸试验中，高速摄影仪在水面上拍摄船体梁的运动响应过程，同时还采集了自由场压力、测点应变和加速度信号。下面以工况 5 为例分析船体梁在水下爆炸作用下的整个运动响应过程。图 6-5-14 为高速摄影仪拍摄到的工况 5 条件下船体梁的整个运动过程，拍摄速度为 250f/s。该工况下，爆炸气泡第一次脉动周期约 49ms，脉动频率 20.4Hz，最大气泡半径约 0.27m，气泡运动频率与船体梁的一阶湿频率相近。

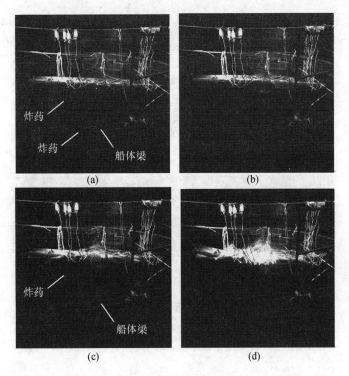

图 6-5-14　工况 5 条件下船体梁的整个运动过程

(a) 爆轰瞬时；(b) 12ms 模型中部拱起；(c) 24ms 模型回落到水平；(d) 48ms 模型中垂弯曲。

　　结合高速摄影仪拍摄的图片，可分析得到船体梁的整个运动过程如下：炸药爆炸后，气泡开始膨胀，同时船体梁发生整体的中拱变形；约 12ms 时，模型中拱到最大变形，此时气泡膨胀达到内外压力平衡，进一步膨胀将使气泡内部压力低于水压力，则模型中部开始受到向下合压力的作用，开始中垂弯曲回落；24ms 时，气泡膨胀到最大，船体梁模型回落到水平状态，随后，船体梁继续低阶运动变形，进一步发生中垂弯曲过程，此时气泡也开始快速收缩，引起的滞后流收缩过程进一步加快了模型的中垂弯曲速度，同时向下的合压力仍然继续作用于船体梁模型发生中垂弯曲，直至压力差消失；约 48ms，气泡收缩溃灭，船体梁模型在多种中垂弯曲载荷的联合作用下，发生明显的中垂弯曲变形，并达到塑性破坏。

　　4 种工况条件下，模型整体运动过程基本相似，其中工况 5、6 条件下，模型的运动过程更加明显剧烈。试验后发现，工况 5 条件下，炸药距离模型 1.1 倍气泡半径，此时船体梁模型出现中垂永久塑性弯曲变形，舷侧出现多处褶皱屈服；工况 6 条件下，炸药距离模型 1.9 倍气泡半径，此时船体梁整体变形不明显，中部舷侧出现一处结构褶皱屈服现象；工况 7、8 条件下，炸药距离模型分别为 3.8 倍和 3.0 倍气泡半径，此时模型基本处于弹性运动范围，结构没有出现明显的整体结构变形。可见,药量一定的条件下,爆距对船体梁运动特性的影响很大。图 6 - 5 - 15 和图 6 - 5 - 16 为工况 5、6 条件下,模型试验后的变形情况。

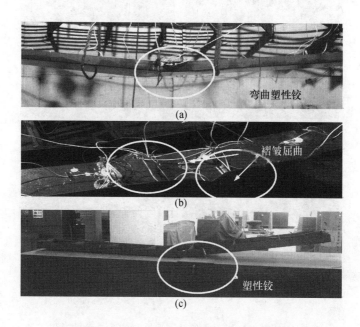

图 6 - 5 - 15　工况 5 条件下模型毁伤情况

图 6 - 5 - 16　工况 6 条件下模型毁伤情况

(2) 试验数据及分析。在水下爆炸冲击波和气泡脉动的作用下,船体梁模型出现了两次明显的应变响应峰值。为了分析其总纵弯曲响应,选取船体梁中部的两个典型应变片 S4、S9 作为分析对象,具体试验值如表 6 - 5 - 6 所列。

表 6 - 5 - 6　不同工况下应变点 S4、S9 的冲击波及气泡脉动响应峰值

工况序号	药量/kg	爆距/m	冲击因子/(kg$^{1/2}$/m)	S4 应变值/$\mu\varepsilon$		S9 应变值/$\mu\varepsilon$	
				冲击波	气泡脉动	冲击波	气泡脉动
5	0.005	0.30	0.236	-1341.76	-1150.00	4404.60	—
6	0.005	0.50	0.141	-843.53	-1470.58	1153.67	—
7	0.005	1.0	0.071	-257.45	-674.75	144.54	305.18
8	0.010	1.0	0.100	-638.13	-860.54	421.08	824.54
注:工况 5、6 中,S9 在水下爆炸气泡作用下发生损坏,气泡脉动形成的结构应变峰值无效							

由表 6 - 5 - 6 中应变数据可以看出,虽然气泡脉动的辐射压力只占冲击波压力的 10% ~ 20%,其形成的结构应变响应却为冲击波应变响应的 86% ~ 260%,可见气泡脉动对于结构的整体运动响应具有很大的冲击作用,其毁伤效果不容忽视。

4 个试验工况条件下,随着冲击因子的增大,应变测点的响应峰值也基本呈增大趋势;在药量一定的条件下,爆距越大,应变响应越小,且通过增大爆距来减小应变响应的效果比较明显;爆距一定的条件下,药量越大,应变响应值越大,且两者之间存在非线性关系。

图 6 - 5 - 17 ~ 图 6 - 5 - 20 为 4 个工况条件下,S4、S9 测点的应变响应时程曲线。从图 6 - 5 - 17、图 6 - 5 - 18 可以看出,工况 5、6 条件下,S9 应变点在冲击波阶段均出现了一个响应峰值,而在随后气泡膨胀到最大值的 24ms 时刻,结构应变开始快速向中垂应变转化,约 30ms 时刻,应变测点出现破坏,说明此时舷侧结构发生了剧烈的结构弯曲变形。S4 应变点在冲击波阶段也出现了响应峰值,在随后气泡膨胀收缩的很长一段时间内,结构处于中垂应变状态,气泡溃灭时,结构出现应变响应峰值。第一次气泡脉动结束后,工况 5 中 S4 应变点保持频率约 60Hz 的振动状态,而工况 6 中 S4 应变点出现频率约 20Hz 的振动过程,结合高速摄影图片可知,工况 5 条件下,气泡第一次脉动后,船体梁出现永久中垂塑性弯曲破坏,致使整个结构的振动频率增大,而工况 6 条件下,船体梁除了舷侧局部出现褶皱屈曲破坏外,整个船体梁没有出现明显的塑性弯曲变形,仍然保持约 20Hz 的一阶湿频率振动模式。

从图 6 - 5 - 19、图 6 - 5 - 20 可以看出,工况 7、8 条件下,应变点 S4、S9 在气泡脉动冲击作用下的应变响应峰值明显要比冲击波形成的应变峰值大,并且在第一次气泡脉动结束后,各应变点的应变响应峰值明显增大,并且最后保持频率约 20Hz 的振动响应过程。可见,水下爆炸气泡脉动形成的冲击作用巨大,并且当气泡脉动与结构振动频率相近时,其耦合共振效果明显,则进一步加强了爆炸气泡对水面结构的冲击破坏作用。

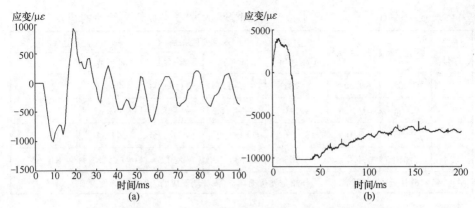

图 6-5-17 工况 5 条件下 S4、S9 测点的应变时程曲线

（a）S4 应变点；（b）S9 应变点。

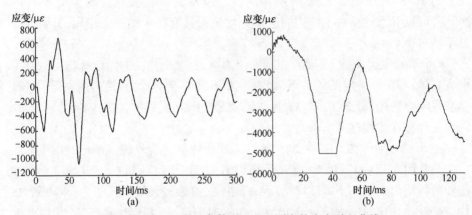

图 6-5-18 工况 6 条件下 S4、S9 测点的应变时程曲线

（a）S4 应变点；（b）S9 应变点。

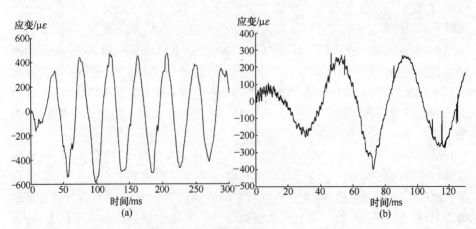

图 6-5-19 工况 7 条件下 S4、S9 测点的应变时程曲线

（a）S4 应变点；（b）S9 应变点。

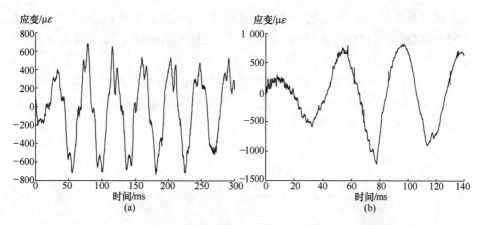

图 6 - 5 - 20　工况 8 条件下 S4、S9 测点的应变时程曲线
(a) S4 应变点；(b) S9 应变点。

从工况 5、6 和工况 7、8 条件下,同一应变测点的不同响应情况可以看出,对于气泡脉动频率与结构一阶湿频率相近的情况下,当炸药与结构距离小于1.5 倍气泡半径(径距大于 0.66m)时,结构的冲击振动与气泡负压载荷产生正叠加,气泡负压载荷弯矩可达到冲击振动弯矩的同等量级,或远大于冲击振动弯矩,在两种弯矩的共同作用下,有时会使结构出现严重的中垂弯曲折断破坏;炸药距离结构为 3 倍 ~4 倍气泡半径时,气泡负压载荷产生的中垂弯矩明显减小,结构的冲击振动与气泡脉动压力的耦合共振运动将成为主要运动形式。

在水下爆炸作用下,结构模型除了存在明显的应变响应外,还存在加速度响应峰值。表 6 - 5 - 7 为各试验工况下,两个加速度测点处的加速度响应峰值。

表 6 - 5 - 7　各工况条件下加速度测点在冲击波和气泡脉动作用下的响应峰值

工况序号	药量/kg	爆距/m	冲击因子/(kg^{1/2}/m)	$a_1/(\text{m/s}^2)$		$a_2/(\text{m/s}^2)$	
				冲击波	气泡脉动	冲击波	气泡脉动
5	0.005	0.30	0.236	466392.89	35715.56	64240.00	6134.00
6	0.005	0.50	0.141	301077.78	4386.46	54260.00	5920.50
7	0.005	1.0	0.071	151660.44	5981.53	83860.00	6225.68
8	0.010	1.0	0.100	128096.89	20702.76	83100.00	2533.00

由表 6 - 5 - 7 中试验数据可以看出,气泡脉动压力造成的结构加速度响应明显小于初始冲击波,从加速度峰值来看,不到冲击波形成峰值的 10%,可见冲击波对水面结构冲击环境的影响巨大,而气泡脉动在加速度冲击响应方面的作用明显要小。

在试验工况条件下,随着冲击因子的增大,同一加速度测点的响应峰值基本呈增大的趋势;药量一定,爆距的变化对冲击强度的影响较大,而若爆距一定,药量的增大并不会明显加强冲击波对结构造成的加速度冲击作用。在模型二的水下爆炸工况条件下,增大药量对加强冲击环境的作用并不很明显。

图 6 - 5 - 21 ~ 图 6 - 5 - 24 为整个水下爆炸作用过程中,各工况条件下 A1 测点的加速度、速度及位移时程曲线。其反映的规律同模型一。

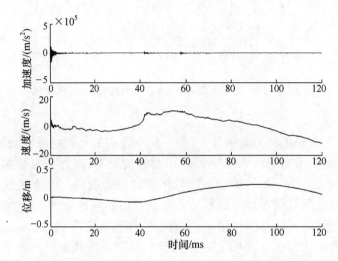

图 6 - 5 - 21   工况 5 条件下 A1 测点的加速度、速度及位移时程曲线

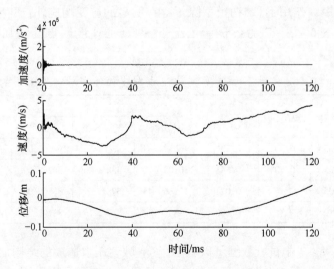

图 6 - 5 - 22   工况 6 条件下 A1 测点的加速度、速度及位移时程曲线

160

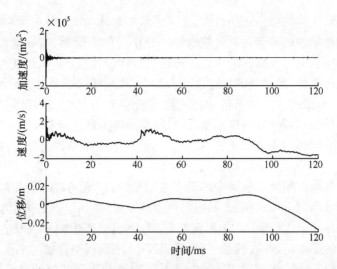

图 6 – 5 – 23　工况 7 条件下 A1 测点的加速度、速度及位移时程曲线

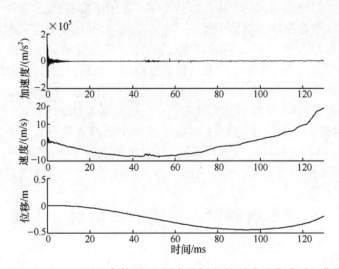

图 6 – 5 – 24　工况 8 条件下 A1 测点的加速度、速度及位移时程曲线

6.5.6　小结

（1）当炸药在船体梁中部正下方近场爆炸时,爆炸气泡会对整体结构造成明显的冲击作用,其中既包括气泡脉动压力对结构造成的瞬态冲击,也包括气泡膨胀收缩运动致使水面结构形成的低阶整体垂向运动。

（2）在初始冲击波到达和气泡收缩到最小这两个时刻,船体梁模型都出现了应变响应峰值。对于总纵弯曲强度相似的模型一来说,气泡脉动压力形成的结构应变响应占初始冲击波形成结构应变响应的 30% ～80% ,而对于频率相似的模型二,气泡脉动形成的结构应变响应值却为冲击波应变的 86% ～260% ,可

161

见气泡脉动对结构的毁伤作用巨大，是形成结构整体冲击破坏的主要能量之一。

（3）在初始冲击波到达和气泡收缩到最小这两个时刻，船体梁模型均出现了加速度响应峰值。与应变响应过程相比，加速度响应过程中，冲击波对结构造成的冲击作用明显，是主要的加速度冲击源，而气泡脉动压力形成的加速度冲击则相对很小，不超过冲击波所形成加速度冲击峰值的 10%。由此可见，初始冲击波对水面结构的瞬时冲击作用明显，对结构的冲击环境具有重大影响，是造成舰艇设备发生破坏的主要能量之一，气泡脉动对水面结构冲击环境的影响则相对较小。

（4）当气泡在船体梁模型中部正下方运动时，气泡的存在会使结构模型底部的流体区域出现一个低压区，其区内压力低于外部大气压，结构模型在此两种压力的联合作用下，受到一个中垂弯矩作用，使模型产生向中垂状态变化的趋势。在一定的爆距范围内，药量一定，爆距越小，试验模型叠加的中垂弯矩越大。由于该中垂弯矩的持续时间相比冲击波及气泡脉动压力的持续时间要长得多，因此它的存在对造成结构的整体低频运动响应作用更加明显。

（5）当气泡在船体梁模型中部正下方运动时，试验模型随着气泡的膨胀、收缩而出现明显的上升、下降，当结构模型的自振频率与气泡脉动频率接近时，模型会在气泡脉动的作用下发生明显的低阶垂向耦合运动。当炸药与结构距离小于 1.5 倍气泡半径（径距大于 0.66m）时，结构的冲击振动与气泡负压载荷产生正叠加，气泡负压载荷弯矩可达到冲击振动弯矩的同等量级，或远大于冲击振动弯矩，在两种弯矩的共同作用下，有时会使结构出现严重的中垂弯曲折断破坏；炸药距离结构为 3 倍 ~ 4 倍气泡半径时，气泡负压载荷产生的中垂弯矩明显减小，结构的冲击振动与气泡脉动压力的耦合共振运动将成为主要运动形式。

6.6　水面舰艇舰体结构破损剩余强度

6.6.1　概述

舰艇遭受预定武器命中后，船体结构剩余总纵强度的计算及其毁伤等级的评定，是在已知船体结构的破口及变形的条件下进行的。在建立计算模型时作如下假设：

（1）将船体简化为一船体梁，按梁弯曲理论计算船体弯曲时的强度。

（2）忽略扭转变形的影响。

（3）不计上层建筑对船体总纵弯曲的影响。

（4）船体材料为理想弹塑性材料。

本节讨论的在预定武器命中下船体破损后的剩余强度，主要考虑如下问题：

1. 船体破损剩余总纵强度外力问题

按照 GJB 4000—2000《舰船通用规范》（以下简称规范）的规定，船体总纵强度的外载荷是舰船静置于波浪上的波浪弯矩和砰击振动弯矩。舰艇遭受预定武器破损后,若破损部位位于水线以上,舱内没有进水,舰艇重力与浮力变化很小,因此,仍可采用完整船的静置波浪载荷;若破损部位位于水线以下,舱内涌入大量海水,必将引起舰艇重力与浮力发生很大变化,此时则需要重新计算静置波浪载荷。

规范中所指的砰击振动弯矩是舰艇在战术技术任务书规定的最大航速范围内,在规定的波浪条件下,船体与波浪撞击产生的船体砰击振动弯矩,且有规定的计算方法。舰艇遭受预定武器命中破损后,一方面舰艇的航速可能发生较大变化,另一方面船体破损后也不太可能像完整船那样在规定波浪中高速航行,因此就很难确定此时的砰击振动弯矩。故在本书中暂不考虑砰击振动弯矩。

2. 船体剩余总纵强度计算

船体总纵强度计算是建立在船体梁假设的基础上的。完整船计算时由于舰艇处于正浮状态,船体横剖面结构左右对称,外弯矩作用在对称面内,因此船体梁发生平面弯曲。舰艇遭受预定武器命中破损后,可能致使船体结构不再对称,外弯矩也可能不作用在形心主轴面内,船体梁将产生不对称弯曲,因此要按船体梁不对称弯曲计算。在计算船体梁剖面要素时,除了常规的失稳减缩外,还应考虑破口的削弱及构件大变形的影响。

按照规范规定:完整船船体总纵强度校核,需校核构件中的应力及剖面的船体极限弯矩。对于破损船体,为了评定其生存概率等级,除了上述项目外,还需考虑其剖面的终极承载能力,即剖面全塑性弯矩。剖面全塑性弯矩是校核该剖面所有构件全部屈服时对应的弯矩,该弯矩表征该剖面的终极承载能力。当外弯矩达到此弯矩时该剖面将成为塑性铰而破坏。这对评定船体破损后的毁伤程度是很有意义的。

3. 破损船体毁伤等级的划分和评定

按照规范规定完整船总纵弯曲应力 σ 应满足下式要求

$$\sigma = \frac{M_s + M_w}{W} \times 10 \leqslant 0.38\sigma_s \qquad (6-6-1)$$

极限弯矩 M_u 应满足下式要求

$$\frac{M_u}{M_s + M_w} \geqslant 2.6 \qquad (6-6-2)$$

式中:M_u 为极限弯矩;M_s 为静水弯矩;M_w 为静波浪弯矩;W 为船体剖面模数。

破损船体剩余总纵强度的静强度衡准问题和毁伤等级的划分可参见本书第3章,目前尚无规范可循,还需进一步研究探讨。

6.6.2 外载荷计算

在计算破损船体舱室淹水后的外载荷时一般有两种方法,即增加重力法和损失浮力法。所谓增加载荷法是把进入船体的水看成是在进水舱内增加的液体载荷的方法;所谓损失浮力法是把进入舱室的水连同被淹的舱室体积看成是不属于船的。我们可以把破损的船舶看成两部分,即受损部分和其余的完好部分。受损部分的浮力和淹进的水重力大小相等,方向相反,而且可认为是作用在同一点上。因此可以在计算过程中,分别在整个船的浮力中扣除受损部分的浮力,同时也不考虑淹进水的重力,这对于整个船来说重力不变,而对应于初始水线的浮力减少了,故这种方法称为损失浮力法。在实际计算中,可根据需要选择合适的算法。

1. 损失浮力法

破损船舶与未破损船舶的外载荷计算有着本质的差异,因为未破损船舶没有浮力损失,而破损船舶由于淹水造成浮力部分损失,淹水越多,浮力损失就越严重,所以确定破损船舶的浮力曲线是计算破损船舶外载荷的关键,当定出浮力曲线 $b(x)$、重力曲线 $w(x)$,就可得出船舶的外载荷。外载荷计算的结果是求出作用在船体各横剖面内的剪力和弯矩。

(1)浮力曲线计算。依据符拉索夫抗沉性计算法的假设,对于破损船舶,其重力曲线 $w(x)$ 是已知条件,它就是该船未破损时的重力曲线,而浮力曲线 $b(x)$ 是未知的,它取决于船体破损后各横剖面处的波面距基线的高度。

① 绘制符拉索夫曲线。在正浮状态不同吃水的情况下,将型线图上各个站号处横剖面(通常采用乞贝雪夫站号的横剖型线图)的一半(即右舷部分)面积 a、面积 a 对中线面的静矩 b 以及面积 a 对基平面的静矩 c,按照下列变上限积分公式分别计算出来

$$\begin{cases} a = \int_0^z y\mathrm{d}z \\ b = m_{xOz} = \dfrac{1}{2}\int_0^z y^2\mathrm{d}z \\ c = m_{xOz} = \int_0^z yz\mathrm{d}z \end{cases} \qquad (6-6-3)$$

然后在型线图上各个站号处,以吃水为纵坐标,以 a、b 和 c 为横坐标,将计算结果分别绘制成如图 6-6-1 所示的 $a=f(z)$、$b=f(z)$ 和 $c=f(z)$ 三组曲线。这些曲线称为符拉索夫曲线。

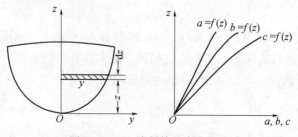

图 6-6-1　绘制符位索夫曲线

164

② 计算排水体积。船体破损后各横剖面处的波面距基线的高度 Z_i 由三部分组成,即

$$Z_i = T_2 + \varepsilon + \zeta_i \qquad (6-6-4)$$

式中:T_2 为静水中船体纵中剖面处吃水量,依据"符拉索夫抗沉性计算法"关于纵倾与横倾相互独立互不影响的假设求得的静水浮态参数 T_2 及 $\tan\psi_2$、$\tan\theta_2$,即 W_2—L_2 水线;ε 为中拱与中垂状态时船体辅助升降量;ζ_i 为波浪要素,它可根据坦谷波的波长波高比在文献[60]中查得。

以 W_2—L_2 水线为基准,考虑中拱、中垂时船体升降量 ε 后就作为坦谷波轴线,再将波浪要素 ζ_i 加上去并进行纵倾调整,最后确定了波浪上浮态参数 Z_i、$\tan\psi_2$、$\tan\theta_2$(ψ_2 是横倾角,θ_2 是纵倾角),形成波面(图6-6-2)。

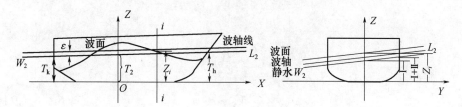

图6-6-2 波面

借助符拉索夫积分曲线(图6-6-3),计算该波面下全船和淹水舱各横剖面的浸水面积 $\Omega(x)$ 和排水体积 $V(x)$

$$\begin{cases} \Omega_i(x) = a_{1i}(x) + a_{2i}(x) - \dfrac{1}{2}\left[Y_{1i}^2(x) - Y_{2i}^2(x) \right] \cdot \tan\theta \\[2mm] V(x) = \displaystyle\int_{-L/2}^{L/2} \Omega_i(x)\,\mathrm{d}x \end{cases}$$

$$(6-6-5)$$

式中:$a_{1i}(x)$,$a_{2i}(x)$ 为 i 剖面平衡水线所对应的浸水面积;$Y_{1i}(x)$,$Y_{2i}(x)$ 为 i 剖面平衡水线所对应的横剖面半宽;$\tan\theta$ 为横倾角。

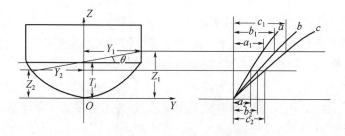

图6-6-3 符拉索夫积分曲线

165

从而得到全船的浮力曲线 $FLC(JC)$ 和淹水舱浮力曲线 $FLY(JY)$ $(JC=1,2,\cdots,20;JY=0,1,\cdots,N)$。

船体破损后的浮力曲线 $b(JC)$

$$b(JC) = FLC(JC) - FLY(JY) \qquad (6-6-6)$$

（2）外载荷计算

船体 20 个理论站上的载荷 $q(JC)$

$$q(JC) = W(JC) - b(JC) \qquad (6-6-7)$$

将 $q(JC)$ 沿全船 20 个理论站一次积分便得到静置在坦谷波上的剪力 $JL(JC)$，二次积分便得到静置在坦谷波上的弯矩 $WJ(JC)$，即

$$\begin{cases} N(x) = \displaystyle\int_0^x q(x)\,\mathrm{d}x \\ M(x) = \displaystyle\int_0^x N(x)\,\mathrm{d}x \end{cases} \qquad (6-6-8)$$

荷重

$$q(x) = W(x) - b(x) \qquad (6-6-9)$$

2. 增加重力法

当船体水下破损后，舱内将涌入大量海水，船体浮态发生较大变化。当船体没有横倾或横倾角很小时，可应用直舷假设，并在计算中为了简化工作可忽略横倾影响。此时，为计算船体水线以下部位破损时的外载荷，可近似认为船体线型、肋骨剖面积等流体静力学性能不变，只是由于进水部位涌入海水，改变了舰艇的重力分布。因此，根据船体破损部位可估算出损失的浮力（相当于进水重力），再进一步利用原来的船体重力曲线和破损后的进水曲线，即可求出进水后的船体重力曲线，然后参考文献[60]可按常规的计算静置波浪弯矩的方法，调整纵倾，计算波浪弯矩。该方法的优点是计算简便，可利用已有完好船的静力学参数和曲线。

6.6.3　非对称剖面要素计算及总纵弯曲应力计算

对于破损船舶，依其舱室破损情况分下面两种：

（1）破损部位位于水线以上。此时不考虑因舰体结构破损引起的舰船浮态的变化，仅考虑在原浮态下的横剖面结构为非对称的弯矩问题。

（2）破损部位位于水线以下。此时，由于海水从破口涌入舱室，舰船的浮态将发生改变，因此，不仅要考虑因横剖面结构改变引起的非对称弯曲，同时还要计及因浮态变化引起的舰船横倾与下沉导致的载荷非对称。

综上所述，为进行应力计算，无论是哪种情况，都必须计算非对称剖面的惯性主轴。对于后种情况，因结构非对称和载荷非对称并存，还需求出舰体横倾

166

角、下沉量和外载荷的变化。

由于舰体结构破损引起剖面面积的损失而导致抗弯刚度的减少,所以依正常情况时计算的剖面应力、总纵弯矩,以前保持稳定的某些构件(如部分外板)出现失稳,因此,需对失稳构件的横剖面面积进行减缩计算。

舰体破损后带来的横剖面结构的非对称性,使舰体的纵向弯曲成为非对称弯曲问题,文献[103]指出,当船体具有一定横倾角时,船体梁剖面横倾角是决定剖面中性轴的主要参数之一。而中性轴的位置又决定横剖面上的应力分布,这个分布为进行面积减缩计算提供了依据。中性轴确定以后,根据梁的弯曲理论计算剖面内各构件应力。

1. 破损部位位于水线以上的舰体强度

当舰体遭受飞航式导弹或激光炸弹攻击命中后,破损部位一般位于水线以上,此时不引起舰体浮态变化,且忽略舰体各剖面处结构重力的损失,认为破损前后的总纵弯矩保持不变,仅考虑在原浮态下的横剖面结构为非对称的弯曲问题。

(1)坐标系选取及正负号规定。

① 选取坐标系。本书采用如下右手坐标系,即坐标原点取在#0 肋位处某一高度上,X 轴平行于基线,从舰艏向舰艉为正;Y 轴垂直于中线面,向右舷为正;Z 轴垂直于水线,向上为正(见图 6 - 6 - 4)。

② 正负号规定:

a. 弯矩矢量(按力矩的右手规则绘出)顺其相应轴的正方向为正(见图 6 - 6 - 4(c))。

b. 坐标变换中转角以逆时针为正,顺时针为负。

c. 舰体横倾角以顺时针为正,逆时针为负。

d. 正应力以拉为正,以压为负。

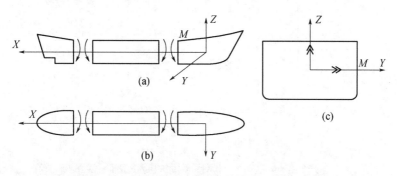

图 6 - 6 - 4 坐标系及弯矩正方向(图示均为正)

(2)非对称剖面要素计算及总纵弯曲应力计算。根据梁的弯曲理论,只有在梁剖面两坐标轴(如 Y 轴和 Z 轴)均为梁横剖面形心主轴,而且外加弯矩作用在主平面(如 XY 平面和 XZ 平面)内时,梁才能在相应主平面内产生纯弯曲,而且一般的弯曲理论均能成立。

为此,从确定非对称横剖面(图 6-6-5 中虚线部分假定已经破损失效)的形心主轴开始。首先,在横剖面内任取一参考坐标系 OY_0Z_0,设剖面中第 i 构件的面积 a_i,该面积形心在参考坐标系中的坐标为 (Y_{0i}, Z_{0i}),则横剖面面积 A 和面积形心坐标 (Y_G, Z_G) 分别为

$$\begin{cases} A = \sum_{i=1}^{n} a_i \\ Y_G = \sum_{i=1}^{n} Y_{0i} \cdot a_i/A \\ Z_G = \sum_{i=1}^{n} Y_{0i} \cdot a_i/A \end{cases} \qquad (6-6-10)$$

式中:n 为横剖面所含参与总纵弯曲的纵向构件总数。横剖面对参考轴 OY_0、OZ_0 的惯性矩 I_{Y_0},I_{Z_0} 和惯性积 $I_{Y_0Z_0}$ 分别为

$$\begin{cases} I_{Y_0} = \sum_{i=1}^{n} (Z_{0i}^2 \cdot a_i + i_{Y_{0i}}) \\ I_{Z_0} = \sum_{i=1}^{n} (Y_{0i}^2 \cdot a_i + i_{Z_{0i}}) \\ I_{Y_0Z_0} = \sum_{i=1}^{n} (Y_{0i} \cdot Z_{0i} \cdot a_i + i_{Y_{0i}Z_{0i}}) \end{cases} \qquad (6-6-11)$$

式中:$i_{Y_{0i}}$,$i_{Z_{0i}}$ 和 $i_{Y_{0i}Z_{0i}}$ 分别为第 i 构件的自身惯性矩和惯性积。

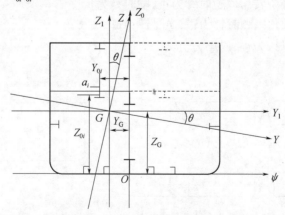

图 6-6-5　非对称剖面的形心主轴

由移轴定理可知,对过形心 G 且与 OY_0Z_0 平行之轴 GY_1、GZ_1 的惯性矩 (I_{Y_1}, I_{Z_1}) 和惯性积 $(I_{Y_1Z_1})$ 分别为

$$\begin{cases} I_{Y_1} = I_{Y_0} - A \cdot Z_G^2 \\ I_{Z_1} = I_{Z_0} - A \cdot Y_G^2 \\ I_{Y_1 Z_1} = I_{Y_0 Z_0} - A \cdot Y_G \cdot Z_G \end{cases} \qquad (6-6-12)$$

将坐标轴 GY_1Z_1 绕 G 点旋转 $\theta = \frac{1}{2}\arctan[2I_{Y_1Z_1}/(I_{Z_1} - I_{Y_1})]$ 角,则所得之轴 (Y 和 Z 轴)即为横剖面形心主轴,对形心主轴的惯性矩为

$$\begin{cases} I_Y = I_{Y_1}\cos^2\theta + I_{Z_1}\sin^2\theta - 2I_{Y_1Z_1} \cdot \sin\theta \cdot \cos\theta \\ I_Z = I_{Y_1}\sin^2\theta + I_{Z_1}\cos^2\theta + 2I_{Y_1Z_1} \cdot \sin\theta \cdot \cos\theta \end{cases} \qquad (6-6-13)$$

一旦形心主轴(Y 轴和 Z 轴)位置确定后,即可将外加弯矩沿形心主轴方向分解,然后按梁的纯弯曲理论分别计算剖面内各构件在两主轴方向的应力,并叠加求总应力。

舰体破口位于水线以上时,舰体仍保持正浮,原来的弯矩值保持不变,弯矩矢量 M 仍沿水平方向(图 $6-6-6$),因形心主轴 Y 相对于水平方向(弯矩矢量方向)的转角为 θ(图 $6-6-5$),其在形心主轴 OY、OZ 的分量为

$$\begin{cases} M_Y = M \cdot \cos\alpha \\ M_Z = M \cdot \sin\alpha \end{cases} \qquad (6-6-14)$$

式中:α 为矢量 M 与 Y 轴之间的夹角。

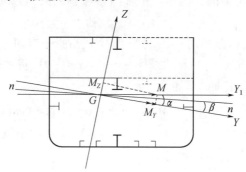

图 $6-6-6$ 承受外载作用的非对称船体梁

由于弯矩 M_Z 作用于主平面(XY 平面)内,它将使梁产生纯弯曲,且 Z 轴为其中性轴,因此纯弯曲时通常所用的全部应力公式和挠度公式都适用于这种情形。同样,弯矩 M_Y 将产生以 Y 轴为其中性轴的弯曲。因而,剖面内任一点(Y,Z)处的总正应力为

$$\sigma_x = \frac{M_Y \cdot Z}{I_Y} - \frac{M_Z \cdot Y}{I_Z} \qquad (6-6-15)$$

式中:Y 和 Z 为计算点坐标;I_Y 和 I_Z 分别为剖面对 Y 轴和 Z 轴的惯性矩。

最大应力发生于离中性轴最远距离的诸点处。中性轴的位置可令应力 σ_x

(式(6-6-15))为零来确定。将式(6-6-14)代入式(6-6-15),然后令 σ_x 为零,可得

$$\frac{\cos\alpha \cdot Z}{I_Y} - \frac{\sin\alpha \cdot Y}{I_Z} = 0 \qquad (6-6-16)$$

它为中性轴(图6-6-6中的 nn 线)的方程。中性轴与 Y 轴之间的夹角 β 用下列表达式定义

$$\tan\beta = \frac{Z}{Y} = \frac{I_Y}{I_Z}\tan\alpha \qquad (6-6-17)$$

2. 破损部位位于水线以下的舰体强度

舰体遭受鱼雷或水雷命中后,破损部位一般位于水线以下,此时,不仅要考虑舰体结构破损引起剖面面积损失导致的结构非对称,而且还要考虑因舱室进水引起横倾和下沉导致的载荷非对称。舰体处于非正浮状态时,总纵弯曲不是纯弯曲,而且要产生扭转,其弯矩的计算要比舰体正浮时复杂得多,本节忽略因非对称产生的扭矩、外加弯矩,仍用原来方法计算总纵弯矩,但在计算非对称剖面要素及总纵弯曲应力时,要考虑舰体破损后的横倾角为 ψ 。

剖面的形心主轴位置及对形心主轴的惯性矩仅是剖面结构尺寸的函数,与该横剖面和水平线的相对位置无关。因此,当舰体具有一定倾角时,我们仍可用前面介绍的方法确定横剖面的形心主轴与参考轴的夹角及对形心主轴(Y 和 Z 轴)的惯性矩。

设舰体破损后,横倾角为 ψ ,弯矩矢量 M 仍沿水平方向,则弯矩矢量 M 与形心主轴 Y 之间的夹角 $\gamma = \psi + \alpha$ (见图6-6-7, $\alpha = -\theta$),将弯矩 M 沿形心主轴 Y 和 Z 分解,则沿形心主轴的弯矩为

$$\begin{cases} M_Y = M \cdot \cos\gamma = M \cdot \cos(\psi + \alpha) = M \cdot \cos(\psi - \theta) \\ M_Z = M \cdot \sin\gamma = M \cdot \sin(\psi + \alpha) = M \cdot \sin(\psi - \theta) \end{cases}$$

$$(6-6-18)$$

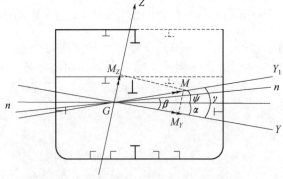

图6-6-7 带有横倾角的非对称横剖面

横剖面内任一点(Y,Z)的总应力仍然可由式(6-6-15)表示。并由中性轴位置总应力σ_x可得

$$\frac{M \cdot \cos(\psi - \theta) \cdot Z}{I_Y} - \frac{M \cdot \sin(\psi - \theta) \cdot Y}{I_Z} = 0 \quad (6-6-19)$$

从而可得中性轴与形心主轴Y轴之间的夹角β为

$$\tan\beta = \frac{Z}{Y} = \frac{I_Y}{I_Z}\tan(\psi - \theta) \quad (6-6-20)$$

由式(6-6-20)可知,舰体横倾角ψ是决定横剖面中性轴位置的主要参数之一。

必须说明,由于船体梁为薄壁结构,在弯曲轴向压力作用下,船体板要产生失稳,而破损舰体,其板架存在初始大挠度并降低骨架梁的抗轴向拉伸和压缩刚度。以上所有船体剖面惯性矩I_{Y_0}和I_{Z_0}必须进行两项折减,一是通常的壳板失稳折减,二是大挠度梁有效面积折减(见6.6.4节)。

6.6.4 板的失稳折减及有初挠度骨架梁相当面积折减方法

1. 板的失稳折减

当船体总纵弯曲时,纵向骨架梁在计算载荷下是不允许丧失稳定性的,因此在船体构件中只有板是可能丧失稳定性的。

在第一次近似计算求出总纵弯曲应力之后,若所得压应力大于相应构件的临界应力,表明该构件失稳,船体板失稳后将不能完全有效地参加抵抗总纵弯曲。此时要对失稳壳板进行折减。具体做法如下:

(1)将纵向强力构件分为刚性构件和柔性构件两类。刚性构件包括受压不失稳的刚性骨架梁、舭列板及与刚性骨架梁、舭列板等相毗连的每一侧宽度等于该板格短边长度0.25倍的那一部分板。而板格的其余部分在受压后可能失稳,称为柔性构件,它只能承受等于其临界应力的压应力。

(2)将柔性构件用某个虚拟的刚性构件代替,但要保持剖面上承受的压力值不变,即

$$\sigma_{cr} \cdot A = \sigma_i \cdot A' \quad (6-6-21)$$

式中:A为被代替的柔性构件实际剖面积;A'为虚拟的刚性构件剖面积;σ_{cr}为板格的临界应力;σ_i为按梁的公式计算的刚性构件应力。

由此

$$A' = \frac{\sigma_{cr}}{\sigma_i}A \quad (6-6-22)$$

记

$$\varphi = \frac{\sigma_{cr}}{\sigma_i} = \frac{A'}{A} \qquad (6-6-23)$$

称为折减系数,即用板的临界应力与该板所受到的总纵弯曲应力之比来确定折减系数,而利用折减系数将柔性构件的剖面积化为相当的刚性构件的剖面积,从而保证仍可运用简单梁的公式来计算总纵弯曲应力。

在船体强度计算中,已丧失稳定性的板的折减系数通常按下述公式确定。

(1) 纵骨架式。对于只参加抵抗总纵弯曲的构件(如上甲板)

$$\varphi = \frac{\sigma_{cr}}{\sigma_i}\beta \qquad (6-6-24)$$

式中:σ_{cr} 为按式 $\sigma_{cr} = 76\left(\dfrac{100t}{b}\right)^2$ 确定的板格的临界应力;σ_i 为与所研究的板在同一水平线上的刚性构件的总纵弯曲压应力的绝对值;β 为系数,$\beta = 2 - \dfrac{b}{75t}$,若 $\beta > 1$,则取 $\beta = 1$;b 为纵骨间距。

对于同时参加抵抗总纵弯曲及板架弯曲的构件(如船底板、内底板)有

$$\varphi = \frac{\sigma_{cr} + \sigma_2}{\sigma_i} \qquad (6-6-25)$$

式中:σ_2 为相应构件的板架弯曲应力,并应考虑其正负符号(拉伸为正,压缩为负)。

(2) 横骨架式。若计算中不考虑初挠度及横荷重的影响,板的折减系数按下式计算:

$$\varphi = \frac{\sigma_{cr}}{\sigma_i} \qquad (6-6-26)$$

式中:σ_{cr} 为板格的临界应力,对不同部位的板,按不同的公式计算。

对于横骨架式舷侧外板和纵舱壁板,总纵弯曲应力是呈线性分布的,应分段进行折减。即将舷侧外板或纵舱壁板的受压部分沿高度方向等分成三到四段,对每一段其折减系数都按式(6-6-26)确定,其中 σ_i 用相应段的平均总纵弯曲压应力值。

应当指出,在横骨架式船体板中,由于初始挠度和横荷重的存在,板承受纵向压缩的能力会降低,因此一般说来,在计算折减系数中不考虑它们的影响是偏于危险的。

按上述公式确定的折减系数应在 $0 \leqslant \varphi \leqslant 1$ 的范围内。若 φ 大于1,则应取 $\varphi = 1$。

2. 大挠度情况下骨架梁相当面积折减[61]

板架在爆炸载荷作用下产生大挠度塑性变形,此时,板架抵抗轴向力作用的能力大大下降,其轴向拉伸或压缩的刚度大大减小,从而造成在相同轴向位移情

172

况下,板架的承载能力下降,也就相当于板架承受轴向力的断面有效面积减少。如果某一骨架梁在塑性大变形情况下,其抗拉压相当刚度(割线模量)为 E_e,则在受力等效条件下,骨架梁参与抵抗轴向力的等效断面面积为

$$\overline{A} = A \cdot \frac{E_e}{E} \qquad (6-6-27)$$

式中:A 为骨架梁原断面面积;E 为骨架梁材料弹性模量。

有挠度骨架梁抗轴向力作用的相当刚度 E_e 可根据等应力状态下有挠度梁轴向应变和无挠度梁轴向应变值来确定。

设梁长为 L,轴向作用力为 T,应力为 σ_T,材料弹性模量为 E,则在 T 作用下,无挠度梁的轴向应变为

$$\varepsilon_1 = \sigma_T/E = \Delta_1/L$$

则梁的轴向位移 Δ_1 为

$$\Delta_1 = \frac{\sigma_T}{E} \cdot L = \frac{T}{EA} \cdot L \qquad (6-6-28)$$

对于有挠度梁,设跨中初挠度为 W_0,挠曲线函数为 $W(x) = W_0 \sin \frac{\pi x}{L}$,则在 T 作用下,将产生轴向均匀压缩(或拉伸)变形和弯曲变形,其轴向均匀拉压变形产生的位移同式(6-6-28),即

$$\Delta'_1 = \frac{\sigma_T}{E} \cdot L = \frac{T}{EA} \cdot L \qquad (6-6-29)$$

设弯曲变形引起的轴向位移为 Δ_2,则有挠度梁在轴向力 T 作用下的轴向总位移为

$$\Delta = \Delta'_1 + \Delta'_2 \qquad (6-6-30)$$

根据图 6-6-8 有挠度梁受力分析可知,梁跨中作用弯矩为

$$M(x) = [W(x) + V(x)] \cdot T = \Phi W(x) \cdot T \qquad (6-6-31)$$

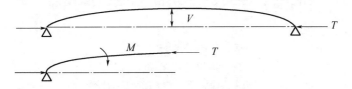

图 6-6-8 有挠度梁受力分析

式中:$v(x)$ 为弯矩 $M(x)$ 作用下的附加挠度;Φ 为放大因子,根据文献[61]有

$$\Phi = \frac{T_E}{T_E - T} = \left(1 - \frac{\sigma_E}{\sigma_T}\right)^{-1} \qquad (6-6-32)$$

式中:T_E 和 σ_E 分别为梁的欧拉力和欧拉应力。

另一方面,梁在轴向力作用下因弯曲引起的沿轴向的位移值 Δ'_2 可表示为

$$\Delta'_2 = \int_0^1 \varepsilon_b dx \qquad (6-6-33)$$

式中:ε_b 为弯曲应变,可表示为

$$\varepsilon_b = v''y \qquad (6-6-34)$$

式中:v'' 为梁在 $M(x)$ 作用下的弯曲曲率,并有

$$EIv'' = M(x) \qquad (6-6-35)$$

式中:I 为梁的惯性矩。

式(6-6-34)中 y 为梁原始轴线(T 作用轴线)与梁弯曲中性轴的距离,并有

$$y = W(x) + v(x) = \Phi W(x) \qquad (6-6-36)$$

将式(6-6-36)、式(6-6-35)、式(6-6-34)代入式(6-6-33)可得

$$\Delta'_2 = \int_0^1 \frac{M(x)}{EI} \Phi W(x) dx$$

再将式(6-6-31)代入上式可得

$$\Delta'_2 = \frac{T\Phi^2}{EI} \int_0^1 W^2(x) dx$$

将 $W(x) = W_0 \sin\frac{\pi x}{L}$ 代入上式可得

$$\Delta'_2 = \frac{TL\Phi^2}{2EI} W_0^2 = \frac{\sigma_T AL\Phi^2}{2EI} W_0^2$$

从而可得

$$\Delta = \Delta'_1 + \Delta'_2 = \frac{\sigma_T \cdot L}{E} \left(1 + \frac{A\Phi^2}{2I} W_0^2\right) \qquad (6-6-37)$$

有挠度梁的轴向相当应变为 $\varepsilon = \Delta/L$,相当刚度(割线模量)为 E_e,则根据应力等效有

$$\sigma_T = \varepsilon_1 \cdot E = \varepsilon \cdot E_e$$

则有

$$E_e = \frac{\varepsilon_1}{\varepsilon} \cdot E = \frac{\Delta_1}{\Delta} \cdot E = \left(1 + \frac{A\Phi^2}{2I} W_0^2\right)^{-1} \cdot E \qquad (6-6-38)$$

将式(6-6-38)代入式(6-6-27)可得有挠度梁参与抵抗轴向力的相当断面积为

$$\overline{A} = A\left(1 + \frac{A\Phi^2}{2I} W_0^2\right)^{-1} \qquad (6-6-39)$$

174

6.6.5 破损后舰体总纵弯曲的弹性极限弯矩计算

1. 破损舰体总纵弯曲的断面弹性极限弯矩计算

根据弹性极限弯矩的定义,当断面最大应力达到材料屈服极限 σ_s 或板架失稳临界应力 σ_{cr} 时,剖面所具有的抗弯能力(弯矩),即为弹性极限弯矩。为此应确定以中性轴(nn 线)为 Y_2 轴的坐标系 Y_2OZ_2,并有

$$\begin{cases} Y_2 = Y\cos\beta + Z\sin\beta \\ Z_2 = Z\cos\beta - Y\sin\beta \end{cases} \tag{6-6-40}$$

求断面上各构件的 Z_2 最大值

$$Z_{2m} = \max\{Z_{2i}\} \tag{6-6-41}$$

则断面上各构件的应力为

$$\sigma_i = \frac{Z_{2i}}{Z_{2m}}\sigma_m \tag{6-6-42}$$

式中:$\sigma_m = \min\{\sigma_s, \sigma_{cr}\}$。根据式(6-6-43)确定的应力分布,对断面面积进行壳板失稳折减和大挠度有效面积折减,并求出对 Y_2(中和轴)和 Z_2 的惯性矩 I_{Y_2} 和 I_{Z_2},并考虑到水线方向与中和轴的夹角为 $\gamma - \beta$(图6-6-7),则可根据

$$\frac{M_u\cos(\gamma-\beta)}{I_{Y_2}} \cdot Z_{2m} + \frac{M_u\sin(\gamma-\beta)}{I_{Z_2}} \cdot Y_{2m} = \sigma_m$$

求出弹性极限弯矩 M_u 为

$$M_u = \sigma_m\left[\frac{\cos(\gamma-\beta)}{I_{Y_2}}Z_{2m} + \frac{\sin(\gamma-\beta)}{I_{Z_2}}Y_{2m}\right]^{-1} \tag{6-6-43}$$

其中 Z_{2m} 由式(6-6-41)确定,Y_{2m} 为 Z_{2m} 对应构件的 Y 坐标值。

2. 破损舰体总纵弯曲的断面全塑性极限弯矩计算

由梁的弹塑性弯曲理论可知,梁的全塑性极限弯矩 M_p 为弹性极限弯矩 M_u 的1.5倍以上,因此,从承载极限能力来说,梁的极限抗弯能力应该是全塑性极限弯矩。同样舰船抵抗总纵弯曲的极限承载能力应该考虑断面全塑性极限弯矩 M_p。假设舰体材料为理想塑性材料,并考虑破损舰体非对称断面结构,有横倾角为 φ。在总纵弯曲(纯弯曲)条件下,断面进入全塑时,其中和轴上、下的面积相等,假设中和轴上、下两部分面积形心分别为 C_1 和 C_2,断面总面积形心为 C,如图6-6-9所示。

根据几何学可知,C_1、C_2 连线必然过总形心 C,由总纵弯曲时弯矩方向与水线方向平行可知,C_1C_2 连线应与水线垂直,并有

$$M_p = \sigma_s \cdot \frac{1}{2}A \cdot L_p \tag{6-6-44}$$

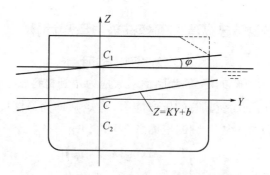

图 6-6-9　断面全塑性极限弯矩计算示意图

式中:σ_s 为材料屈服应力;A 为断面总面积;L_p 为中和轴上、下面积形心的间距。

当材料一定时,σ_s 为定值,在 σ_s 作用下,考虑断面壳板压缩失稳折减和板架初始大变形折减以后,即可确定断面积 A。因此关键问题是如何确定塑性中和轴,只有确定塑性中和轴,才能进行板和板架的面积折减,才能确定中和轴上、下面积形心及其间距。具体方法如下:

假设坐标 YOZ 的原点过初始面积形心 C,Y 轴平行于水线。在该坐标下,中和轴轴线方程为

$$Z = KY + b \qquad (6-6-45)$$

根据式(6-6-45),可确定中和轴位置,并可计算受压部分面积的壳板折减及上、下面积的大变形板架相当面积折减(见 6.6.4 节,这里当受压部分壳板的 σ_{cr} 小于 σ_s 时,则壳板实际所受的应力按 σ_{cr} 值进行折减),进一步即可计算中和轴上、下面积 A_1 和 A_2,及对应的形心 C_1 和 C_2。如果 $A_1 \neq A_2$,则要对中和轴进行平移,即新的中和轴截距为

$$b_1 = b + \Delta b$$
$$\Delta b = (A_1 - A_2)/B \qquad (6-6-46)$$

式中:B 为步长调整参数,可根据经验确定。

除上面要求中和轴上、下面积相等以外,还要求 $C_1 C_2$ 连线垂直 Y 轴,否则要对中和轴进行转动,即改变斜率 K。设 $C_1 C_2$ 的坐标为(Y_1、Z_1),(Y_2、Z_2),则 $C_1 C_2$ 连线与轴的夹角为

$$\theta = \arctan \frac{Y_1 - Y_2}{Z_1 - Z_2} \qquad (6-6-47)$$

则中和轴的斜率应变为

$$K_1 = \tan(D \cdot \theta + \arctan K) \qquad (6-6-48)$$

式中:D 为调整系数,根据经验取定。从而确定了新的中和轴

$$Z = K_1 Y_1 + b_1 \qquad (6-6-49)$$

176

然后重新计算面积与形心,再确定新的中和轴位置,以此类推,直到中和轴上、下面积基本相等(满足面积精度要求),并且上、下面积连线基本垂直于水线(满足弯矩方向精度要求)为止,从而最终确定断面面积 A 和形心间距 L_p,即 $A = A_1 + A_2$,$L_p = \sqrt{(Y_1 - Y_2)^2 + (Z_1 - Z_2)^2}$,从而由式(6-6-44)即可求得断面全塑性极限弯矩 M_p。

6.6.6 算例

1. 破损舰艇总纵强度完好性计算

依据水下接触爆炸标准设计载荷,以某型舰为例,设计载荷计算如下:$c_1 = 1.4 \times 10^{-4}$,$\Delta = 3540t$,$m_{e1} = c_1\Delta = 496kg$。假定算例舰 150#肋骨面艇部受到 500kg TNT 当量炸药(即相当于单枚鱼雷作用),在计算水下爆炸作用下的破口的基础上,根据本书破损舰船相对极限抗力和破口衡准的建议,分析计算了其毁伤情况。

(1)破口计算。根据文献[8]公式 $L_p = 0.063 \times \dfrac{\sqrt{G}}{\sqrt[3]{h} \cdot \bar{l}^{0.153}}$,计算该肋骨面将产生的破口长度为 9.94m。

(2)破损舰艇的弯矩计算状态的确定。计算舰体结构标准设计波浪载荷时,设完整舰船的标准设计波高对应海况为七级海况,毁伤后舰体结构设计波高对应海况取六级海况。

计算外载荷时考虑破损时最危险的情况,即根据爆点位置假设其前后 5m内的舱室发生大变形破口进水,该范围内的进水舱室为齿轮箱舱 136#~147#和后主机舱 147#~168#(对称进水)。经计算,其 150#剖面完整状态在七级海况和破损状态六级海况下的极限弯矩和波浪弯矩砰击弯矩计算结果如表 6-6-1 所列,计算砰击弯矩取设计舰船巡航速度的 80%,即 14.4kN。

表 6-6-1 计算剖面船体梁弯矩

计算参数	完整状态		破损状态	
	中拱	中垂	中拱	中垂
M_u/kN·m	934564	-934564	351153	-351153
$M_s + M_w$/kN·m	200625	-202146	144284	-199141
M_d/kN·m	43449	-130347	43449	-130347
M_q/kN·m	244074	-332493	187733	-329488

(3)相对极限抗力 $\overline{M}$ 的计算及抗毁伤能力的确定。计算剖面船体梁的相对极限抗力计算结果如表 6-6-2 所列。

表 6 - 6 - 2 计算剖面船体梁的相对极限抗力

计算参数	完整状态		破损状态	
	中拱	中垂	中拱	中垂
$\bar{M} = \dfrac{M_u}{M_s + M_w + M_d}$	3.83	2.81	1.87	1.07

从表 6 - 6 - 1 和表 6 - 6 - 2 可看出,破损舰船在中拱时其计算剖面船体梁的相对极限抗力 $\bar{M}$ 为 1.87,属于基本完好(毁伤等级为 A 级),中垂时其计算剖面船体梁的相对极限抗力 $\bar{M}$ 为 1.07,其毁伤程度为重度毁伤(毁伤等级为 D 级),不控制舰艇航速舰体结构生命力将难以保证。

2. 破口强度完好性计算

确定该型舰艇设计特征破口直径 D_0,考虑到 $L = 125\text{m}$,$n = 15$,$D_0 = L_c = L/n = 8.33\text{m}$。

根据公式(3 - 2 - 5),计算相对破口抗力 $\bar{D}$ 如表 6 - 6 - 3 所列。

表 6 - 6 - 3 相对破口抗力计算

计算参数	D_m/m	D_0/m	$\bar{D} = D_0/D_m$
结果	9.94	8.33	0.84

从表 6 - 6 - 3 可看出,破损舰船相对破口抗力为 0.84,查表 3 - 3 - 5,其毁伤程度为重度毁伤,舰体结构还具备一定的生命力,但应通过控制航速等措施来保证舰艇的安全。

178

第 7 章　舰艇结构水下爆炸
响应数值计算方法

7.1　概　述

目前国内外在爆炸冲击方面使用得比较成熟的商业仿真软件主要有 MSC. Dytran、LS - DYNA3D、ABAQUS 和 AUTODYN 等。本章主要介绍 MSC. Dytran 的计算原理以及其在舰艇结构爆炸冲击方面的应用情况。Dytran 是瞬态动力学分析(Dynamic Transient Analysis)的缩写,MSC. Dytran 是 MSC 公司的核心产品,专门用于高速瞬态非线性动力问题和瞬态流固耦合问题的模拟计算。Dytran 将拉格朗日技术和欧拉技术合并,具有很强的流固耦合计算功能,在爆炸冲击作用下结构动态响应仿真方面有不俗的表现。

舰艇结构无论是受到空中爆炸或是水中爆炸作用时,冲击波和结构之间的流固耦合作用都是仿真计算的重点,它直接涉及到计算结果的正确性和有效性。MSC. Dytran 的流固耦合计算功能大致上包括一般耦合(General Coupling)与任意耦合(ALE, Arbitrary Lagrangian - Eulerian)两大类。下面主要介绍 MSC. Dytran 软件对流体(欧拉域)与固体(拉格朗日域)的一般耦合与任意耦合的模拟计算原理。

7.1.1　运动现象的数学描述

拉格朗日法与欧拉法是对运动现象的两种不同的数学描述方法,分别是对材料质点流与空间流的描述。拉格朗日法与欧拉法的单元网格可在同一计算模型内,但拉格朗日单元与欧拉单元分别拥有节点,它们之间通过定义的耦合面才能发生作用;否则,即使两者在空间内相互重叠也彼此不相干。

1. 拉格朗日法

对固定的坐标系而言,拉格朗日单元的节点可相对地运动,其质量是不变量(Invariant),但其单元体积可随时间而改变。此外,速度、压力强度或质量密度等物理量作用在拉格朗日单元的节点上,因此,各物理量随着材料流(Material Flow)而改变。因为固体材料的力学行为须追踪各材料质点的时间历程,故宜采用拉格朗日法较为方便。

2. 欧拉法

除任意耦合(ALE)外,所有欧拉单元的网格与节点均保持固定,不随着时间或其他运动改变。换言之,欧拉单元不随时间而变。各时间的速度、压力强度或密度等物理量也是作用在欧拉节点上,软件计算经欧拉单元面的各时间的质量、动量与能量等的进、出量,而不追踪各材料质点的时间历程。因此对于流体不需追踪各材料质点的时间历程一般采用欧拉法。

MSC. Dytran 的欧拉法必须使用三维的计算域及三维的体单元(Solid Elements),且限于通用材料 DMAT。欧拉法的特点是:须采用较大的计算域,计算结果才不会受到计算域的边界影响。由于欧拉法仿真经过欧拉单元面的材料流,且在一个单元内,容许两种以上的材料,因此,应用欧拉法可模拟计算近水面爆炸的情况。

7.1.2 流固耦合算法种类

当固体影响流体之后,被改变后的流体反过来影响固体;另一方向亦然,这就是流固耦合。数值模拟计算是探讨分析流固耦合问题的主要方法之一。由于流场动压变化所产生的流场特性、固体的几何形状、振幅与振频等互有关系,故流固耦合本质相当复杂。即使是单方向的流固耦合分析,对影响固体振动的水动力的附加质量也大多是估计。同时,也不易准确地预测及量化固体系统内部的阻尼与流体吸收动能的效应。因此,相关的数值模拟计算的难度相当高。关于流固耦合的计算分析法可分为两大类:单方向的流固耦合分析和双方向的流固耦合分析。单方向的流固耦合分析为简化的流固耦合计算。即考虑固体单方向影响流体,但不考虑流体反过来影响固体;或反之。双方向的流固耦合分析包括流固耦合的顺序分析法与完全的流固耦合分析法。

1. 流固耦合的顺序分析法

该方法先分别计算流体与固体领域,每完成其中的一个领域的计算后,将计算结果作为另一个领域的荷载(loading)或边界条件,进行另一个领域的计算;反过来,也是相同的作法。当计算软件由固力计算程序与流力计算软程序结合而成时,就采用此种分析法,有些文献作较严格的定义,称此法并非耦合分析,只能称为流固互制分析。MSC. Dytran 就是采用的这种方法。

2. 完全的流固耦合分析法

将所有的流固耦合相关的参数、边界与荷载等均融入流场与固体所共享的控制方程式组内,再采用数值计算法,求解耦合的(Coupled)联立方程式,因此可以认为该方法才是真正的流固耦合分析。此种方式虽最完整,但难度也最高,故使用者最少。

7.1.3 MSC. Dytran 流固耦合计算功能

MSC. Dytran 的流固耦合计算就是拉格朗日域(固体)与欧拉域(流场)的耦合计算,相关计算卡片为 COUPLE 卡或 COUPLE1 卡。在计算过程内,拉格朗日域与欧拉域分别进行计算,每完成一个领域的计算后,再计算另一个领域;即前一领域的计算结果作为另一个领域计算所需的荷载或边界条件。MSC. Dytran 的流固耦合计算功能分为以下两种:

1. 一般耦合

通常是采用拉格朗日法模拟固体,采用欧拉法模拟流体。一般耦合大多是拉格朗日的固体在欧拉的流场范围内运动,即拉格朗日域驱动欧拉域;流场虽有速度,但代表流场的欧拉网格固定并不受拉格朗日固体的影响。也就是说,在流固耦合过程中,欧拉网格不移动,也不变形。一般耦合计算的前处理大多用封闭的假壳(dummy shell)耦合面隔开拉格朗日域与欧拉域;在起始计算时,拉格朗日固体至少有一微小量(如0.001m)重叠在欧拉域的范围内,且固体、流体或两者有运动,才能启动流固耦合的计算器制。若拉格朗日域与欧拉域毫无重叠,则无法启动流固耦合计算。当然,拉格朗日的固体可完全位于欧拉域内,不因拉格朗日的固体运动而使欧拉网格移动或变形。此种流固耦合最适于应用在固体驱动流体现象的模拟。此外,一般耦合也可应用在具有不规则的固定固体边界的流场模拟计算,即将不动的固体边界与流场的关联视为流固耦合现象。

一般耦合须在拉格朗日的几何体的外露面(几何面段或单元表面,经由SURFACE 卡建立),定义封闭的假壳单元群,作为流固耦合面,形成闭合的体积,完全隔开拉格朗日域与欧拉域;且对假壳单元,需进行 Equivalence 与 Verify 法线方向的前处理。耦合面虽为虚拟,但也需输入物理性质(Properties)为 2D/Summy Shell。然后,对耦合面的全部假壳单元,使用 MSC. Patran 软件的 Coupling 等,就可完成相关的前处理。在计算过程内,耦合面是欧拉流场网格的边界,即假壳单元的耦合面与仿真流体的体单元相接触(Contact),MSC. Dytran 先计算欧拉流体施加在耦合面上的荷载,然后,耦合面使拉格朗日网格产生应力与变形。至于 Couple 卡上的参数 COVER,则定义被耦合面所包裹者(即不含欧拉领域者)是属内部(INSIDE)还是外部(OUTSIDE)。对于舰艇爆炸冲击计算一般采用 INSIDE。

2. 任意耦合

任意耦合主要是用来仿真欧拉域驱动拉格朗日域,在该耦合过程内,在计算模型承受来自欧拉域的荷载后,拉格朗日的单元与欧拉的体单元的网格均可能变形或移位。任意耦合最适宜用来仿真流体驱动固体,如容器内的气体爆炸、空中的鸟体撞击飞机壳体、气爆压作用在壳形固体物上、管路内的流体推动固体、因压力波的钢管膨胀或收缩等的动力行为。任意耦合的流固界面或耦合面不需是封闭的面,可为两片以上的不相连接的面段,也可为一个拉格朗日域对应于两个不相连接的欧拉域。目前 MSC. Patran 已经具备 ALE 的前处理功能,在 MSC. Patran 软件尚不能用来直接进行 ALE 相关的前处理时,需先经由 Master – slave surface 的接触过程,建立流固耦合所作用的面段,执行 MSC. Patran 生成

DAT 文件后,使用文字编辑器如记事本,修改 DAT 文件内的接触相关指令,将 Contact 卡改写成 ALE 卡及建立 ALEGRID 卡。此外,也需包含所有相关的欧拉节点,建立 ALEGRID 组(Group/Set),且使用文字编辑器(如记事本)去定义 ALEGRID 卡。在建置主(Master)从(Slave)接触模型的过程内,一般是被动者为主,主动者为从。

ALE 的耦合面由 ALE 卡产生。一般而言,ALE 耦合面的欧拉与拉格朗日两类单元节点需是一对一,位置重合。由于 ALE 耦合面的互制移动与变形,代表固体的拉格朗日网格随着时间而移动或变形,且欧拉网格也在空间移动或变形。即固体变形时,耦合面的位置与形状随之改变,并带动邻接耦合面的欧拉网格与其他部分欧拉网格作相应的移动与变形。因此,一方面,流体材料在欧拉网格内移动;另一方面,欧拉网格本身也在移动,以致欧拉网格的位置与形状随时间作不断的改变。只因欧拉网格一定是体单元,故 ALE 的仿真只具有三个自由度(DOF)。

以上对 MSC. Dytran 的爆炸耦合分析进行了简要的计算,更为详尽的相关资料可以参考 MSC 公司的帮助手册和相关书籍。下面就作者所在研究团队在开发 MSC. Dytran 在水下爆炸作用下舰艇结构动态响应方面所做的相关工作进行介绍。

7.2 水平弹塑性边界下水下爆炸气泡动态特性的数值仿真研究

水下爆炸过程主要由两个阶段构成:冲击波阶段和气泡脉动阶段。初始冲击波传播速度快,持续时间短,与随后发生的气泡脉动过程相比,两者基本处于不同时间段,通常分别进行研究。已有文献表明,爆炸气泡持续时间长,脉动频率低,容易激起舰船结构的低频振荡,造成整体破坏。同时,脉动气泡在特定边界条件影响下,还会发生变形,形成高速冲击射流,造成结构局部破坏。鉴于水下爆炸气泡潜在的巨大毁伤能力,气泡与自由边界、结构边界等的相互作用问题成为研究热点。

对于附近存在自由边界或结构边界的水下爆炸气泡而言,理论研究需要考虑气、液、固三相间的耦合作用,难度较大,Geers 和方斌等人[47,62]对气泡运动模型做了一些理论研究工作,其主要不足是假设气泡在脉动过程中始终保持球形。而实际上,近边界运动气泡受边界条件影响,在收缩、崩溃阶段不再保持球形,会出现环形溃灭,甚至出现射流。此时,数值模拟方法在研究气泡运动方面显示了优势,Chahine、Kalumuck 和 Klaseboerk 等人利用数值方法对特定结构边界下的气泡运动进行了研究,取得了一些有意义的结论[63,64]。

随着数值仿真技术的发展,出现了一些大型通用有限元计算软件,它们在多欧拉流体单元定义、复杂流固耦合计算等方面均表现出强大的功能。本节尝试利用大型瞬态有限元软件 MSC.Dytran 建立三维气泡模型,对弹塑性薄板边界条件下的水下爆炸气泡运动特性及流固耦合作用进行了研究,分析了气泡收缩引起的流体空化及射流现象,给出了结构边界条件下球形气泡假设条件,为进一步研究舰船等复杂结构附近的水下爆炸气泡及其相互作用打下基础。

7.2.1 势流及气泡基本理论

对于水下爆炸气泡周围的流体区域,忽略其粘性和可压缩性影响,看作无旋、不可压缩的理想流体,利用速度势 Φ 来描述流场运动,流场的速度势满足拉普拉斯方程

$$\nabla^2 \Phi = 0 \qquad\qquad (7-2-1)$$

流场中任意一点的速度 v 可表示为

$$v = \nabla \Phi \qquad\qquad (7-2-2)$$

在气泡表面满足边界条件,即气泡外表面的水压力等于气泡内气体的压力时,由动力学和运动学边界条件决定了气泡表面的运动

$$p = p_{\text{ref}} - \rho \frac{\mathrm{d}\Phi}{\mathrm{d}t} + \frac{1}{2}\rho \mid v \mid^2 \qquad\qquad (7-2-3)$$

式中:ρ 为流体密度,单位为 kg/m^3;p_{ref} 为参考压力,即爆炸中心的静水压力,单位为 Pa。

在初始时刻,整个流场任意一点的速度为零,则流场的初始条件描述为 $\Phi_{t=0}=0$。对于结构边界,表面法向速度满足

$$\frac{\partial \Phi}{\partial n} = U(x,y,z,t)$$

对于刚性边界,$U(x,y,z,t)=0$;对于弹性边界,结构法向速度为某一时间和空间变量的函数,有时根据情况可简化为定值。

水下炸药爆轰完成后形成高温、高压的混合气团,该过程经历时间极短,且反应过程复杂。为简化起见,认为在爆炸的初始阶段形成一个体积很小的高压球形气泡,气泡表面的初始速度为零。在气泡的膨胀和压缩及其变形过程中,考虑到气体和水在密度上的巨大差异,忽略气体运动对气体压力的影响,认为气体的压力仅和气泡的初始状态及其体积相关,即气泡内压力 p 与气体体积 V 的关系为

$$p = p_0 \left(\frac{V_0}{V}\right)^k \qquad\qquad (7-2-4)$$

式中:p_0 和 V_0 为水下爆炸气泡形成初期的压力(单位为 Pa)和体积(单位为 m^3);k 为气体的比热,无量纲参数,与气体的成分有关。

7.2.2 离散方程及耦合算法

对于水中受爆炸冲击结构,将其有限元离散化后,有限元方程可表示为[65]

$$M\ddot{x}(t) + C\ddot{x}(t) + F(x,\dot{x}) = P(x,t) + H \qquad (7-2-5)$$

式中:M 为总质量矩阵;P 为总体载荷矢量;F 为单元应力场等效节点力矢量组;H 为总体结构沙漏粘性阻尼力;C 为结构阻尼系数;$\ddot{x}(t)$ 为总体节点加速度矢量;$\dot{x}(t)$ 为总体节点速度矢量。

以上方程需要利用 Dytran 程序中的欧拉求解器和拉格朗日求解器联合求解。欧拉求解器适用于流体瞬态流动和大变形分析,它在空间域的离散上采用控制容积法,在时间域的离散上采用时间积分法;拉格朗日求解器擅长分析固体与固体之间的碰撞,它在求解固体结构运动时采用显式时间积分法。对于流固耦合分析,需要定义欧拉单元与拉格朗日单元之间的联系,为此程序在固体壳单元与流体单元之间定义一般耦合面以分析它们之间的流固耦合作用。欧拉单元与拉格朗日单元之间的相互作用力通过这层耦合面相互传递作用力。一般耦合面必须定义为完整的封闭曲面,很多情况下需要定义虚拟单元以达到使整个耦合面封闭的要求。

7.2.3 数值模拟

水中炸药在爆轰瞬间,形成高温、高压、高密度的爆炸气团,本节假设炸药在化学爆轰过程中没有质量损失,即认为初始爆炸气团质量与炸药质量相等,此时就可将瞬态爆炸炸药作为高压气团处理,并忽略气团与周围水介质的热传递过程,认为其为等熵膨胀过程,按理想气体处理[66]。这样就可通过建立气、液多欧拉流体单元,来模拟水下爆炸气泡的运动过程。

1. 状态方程

状态方程用来定义固体和流体在各种不同状态下的压力和密度以及比内能之间的函数关系,正确选取状态方程中的参数对于计算结果至关重要。水和理想气体状态方程的参数设置如下所述。

在化学爆炸情况下,水下爆炸冲击波压力一般小于 2500MPa,属于中等强度冲击波。这时爆炸冲击波通过介质后熵值变化很小,接近于等熵过程,可得水的等熵状态方程为

$$P = B\left[\left(\frac{\rho}{\rho_0}\right)^n - 1\right] \qquad (7-2-6)$$

式中:$B = 30.45\text{Gg/m}^2$;$n = 7.15$[67]。

MSC. Dytran 中并无上式形式的状态方程,程序中将其以多项式表示并写为如下形式

$$P = a_1\mu + a_2\mu^2 + a_3\mu^3 + (b_0 + b_1\mu + b_2\mu^2 + b_3\mu^3)\rho_0 e \quad (7-2-7)$$

式中:ρ_0 为常温下水的密度,单位为 kg/m^3;e 为比内能,单位为 J/kg;$\mu = (\rho/\rho_0) - 1$。

将式(7-2-6)进行泰勒展开有

$$P = 2.18 \times 10^9\mu + 6.69 \times 10^9\mu^2 + 1.15 \times 10^{10}\mu^3 \quad (7-2-8)$$

对比式(7-2-7)、式(7-2-8)可得状态方程中各参数的值。计算时取水的初始密度 $\rho_0 = 1000kg/m^3$,比内能 $e = 83950J/kg$[67]。

假定水下爆炸气泡运动过程为等熵膨胀过程,气体参数满足如下方程

$$P = (k-1)\rho e \quad (7-2-9)$$

式中:ρ 为气体密度,空气取 $1.21kg/m^3$;e 为气体比内能,空气取 $2.1 \times 10^5 J/kg$;k 为气体比热比,空气取 1.4,TNT 炸药爆炸气体取 1.25[66]。

2. 计算实例

计算水域为边长 $2m$ 的立方体,水域上方建高为 $0.5m$ 的空气区域。流体边界均设为流入流出边界,以消除边界效应,从而模拟无限大场。弹性边界为边长 $1.94m$、厚 $3mm$ 的方形钢板,水平置于水面下 $0.12m$ 的位置,同时四周固定,以研究弹性板正下方爆炸气泡的运动特性。爆炸时使用 TNT 炸药,药量 $50g$,分 $0.4m$、$0.6m$、$1.0m$ 三种爆距。整个流场用正六面体单元划分,单元长 $0.05m$,弹性板用正四边形面单元划分,单元长 $0.12m$。

计算时考虑重力因素及弹性板的应变率强化效应。弹性板材料使用低碳钢,弹性模量为 $210GPa$,泊松比为 0.3,密度为 $7800kg/m^3$,屈服极限为 $250MPa$,设置最大塑性应变为 0.25。计算中应变率强化模型采用 Cowper-Symonds 模型

$$\frac{\sigma_d}{\sigma_y} = 1 + \left(\frac{\dot{\varepsilon}}{D}\right)^{1/P} \quad (7-2-10)$$

式中:σ_d、σ_y 分别为动态、静态屈服极限;$\dot{\varepsilon}$ 为等效应变率;D、P 为应变率强化参数,对低碳钢,一般取 $D = 40$,$P = 5$[65]。

7.2.4 结果及分析

1. 气泡运动过程

弹塑性边界与气泡边界之间的距离是影响气泡运动特性的重要参数之一,为了研究气泡运动特性与两者边界距离的具体关系,引入无量纲参数 n = 爆距/最大气泡理论半径,最大气泡理论半径及周期参见文献[67],此处不再列出。表 7-2-1 为不同爆距条件下,气泡运动基本参数的仿真计算值和经验公式值的比较情况。从表中可以看出,n 越小,气泡受边界影响越大,无法充分膨胀,最大半径及周期均比无边界影响时的参数值小。随着 n 的增大,边界影响变小,n = 1.79 时计算值与经验值基本吻合,可认为此种工况条件下,气泡膨胀不受边界条件影响,整个气泡脉动过程呈现球状脉动。

表 7 - 2 - 1　不同爆距下气泡参数的计算值与经验值比较

爆距 /m	无量纲 参数 n	气泡最大半径/m		气泡周期/ms	
		计算值	经验值	计算值	经验值
0.4	0.69	0.45	0.58	79	104
0.6	1.05	0.55	0.57	87	102
1.0	1.79	0.60	0.56	92	99

　　取 $n = 1.05$ 的工况为例分析气泡的运动过程,图 7 - 2 - 1 给出了典型时刻的气泡形状及弹性板变形图。可以看出,气泡在膨胀过程中,因弹性边界影响,上部气体边界略平,呈椭球形,在 $t = 18ms$ 时膨胀到最大;收缩时,上部气体边界向气泡中心凹陷,最后形成环形崩溃,如图 7 - 2 - 1(c)所示。脉动气泡在回缩过程中,平板下方的流体出现空化区域,形似一倒置的圆锥体,并且随着气泡收缩程度的加大,该空化区域的深度也加大,在气泡收缩到最小时,空化区域深度达到最大值,随后空化区域快速凹陷回缩,形成一向上的冲击射流作用于弹性板,如图 7 - 2 - 1(d)示。

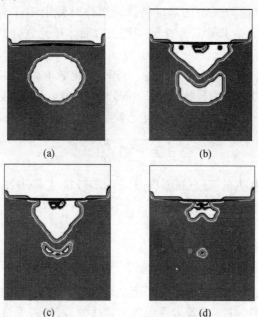

图 7 - 2 - 1　$n = 1.05$ 的气泡运动过程

(a) 18ms; (b) 70 ms; (c) 83 ms; (d) 97 ms。

　　气泡在自由场中运动时,会因受到浮力作用而出现垂向运动,但受到弹性边界影响后,其垂向运动过程发生变化。图 7 - 2 - 2 所示为不同爆距条件下气泡中心垂向坐标变化情况,以各自爆炸中心为坐标原点。可以看出,在膨胀初期,各工况下爆炸气泡中心基本不发生变化。在膨胀后期及收缩阶段,对于 n 为

0.69 和 1.05 的气泡,受弹性边界影响较大,整个气泡中心保持向下运动,当气泡收缩到最小时,出现小幅上升;当 $n=1.79$ 时,气泡受边界影响小,其中心仅在膨胀中期出现小幅下降,随后逐步缓慢回升,在气泡收缩到最小时,上升速度突然加快,此现象与 Hunter 的气泡垂向运动模型描述一致,即气泡在膨胀过程中的上升速度比在坍塌过程中的上升速度慢得多[62]。由于 Hunter 等人的模型是基于气泡球状运动假设,所以可认为 $n=1.79$ 工况下的运动气泡受边界条件影响较小,已基本满足球状气泡假设。

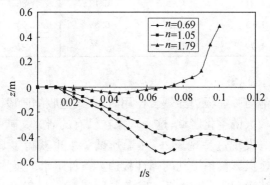

图 7-2-2   不同 n 值条件下气泡中心的垂向运动

2. 球状气泡条件参数

对于有结构边界存在的水下爆炸气泡,许多文献在理论研究时均做球状假设,而该假设只在"远场"条件下才具有较好的精度。如何量化定义"近场"和"远场",确定球状气泡模型的适用范围,是研究结构边界存在条件下气泡运动特性的重要内容。

理论上说,气泡距离结构边界越远,受边界影响越小;而在一定爆距条件下,气泡半径越大,受边界影响也越大。为了综合考虑这两者的影响,本书引入了无量纲参数 n。图 7-2-3 给出了 50g TNT 炸药在不同 n 值条件下,气泡膨胀到最大时的外部轮廓,图中坐标系以弹性板中点为坐标原点。可以看出,n 越小,气泡受边界影响越大,当无量纲参数 $n=1.79$ 时,气泡运动受结构边界影响较小,气泡边界基本呈球状。为了进一步确定参数 n 与球状气泡定义之间的关系,选取不同药量进行分析计算,具体结果如表 7-2-2 所列。在表中列出的无量纲参数 n 值条件下,气泡运动参数与无边界影响的

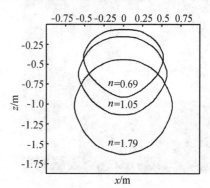

图 7-2-3   不同 n 值条件下的气泡外部轮廓

气泡参数基本一致。因此,可认为当 $n \geqslant 2$ 时,有结构边界存在条件下的爆炸气泡受边界影响小,可按球体模型处理。

表 7-2-2　不同药量条件下气泡参数的计算值与经验值比较

药量/g	无量纲参数 n	气泡最大半径/m		气泡周期/ms	
		计算值	经验值	计算值	经验值
20	1.81	0.43	0.42	78	75
30	1.84	0.51	0.48	86	85
40	1.83	0.55	0.53	90	92
50	1.79	0.60	0.56	92	99

3. 空化及射流现象

水下爆炸气泡与弹性板边界耦合作用时,在气泡收缩阶段,气泡和弹性板之间的流体会出现较大的空化区域,这一现象在已有的研究文献中尚未提及分析。除了通过数值仿真发现这一现象外,在爆炸试验中也获得了具体的现象证明。图 7-2-4 为高速摄影仪拍摄到的弹性板边界条件下水下爆炸气泡引起的流体空化及气泡环形溃灭现象。将图 7-2-4 与图 7-2-1(c) 相比较可以发现,两者描述的现象相似:气泡收缩时,在气泡和弹性板间形成一倒置的圆锥体形空化区域,同时气泡出现向下的环形溃灭,当气泡溃灭后,空化区域回缩形成向上的冲击射流,该射流的能量很大,冲击弹性板后使其快速向上运动。图 7-2-5 为与图 7-2-1(d) 相对应的流场速度矢量分布图,可以看出,空化区域回缩所形成的冲击射流速度达到 58m/s,由压力公式 $p = \frac{1}{2}\rho v^2$,可得瞬时冲击压力达到 1.68MPa,可见该射流的冲击能量很大[68]。

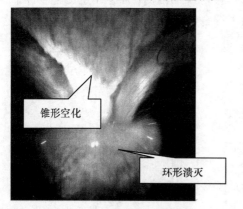

图 7-2-4　弹性边界下气泡
运动引起的空化现象

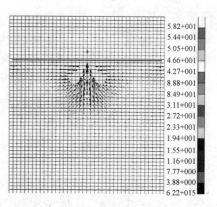

图 7-2-5　空化区域形成的
冲击射流速度矢量图

188

空化区域形成的原因主要是:气泡收缩导致平板下流体随之向气泡中心运动,且流体速度超过弹性板向下的运动速度,此时流体与弹性板间出现空隙;同时,周围流体向气泡中心快速运动,如同流体被快速拉伸,而流体本身并没有抗拉能力,导致其出现空化现象。

4. 弹性板响应过程

图 7-2-6 为三个工况下弹性平板中心点的响应位移时程曲线。随着 n 减小,弹性板的响应愈加剧烈,变形越大;在气泡膨胀阶段,平板因受到初始冲击压力及流体作用力的影响,向上运动;气泡回缩时,平板在外部大气压力作用下随之向下运动,在整个气泡收缩过程中均保持向下的弯曲变形,且出现明显的低频振动,当气泡收缩到最小时,空化区域快速凹陷回缩,形成向上的冲击射流作用于平板,使板快速向上弯曲变形。在 $n=0.69$ 工况下,弹性平板在射流的冲击作用下,其中一固定边界出现撕裂破坏。

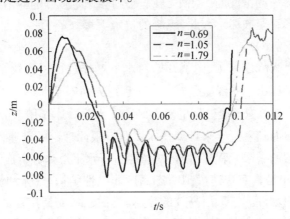

图 7-2-6　不同 n 值条件下弹性板中点位移响应过程

7.2.5　小结

本节利用有限元软件 MSC. Dytran 模拟了水平弹塑性边界条件下水下爆炸气泡的运动特性,分别对水下爆炸气泡运动过程、气泡引起的空化及射流现象、球形气泡模型假设条件以及弹塑性板响应过程等进行了分析,可以得出:

(1)通过合理的参数设置,MSC. Dytran 能够较好地模拟弹塑性边界条件下的水下爆炸气泡运动,并可推广到更复杂的结构边界条件,为解决此类流固耦合问题提供了有效的数值仿真预报手段。

(2)通过确定无量纲参数 n 值的大小,可以较好判别结构边界对气泡运动的影响程度。对于水平弹塑性边界条件,当 $n \geq 2$ 时,气泡受边界影响较小,可按球形气泡模型处理;当 $n < 2$ 时,气泡受边界影响较大,无法充分膨胀,气泡顶端呈椭球形。

（3）受水平弹塑性边界影响的爆炸气泡，会出现环形溃灭，同时在弹性边界和溃灭气泡之间出现明显的锥形空化区域，当气泡溃灭后，空化区域凹陷回缩，形成向上的冲击射流作用于弹性边界。通过高速摄影拍摄到的水下爆炸气泡运动图片，也证实了该现象的存在。

（4）弹塑性板会随着气泡的膨胀、收缩而出现向上、向下的弯曲运动，在气泡收缩阶段，弹性板会出现明显的低频振动。

7.3 舰艇在远场水下爆炸载荷作用下动态响应的数值计算方法研究

舰艇是海上作战的战斗平台，在战争环境下不可避免地会受到水中兵器的攻击。在水下爆炸冲击波的作用下，舰艇轻则会产生强烈的冲击振动，重则产生巨大的塑性变形直至破坏。因此，舰艇的抗水下爆炸能力一直是舰艇设计部门非常关注的问题。

第二次世界大战以来，人们就开始对水下爆炸进行了比较系统的研究[70]，主要是通过实验提出一些经验公式[3,71]。理论方面限于求解一些较为简单的结构[27,72-74]，对于分析像整艇这样的复杂结构在水下爆炸作用下的动态响应则手段比较有限。然而随着近年来计算技术以及有限元理论的迅速发展[75,76]，相继出现了一些大型的有限元程序，使得对整船进行水下爆炸分析成为可能。

MSC. Dytran 是具有快速模拟瞬态高度非线性结构、气体和流体流动、流固耦合的大型商用软件。它采用高效的显示积分技术、支持广泛的材料和高度非线性分析及流固全耦合，尤其擅长对高速碰撞、结构大变形和瞬时内发生的流固耦合作用事件的仿真，现已广泛应用于各个工程领域。MSC. Dytran 具有丰富的材料模式、状态方程以及各种起爆条件，能够模拟爆炸波的传播和爆轰产物的运动，以及爆炸冲击波对结构的响应。然而直接利用 Dytran 计算远场水下爆炸目前仍存在一定不足。本节利用 Dytran 中提供的用户子程序功能，在近场水域边界处加上冲击波载荷，模拟艇体在水下冲击波作用下的动态响应，得到了较好的计算结果。

本节提出了一个利用 MSC. Dytran 数值模拟水面舰艇在远距离水下爆炸载荷作用下动力响应的方法。用 FORTRAN 语言编译用户子程序，在近场水域边界处加上冲击波载荷以模拟远场爆炸效应，进而利用 Dytran 中强大的流固耦合计算功能，计算艇体在水下冲击波作用下的动态响应。同时研究了边界定义和单元划分对冲击波传播的影响。该方法弥补了 Dytran 计算远场水下爆炸的某些不足，计算所得到的船体附近的自由场压力与经验公式的结果基本一致，船体的冲击响应与相关实验结果比较表明本节计算结果可信。

7.3.1 计算方法

连续体的有限元模型无法在数值上反映不连续区域的传播,当采用一种不具有算法阻尼的时间积分法来模拟冲击波时,由于有限元网格只能产生有限的频率谱,因而会产生严重的振荡伴随波阵。为了控制冲击波的形成,Dytran 引入了人工粘性以减小伴随波阵的振荡,同时它使波阵处的压力随应变率增加,这样冲击波在大约 5 个单元上。按照这种计算方法计算,如果水单元划得不够密的话,则冲击波在水单元中传播时峰值压力衰减会很快。根据计算经验,单元的尺寸在毫米数量级上。这样对于远场水下爆炸而言,由于水单元的数目巨大而在实际计算当中几乎不可能实施。本节的基本思想是不考虑冲击波在远场的传播过程,直接在近场水域边界上加冲击波载荷,如图 7 - 3 - 1 所示,即直接在冲击波加载面上加载。

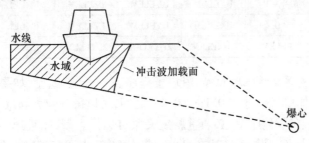

图 7 - 3 - 1　加载示意图

根据库尔的经验公式计算冲击波加载面上的冲击波载荷[70]

$$p = p_m e^{-\frac{t}{\theta}} \quad p_m = k\left(\frac{m_e^{\frac{1}{3}}}{R}\right)^{\alpha} \quad \theta = \frac{1}{k}m_e^{\frac{1}{3}}\left(\frac{m_e^{\frac{1}{3}}}{R}\right)^{\alpha-\beta}$$

$$(7 - 3 - 1)$$

式中:p 为冲击波压力;t 为时间;p_m 为冲击波峰值压力;m_e 为装药量;R 为球面距爆心距离;α、β、k、l 为经验系数。

将计算得出的冲击波载荷加到该球面上。MSC. Dytran 的标准程序中不支持在欧拉单元表面上加压力,但可以在欧拉单元表面上定义边界条件。而且程序已经提供了较为全面的边界条件定义,如边界上流体的压力、密度、速度、比内能,以及流体的流入流出。但是还没有提供这种在流体边界上加载动态压力的功能。所幸的是,Dytran 提供了用户子程序 EXFLOW 用于定义用户需要的一些特殊的边界条件。程序 EXFLOW 的调用格式为:

```
CALL   EXFLOW (FLNAME, LENNAM, NELEM, PELEM, QELEM,
+          UXELEM, UYELEM, UZELEM, RHOEL, SIEEL, PFACE,
+          UXFACE, UYFACE, UZFACE, RHOFAC, SIEFAC)
```

程序的编写语言为 FORTRAN,其中 FLNAME、LENNAM、NELEM、PELEM、QELEM、UXELEM、UYELEM、UZELEM、RHOEL、SIEEL 为输入变量。FLNAME 为边界名;LENNAM 为 FLNAME 的长度;NELEM 为单元号;PELEM、QELEM、UXELEM、UYELEM、UZELEM、RHOEL、SIEEL 则分别为单元压力,单元的人工二次粘性,单元 X、Y、Z 方向的速度,单元密度以及单元比内能。PFACE、UXFACE、UYFACE、UZFACE、RHOFAC、SIEFAC 为输出变量,分别为边界压力,边界 X、Y、Z 方向的速度,边界流入材料的密度和比内能。

由此可以控制单元表面压力,对于不同的边界条件,可以对其分别定义,如表 7 - 3 - 1 所列。

表 7 - 3 - 1   不同边界条件下的边界变量

	PFACE	UXFACE	UYFACE	UZFACE	RHOFAC	SIEFACE
冲击波加载面	$p_m \times e^{-t/\theta}$	UXELEM	UYELEM	UZELEM	RHOEL	SIEEL
自由边界	0	UXELEM	UYELEM	UZELEM	RHOEL	SIEEL
穿透边界	PELEM	2UXELEM	2UYELEM	2UZELEM	RHOEL	SIEEL

根据以上关系编译 EXFLOW 用户子程序,根据计算经验,如果在冲击波的传播方向上流体单元尺寸在 0.1m ~ 0.4m 之间,可以得到较为满意的计算结果。需要注意的是,在子程序中,必须重新定义所有边界类型,而且边界面上的压力和速度也必须定义。设 PFACE 在自由边界上为零,表示在该边界上初始压力为零,程序在计算过程中自行考虑了入射压力波和和反射稀疏波的叠加。由于在冲击波加载面上,流体为流入状态,因而密度及比内能也需定义。在计算的每一个时间步长中,子程序会被调用两次。第一次用于材料流计算,第二次用于冲击波计算。

7.3.2   算例

1. 计算模型

本节计算模拟 500kgTNT 当量的炸药在船肿左舷水平距离 50m、水深 20m 处爆炸时船体结构的响应。有限元模型如图 7 - 3 - 2 所示。图 7 - 3 - 2(a)为艇体结构有限元模型;将艇体从中面剖开,可以看到艇体内部情况及主机和电机的位置,如图 7 - 3 - 2(b)所示;图 7 - 3 - 2(c)为艇体和水域的模型,艇体水下部分与水单元之间定义了任意拉格朗日—欧拉耦合面(ALE 耦合面);图 7 - 3 - 2(d)为水域模型的一半,可以看到在船中剖面上水单元的划分情况。

需要说明的是水单元的创建,将船体水线以下部分沿径向拉伸 4m 生成船体附近水单元,在这 4m 上划分 10 个单元。然后将迎爆面一侧向冲击波的加载面投影。加载面为一球面,该球面的球心为爆心,半径视情况而定。同时在水面定义了自由表面边界,该边界的压力为零。在水域其他边界处都定义了穿透边

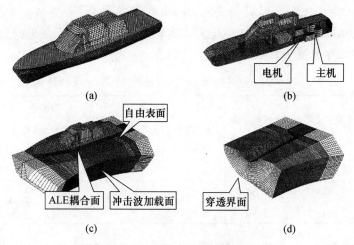

(a)

电机　主机

(b)

自由表面

ALE耦合面　冲击波加载面

(c)

穿透界面

(d)

图7-3-2　有限元模型

(a)整艇有限元模型；(b)艇体内部；

(c)艇体和水域模型；(d)水域模型的一半。

界条件以便使冲击波穿透出去,不至于在边界造成反射波。

2. 计算结果

冲击波在水中的传播如图7-3-3所示,为了便于看到冲击波在水中的传播情况,取水域的一半观察结果。由图7-3-3可见,冲击波刚开始加在球面边界上时,并不是很均匀,这是由于在冲击波的传播方向上单元长度不是完全相同而致。随着冲击波向前传播,分布逐渐均匀。当冲击波传到水面上时,由于定义了自由边界面,压力迅速降低。但水下部分继续向前传播。当冲击波扫过船体后,从穿透面流出。

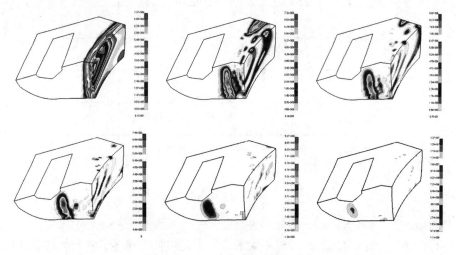

图7-3-3　冲击波在水中的传播

表 7 - 3 - 2 比较了经验公式和 Dytran 的计算结果,可见当离水面较远时 (>3m),Dytran 计算的结果与经验公式比较一致。当离水面很近时,由于边界效应的影响,冲击波压力明显降低。

表 7 - 3 - 2　经验公式和 Dytran 的计算结果的比较

水单元号	单元距爆心距离/m	单元距水面距离/m	经验公式计算结果		Dytran 计算结果	
			压力峰值/MPa	正压作用时间/ms	压力峰值/MPa	正压作用时间/ms
1754583	52. 07	3. 00	6. 239	2. 033	6. 3	2. 030
1754479	53. 42	2. 38	6. 061	2. 059	5. 1	2. 020
1754375	54. 11	1. 78	5. 973	2. 072	3. 3	2. 000

计算还输出了艇体舯部附近某一水单元中压力随时间的变化曲线,如图 7 - 3 - 4所示。冲击压力从 3ms 开始爬升,达到峰值压力 0. 61MPa 后,于 5ms 降为零,正压作用时间约为 2. 5ms。之后由于流体与艇体结构的相互作用,水压力又再次升高,出现二次加载现象。图 7 - 3 - 5 为艇体底部附近水域的冲击波压力曲线,由于水中冲击波从左舷传过来,因此冲击波首先接触到舯部。底部压力峰值较舯部稍晚。底部水域在 5ms 时达到最大值,约为 0. 38MPa。

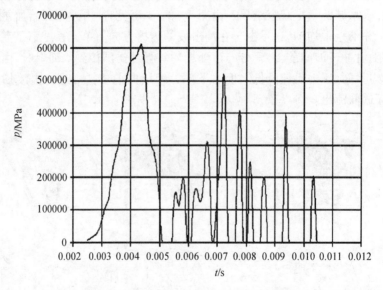

图 7 - 3 - 4　舯部附近水域的冲击波曲线

图 7 - 3 - 6 和图 7 - 3 - 7 分别为与图 7 - 3 - 4 和图 7 - 3 - 5 中水单元相连的壳单元的等效应力情况。可见不大的水压力足以使壳体达到相当大的等效应力。图中显示壳体内表面的峰值应力大于外表面,且它们达到峰值应力的时间

194

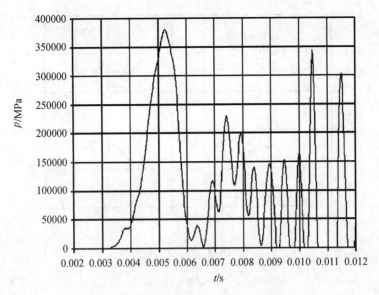

图 7 - 3 - 5   底部附近水域的冲击波曲线

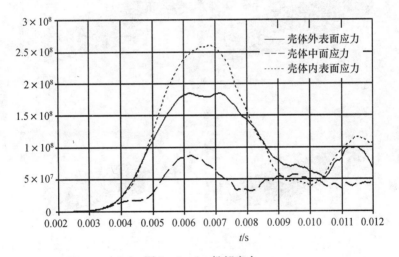

图 7 - 3 - 6   舭部应力

均比水单元压力达到峰值的时间晚 2.5ms 左右。

船体结构应力情况如图 7 - 3 - 8 所示,从图中可以清楚地看到应力波在船底的传播情况,最大应力为 400MPa,已达屈服极限,之后最大应力有所下降。由于应变较小,所以艇体底部并无破损。应力波传到甲板时,衰减得很快,因而上层建筑的应力很小。

图 7 - 3 - 9 和图 7 - 3 - 10 分别为刚性安装主机和电机时底部基座的冲击加速度。主机冲击加速度峰值约为 2800m/s²,电机冲击加速度约为 3600m/s²。

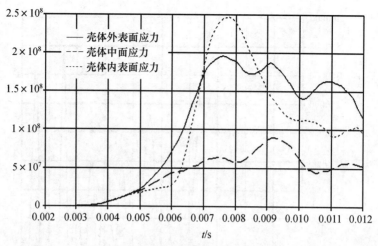

图 7 - 3 - 7　底部应力

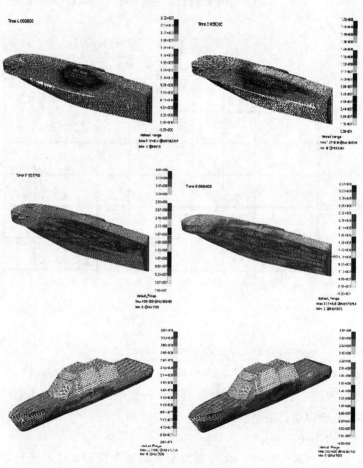

图 7 - 3 - 8　应力波在艇体上的传播

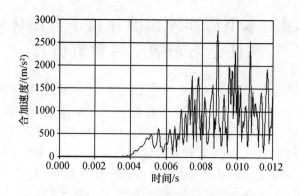

图 7 - 3 - 9　主机底部基座加速度

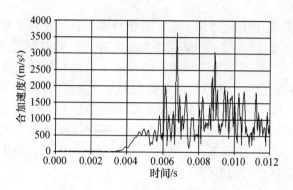

图 7 - 3 - 10　电机底部基座加速度

　　第六机械工业部船舶系统工程部曾对 028 艇做过系统的水下爆炸试验,测量得出该艇在舷侧 24m、水深 18.5m 处,200kgTNT 的炸药爆炸时主机底部加速度约为 2350m/s^2。本节计算结果与实艇试验测量结果在一个数量级上,比较符合实际情况。

7.3.3　小结

　　本节利用 Dytran 中提供的用户子程序功能,在近场水域边界处加上冲击波载荷以模拟远场爆炸效应。计算结果表明,如果在冲击波的传播方向上流体单元尺寸在 0.1m ~ 0.4m 之间,就能够很好地模拟爆炸冲击波在水中传播过程。这样就解决了该程序计算远场爆炸的不足,同时大大地缩短了计算时间。如果在建立水单元时,能够保证在冲击波的传播方向上单元尺寸一致则更好。在此基础上,利用 Dytran 程序中强大的流固耦合计算功能,计算艇体主机和电机底部基座的冲击加速度,其结果也能够符合实际情况。

7.4 水下爆炸冲击波作用下自由环肋圆柱壳动态响应的数值仿真

研究自由环肋圆柱壳在水下爆炸冲击波作用下的动态响应对于评估潜艇结构生命力具有重要的意义。国内外学者曾在这方面作过不少理论和试验的研究。但由于圆柱壳在水下爆炸载荷作用下的动态响应比较复杂,理论解通常限于理想刚塑性模型,且较难考虑材料的应变率强化等二级效应,因而往往作了相当程度的近似和简化。有限元方法则可以弥补这一不足。随着计算技术的逐步成熟以及计算能力的不断增强,世界上开发了一些大型商业有限元程序(如Nastran、ADINA、DYNA、ASKA、Dytran 等),它们都考虑了结构响应的材料非线性和几何非线性。

本节运用 MSC. Dytran 数值模拟了自由环肋圆柱壳在水下爆炸载荷作用下的非线性动态响应,仿真结果与试验结果较为吻合。运用大型商业有限元程序 MSC. Dytran 数值模拟了水下爆炸冲击波作用下自由环肋圆柱壳的非线性动态响应。采用一般耦合算法模拟流体与结构的耦合效应,计算中考虑了材料的应变率强化效应、几何非线性以及结构的初始缺陷的影响,计算结果与试验吻合较好,比较了肋骨和肋间壳板在迎爆面、侧爆面和背爆面处的中面有效应力和应变,分析了壳体在三个不同部位的破坏机理。最后比较了计算中考虑应变率效应与否对壳体最终变形的影响。

7.4.1 一般耦合算法

Dytran 程序中欧拉求解器与拉格朗日求解器是分开的,如果不定义它们之间的耦合关系,即使拉格朗日单元处于欧拉网格的范围之内,也不会对欧拉材料的流动产生任何影响,同时拉格朗日单元也不会受到来自欧拉材料的水动力的作用。为此程序在壳单元和水单元之间定义一般耦合面(General Coupling Surface)以分析它们之间的流固耦合作用,如图 7-4-1 所示。欧拉网格和拉格朗日网格之间的相互作用力通过这层耦合面互相传递,对于欧拉网格,它则充当流场的边界。因为划分圆柱壳的壳单元本身就构成了一个封闭的面,所以可以利用该封闭面作为一般耦合面。定义一般耦合算法的优点在于在建立有限元模型时,可以不必过多考虑欧拉单元与拉格朗日单元之间的相互匹配,因而简化了建模的过程。为防止冲击波的反射和压力堆积,必须在水域边界定义穿透边界,使得水介质能够流出。

7.4.2 有限元模型

环肋圆柱壳全长 1.67m,板厚 0.005m,直径 1m,肋骨为方钢(高 0.04m,宽

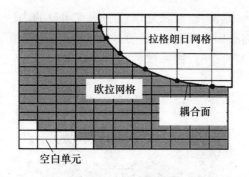

图 7 - 4 - 1　一般耦合算法

0.004m),肋骨在壳板外侧。两端舱壁厚 0.005m,舱壁上有较强的肋骨支撑。为便于与试验结果比较,建模时考虑了几何初始缺陷。采用拉格朗日四边形和三角形壳单元划分壳体,每个肋距上划分 4 个单元。定义壳体单元所构成的封闭曲面为耦合面。药包为 1kg TNT,位于圆柱壳中轴线的垂直平分线之上,且与中轴线处于同一水平面。药包距壳体最近距离为 1.3m。从迎爆面方向观察,定义从左至右肋骨依次为 1 号肋骨到 14 号肋骨,它们将圆柱壳划分为 13 份,依次为 1 号肋位到 13 号肋位,其中 2 号至 12 号肋位的肋距为 0.13m,1 号肋位和 13 号肋位的肋距为 0.12m。设 A、B、C 三点分别为 6、7、8 号肋位迎爆面的中点,D 点则位于 14 号肋骨的背爆面。水域长 6m,宽 3.6m,高 4.2m,采用正六面体欧拉单元划分网格,单元尺度为 0.15m。

模型材料为低碳钢,计算中采用双线性强化模型,弹性模量为 2.1×10^{11}Pa,泊松比为 0.3,密度为 7800kg/m³,强化模量为 2.5×10^{8}Pa,静态屈服极限为 2.5×10^{8}Pa。材料在强冲击载荷作用下,一般会产生比较明显的应变率强化效应,特别是对于低碳钢这种应变率敏感材料。本节计算中应变率强化模型采用 Cowper - Symonds 模型

$$\frac{\sigma_{d}}{\sigma_{y}} = 1 + \left(\frac{\dot{\varepsilon}}{D}\right)^{\frac{1}{P}} \tag{7 - 4 - 1}$$

式中:σ_{d} 为动态屈服应力;σ_{y} 为静态屈服应力;$\dot{\varepsilon}$ 为等效应变;对于低碳钢,一般取 $D = 40/s$,$P = 5$。

7.4.3　计算结果及分析

圆柱壳最终变形如图 7 - 4 - 2 所示。云图标注为壳体的绝对位移(包含刚体运动位移和塑性运动位移),单位为 m。为便于观察壳体的变形形状,图中按比例放大了各节点处的变形位移。由图可见最大塑性变形并不在模型迎爆面的正中间,而是处于 6 号肋位和 8 号肋位跨中。且迎爆面位移明显大于背爆面,肋骨处的位移明显小于肋位跨中位移,背爆面肋位跨中有明显突起。两端舱壁的

法线明显向迎爆面一侧偏转,且在迎爆面一侧有明显的内凹变形。在变形过程中,肋间位移场呈椭圆形沿环向扩张,而从整体观察,位移场呈菱形向四周扩张,当位移场传播到两端舱壁时,被舱壁截断,位移场由菱形转变为六边形,最后覆盖到整个壳体。

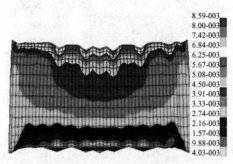

图 7 - 4 - 2   圆柱壳最终变形

图 7 - 4 - 3 所示为迎爆面 B 点和背爆面 D 点的速度随时间的变化曲线。因为 D 点位于刚性加强舱壁的背爆面处,可以将该点位移视为刚体位移。图中所示两点的速度最终趋向于 4m/s。此时壳体作刚体运动。图 7 - 4 - 4 所示为 A、B、C、D 四点沿迎爆面方向的位移时程曲线。因为其余两个方向的位移很小,相对于迎爆面方向分量可以忽略,将 A、B、C 三点的最终位移减去 D 点的刚体位移即为 A、B、C 三点的最终塑性变形。笔者曾做过本模型的水下爆炸试验,表 7 - 4 - 1 将本节计算结果与其进行了比较,可见计算结果与试验比较吻合。

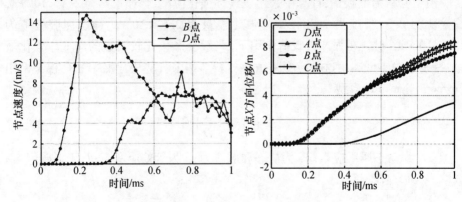

图 7 - 4 - 3 B、D 速度时程曲线   图 7 - 4 - 4 A、B、C、D 位移时程曲线

表 7 - 4 - 1   壳体最终变形值与试验结果的比较

	计算值/mm	试验值/mm
A 点	4.47	4.41
B 点	4.11	4.52
C 点	4.92	4.79

图 7-4-5 和图 7-4-6 比较了第 7 号肋位跨中迎爆面、侧爆面和背爆面壳体中面有效应力和有效应变随时间的变化情况。由图 7-4-5 可见,动态屈服应力已大大超过 250MPa 的静态屈服应力,达到 450MPa。迎爆面的动态屈服应力比背爆面的略低,比侧爆面的略高。在图 7-4-6 中也可以看出,迎爆面的有效应变的变化率比背爆面的略低,比侧爆面的略高。水中爆炸的二次加载现象对壳体的应力应变有明显的影响,从图 7-4-5 中可以看到,迎爆面的有效应力在首次冲击波作用下达到 450MPa 后开始下降,在 0.6ms 时下降到 350MPa,此时壳体由于受到二次加载的作用应力又升至 450MPa。有趣的是,从侧爆面和背爆面处的应力曲线上也可以看到二次加载的效应。与迎爆面不同的是,侧爆面和背爆面的应力再次提升并不是由于水的冲击作用,而是应力波在结构中的传播造成的。因为冲击波在水中的传播速度远小于应力波在壳体中的传播速度,而从图 7-4-5 中可见,在背爆面和侧爆面二次加载和首次加载的间隔时间与迎爆面的基本相同。因而虽然应力曲线有些相似,但它们之间有本质的不同。从效果上看,水对壳体的二次冲击可以使迎爆面的有效应力达到首次冲击波作用的效果,甚至更高。而二次冲击对侧爆面和背爆面的有效应力的影响相对迎爆面而言要弱一些。

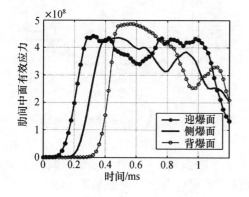

图 7-4-5　肋间中面有效应力　　　　图 7-4-6　肋间中面有效应变

对于迎爆面,破坏的主要因素显然是冲击波作用的结果。由于水中爆炸冲击波传播时呈指数衰减,经过绕流冲击波到达壳体侧爆面时,峰值压力已经衰减了很多。因而水中压力场只是侧爆面破坏的因素之一。通过对壳体变形情况的分析,侧爆面破坏的主要因素来自于以下两个方面:首先是圆柱壳在冲击波作用下的整体变形,类似于两端自由梁在冲击载荷作用下的变形破坏;其次,随着迎爆面单元在冲击压力的作用下向壳体内部变形,侧爆面的单元会向外凸出。壳体侧爆面主要是在以上两个因素和水压力的联合作用下产生变形破坏的。对于背爆面,由图 7-4-5 和图 7-4-6 可见,该处的有效应力和有效应变并不比迎爆面和侧爆面的小,甚至还要大。这是因为水对圆柱壳产生冲击之后,在壳体中产生应力波,由于壳体的对称性,应力波在壳体中分上下两路传播,最后在背爆面处会合。因而使得背爆面处的应力和应变有明显增强。其次,壳体在冲击作用下的整体弯曲也是背爆面破坏的重要因素。

图7-4-7和图7-4-8比较了第8号肋骨迎爆面、侧爆面和背爆面壳体中面有效应力和有效应变随时间的变化情况。可以看到,肋骨处迎爆面、侧爆面和背爆面的有效应力均比肋间壳板的跨中处要小。而二次加载对迎爆面单元的有效应力的影响更为明显一些,该处的有效应力甚至由400MPa下降到静态屈服应力250MPa以下,然后增高到450MPa。但二次加载对肋骨处侧爆面和背爆面的有效应力的影响则不是很明显,在背爆面几乎观察不到二次加载的效应。肋骨上迎爆面和侧爆面的最终有效应变均比肋间壳板上的要小,而背爆面处的最终有效应变远大于肋间壳板,这说明肋骨上有效应变沿周向的变化梯度比肋间壳板跨中的变化梯度大得多。

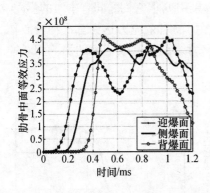

图7-4-7 肋骨中面有效应力

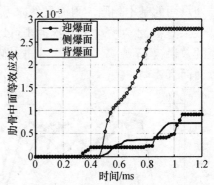

图7-4-8 肋骨中面有效应变

图7-4-9比较了考虑应变率效应与否对迎爆面 A 点最终变形的影响。计算时将应变率强化模型去掉,其余参数保持不变。由图可见如果不考虑应变率效应,A 点变形约为8mm。计算时考虑应变率效应是不考虑应变率效应的56%。文献[5]计算了水下爆炸作用下固支方板的非线性动力响应,指出考虑应变率强化效应所得到的最终变形比不考虑该效应的要小40%左右。可见在计算圆柱壳体在水下爆炸载荷作用下的动态响应时,应该考虑应变率强化效应的影响,否则所得结果过大。

7.4.4 小结

(1)环肋圆柱壳体在水下爆炸的冲击波作用下的变形过程中,肋间位移场呈椭圆形沿环向扩张,整体位移场呈菱形向四周扩张,当位移场传播到两端舱壁时,被舱壁截断,位移场由菱形转变为六边形,最后覆盖到整个壳体。迎爆面最终位移明显大于背爆面,肋骨处的位移明显小于肋位跨中位移。

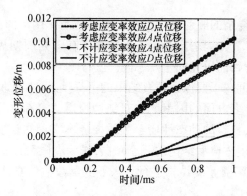

图 7 - 4 - 9　考虑应变率效应与否对变形的影响

（2）在水中爆炸冲击波的作用下,材料的动态屈服应力已大大超过静态屈服应力。在二次加载的作用下有效应力可以升至首次冲击波作用下的水平。二次加载对侧爆面和背爆面有效应力也有明显的影响。但侧爆面和背爆面应力水平的再次升高并不是由于水的冲击作用,而是应力波在结构中的传播造成的。

（3）迎爆面破坏的主要因素是冲击波的冲击作用。侧爆面破坏的主要因素是圆柱壳在冲击波作用下的整体变形和侧爆面的单元凸出变形。应力波在背爆面处会合使得背爆面处的应力和应变明显增强,因而背爆面处的有效应力和有效应变并不比迎爆面的小。

（4）对于低碳钢材料,考虑应变率强化效应所得到的最终变形比不考虑该效应的要小40%左右。

7.5　潜艇艇体结构在水下爆炸
冲击载荷作用下损伤研究

潜艇自19世纪中叶诞生以来一直是海战的重要力量。随着现代反潜武器的快速发展,潜艇面临着日益恶劣的生存环境。潜艇生命力是潜艇保存自己和发挥自身作战能力的必要条件,因此对潜艇生命力研究已经成为一个重要课题。而对潜艇艇体结构在水下爆炸载荷作用下的损伤研究则是其中的一个重要组成部分。

目前对结构在水下爆炸载荷作用下的动态响应研究主要是从理论研究、试验研究和数值仿真三个方面进行的。然而对于潜艇整艇这种复杂的结构来说,理论分析几乎是不可能的。现行军用标准[82]中仅给出了潜艇耐压壳结构在水下爆炸载荷作用下安全半径的一个粗略的解析公式。实船试验则需要耗费大量的人力物力,我国在20世纪80年代初进行过某型水面舰艇的实船水下抗爆试验[83],目前还未见潜艇实艇水下爆炸试验的相关报导。近年来,随着计算机技术和有限元理论的发展,相继出现了一些大型商业有限元软件,它们已经能够对带肋圆柱壳甚至更复杂的舰艇结构在水下爆炸载荷作用下的冲击响应问题进行数值仿真模拟[84,11,186,87]。由于数值仿真方法具有研究周期短和投入经费少等优点,因而已经成为目前研究的主要手段。

数值仿真的关键在于要保证仿真结果的可靠性,这主要取决于输入参数、建模方法、计算手段等多方面的因素。在对结构受爆炸载荷作用下的损伤情况进行数值仿真研究时,材料的动态性能至关重要。本文通过试验手段确定艇体钢的动态性能参数和艇体典型结构的开裂判据,作为有限元计算的输入参数,运用MSC. Dytran 程序对潜艇整艇结构进行了水下抗爆数值仿真,因而仿真结果具有较高的可信度。

本节采用数值计算和试验手段相结合的方法,对潜艇艇体结构在水下爆炸载荷作用下的损伤进行了研究。利用试验手段确定了潜艇艇体用钢的材料动态性能参数和潜艇典型单元结构在爆炸冲击载荷作用下的开裂判据。采用双层壳体建模方案对潜艇结构进行整艇有限元建模,运用MSC. Dytran 程序对整艇结构进行水下抗爆仿真,分析了三种不同工况下潜艇艇体结构的损伤形式。本节计算方法和仿真结果可供潜艇水下抗爆设计和潜艇结构生命力评估参考。

7.5.1 有限元建模

1. 整艇有限元建模

潜艇艇体的有限元建模在 MSC. Patran 中进行,这是一个功能比较强大的有限元前后处理软件。为了真实模拟艇体结构的刚度,采用双层壳体建模方案。首先建立潜艇艇体结构的几何模型,建模依据为潜艇艇体型线图、整体结构图、主要舱室结构图和主舱壁结构图等。模型包括耐压壳体、外壳体、耐压舱壁、指挥台、外壳板与耐压壳体之间的支撑结构、艇首及耐压壳体内主要舱室、主要基座结构等。其他对结构抗爆不重要的结构进行简化,以减小模型规模提高计算效率。

首先建立项目规划,包括模型的总自由度数、单元规模、有效工时和计算机资源以便对工作量进行合理分配,然后进行单元划分。由于整艇建模的工作量较大,在划分单元时将整艇分为艇首、艇中、艇尾三个部分进行,各部分建模完成之后进行拼接。其中艇长70m,耐压壳半径3.5m,厚度为28mm。整艇有限元模型如图7-5-1所示,单元规模约为10万个。图中标示了主舱室的编号,从艇首至艇尾依次为1号~6号舱段。

2. 水域有限元模型

水域有限元模型的建立对于仿真精度和计算规模都是至关重要的[11],主要需要考虑以下几个方面的因素:

(1) 水域大小。水域大小的建立不仅要覆盖整个艇体,还要考虑到边界效应的影响,在计算机资源允许的情况下扩大水域可以减小边界效应的影响。综

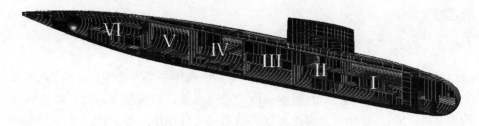

图 7 - 5 - 1 潜艇艇体有限元模型

合各方面因素,将水域建立在 80m × 20m × 20m 的长方体内。通过试运算的仿真结果可以观察到冲击波能够在水域边界穿透出去,因而边界效应对仿真结果没有影响。故这样设置水域大小是合理的。

(2) 单元形状和单元坐标。这主要是考虑到程序中有关算法的限制。在 MSC. Dytran 中如果水单元网格与基本坐标轴平行,则可以采用快速耦合算法有效提高计算效率。本节中采用与基本坐标系平行的八节点正六面体单元。

(3) 单元密度。如果水单元划分得太大,则爆炸冲击波在水单元中衰减得很快,爆炸冲击波的峰值压力和比冲量都很难达到要求。但是如果划分得太密,单元数量会成立方增长,将消耗大量的计算机资源。权衡利弊,本节计算中将水单元划分为 0.5m³,则水单元为 256000 个。这样划分单元能够保证在艇体结构附近处水单元的自由场爆炸压力与已知的计算自由场压力的经验公式结果一致。

7.5.2 艇用钢材料动态性能的试验确定

对结构在受水下爆炸载荷作用下的动态响应进行数值仿真时,材料性能参数的合理输入将直接影响到仿真结果的正确性,因此确定材料的动态性能参数极其重要 ,需要利用试验手段来确定。本节的试验对象是高强度潜艇结构钢。试验在反射型分离式 Hopkinson 拉杆上进行。由于艇体结构在爆炸冲击载荷作用下一般是拉伸破坏,因此进行材料的冲击拉伸试验,分别测得了准静态拉伸下潜艇用钢的屈服应力和两种不同应变率下材料的屈服应力,试验结果如表 7 - 5 - 1 所列。

表 7 - 5 - 1 不同应变率下潜艇用钢的屈服应力

应变率/(1/s)	屈服应力/MPa
0	550
1967	807
3425	859

材料应变率强化模型拟用 Cowper - Symonds 应变率强化模型

$$\frac{\sigma_d}{\sigma_y} = 1 + \left(\frac{\dot{\varepsilon}}{D}\right)^{\frac{1}{P}} \qquad (7 - 5 - 1)$$

式中:σ_d 为动态应力;σ_y 为静态屈服应力,即 590MPa;$\dot{\varepsilon}$ 为等效应变率;通过拟

合可得 P 和 D。

7.5.3 结构开裂判据的试验确定

当判断潜艇耐压壳体在水下爆炸载荷冲击作用下是否破损进水时,需要首先确定材料的开裂判据,即材料的极限动态应变值。潜艇艇体结构是由很多块钢板焊接而成,并在钢板上焊接加强筋以增强壳体强度。显然在爆炸冲击作用下钢板焊缝处是结构容易开裂的薄弱部位。而钢板在加强筋的支撑作用下也会产生较高的结构抗力,成为高应力区。

7.5.4 加载方式

构成潜艇艇体的壳单元和梁单元采用拉格朗日单元模拟,水介质则用欧拉单元描述。需要注意的是,Dytran 程序中欧拉求解器与拉格朗日求解器是分开的,如果不定义它们之间的耦合关系,即使拉格朗日单元处于欧拉网格的范围之内,也不会对欧拉材料的流动产生任何影响,同时拉格朗日单元也不会受到来自欧拉材料的流体动力作用。为此在耐压壳体和水单元之间定义一般耦合面以分析它们之间的流固耦合作用。欧拉网格和拉格朗日网格之间的相互作用力通过这层耦合面互相传递,对于欧拉网格它充当流场的边界,对于耐压壳体则是加载面。另外在耐压壳体上加上潜艇工作潜深 200m 的静水压力。

在进行有限元建模时采用了双壳建模,即分别建立了耐压壳体、外壳板和它们之间的支承结构。这样可以准确模拟艇体结构的弯曲刚度以保证计算精度。但是由于精确模拟爆炸冲击波在双层壳体内的传播存在一定的困难,因而加载时仅在耐压壳体上定义了耦合面,这就意味着水下爆炸冲击波和外壳板之间没有任何相互作用。这样处理的依据来自 Stultz 的试验研究结果[88]。Stultz 曾以潜艇结构为研究背景,通过试验研究了双层壳之间流体对爆炸响应的影响以及外层壳体对结构抗爆强度的影响等问题。试验结果表明当两层壳体之间充满水介质时,外层壳体的厚度对冲击波的传递影响不大。相邻结构的存在对爆炸冲击波的反射的影响也不是很严重。因而本节的加载方式是合理的,也是偏于安全的。关于装药和水单元状态方程的设置可参见文献[11]。

7.5.5 计算结果及分析

为了分析比较水中兵器战斗部在不同方向和爆距上爆炸对潜艇结构的损伤,以下计算了三种工况,分别是水中兵器战斗部在近距离舷侧和底部爆炸,以及在底部较远距离上爆炸时的情况。

1. 工况一

工况一计算了含 80kgTNT 的水中兵器战斗部在四号舱室跨中右舷方向距耐压壳 1.5m 处爆炸时艇体结构的损伤。此时到达耐压壳表面的冲击波峰值压

206

力为191MPa。为了便于观察和分析艇体各部分结构的损伤情况,将四号舱室模型分为四组,分别是耐压壳体内部舱室结构、耐压壳体结构、舷间肋板和肘板结构及外壳板结构。

如图7-5-2(a)所示,耐压壳体内部主甲板靠近右舷部分已经严重失稳破坏,失稳部位附近的壳板应力达到了853MPa。而主甲板左舷部位的应力水平不到300MPa,还未达到静态屈服应力,说明应力在主甲板上的分布梯度较大,下降很快。主甲板上的纵舱壁以主舱壁和耐压壳体为支承边界,平均应力水平约为180MPa。在纵舱壁和主甲板的连接部位有一定的应力集中现象,部分部位应力达到了520MPa。由于是在舷侧爆炸,因此底部基座的应力水平很低,只有70MPa左右,但由于基座根部与耐压壳体相连使得应力上升至290MPa左右,因而应力集中较为严重。左端主舱壁的应力水平约为270MPa,右端主舱壁应力水平约为460MPa。造成差异的原因是与右端主舱壁连接的内部舱壁和甲板结构较多,结构较强,因而承载较大。

耐压壳体右舷被炸开一个直径约为1.8m的破口,如图7-5-2(b)所示。破口处由于单元失效,应力降为零。值得注意的是,破口附近的应力只有300MPa左右,显然高应力区并不在破口附近,而是零星分布在耐压壳迎爆面一侧,应力水平约为660MPa,最高达到了827MPa。这是因为破口附近由于壳板断裂产生应力释放,因而使破口周边应力明显下降。对照图7-5-2(c)可以发现耐压壳的高应力区实际上是出现在与舷间肋板或肘板相连接的地方,最大应力则出现在耐压壳迎爆面与实肋板连接处。耐压壳体迎爆面其他部位的应力约为500MPa。侧爆面和背爆面的应力水平较低,约为250MPa。有趣的是,在图7-5-2(a)中可以明显观察到在耐压壳体与两端主舱壁连接处的应力集中,其应力水平与迎爆面基本相当。以下可以看到,这一点在爆距较远时尤为明显,当爆距较远时可以使相邻一个到两个舱段在舱壁与耐压壳连接处产生严重的应力集中。

图7-5-4(d)所示为外壳板的应力分布情况。外壳体的最大应力也出现在外壳板迎爆面与舷间耐压水舱实肋板的连接处。其他高应力区出现在外壳板迎爆面与舷间肘板的连接处。这是因为水中冲击波作用到耐压壳体上后,由于舷间肋板的连带作用使得外壳板产生相应的变形,而不是冲击波直接作用在外壳板上。在上甲板的右舷也可以看到规则的应力集中,这是由于结构在该处的不连续造成的。

2. 工况二

工况二计算了含80kgTNT的水中兵器战斗部在四号舱室跨中正下方距耐压壳1.5m处爆炸时艇体结构的损伤。图7-5-3(a)所示为该工况下耐压壳的中面有效应力的分布情况。由图可见最大应力出现在耐压壳体迎爆面上,范围基本上限制在底部舷间肋板围成的区域内。在两端主舱壁与耐压壳体的连接处

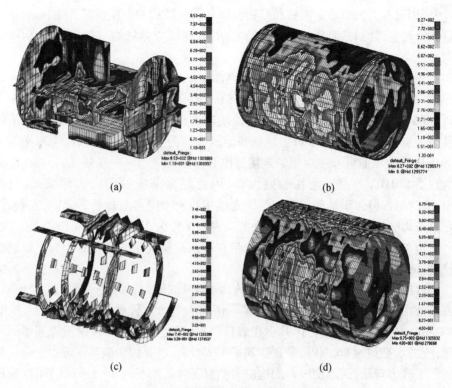

(a)

(b)

(c)

(d)

图 7 - 5 - 2　工况一最终中面有效应力

（a）主舱壁及内部舱室；（b）耐压壳体；

（c）舷间肋板和肘板；（d）外壳板。

有规则的环向应力集中。图 7 - 5 - 3（b）所示为耐压壳的中面有效塑性应变的分布情况,最大有效塑性应变出现在舱端底部跨中,约为 0.217。虽然舱壁底部与耐压壳体连接处也有一定塑性应变,但远比跨中要小。

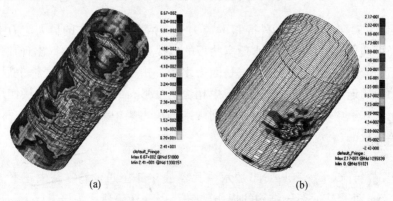

(a)

(b)

图 7 - 5 - 3　工况二耐压壳体损伤

（a）中面有效应力分布；（b）中面有效塑性应变分布。

与工况一相比,同样的装药量在相同的距离上爆炸,使得耐压壳舷侧产生破口而底部没有。这主要是由于艇体在舷侧和底部的结构形式不同所造成的。首先,由图7-5-2(c)可以看到,由于受总纵强度等因素的影响,底部耐压壳体与外壳体之间的横向肋板和纵桁比较密集,由它们所围成的框架可以作为耐压壳体的支座,因而相对于舷侧来说更加难破坏一些。其次,由于外壳体的板厚是由上到下逐渐增厚的,因而底部双层壳体的刚度较舷侧大。由于以上两方面的原因使得在相同装药量和爆距的情况下耐压壳底部未破损而舷侧破损。但是值得注意的是,如果考虑水下爆炸产生的气泡与壳体接触破裂所产生的射流对艇体的冲击作用,艇体底部可能会产生更加严重的破坏甚至破损。目前该程序还无法模拟气泡破裂所产生的射流,其破坏作用还有待进一步研究。

3. 工况三

工况一和工况二均为近距离爆炸载荷作用下的损伤。为了分析水中兵器战斗部在较远距离上爆炸对潜艇结构的损伤,工况三计算了含80kgTNT的水中兵器战斗部在四号舱室跨中底部4.5m处爆炸时艇体结构的损伤情况,如图7-5-4所示。由图7-5-4(a)可见,此时最大应力不是出现在舱段跨中,而是在舱壁与耐压壳的连接处。虽然装药是在四号舱室跨中底部爆炸,但耐压壳体在相邻两个舱室的主舱壁处也产生了明显的高应力区,集中在整个舱壁四周。图7-5-4(b)也显示了最大塑性有效应变出现在耐压壳体底部与主舱壁的连接处,而并非在舱段跨中。

与工况二比较,计算结果表明当水中兵器战斗部在很近的距离爆炸时会产生耐压壳体的局部破坏,但是如果在较远距离上爆炸则破坏部位不一定在耐压壳体与爆点最近的部位上,而是出现在耐压壳体与主舱壁的连接处。这一结论在对潜艇艇体结构进行水下抗爆校核时需要引起足够的重视。现行军用标准[82]在进行潜艇耐压壳体的安全校核时,所采用的计算模型实际上是舱段间的环肋圆柱壳模型,没有考虑到由于主舱壁的影响而在耐压壳体上产生的应力集中,因而存在严重缺陷,有待改进。其次,由图7-5-4(a)的应力分布规律来看,如果为了减小计算规模而只建立一个舱段模型来评估艇体结构的损伤也是不合适的。这样不仅是因为舱段端部的约束难以确定,而且会改变水中爆炸冲击波的流场压力分布,更主要的则是艇体的破损部位也有可能会改变。所以在计算资源和条件允许的情况下,应该尽量进行整艇建模的抗爆计算仿真。

7.5.6 小结

本节通过试验手段确定了潜艇用钢在冲击载荷作用下的动态性能参数。并进行了潜艇典型结构在爆炸载荷作用下的开裂判据试验。利用大型商业有限元前处理程序MSC.Patran详细建立了潜艇整艇的双层壳体有限元模型。将试验结果作为材料的输入参数,运用MSC.Dytran程序计算了不同工况下艇体结构的

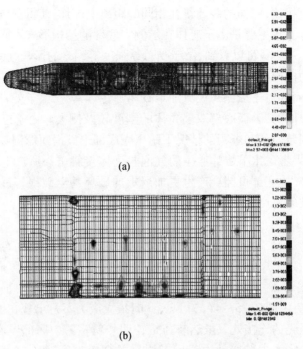

(a)

(b)

图7-5-4 工况三耐压壳体的损伤

(a) 中面有效应力分布；(b) 中面有效塑性应变分布。

损伤情况，具体结论如下：

（1）在爆炸冲击作用下潜艇艇体的焊缝和加筋部位是结构容易开裂的薄弱部位。潜艇耐压壳体钢的对接焊缝平板和内侧中部加筋平板结构在爆炸冲击载荷作用下的动态极限应变约为0.29。

（2）水中兵器战斗部在潜艇舷侧近距离爆炸时，所产生的应力在中部主甲板上的分布梯度较大，下降很快。且耐压壳体内部舱室的舱壁与甲板的交接处以及基座底部与耐压壳体的连接部位都有明显的应力集中现象。

（3）如果仅考虑水下爆炸冲击波的作用，在相同的水下爆炸冲击波作用下，由于结构形式的不同，在底部爆炸时未产生破口而在舷侧爆炸时可能会产生破口。但如果考虑水下爆炸产生的气泡与壳体接触破裂所产生的射流对艇体的冲击作用，艇体底部可能会产生更加严重的破坏甚至破损。

（4）水中兵器战斗部在近距离水下爆炸时耐压壳体一般产生局部破坏。距离爆心最近的部位容易产生破口。耐压壳体和外壳体的高应力区则基本上出现在它们与舷间肋板或肘板相连接的地方。

（5）如果水中兵器战斗部在较远距离上爆炸时则艇体的破坏形式为整体破坏。破坏部位不一定在耐压壳体与爆点最近的部位上，而是出现在耐压壳体与主舱壁的连接处。

7.6 水下爆炸载荷作用下受损加肋
圆柱壳的剩余屈曲强度计算

本节研究了在水下爆炸载荷作用下受损的加肋圆柱壳的屈曲,结合 MSC. Dytran 软件和 MSC. Nastran 软件计算了水下爆炸载荷作用下受损加肋圆柱壳的剩余屈曲强度,并且提出了一种结合上述两种软件计算加肋圆柱壳的剩余屈曲强度的方法,数值计算表明,预测结果与试验结果吻合较好。

加肋圆柱壳广泛用于各种结构,其在外载荷下的屈曲强度对于几何缺陷是比较敏感的。圆柱壳在径向有凹陷时不仅会导致局部屈曲,而且其总体屈曲强度也将大大降低。在水下非接触爆炸作用下,圆柱壳产生了永久塑性变形,形成初始几何缺陷,其屈曲强度会因此而降低,称为剩余屈曲强度。研究在水下爆炸载荷作用下受损而产生几何缺陷的加肋圆柱壳的剩余屈曲强度,对于评估潜艇结构生命力以及确定在受损情况下的艇体的剩余潜深具有重要的意义。目前,国内对于该问题的研究还不多。

7.6.1 简述

1. 初始几何缺陷对加肋圆柱壳屈曲荷载的影响

圆柱壳在均匀外压作用下的稳定性是一个比较复杂的问题。直到最近,薄壳稳定性研究课题仍然是近代非线性力学研究领域中最重要的基本方向之一。实验表明,圆柱壳的屈曲强度对于几何缺陷和边界条件非常敏感[89]。陈宏湛等提出,圆柱薄壳的初始几何缺陷对屈曲荷载有较大影响,弹性屈曲时,它能使屈曲荷载降低约 9%[90];岳喜宝提出,初始缺陷对光壳的影响较大,而对加筋壳的初始缺陷影响则比较小[91];郝刚等人的研究表明,壳体纵环加筋可以减轻初始缺陷对屈曲应力的影响程度,但这种影响依然存在[92];周频提出当几何参数 Z 较小,即当圆柱壳为粗短壳时,加肋圆柱壳具有相对较高的屈曲载荷,但对初始缺陷变得敏感[93];费鹏等人基于初始缺陷的定义,推导出轴向压力下由初始缺陷的圆柱壳的屈曲方程, 得到了圆柱壳塑性屈曲临界应力,在此基础上分析了初始缺陷的幅值对屈曲临界应力的影响,表明随着幅值的增加,临界应力逐渐减小[94]。

上述初始几何缺陷多是针对制造中的加工误差和焊接变形而言的,本节将研究水下爆炸载荷作用下具有较大永久塑性变形的受损加肋圆柱壳的剩余屈曲强度问题,而且将水下爆炸作用(确定的爆距和药量)与受损加肋圆柱壳的剩余屈曲强度(剩余潜深)直接相联系,这对于评估受攻击潜艇的生存能力具有重要意义。

要得到受损加肋圆柱壳的剩余屈曲强度的理论解是比较困难的,而采用有限元方法则可以求得比较精确的结果。Nastran 是工程应用上使用比较广泛的大型通用有限元软件,可以对结构的静力(线性和非线性)、模态、屈曲等过程进行分析。本节利用 Nastran 对受损的加肋圆柱壳进行屈曲分析,得到其屈曲临界载荷。

2. 水下爆炸载荷作用下加肋圆柱壳的永久塑性变形

由于加肋圆柱壳在水下爆炸载荷作用下的响应比较复杂,难以得到理论解,同时也很难真实地模拟水下爆炸冲击波在壳体上产生的冲击载荷,因此该问题的理论解往往作了相当程度的近似和简化。有限元方法则可以弥补这一不足。随着计算技术的逐步成熟以及计算能力的不断增强,一些大型商业有限元程序(如 Nastran、Dytran、ADINA 等)都考虑了结构响应的材料非线性和几何非线性。外国军方目前也主要采用商业有限元程序进行舰艇结构的水下抗爆计算和评估。美国和日本曾考核了计算软件模拟水下爆炸的可行性,研究认为采用MSC. Dytran 是一种合适的计算分析软件。意大利 CETENA 为军方进行了实船的水下爆炸数值计算,所采用的软件也是 MSC. Dytran。近年来,随着国外先进软件的引入,国内已开始采用相关的大型商业软件对潜体结构在水下爆炸载荷作用下的响应进行数值模拟分析。张振华等对水下爆炸冲击波和在水下爆炸冲击波作用下自由环肋圆柱壳的非线性动态响应进行了数值模拟研究[95,11]。白雪飞等对舰船单元结构模型在水下接触爆炸作用下的破口试验进行了分析[9]。

Dytran 是具有快速模拟瞬态高度非线性结构、气体和流体流动、流固耦合的大型商用软件,现已广泛应用于各个工程领域。Dytran 软件具有丰富的材料模式、状态方程以及各种起爆条件,能够模拟爆炸波的传播和爆轰产物的运动,以及爆炸冲击波对结构的响应。本节利用 Dytran 软件对圆柱壳受水下爆炸载荷作用的过程进行分析,得到结构内部的应力应变场和位移场。

7.6.2 结构模型与计算模型

加肋圆柱壳模型全长 1.67m, 板厚 0.005m, 直径 1m, 肋骨为方钢(高0.04m,宽0.004m),肋骨在壳板外侧,两端舱壁厚0.005m,舱壁上有较强的骨材支撑。圆柱壳体的材料为低碳钢,采用双线性强化模型,弹性模量为 2.1×10^{11}Pa,静态屈服极限为 2.5×10^8Pa,泊松比为 0.3,密度为 7800kg/m³。采用四边形和三角形壳单元划分壳体,用梁单元划分肋骨和舱壁上的骨材,每个肋距上划分 4 个单元,加肋圆柱壳模型如图 7-6-1 所示。从迎爆面方向观察,定义从左至右肋骨依次为 1 号肋骨到 14 号肋骨,它们将圆柱壳划分为 13 等份,依次为1 号肋位到 13 号肋位,其中 2 号至 12 号肋位的肋距为 0.13m,1 号肋位和 13 号肋位的肋距为 0.12m。图 7-6-1 中的梁单元采用了三维显示。由于本节计算模型是根据实际结构模型建立的,考虑了由加工误差和焊接变形而造成的几何初始缺陷,即认为肋骨为正圆,而沿 1 号至 13 号各肋位跨中壳板沿周向有初始挠度,范围在 0~5.55mm 之间。

7.6.3 计算过程及结果

1. 未受损加肋圆柱壳屈曲强度计算

采用 Nastran 程序计算未受损的圆柱壳屈曲强度,以便于与受损后圆柱壳屈曲强度进行比较(受损指的是受爆炸冲击而产生的塑性变形)。计算模型如图 7-6-1所示,可以求得其各阶失稳模态,得到一阶失稳模态的屈曲强度为 3.57MPa,如图 7-6-2 所示。

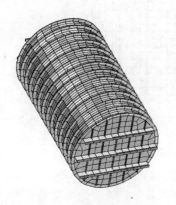
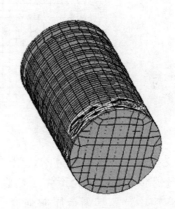

图 7-6-1　加肋圆柱壳模型　　　图 7-6-2　未受损圆柱壳的失稳

2. 爆炸载荷作用下的塑性变形计算

采用 Dytran 程序计算圆柱壳受到水下爆炸冲击载荷作用下的塑性变形,计算模型如图 7-6-3 所示。爆心距壳体最近距离为 1.3m。材料在强冲击载荷作用下,一般会产生比较明显的应变率强化效应,特别是对于低碳钢这种应变率敏感材料。本计算中应变率强化模型采用 Cowper-Symonds 模型

$$\frac{\sigma_{\mathrm{d}}}{\sigma_{\mathrm{y}}} = 1 + \left(\frac{\dot{\varepsilon}}{D}\right)^{\frac{1}{P}}$$

式中:σ_{d} 为动态应力;σ_{y} 为静态屈服应力;$\dot{\varepsilon}$ 为等效应变率;对于低碳钢,一般取 $D = 40/\mathrm{s}, P = 5$。

药包为 1kgTNT,位于圆柱壳中轴线的垂直平分线之上,且与圆柱壳处于同一水平线。水域尺寸长 6m,宽 3.6m,高 4.2m,采用正六面体欧拉单元划分网格,单元尺度为 0.15m。图 7-6-3 所示为水域的有限元模型以及药包和圆柱壳的相对位置。

TNT 炸药的状态方程采用标准的 JWL 方程。采用一般耦合算法(划分圆柱壳的壳单元本身构成了一个封闭的面,所以可以利用该封闭面在壳单元和水单

元之间定义一般耦合面以分析它们之间复杂的流固耦合作用)。在爆炸载荷下,圆柱壳产生了永久塑性变形,如图 7 - 6 - 4 所示。为便于观察壳体的变形形状,图中按比例放大了各节点处的变形位移。云图标注为壳体的绝对位移(包含刚体运动位移和塑性变形位移),单位为 mm。选定的刚体运动位移点位于刚性加强舱壁的背爆面处。可以看到,最大绝对位移在圆柱壳迎爆面中部肋间壳板处,减去圆柱壳刚体位移后其实际塑性变形为 4.92mm。

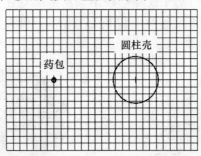

图 7 - 6 - 3　药包及水域有限元模型

3. 受损圆柱壳屈曲计算的初始挠度的确定

受损变形后的圆柱壳产生了塑性变形,其最大值为 4.92mm。本节中将在 Nastran 程序中计算其剩余屈曲强度。图 7 - 6 - 4 所示为壳体变形结果云图。在 Dytran 程序中显示变形结果时,直接将变形结果以云图的形式显示在模型上,但实际上结果和模型是分开的。结合在一起时显示的是变形后的模型(以云图的形式),当不显示结果时,云图去掉,模型仍然是原来未变形的模型。采用 Nastran 程序计算受损变形后的圆柱壳的剩余屈曲强度时,为了将结构的塑性变形考虑进去,必须根据 Dytran 程序计算得到的变形结果对原来的模型进行修改。采取如下步骤:①将图 7 - 6 - 4 所示的变形结果生成一个变形场(Field/Create/Spatial/Fem),即有限元模型单元节点的位移场,该位移场是一个空间场,对空间每个点都有确定的值;②利用该位移场对原来加肋圆柱壳有限元模型的单元节点进行偏置(Utilities/Fem - Nodes/Node modify by field),原来的单元随着偏置后的节点发生了变形,从而形成新的圆柱壳模型。新的加肋圆柱壳模型所具有的初始几何缺陷,与图 7 - 6 - 4 中所示 Dytran 程序计算得到的模型变形结果是一致的。

4. 受损圆柱壳屈曲计算

从前面得到的新的加肋圆柱壳模型,通过 Nastran 程序计算受损圆柱壳的屈曲强度。材料与前面计算未受损加肋圆柱壳失稳一样,可以求得其各阶失稳模态。如图 7 - 6 - 5 所示,可以看到一阶失稳发生在迎爆面中部肋间壳板,临界压力为 3.15MPa。

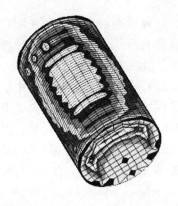 

图7-6-4 壳体冲击变形　　图7-6-5 受损变形后的圆柱壳失稳

5. 理想圆柱壳模型屈曲计算

前面是根据实际结构模型建模计算的,为了进行对照,同时计算了尺寸相同、但无几何加工缺陷的理想加肋圆柱壳模型(与前面实际结构模型相对)的屈曲强度,得到其屈曲强度为4.86MPa。

6. 结构模型试验结果

本小节的数值计算是在加肋圆柱壳结构模型进行的水下爆炸冲击试验和受损加肋圆柱壳的剩余屈曲强度压力筒试验的基础上进行的。在水下爆炸冲击试验时,测量得到的最大塑性变形4.79mm,在壳体迎爆面中部肋间壳板处。压力筒试验时,得到爆炸变形后的加肋圆柱壳屈曲强度为3 MPa。

7.6.4　结果分析

(1) 数值计算时,加肋圆柱壳模型受到水下爆炸冲击载荷作用(1kgTNT 药量,距离1.3m),产生的最大塑性变形为4.92mm,发生在壳体迎爆面中部肋间壳板。在相同水下爆炸载荷作用下,加肋圆柱壳结构模型水下爆炸试验结果所测量的最大塑性变形为4.79mm,说明采用 Dytran 程序计算加肋圆柱壳在水下爆炸冲击载荷作用下的塑性变形和挠度是可行的。

(2) 水下爆炸试验后,受损加肋圆柱壳的压力筒外压试验结果表明其屈曲强度为3MPa。而通过 Dytran 程序计算爆炸冲击变形,由变形位移场偏置确定受损后加肋圆柱壳新的计算模型,再由 Nastran 程序计算受损加肋圆柱壳的屈曲强度为3.15MPa。该结果说明本节的计算方法是正确可行的,其计算结果与试验结果吻合较好。

(3) 数值计算时,理想加肋圆柱壳模型的屈曲强度为4.86MPa,仅考虑初始加工缺陷的加肋圆柱壳模型的屈曲强度为3.57MPa;爆炸冲击作用后,模型产生了塑性变形,导致屈曲强度降为3.15MPa。数值计算表明,受到爆炸冲击后,加肋圆柱壳的屈曲强度明显降低,挠度的增加将会影响加肋圆柱壳模型的屈曲强度。另外,从图7-6-2可以看到,爆炸冲击前,计算模型的屈曲发生在圆柱壳壳体靠近舱壁一端,而爆炸冲击后,屈曲发生在圆柱壳壳体迎爆面中部,如图7-6-5所示。很明显是由于爆炸冲击后的迎爆面塑性变形较大造成的。

(4)本节在建模时已考虑了初始加工缺陷(沿1号至13号各肋位跨中沿周向有初始挠度,范围在0~5.55mm之间)。未受损加肋圆柱壳指的是未受爆炸冲击的加肋圆柱壳。由于初始加工缺陷与爆炸冲击产生的塑性变形相当,因此受损加肋圆柱壳模型较未受损加肋圆柱壳模型屈曲强度并没有大幅下降,但可以预期,当水下爆炸冲击载荷作用强度进一步提高,塑性变形进一步增大,则大变形情况下的加肋圆柱壳的屈曲强度肯定会大幅下降。

7.6.5 小结

(1)本节提出了一种计算水下爆炸载荷作用下受损加肋圆柱壳的剩余屈曲强度的方法,是正确可行的,具体方法为:

① 在Dytran程序中计算水下爆炸载荷下加肋圆柱壳的塑性变形。

② 根据计算得到的加肋圆柱壳的变形场,对原来的有限元模型进行修改,得到新的有限元模型,该模型考虑了爆炸载荷下壳体的塑性变形。

③ 在Nastran程序中计算变形后的加肋圆柱壳的剩余屈曲强度。

(2)本节利用上述方法实现了对加肋圆柱壳受到水下爆炸冲击后的剩余屈曲强度的计算,计算结果与试验结果吻合较好。数值计算显示,受爆炸冲击前,该加肋圆柱壳壳体的屈曲强度为3.57MPa,受损后加肋圆柱壳的屈曲强度为3.15MPa,说明爆炸冲击将明显地降低加肋圆柱壳的屈曲强度。

(3)数值计算显示,理想加肋圆柱壳的屈曲强度为4.86MPa,而考虑可初始加工缺陷的加肋圆柱壳的屈曲强度为3.57MPa,说明初始加工缺陷对于加肋圆柱壳屈曲强度影响同样很大。

第8章 舰船结构毁伤中穿甲问题的分析方法

8.1 引 言

穿甲问题的研究,可以追溯到 1897 年以前,Martel 首次借助于物理描述给出了侵彻过程的关系式,迄今已经历近二百年发展历程,其发展大体可分为三个时期[6]:第二次世界大战之前,由于缺乏必要的试验设备和理论基础,如塑性力学,其研究主要为实弹射击试验,并从试验中总结各种经验公式;第二次世界大战后,随着塑性力学、粘塑性力学,尤其是塑性动力学的发展,穿甲力学的理论研究进入发展高峰期,其中著名的英国力学家 G. I. Taylor 所提出的动力屈服强度测定和弹塑性扩孔理论的建立,对于穿甲理论的发展起到了极为重要的推动作用;20 世纪 60 年代初至今,随着新材料技术、试验测试技术和计算机技术的飞速发展,现代穿甲力学的研究特点主要体现为:①研究对象和范围的不断扩大;②各种现代化试验设备的大量使用;③穿甲过程数值计算算法的进一步完善及其在工程领域的成功运用。

然而,穿甲过程毕竟是一个高瞬态的非常复杂的动力学问题,严格的理论解析应考虑的因素众多,如:弹、靶几何形状和尺度;弹、靶材料静动态本构特性;激波的传播特征;局部结构的大变形;热效应、摩擦效应以及裂纹、微裂纹的产生、动态扩展等。此类问题的相关基础理论,至今尚未得到较好的解决。从而导致了现代穿甲力学问题的研究中,试验观测方法依然占据主导的地位,基于唯象理论和能量守恒的半经验描述在防护结构设计的过程中依然得到了广泛的重视。而数值计算方法具有降低设计成本的明显优势,目前已成为必要的辅助设计途径和未来的重要发展方向。

穿甲作用广泛存在于舰艇结构抗毁伤能力研究过程中。现代海战中舰艇结构在遭受反舰武器,如反舰导弹、航空炸弹、鱼雷以及炮弹等近距或接触攻击时,将带来大量的弹头或聚能射流以及战斗部爆炸高速破片的穿甲作用。根据现代舰船的结构特点,舰船穿甲毁伤作用的研究应主要包括反舰武器或高速破片对舰体板架结构的穿甲毁伤作用和对各种特殊的舰用装甲防护结构的穿甲毁伤作用两类,其研究内容主要包括:①满足舰体总强度要求的舰体结构在穿甲作用下的抗毁伤能力研究;②抗穿甲毁伤作用的轻型装甲防护结构(主要针对中小型舰船)或重型立体装甲防护结构(主要针对大型舰船,1 万吨以上)的设计。其防护目标种类主要是大型反舰武器的低速穿甲和爆炸产生小质量高速破片的穿甲作用。

由于舰船战术技术性能的要求,以及现代武器攻击能力的发展和排水量的限制,现代舰船的装甲防护思想已由第二次世界大战时期的全面防御转变为有限和重点防御,由单一外层防御转变为充分利用大型水面舰艇的结构体系建立立体的、综合性的防护结构体系。重型、大面积的舰船装甲结构在现代海战中已很少出现。保障船体结构正常使用强度的需要是目前舰体结构设计的主要依据,因此,现代舰船的板架结构相对于大型反舰武器的侵彻而言,大多属于金属薄板的穿甲问题。同时,根据舰艇战时生命力和抗毁伤能力的设计需要,随着现代材料技术的飞速发展,特种合金装甲钢板、纤维增强材料复合装甲板以及陶瓷等新型轻质高抗冲防护结构在现代舰艇上大量使用,为船体结构的穿甲毁伤研究带来了新的穿甲问题研究方向,如轻型复合装甲结构(复合材料穿甲力学)和立体防护结构穿甲毁伤力学的研究。本章将重点讨论大型反舰武器对金属薄板的穿甲作用、纤维复合材料层合板的穿甲力学问题,并对数值技术的发展和应用情况进行简要介绍。

8.2　低速锥头弹对薄板穿孔的破坏模式研究[96]

薄板穿甲问题在舰船武器命中结构毁伤过程中广泛存在,目前在实验和理论方面已有较多研究[7,97,98]。但是,随着弹丸速度、头部形状、靶板材料和厚度的不同,薄板穿甲的弹—靶相互作用过程、靶板的破坏模式等存在较大差异,从而导致了薄板的抗穿甲能力评估的计算方法存在较大差异[96]。如何有效地评估薄板的抗穿甲毁伤能力对于正确认识大型反舰武器攻击下舰体结构的抗毁伤能力具有重要意义。

8.2.1　薄板穿甲的一般计算方法

薄板穿甲问题的理论计算目前大多采用能量分析方法,其击穿准则为

$$E_{im} \geqslant W \qquad\qquad (8-2-1)$$

式中:E_{im}为弹丸着靶动能;W为靶板动态变形功。

对于一定质量的弹丸,只要着靶速度已知,即可求出弹丸的冲击动能。因此研究的关键是如何确定W,而W的确定又主要依赖于靶板的破坏模式。当弹速较高,且靶板厚度大于弹丸直径时,靶板的破坏模式为韧性扩孔型。Taylor对该模式的W进行了理论分析[99],假设无限靶板处于平面应力状态,在弹丸挤压作用下靶板材料沿径向膨胀而形成圆孔。薄板在径向扩孔时,在2倍孔径范围内,板的环向应力为零,即$\sigma_\theta = 0$,从而由平面应力状态下板的平衡方程和体积不变条件,导出弹丸塑性扩孔所做的功为

218

$$W = 2\pi R^2 \sigma_0 h = \frac{1}{2}\pi D^2 \sigma_0 h \qquad (8-2-2)$$

式中:R 和 D 分别为弹丸的半径和直径;h 为靶板原始厚度;σ_0 为靶板材料流动应力,文献[98]取 σ_0 满足

$$\sigma = \sigma_0 \varepsilon^m \qquad (8-2-3)$$

一般认为 σ_0 在考虑应变速率后,可近似取材料在高应变速率下的动态屈服应力值。

由于韧性扩孔型模式主要发生在靶板厚度大于弹径的穿甲问题中,因而 Taylor 穿甲理论只适用于较厚的薄板穿甲问题。但是文献[100]的研究表明, Taylor 理论对于碟型破坏和花瓣开裂破坏的较薄的薄板穿甲问题同样具有较好的适用性。另外,Taylor 理论不满足塑性流动法则,只满足静力容许应力场,因此其解为下限解。

碟型破坏模式主要发生在较薄的靶板。其破坏过程是,当小锥角锥头弹丸穿过塑性较好的薄靶时,弹尖很快穿透靶板,随着弹丸前进,靶板材料沿着弹丸表面扩张而被挤向四周,主要是径向扩张变形,轴向伸长可以忽略不计,碟型破坏模式首先由 Taylor 提出,但 Thomson 给出了较为详细的理论计算[101],因而将该理论称为 Thomson 理论[101]。其穿甲过程中靶板吸收的变形功为

$$W = \frac{1}{2}\pi R^2 \sigma_0 h = \frac{1}{8}\pi D^2 \sigma_0 h \qquad (8-2-4)$$

式中符号含义同式(8-2-2)。此式表明,碟型模式的靶板吸能量仅为韧性扩孔型模式的 1/4。后来的大量研究表明,Thomson 理论过分低估了穿甲过程中靶板的吸能量。

Woodward 根据碟型模式存在弯曲变形,以及在弹尖开始穿甲时仍为韧性扩孔型模式等因素,对 Thomson 理论进行了修正[101],给出了靶板变形功(吸能量)的修正公式

$$W = \frac{1}{2}\pi R^2 \sigma_0 h + \frac{\pi^2}{4}\sigma_0 R h^2 + 1.92\pi\sigma_0 h\left(\frac{h}{1.81}\right)^2 \qquad (8-2-5)$$

式中符号含义同式(8-2-2),其中第二项为弯曲塑性功修正项,第三项为韧性扩孔塑性功修正项。

8.2.2 隆起—剪切破坏模式的薄板穿甲变形功计算方法

Thomson 理论适用于较小锥角锥头弹丸的薄板穿甲问题,对于较大锥角(弹丸半锥角大于45°)的锥头弹丸,弹尖撞靶时并不会马上刺穿靶板,而是靶板压合于弹丸表面,随弹丸一起向前运动,即靶板在弹丸冲击作用下发生剪切和滑移,沿弹丸锥形表面贴合变形。当整个弹丸锥体压入靶板时,在弹径范围内的靶

板被压出一个"锥形隆起"。如果弹速较高,当弹丸圆柱段穿过靶板时,锥形隆起部分的靶板被剪切下来,靶板形成隆起—剪切破坏。考虑到靶板被剪切的同时,剪切区外侧边缘的靶板在剪切力作用下要产生弯曲变形,见图8-2-1(a)的破口边缘。因此本模式的靶板变形功 W 由三部分组成,即"锥形隆起"的剪切滑移功 W_1、剪切冲塞功 W_2 和弯曲变形功 W_3。

$$W_1 = \int_0^{x_m} 2\pi r h \tau_0 \mathrm{d}x \qquad (8-2-6)$$

式中:τ_0 为剪切流动应力,可取 $\tau_0 = (1/2)\sigma_0$;x 为弹丸轴向行程;x_m 为弹丸锥头高度。若弹丸锥头半锥角为 φ,则有 $r = x\tan\varphi$,$\mathrm{d}x = \cot\varphi \mathrm{d}r$,当 $x = x_m$ 时,$r = R$,对式(8-2-6)进行积分可得

$$W_1 = \frac{1}{2}\pi R^2 \sigma_0 h \cot\varphi \qquad (8-2-7)$$

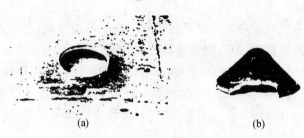

图8-2-1 试验中的靶板破坏形貌

W_2 可由冲塞时剪切力平均值乘以冲塞行程求得。剪切力平均值可取为 $2\pi R h \tau_0/2$,冲塞行程考虑到外侧靶板弯曲变形,并由试验测量,可取 $x = 3h$,则

$$W_2 = \pi R h \tau_0 \cdot 3h = \frac{3}{2}\pi R h^2 \sigma_0 \qquad (8-2-8)$$

试验观察表明,靶板剪切破口边缘弯曲角可取为 $\alpha = \dfrac{\pi}{4}$,则

$$W_3 = 2\pi R \cdot \frac{1}{4}\sigma_0 h^2 \cdot \frac{\pi}{4} = \frac{\pi^2}{8}R h^2 \sigma_0 \qquad (8-2-9)$$

$$W = W_1 + W_2 + W_3 = \frac{1}{2}\pi R h \sigma_0 \left(R\cot\varphi + 3h + \frac{\pi}{4}h \right)$$

$$(8-2-10)$$

8.2.3 碟形弯曲—花瓣开裂破坏模式的薄板穿甲变形功计算方法

对于弹速较低或相对靶板较厚的大锥角尖头弹丸,当锥头撞击靶板,靶板产生隆起剪切滑移变形后,在弯曲应力波作用下,靶板产生碟形弯曲变形,弯曲塑性铰半径约为 $3R$,如图8-2-2所示。

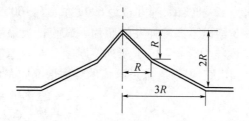

图 8 - 2 - 2 靶板碟形弯曲最终状态

在靶板随弹丸向前运动的同时,靶板要产生中面伸长变形。在弹丸继续向前运动时,弹尖部的靶板最先破裂,形成花瓣开裂破坏。因此,靶板变形功 W 由"隆起锥形"剪切滑移功 W_τ、弯曲变形功 W_b、拉伸变形功 W_t 和断裂能 W_F 四部分组成。

$$W_\tau = W_1 = \frac{1}{2}\pi R^2 \sigma_0 h\cot\varphi \qquad (8-2-11)$$

W_b 与弯曲角、塑性铰线长和单位宽度上靶板极限弯曲力矩有关。由试验结果可知,靶板花瓣弯曲变形与靶板原平面相比,基本上接近 $90°$,在此取为 $3\pi/8$。塑性铰线取平均铰线半径为 $2.5R$,则

$$W_b = 2\pi \cdot (2.5R) \cdot \frac{1}{4}\sigma_0 h^2 \cdot \frac{3\pi}{8} = \frac{15}{32}\pi^2 Rh^2 \sigma_0 \quad (8-2-12)$$

由试验测量知,靶板产生的挠度是很大的,如表 8 - 2 - 2 中实验 3 测得未开裂靶板的挠度为 46mm,实验 4 为 65mm。因而可假设在靶板开裂以前,靶板总挠度值为 $2R$,而靶板开裂以后将不再产生中面拉伸,靶板拉伸的最终状态如图 8 - 2 - 1 所示。如果假设靶板拉伸变形均匀地发生在 $R \sim 3R$ 区域,则

$$W_t = \int_R^{3R}(\sqrt{5}-2)\mathrm{d}r \cdot 2\pi rh\sigma_0 = 0.71\pi R^2 h\sigma_0 \qquad (8-2-13)$$

而

$$W_F = nhlG_c \qquad (8-2-14)$$

式中:n 为裂纹数目(同花瓣数);l 为裂纹长度,可取 $l = 3R$;G_c 为靶板材料断裂韧性值。本试验表明,$h = 8.5$mm 的钢板,花瓣开裂数都为 $n = 5$。由式(8 - 2 - 6)~式(8 - 2 - 9)可得

$$W = \frac{1}{2}\pi R^2 h\sigma_0(\cot\varphi + 1.42) + \frac{15}{32}\pi^2 Rh^2\sigma_0 + 3\pi RhG_c$$

$$(8-2-15)$$

8.2.4 薄板穿甲公式的试验验证

试验在 57mm 口径空气炮试验装置上完成。弹丸采用锥形头部,锥顶角 $90°$

221

（半锥角45°），材料为42号碳钢，弹丸重为690g左右和1000g左右两种，直径为56.9mm。图8-2-3给出了试验弹丸的照片。试验靶板采用E40和G60钢的匀质靶板，主要力学性能如表8-2-1所列。厚度h、h/D、弹重、弹丸入射角、实测弹丸入靶速度v_0和出靶速度v_r，以及靶板的穿透情况如表8-2-2所列。

图8-2-3　试验用锥形弹丸

表8-2-1　E40钢和G60钢力学性能参数

钢号	屈服应力 σ_s/MPa	抗拉强度 σ_b/MPa	伸长率 δ_s/%	断裂韧性值 a_K/J·cm^{-2}
E40	≥392	529~735	≥22	115~140（室温）
G60	≥588	657~833	≥16	220（-40°）

其中试验1~5为E40钢靶，试验6为G60钢靶。图8-2-2为试验1靶板剪切破口形貌和回收的靶板锥形剪切块。图8-2-4为试验2和试验4的靶板花瓣开裂破口形貌。图8-2-5为试验3的靶板大变形照片。

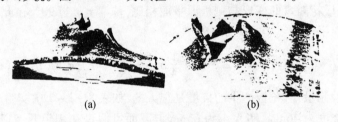

(a)　　　　　　　　　　　　(b)

图8-2-4　试验2和试验4靶板破坏形貌

图8-2-5　试验3靶板隆起大变形形貌

表8-2-2　试验主要参数和结果

序号	h/mm	h/D	弹重/g	入射角/(°)	v_0/m·s^{-1}	v_r/m·s^{-1}	破坏情况
1	5.3	0.093	697	0	371.25	294.3	穿透
2	8.5	0.149	697	0	325.85	54.4	穿透
3	12.0	0.211	700	0	326.1	—	大变形
4	8.5	0.149	700	20	320.3	77.8	穿透
5	8.5	0.149	685	40	328.1	39.5	穿透
6	12.2	0.214	1000	0	311.5	—	大变形

试验结果表明,对于较大锥角的锥头弹丸的薄板穿甲问题,靶板破坏模式既不是韧性扩孔型,也不是碟型,而是弹丸锥头先压过靶板,使靶板材料在弹丸压力作用下产生剪切滑移变形,并贴合于弹丸锥头表面,形成隆起大变形。后续的作用是根据靶板厚薄程度和速度大小,产生不同的破坏模式,即剪切破坏或花瓣开裂破坏。可将其归纳为隆起—剪切破坏模式和碟形弯曲—花瓣开裂破坏模式。

另外,除了试验 3 和试验 6 的弹丸锥头部有一定变形外,其余试验的弹丸几乎无变形。因此可假设弹丸为刚性的,不计其变形的能量消耗,并忽略冲击时发生的光、声、热等能量损耗,则弹丸初始动能与剩余动能之差即为靶板实际的变形功。

利用式(8-2-2)、式(8-2-5)、式(8-2-10)和式(8-2-15),将本试验靶板和弹丸的几何尺寸及材料能数代入,即可计算各理论变形功,再与试验实测变形功比较,可检验各计算公式对大锥角锥头弹丸低速薄板穿甲的有效性。计算结果如表 8-2-3 所列。其中 σ_0 取材料动屈服应力值,$\sigma_0 = \sigma_d = 2\sigma_s^{[102]}$;而 $G_c = 115\text{J/cm}^2$,G60 钢,$G_c = 220\text{J/cm}^2$。

表 8-2-3 靶板变形功的试验值与计算值

序号	h/mm	σ_0/MPa	实测变形功/J	理论计算变形功/J			
				式(8-2-2)	式(8-2-5)	式(8-2-10)	式(8-2-15)
1	5.3	784	17848.1	21121.1	7039.5	9003.5	18259.6
2	8.5	784	35971.8	33873.4	13326.6	18044.7	32073.5
3	12.0	784	>37219.4	47821.3	22365.4	31041.8	43697.8 *
4	8.5	784	33788.7	33873.4	13326.6	18044.7	32073.5
5	8.5	784	36335.8	33873.4	13326.6	18044.7	32073.5
6	12.2	1176	>48516.1	72927.6	34436.2	47823.9	67014.5 *

注:试验 3 和试验 6 中靶板未穿透,不计断裂能

由表 8-2-3 的理论计算结果与试验结果的比较可知,Woodward 提出的 Thomson 修正公式(8-2-5)的计算结果仍然远小于试验值,这说明碟型模式的靶板吸能量要小于本试验隆起—剪切和碟形弯曲—花瓣开裂的模式。隆起—剪切破坏模式的式(8-2-5)计算结果也较试验结果偏小,主要原因是:①该模式通常发生在弹速较高时,靶板上剪切下的锥形块飞离靶板时具有较大动能。如试验 1,弹丸穿过靶板的剩余速度为 294.3m/s,而剪切锥形块的质量为 $m_1 = \pi R^2 h \rho = 105.1\text{g}$,则其动能为 $W_k = \frac{1}{2} m_1 v_r^2 = 4550\text{J}$。与表中式(8-2-5)试验 1 计算值相加得靶板总吸能量为 13553.5J,该值与试验值是比较接近的。②该模

式靶板变形功比碟形弯曲—花瓣开裂模式要小。因此式(8-2-5)不适用于碟形弯曲—花瓣开裂模式。表中 Taylor 的式(8-2-2)和本节的式(8-2-10)的计算结果与试验结果较接近,考虑到试验 2、4、5 的实测 W 应大于靶板背面强度极限速度下的变形功,因而式(8-2-10)更优于式(8-2-2),并可推荐作为大锥角锥头弹丸低速薄板穿甲时的靶板最大变形功的计算公式,也可用于在一定靶板背面强度极限速度下的装甲厚度的设计。式(8-2-10)适用于韧性较好的钢靶,其弹丸锥角足够大,以保证靶板隆起产生剪切滑移变形而不会破裂,即半角度角 $\varphi \geqslant \frac{\pi}{2} - \gamma_c$,其中 γ_c 为靶板材料极限剪应变值。

试验 4 和 5 为斜射穿甲,实测靶板变形功的变化规律与文献[103]在低速范围(300m/s)靶板抗弹极限 v_{50} 与倾角 θ 之间的试验曲线变化规律基本一致,即在较小倾角时(入射角 15°~20°),靶板背面强度极限反而有所下降,倾角到 35°左右,靶板背面强度极限才开始明显升高。

8.3　高速破片穿透船用钢剩余特性研究

大型反舰武器对水线以上舰艇结构的毁伤效果主要体现为,反舰攻击武器弹体的连续穿甲问题和舰艇外板穿透后的舱室内部的爆炸作用,弹体的连续穿甲问题属于低速大质量的穿甲问题,其计算方法已在 8.2 节中进行了讨论。战斗部舱内爆炸毁伤载荷因素则主要包括爆炸冲击波、炙热火球和爆炸产生的规则(预制)或不规则的高速破片。本节的研究将重点针对爆炸产物——高速破片对船体钢的穿甲作用进行研究。爆炸产物高速破片的初始侵彻速度 v_0 在 1000m/s~2500m/s 范围内,破片数可达千枚以上,平均质量约为 30g[7]。

8.3.1　高速破片穿透船体钢的穿甲力学分析

导弹高速预制破片及其爆炸产生的小质量不规则破片对现代舰船结构的毁伤问题是舰船防护研究工作者们极为关注的问题[105,106]。早期穿甲力学曾针对均质钢靶弹道穿透问题提出了诸多简化分析模型和经验公式,如:建立在完全剪切破坏模式基础上的德·马尔模型;由 J. Awerbuch 和 S. R. Bodner 根据不同侵彻阶段靶板变形模式差异建立的"A-B"模型以及刚塑性杆体对半无限可变形靶的撞击模型(R. F. Recht 模型)等。Florence 模型[107]认为金属靶板弹道吸能随靶板面密度线性增加,弹道穿透能为常数值;J. G. Hetherington[108]通过穿甲过程中的能量和动量分析指出在弹道极限附近存在靶板吸能峰值,当冲击速度高于弹道极限后靶板弹道吸能下降,本书认为穿透能并非常数,而应取决于弹靶相对性能,与弹靶材料的动态性能和弹速等密切相关。M. Ravid[109]针对不同弹形弹体弹道侵彻厚金属板,进行分阶段动塑性分析,讨论了弹体在穿透过程中的侵彻机理。分析模型和经验公式较多采用刚性弹假设或烦琐的公式推导,侧重于弹体穿透后剩余速度,而对于穿透后弹体的形变特性,如弹径的镦粗、质量的耗损,考虑较少。而这种形变特性对于正确评估高速破片对船体板架结构的穿透能力和穿透板架后对人员、设备的毁伤能力,以及确定设置轻质复合材料防弹装甲板的防御目标具有重要意义。本书主要针对弹靶相对硬度较低、变形模式较为特殊的普通钢破片和船体钢靶材系统的穿甲过程,以试验结果和能量分析方法为基础,分阶段讨论,并给出考虑穿透过程中弹体几何形状的变化、适合工程计算的半经验计算公式,其对于船体结构抗高速破片侵彻能力的评估具有重要的工程实际意义。

1. 穿甲力学的分析模型

高速冲击下,钢靶板破坏的基本形态,包括冲塞穿甲、花瓣型穿甲、延性扩孔穿甲和破碎型穿甲四型。然而,大量试验结果显示:对于塑性特性较好的船体结构钢,在高速小质量破片冲击下,其主要破坏模式为冲塞和延性扩孔模式。船体钢靶板破坏模式差异的主要影响因素是弹体的初速、几何形状、尺寸以及弹靶相对厚度。

将船体钢高速破片穿透过程简化分为三个阶段:

(1) 开坑扩孔阶段(图8-3-1(a))。破片与靶板高速撞击,弹体径向墩粗,径向变形量主要决定于弹靶材料的失效应变和相对硬度等。对于一定的弹靶系统,设弹径镦粗率 $C_d = d'/d$ 为确定系数;弹体和靶板接触区处于流变应力状态,弹靶材料在开坑处流动、堆积。试验结果显示,剩余弹体虽然存在较大的塑性变形,但质量损失较少,部分剩余弹体的质量甚至还有少量增加,冲塞块厚度一般小于靶板厚度,因此可以假定开坑扩孔阶段弹体仅存在轴向塑性变形,无质量损耗,而该阶段靶板被侵入厚度的质量将随弹体的侵入塑性流动而完全侵蚀。该阶段主要考虑弹靶轴向和环向挤压塑性变形吸能的作用。

(2) 随破片弹体的侵入,侵入力之和大于靶板剪切抗力时,破坏模式转变为完全剪切冲塞,随着破片进一步侵入,冲塞块完全形成,侵彻过程趋于稳定(图8-3-1(b))。对于一定的弹靶系统,认为冲塞相对厚度比 $C_s = h_1/b$ 较为稳定,其变化规律可通过试验获取。该阶段不考虑系统塑性变形吸能,仅考虑剪切吸能作用。从而认为穿透过程中弹体所消耗的穿透能等于弹靶系统中第一阶段的挤压塑性变形能和第二阶段中的环向剪切变形能之和。

(3) 破片和冲塞块获得同样的速度,作为刚体一起运动时开始,直到将塞块推出靶板(图8-3-1(c))。

由分析模型,对船体钢板破片高速穿透过程进行能量分析时,其前提条件如下[110]:

① 破片弹体穿透能为弹靶在穿透过程中的挤压塑性变形能和冲塞剪切变形能之和。

② 塞块与剩余弹体具有相同的剩余速度。

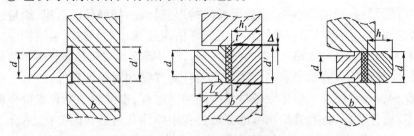

图 8-3-1　船体钢破片高速穿透模型示意图

(a) 第一阶段；(b) 第二阶段；(c) 第三阶段。

注:图中 d 和 d' 分别为初始弹径和变形后弹径；τ 为剪切力，Δ 为绝热剪切带宽度。

③ 忽略弹靶因非弹性碰撞而损失的能量。

④ 对于一定的弹靶系统,假定弹体和靶体的挤压塑性变形能的比值为确定系数。

2. 穿透过程中的能量分析

基于以上前提条件,设冲塞块质量为 m_s,剩余破片弹体质量为 m_r,与冲塞块具有相同速度 v_r,根据能量守恒原理,破片初始侵彻动能 E_0 等于剩余动能 E_r (破片弹体和冲塞块)与穿透能 E_c 之和,则存在

$$E_0 = E_r + E_c \qquad (8-3-1)$$

即

$$mv_0^2/2 = (m_r + m_s)v_r^2/2 + E_c \qquad (8-3-2)$$

由分析模型,可知

$$m_r = m; C_s = h_1/b; C_d = d'/d \qquad (8-3-3)$$

$$m_s = \frac{1}{4}\rho_t \pi d'^2 h_1 = \frac{1}{4}C_d^2 C_s \rho_t \pi d^2 b \qquad (8-3-4)$$

穿透能 E_c 主要包括弹靶挤压塑性变形能 E_p 和剪切塑性变形能 E_s 之和,同时根据前提条件④,存在

$$E_{pp} = k_{pt}E_{pt} \qquad (8-3-5)$$

$$E_c = E_p + E_s = E_{pp} + E_{pt} + E_s = (k_{pt} + 1)E_{pt} + E_s \qquad (8-3-6)$$

式中:m 为破片初始质量;h_1 为剪切冲塞厚度;d、d' 分别为初始弹径和冲塞块直径;ρ_t 为靶板材料密度;E_p、E_{pp}、E_{pt} 分别为弹靶总挤压塑性变形能和弹靶挤压塑性变形能;E_s 为靶材剪切塑性变形能;k_{pt} 为弹靶挤压变形能比例系数。

关于形成绝热剪切环形带的能量损耗,由德·马尔分析模型得到靶板材料的剪切塑性变形能为

$$E_s = K'_s E_{st} = K'_s W_{st} \pi d' h_1 \Delta \qquad (8-3-7)$$

将式(8-3-3)代入,得

$$E_s = K'_s C_d C_s W_{st} \pi d b \Delta \qquad (8-3-8)$$

单位体积绝热剪切变形功

$$W_{st} = k_{s1} f_{Hs} \sigma_{st} \qquad (8-3-9)$$

由量纲统一原则,可得绝热剪切带宽度[7]

$$\Delta = k_{s2} \sqrt{d' h_1} = k_{s2} C_d^{0.5} C_s^{0.5} d^{0.5} b^{0.5} \qquad (8-3-10)$$

于是:

$$E_s = K'_s E_{st} = K'_s k_{s1} k_{s2} f_{Hs} \pi \sigma_{st} C_d^{1.5} C_s^{1.5} d^{1.5} b^{1.5} \qquad (8-3-11)$$

令 $K_s = K'_s k_1 k_2 f_{Hs} \pi \sigma_{st}$,则

$$E_s = K_s C_d^{1.5} C_s^{1.5} d^{1.5} b^{1.5} \qquad (8-3-12)$$

式中:E_{st} 为靶板材料形成绝热剪切环形带所消耗的最小能量;W_{st} 为单位体积的靶板材料绝热剪切变形功;K'_s 为能量系数,它反映了材料的硬化性能、动态效应等影响因素;Δ 为绝热剪切带宽度;f_{Hs} 为弹头形状系数;k_{s1}、k_{s2} 均为相关系数;σ_{st} 为靶板材料的屈服极限;K_s 为德·马尔公式中的穿甲复合系数,对同口径普通穿甲弹而言,K_s 值的变化范围为 $(1.922 \sim 2.686) \times 10^9$,在估算时通常取 $K_s = 2.288 \times 10^9$。

假设靶板材料的压缩屈服应力和失效应变分别为 σ_{ct} 和 ε_{ct}。则靶板的挤压塑性变形能为

$$E_{pt} = K'_t W_{pt} V_{bt} = K'_t k_t \sigma_{ct} \varepsilon_{ct} V_{bt} \qquad (8-3-13)$$

式中:V_{bt} 为靶板在穿透过程中材料挤压塑性变形部分的体积;W_{pt} 为靶板单位体积下的最小挤压塑性变形能。

靶板失效部分的塑性变形功仅与弹体失效体积有关,而与弹体形状无关,对于柱形破片存在

$$V_{bt} = \frac{1}{4} \pi C_d^2 d^2 (1 - C_s) b \qquad (8-3-14)$$

由式(8-3-6)、式(8-3-13)和式(8-3-14),可得

$$E_p = (k_{pt} + 1) E_{pt} = (k_{pt} + 1) K'_t k_t \sigma_{ct} \varepsilon_{ct} \times \frac{1}{4} \pi C_d^2 (1 - C_s) d^2 b \qquad (8-3-15)$$

令

$$K_p = (k_{pt} + 1) K'_t k_t \sigma_{ct} \varepsilon_{ct} \times \frac{1}{4} \pi \qquad (8-3-16)$$

则弹、靶塑性变形功为

$$E_{\text{p}} = K_{\text{p}} C_{\text{d}}^2 (1 - C_{\text{s}}) d^2 b \qquad (8-3-17)$$

于是侵彻过程中的穿透能可以表示为

$$E_{\text{c}} = K_{\text{p}} C_{\text{d}}^2 (1 - C_{\text{s}}) d^2 b + K_{\text{s}} C_{\text{d}}^{1.5} C_{\text{s}}^{1.5} d^{1.5} b^{1.5} \qquad (8-3-18)$$

式中:系数 K_{p} 为弹靶系统的挤压穿甲复合系数,代表弹靶静态挤压变形特性,它综合地反映了弹靶系统的静态材料特性、弹体形状等穿甲影响因素,对于一定的弹靶系统,其值较为确定;但是对于高速穿透现象,由于材料率效应、弹体的侵彻姿态以及材料的硬化特性等因素的影响,将出现一定的波动,因此有必要对其修正。

3. 高速破片穿透船体钢板后的剩余特性

高速破片穿透船体钢板后的剩余特性主要包括:破片的剩余质量、形状和冲塞质量、形状,以及相应的剩余速度、剩余破片与冲塞质量的分布特征等。工程上,对于小质量体(<5g)的中厚板高速侵彻,由于破片的质量损耗较大,其研究重点为剩余和冲塞质量的分布特征,而对于较大质量(>5g)破片的剩余特性,破片的剩余质量、冲塞质量、剩余速度以及剩余弹体的形状特征是后续研究关心的重点。在以上分析模型和能量分析的基础上,以下给出高速破片穿透船体钢板后的剩余特性。由式(8-3-3)和式(8-3-4),总剩余质量为

$$m_{\text{A}} = m_{\text{r}} + m_{\text{s}} = m + \frac{1}{4} C_{\text{d}}^2 C_{\text{s}} \rho_{\text{t}} \pi d^2 b \qquad (8-3-19)$$

靶板穿透能表达式为式(8-3-18),由分析结果,穿透破片剩余动能 E_{r} 等于剩余弹体的剩余动能和冲塞块动能之和,基于剩余弹体和冲塞块具有相同剩余速度的假设,同时结合式(8-3-1)、式(8-3-18),存在

$$\begin{cases} E_{\text{r}} = E_0 - E_{\text{c}} = \dfrac{1}{2} m v_0^2 - \left[K_{\text{p}} C_{\text{d}}^2 (1 - C_{\text{s}}) d^2 b + K_{\text{s}} C_{\text{d}}^{1.5} C_{\text{s}}^{1.5} d^{1.5} b^{1.5} \right] \\[2mm] E_{\text{r}} = \dfrac{1}{2} (m + m_{\text{s}}) v_{\text{r}}^2 = \dfrac{1}{2} \left[m + C_{\text{d}}^2 C_{\text{s}} \dfrac{\pi}{4} d^2 b \rho_{\text{t}} \right] v_{\text{r}}^2 \end{cases}$$

$$(8-3-20)$$

当靶材密度与弹体材料密度较为接近时,对于柱形破片剩余动能可以简写为

$$E_{\text{r}} = \frac{1}{2} (m + m_{\text{s}}) v_{\text{r}}^2 = \frac{1}{2} \left[1 + C_{\text{d}}^2 C_{\text{s}} \frac{b}{l} \right] m v_{\text{r}}^2 \qquad (8-3-21)$$

式中:l 为破片弹体长度。

则穿透破片的剩余速度可由式(8-3-20)和式(8-3-21),得出

$$\begin{cases} v_{\text{r}} = \sqrt{\dfrac{2 E_{\text{r}}}{m + m_{\text{s}}}} \\[3mm] E_{\text{r}} = \dfrac{1}{2} m v_0^2 - \left[K_{\text{p}} C_{\text{d}}^2 (1 - C_{\text{s}}) d^2 b + K_{\text{s}} C_{\text{d}}^{1.5} C_{\text{s}}^{1.5} d^{1.5} b^{1.5} \right] \end{cases}$$

$$(8-3-22)$$

对于破片穿透结构钢板后的剩余几何特性,综合考虑剩余破片弹体和冲塞块,将其视为整体目标(以下统称为穿透破片),则穿透破片弹径为

$$d' = C_d d \tag{8 - 3 - 23}$$

穿透破片的头部几何形状较为接近球面,因此可将穿透破片视为头部微曲面的柱形弹代入防护结构的第二阶段抗弹机理研究中。

4. K_p 的动态修正

由于弹靶材料的动态特性(弹体初速)、弹体长度以及经验系数 C_d 和 C_s 的误差等因素的综合影响,初始速度、弹体长度、靶板厚度等对于挤压塑性变形系数 K_p 均具有较大影响。因此,有必要对以上公式进行修正。

针对挤压塑性变形系数 K_p,分别考虑初始弹速、板厚以及弹体长度的影响,进行动态修正,得出下式

$$K_p = K_{p0} + K_v(v - v_0) + K_b(b - b_0) + K_l(l - l_0) \tag{8 - 3 - 24}$$

式中:v_0、b_0、l_0 和 K_{p0} 分别为参考初始速度、板厚、弹长和参考挤压塑性变形系数。将式(8 – 3 – 24)代入式(8 – 3 – 18),可得

$$E_c = \left[K_{p0} + K_v(v - v_0) + K_b(b - b_0) + K_l(l - l_0) \right] \cdot$$
$$C_d^2(1 - C_s)d^2 b + K_s C_d^{1.5} C_s^{1.5} d^{1.5} b^{1.5} \tag{8 - 3 - 25}$$

8.3.2 船体钢高速破片穿透试验研究

以上工作在穿甲力学相关理论的基础上,给出了船体钢高速破片穿透过程的分析模型和能量分析关系式,推导了综合考虑挤压塑性变形能和环向剪切塑性变形能时,求解破片剩余弹道特性的半经验公式。在此基础上,展开试验研究,了解破片弹丸对船体钢的穿透能力、剩余动能、质量以及形状的变化规律,试验确定相关系数,正确评估破片剩余弹道特征。

1. 试验设置及破片穿透后的变形模式分析

试验用破片包括 3.3g 立方体和 3.3g、10g、30g、60g 柱形破片,如图 8 – 3 – 2 所示,破片弹丸几何和材料参数如表 8 – 3 – 1 所列。

表 8 – 3 – 1   试验用破片弹丸几何和材料参数

类 型	尺寸/mm	长细比	质量/g	材料
立方体(1)	$7.5 \times 7.5 \times 7.5$	1	3.1	45
圆柱体(2)	$d = 8.5; L = 7.7$	0.9	3.3	45
圆柱体(3)	$d = 11; L = 13.5$	1.23	9.7	45

类 型	尺寸/mm	长细比	质量/g	材料
圆柱体(4)	$d=14.3;L=24.5$	1.73	27.5	45
圆柱体(5)	$d=14.3;L=47.8$	3.34	56.4	45

破片高速穿透船体钢的试验结果如表 8-3-2 所列,对试验中收集到的部分剩余弹体质量进行测量的结果如表 8-3-3 所列,相对应的剩余破片形貌如图 8-3-3 所示。表 8-3-1 和表 8-3-3 对比观察,结果显示:弹体在高速穿透船体钢的过程中质量损失较少,部分剩余破片的剩余质量出现略大于初始质量的现象。通过分析,认为产生该现象的原因是弹靶高速碰撞时,接触面上靶板材料对弹体有粘附作用。

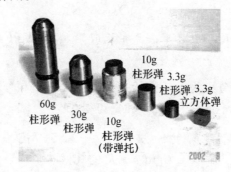

图 8-3-2 试验用破片

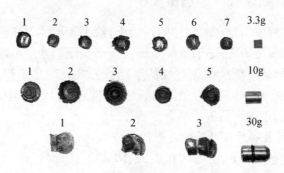

图 8-3-3 各型破片穿透船体钢板后的破坏模式

由于靶板环向和厚度方向的挤压作用,接触面上的粘附材料在高温高压的条件下将与弹体结合,从而弥补弹体塑性流动造成的质量损失;同时由图 8-3-3 破片穿透后破坏模式观察显示:弹体在穿透过程中产生了较大的塑性变形,尤其对于小质量破片(如弹型(1)和(3)),弹体长度方向几乎完全侵蚀,而弹体后端部由于在穿透过程中为自由端,应力始终为零,因此变形很小。

表 8 - 3 - 2　船体钢弹道侵彻试验部分测试数据

序号	靶板	弹体类型	初速/(m/s)	出速/(m/s)	面密度/(kg/m²)
1	ST4	(1)	910.3	423.3	
2	ST4	(1)	1066	449.5	30.2
3	ST4	(1)	1083	433	
4	ST4	(1)	1253.3	603.8	
5	ST4	(2)	1219	618	
6	ST4	(2)	1204	537	
7	ST4	(2)	926	362	
8	ST4	(3)	1339	931	31.4
9	ST4	(3)	1092	724	
10	ST4	(4)	1073	832	
11	ST4	(5)	995	812	
12	ST6	(1)	1048.6	177	47.9
13	ST6	(1)	1027	0	
14	ST6	(3)	1468	925	49.5
15	ST6	(3)	1049	582	47.3
16	ST6	(3)	550	0	49.5
17	ST6	(4)	1045	630	
18	ST6	(4)	1040	658	
19	ST6	(5)	1000	835	47.3
20	ST6	(5)	977	745	
21	ST10	(1)	1729	167	
22	ST10	(1)	1570	16.3	
23	ST10	(1)	1496	0	
24	ST10	(3)	1427	491	
25	ST10	(3)	1383	559	
26	ST10	(3)	1338	543	
27	ST10	(3)	1211	410	
28	ST10	(3)	1143	350	81.6
29	ST10	(3)	1119	199	
30	ST10	(3)	1043	98.5	
31	ST10	(3)	861	0	
32	ST10	(4)	1062	373	
33	ST10	(4)	956	258	
34	ST10	(4)	873	400	
35	ST10	(5)	998	640	

注:弹体类型见表 8 - 3 - 3

表 8 - 3 - 3 　破片穿透船体钢板后剩余质量 　　（单位:g）

序号	1	2	3	4	5	6	7
立方体（1）	2.8	2.8	3.12	3.1	2.7	2.7	2.9
圆柱体（3）	10.0	9.5	9.8	7.0	7.7	—	—
圆柱体（4）	25.5	24.5	29.4	—	—	—	—

2. 镦粗系数 C_d 的试验拟合

穿甲力学中,一般认为弹体的径向镦粗(横向变形)程度受到材料的拉伸破坏应变 ε_{bp} 的限制,因此得到弹体头部的镦粗后直径为

$$d' = (1 + \varepsilon_{bp})d \qquad (8 - 3 - 26)$$

Taylor 模型在分析刚—塑性杆体对半无限刚性靶的撞击变形分析过程中,以撞击过程中弹塑性应力波传播特性为基础,建立了弹体初始撞击速度、撞击过程中杆体内塑性界面向后传播的速度、塑性变形区的长度和剩余杆长相关量与杆体在撞击过程中杆体头部面积变化的关系式。但是径向拉伸应变限制的简化没有考虑到弹、靶在侵彻过程中的相对塑性动态流动作用,因此存在较大误差。而 Taylor 模型建立在刚塑性假设的前提下,靶板为半无限刚性材料,从而忽略了弹靶间的应力波相互影响、相对运动和环向作用。因此可以认为,Taylor 模型不能较好地反映破片在高速穿透船体钢过程中的径向变形。

本书根据平均弹孔直径的试验测试结果,获得高速破片在穿透船体钢板过程中弹径镦粗率经验系数 $C_d = d'/d$。对各型破片高速冲击不同厚度 945 船体钢,共进行了 68 次试验,忽略了未穿透和翻转严重的穿透弹孔(主要是大质量破片),有效弹孔近 50 发,其中(1)型和(2)型破片及(4)型和(5)型破片的初始弹径较为接近,试验结果显示穿透弹孔直径相差不大,因此可分别归于同类型破片进行处理,其中 39 发的测量结果如表 8 - 3 - 2 所列。

通过试验结果测量,由 MATLAB 绘出板厚/孔径图,并针对不同类型的破片穿透船体钢板的弹孔直径均值进行线性拟合,其结果如图 8 - 3 - 4 所示,由不同类型破片穿透 945 船体钢时的弹孔孔径分布显示,随板厚增加,弹孔孔径基本满足线性增加趋势,较为明显的是 30g(60g)大质量破片弹,10g 和 3.3g 破片弹在穿透 6.2mm 船体钢板时,跳动较大,主要是由于弹体侵彻姿态造成弹孔的不规则形状,而引起的测量误差。

在以上分析的基础上,进一步可得到弹径的镦粗率 C_d 的线性拟合曲线,如图 8 - 3 - 5 所示。不同类型 45 钢破片高速穿透船体钢时,由弹孔孔径试验结果显示,弹径镦粗率分布具有一定规律,随靶板板厚的增加,线性增加,斜率绝对值相差较小,其范围为 0.046 ~ 0.071,截距为 1.22 ~ 0.91。通过线性拟合,得到破片弹径镦粗率的经验表达式为

232

$$C_d = d'/d = 0.066b - 0.053d + 1.67 \qquad (8-3-27)$$

式中:$4.0\text{mm} \leqslant b \leqslant 12.0\text{mm}$;$8.5\text{mm} \leqslant d \leqslant 14.3\text{mm}$。

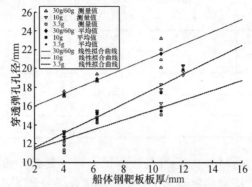

图 8 - 3 - 4 不同类型的破片穿透不同厚度船体
钢板时的板厚/孔径分布及线性拟合图

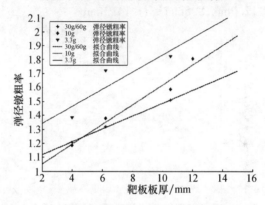

图 8 - 3 - 5 不同类型破片弹径镦粗率/板厚线性拟合图

3. 冲塞厚度比 C_s 的试验拟合

穿甲工程力学通过靶板抗侵入力和抗剪切力的比较,给出钢靶板产生剪切
冲塞破坏或侵入破坏的临界条件(相对厚度比)为 $C_e = b/d = 1.25$,认为 $C_e <$
1.25 时,破坏模式以剪切冲塞为主;而 $C_e > 1.25$ 时,破坏模式则以弹体侵入性
扩孔为主。在此基础上,本节采用线切割,将穿透后的弹孔从靶板上割出(正方
形),然后为便于观察割除1/4试件,部分试件破坏模式如图 8 - 3 - 6 所示。

图 8 - 3 - 6 典型弹孔破坏模式

通过对穿透弹孔破坏模式的观察,得到各型破片高速穿透不同厚度船体钢板时的冲塞厚度平均值,如表8-3-4所列。

表8-3-4 试件冲塞部分厚度测量平均值 （单位:mm）

破片类型 船体钢板厚度	3.3g	10g	30/60g
4.0 mm	2.50	2.25	2.60
6.2 mm	3.18	3.20	4.00
10.5 mm	—	5.32	6.20

根据表8-3-4得到冲塞厚度与板厚比分布及其趋势如图8-3-7所示,综合趋势线取均值,得到冲塞厚度比与靶板厚度及弹径的关系如下

$$C_\text{s} = h_1/b = -0.0087b + 0.017d + 0.46 \qquad (8-3-28)$$

式中:4.0mm≤b≤12.0mm;8.5mm≤d≤14.3mm。

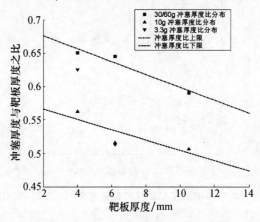

图8-3-7 各型破片穿透不同厚度靶板时冲塞厚度比分布及趋势图

在以上试验研究的基础上,给出高速破片对船体钢板侵彻的半经验公式如下

$$\begin{cases} E_0 = E_\text{r} + E_\text{c} \\ E_0 = \dfrac{1}{2}mv_0^2 \\ E_\text{r} = \dfrac{1}{2}(m + m_\text{s})v_\text{r}^2 = \dfrac{1}{2}\left[1 + C_\text{d}^2 C_\text{s}\dfrac{b}{l}\right]mr_\text{r}^2 \\ E_\text{c} = K_\text{p}C_\text{d}^2(1 - C_\text{s})d^2 b + K_\text{s}C_\text{d}^{1.5}C_\text{s}^{1.5}d^{1.5}b^{1.5} \\ C_\text{d} = 0.066b - 0.053d + 1.67 \\ C_\text{s} = -0.0087b + 0.017d + 0.46 \end{cases} \qquad (8-3-29)$$

$$\begin{cases} E_c = E_p + E_s \\ E_s = K_s C_d^{1.5} C_s^{1.5} d^{1.5} b^{1.5} \\ E_p = K_p C_d^2 (1 - C_s) d^2 b \\ K_p = K_{p0} + K_v(v - v_0) + K_b(b - b_0) + K_l(l - l_0) \end{cases} \qquad (8-3-30)$$

式中:$4.0mm \leqslant b \leqslant 12.0mm$;$8.5mm \leqslant d \leqslant 14.3mm$。

8.3.3 算例

以上对 32 组试验测试数据进行分析、拟合,得到高速柱形(立方体形)破片对船体钢 (945 钢)穿透过程中穿透能的半经验公式(8-3-29)和式(8-3-30),将对高速破片的剩余特性给出总体描述,为验证该公式的适用性,本节将半经验公式,采用 MATLAB 程序编制成计算程序,对弹体剩余速度的计算与试验结果进行对比,采用公式计算时,分别对 $K_{p0} = 1.0 \times 10^9$、$K_{p0} = 2.5 \times 10^9$ 和 $K_{p0} = 3.0 \times 10^9$ 的剩余速度进行计算,其结果如图 8-3-8 所示。

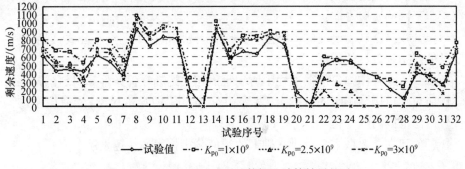

图 8-3-8 32 组试验测试数据和计算结果的对比

通过采用不同 K_p 值进行计算对比,可以得到以下结论:$K_{p0} = 3.0 \times 10^9$ 时,(1)、(2) 型破片对 ST4 船体板的穿透,其计算结果与试验结果的误差,由 200m/s 缩小到 50m/s 左右;$K_{p0} = 1.0 \times 10^9$ 时,(3)型破片对 ST10 船体板的侵彻拟合效果最好,因此,K_{p0} 取值范围确定为 $K_{p0} = 1.0 \times 10^9$ 是较为合理的,能够得到比较满意的结果。对比结果显示,计算结果与试验结果的总体变化趋势非常相似,能够较好地体现弹体初始速度、靶板厚度、弹径和破片弹体质量变化对破片剩余速度的影响。

8.3.4 小结

针对柱形(或方形)破片高速穿透船体钢的弹道特性进行研究,给出了穿透过程的分析模型;并在此基础上对穿透过程中的能量变化规律进行分析,主要结论如下:

(1) 推导了综合考虑弹靶挤压塑性变形和环向剪切塑性变形的半经验公

式,得到了破片高速穿透船体板后的剩余弹道特性描述式。

（2）基于试验结果的观测,本节分析了弹体镦粗率、剪切冲塞厚度比与板厚及弹径的关系并给出了经验表达式,同时分别针对相对挤压塑性变形系数与弹体初始冲击速度、板厚以及弹体长度的关系进行分析和动态修正。

（3）通过计算结果与试验测试结果的比较和分析,认为本节所得到的半经验公式能够较好地反映高速破片对船体钢的穿透过程和穿透破片的综合弹道特性;对弹体剩余变形模式的分析与试验结果一致,为舰艇轻型复合装甲结构后置结构的弹道冲击研究提供了防御目标设定的基本依据。

8.4 FRC 层合板抗弹机理研究

由于纤维增强复合材料（FRC）所具有的重量轻、强度和比模量高等特点,目前已在结构防护工程领域得到大量使用。近十多年来,针对 FRC 层合板的弹道冲击响应及其侵彻机理,各国研究者们已进行了大量的研究工作。目前主要存在三个不同的发展方向:

（1）在广泛试验研究的基础上,推导特定侵彻条件下的经验公式,以满足一定条件内工程设计的需要。

（2）考虑弹体弹道侵彻过程中所满足的相关运动守恒条件和材料静动态力学性能对弹道侵彻影响的基础上,发展相对"简化"的穿透模型,能适应侵彻条件较广泛范围内的变化。

（3）建立在离散系统分析基础上的数值分析技术的快速发展。

8.4.1 FRC 层合板抗弹道侵彻常用经验公式

对于 FRC 层合板弹道冲击试验研究而言,其目的在于对几个物理量关系的理解,即弹道极限速度的预测、剩余速度与初始速度的关系、靶板吸能量与初始速度的关系以及弹道侵彻过程中的动量及能量转换关系等。

1. 弹道极限速度、剩余速度及初始侵彻速度的关系

在试验研究的基础上,一般认为[111,112]碳纤维等脆性增强层合板,弹道穿透区呈圆台形,如图 8 - 4 - 1 所示,面板弹孔径等于弹径,锥角与侵彻法向夹角 $45°$,试验测试横向剪切断裂能为 37.5kJ/m^2,则靶板抵抗弹体侵彻时变形能 U 为

$$U = 37.25 \left[\sqrt{2} \pi h(h + 2r) \right] \qquad (8 - 4 - 1)$$

而弹体动能为 $W = mv^2/2$,由 $W = U$,可求出弹道极限速度 v_c。当 $r \gg h$ 时（r 为弹体半径,h 为板厚）,由于 $U \propto hr$,且 $W \propto r^3 v^2$,因此,弹道极限速度 $v_c \propto h^{0.5}/r$。由于侵彻过程中的破坏模式变化,该简化穿透模型适于解决厚度小于 4mm 的层

合板的弹道侵彻问题,对于厚板,该模型给出的结果与试验值相差较大。同时,对于柔性复合材料层合板(如芳纶纤维、高强聚乙烯等增强层合板)和高应变纤维(如玻璃纤维),采用该模型进行预测,其计算误差较大。

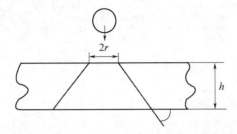

图 8 - 4 - 1　碳纤维/环氧层合板弹道侵彻下的吸能模式[8-22]

J. P. Lambert[113]曾给出过层合板弹道冲击过程中关于初始冲击速度 v_i、剩余速度 v_r 与弹道极限速度 v_c 相互关系的普适经验公式,认为当 $v_i > v_c$ 时,存在

$$v_r = \alpha (v_i^p - v_c^p)^{1/p} \qquad (8-4-2)$$

式中:α 和 p 均为试验数据拟合时的可调参数。

令 $\beta = 1/\alpha$,则

$$v_c = \beta (\alpha^p v_i^p - v_r^p)^{1/p} \qquad (8-4-3)$$

在式(8 - 4 - 3)的基础上,S. T. Jenq[114]、张佐光[115]不考虑靶板及弹体的破坏模式,基于能量守恒原理,提出

$$1/2 m v_r^2 = 1/2 m v_i^2 - 1/2 m v_c^2 \qquad (8-4-4)$$

得出

$$v_c = (v_i^2 - v_r^2)^{1/2} \qquad (8-4-5)$$

B. L. Lee[116]认为,当 $v_r > 0$ 时,在不考虑弹体变形、能量守恒的前提下,式(8 - 4 - 5)是成立的,采用该式得到的弹道极限值偏高,但误差在一定的范围内。

以上公式,忽略弹体的塑形变形能、材料的应变率效应及系统的惯性效应,在一定的初始侵彻速度范围内基本满足,但使用局限性较大。

2. 弹道极限与靶板面密度的关系

J. W. Song 和 B. L. Lee[116]根据试验结果,得到弹道极限与层合板面密度相关的经验公式

$$v_c = a(AD)^b \qquad (8-4-6)$$

式中:AD 为靶板面密度。M. J. Iremonger[117]、金子明[118]认为,式中常数 a、b 与弹型、增强材料及基体树脂相关,且采用 v_{50} 代替 v_c。表 8 - 4 - 1 给出了部分试验确定参数。

表8-4-1　经验公式(8-4-5)部分试验确定参数表

增强纤维层合板结构	a	b	参考文献	备注
Kevlar29 织物	157.65	0.56	J. W. Song [116]	v_c
S-2 玻纤平纹织物	98.81	0.64	J. W. Song [116]	v_c
TwaronCT1680 无纬织物	161.35	0.64	金子明 [118]	v_{50}
Kevlar29 无纬织物	157.12	0.62	沈峰 [120]	v_{50}
Kevlar29 平纹织物	175.85	0.53	沈峰 [120]	v_{50}
高强聚乙烯(Spectra 1000)角度铺层	205.36	0.65	B. L. Lee [114]	v_{50}
高强聚乙烯(Spectra 900)平纹织物	226.36	0.51	B. L. Lee [114]	v_{50}
高强聚乙烯纤维/乙烯基酯树脂层合板	232	0.5	V. Gor P 引自[116]	v_{50}
柔性层合板(尼龙、芳纶及高强聚乙烯等)	—	0.5	M. J. Iremonger [121]	v_{50}

V. P. W. Shim[119]在试验研究基础上,得出球形弹丸侵彻下,Twaron 平纹织物层合板(单层)的剩余速度与初始速度的关系式为:$v_r = 1.42v_i - 193m/s$; V. Gorp[116]考虑弹体质量的影响,试验得到

$$v_{50} = 232(AD)^{0.5}m^{-1/6} \tag{8-4-7}$$

关于靶板吸能量与初始速度、靶板面密度的变化规律,不考虑弹体质量的损耗及材料的动态效应,则 $W \propto v_c^2$。

3. 侵彻过程中弹体变形能的考虑

关于层合板弹道冲击过程中弹体变形能的考虑,一般认为弹体材料与复合材料的硬度、刚度等力学性能差异较大,变形量相对较小,因此,目前对该问题的讨论还不多见。

M. J. N. Jacobs[122]考虑到侵彻过程中弹体的变形,将层合板弹道冲击吸能分为三部分(三个侵彻阶段):不考虑弹体变形的初始侵彻能 U_{abs1}、弹体变形能 U_{absB} 和弹体变形后弹体以变形后的弹径进一步侵彻吸收的侵彻能 U_{abs2},则层合板弹道冲击下靶板的总吸能量为

$$U = U_{abs1} + U_{absB} + U_{abs2} = AD_1 \times C \times S_1 + E_{absB} + AD_2 \times C \times S_2 \tag{8-4-8}$$

式中:$AD_1 + AD_2 = AD$,AD_1、AD_2 分别为两阶段的靶板面密度;C 为材料相关常数,S_1、S_2 为弹靶接触面,其参数可通过 FSPs 试验获得。分析模型中1、2吸能模式转换点的确立,需通过 v_{50} 试验值与分布图进行对比得到来确定,柔性层合板和刚性层合板转换点关系,存在较大差异,同时研究结果显示,制式弹侵彻高强聚乙烯层合板时,弹体变形一般将吸收弹体总动能约25%。该问题的研究还有待进一步深入。

8.4.2　FRC 层合板的抗弹理论分析模型

复合材料层合板弹道侵彻理论分析模型的建立,是一件非常复杂的工作,近二十多年来,有关的研究报道较多,其共同特点表现为所建立的预测模式均建立在准静(动)态破坏模式研究分析的基础上,对层合板的准静(动)态破坏模式理解的程度决定模型的合理性和准确性。

其中较为完善和相对典型的简化分析模型,可归纳为 G. Zhu[123] 的基于线性理论的中心有限差分法求解模型、J. W. Taylor[124] 和 S. S. Morye[125] 的柔性层合板变形能量简化分析模型及 H. M. Wen[126] 的基于侵彻力分析的能量简化分析模型等。

G. Zhu 针对织物 Kevlar/聚酯层合板,在准静、动态试验比较研究的基础上,提出了较为完善的层合板弹道侵彻理论模型:①理论模型中,利用 Whitney – Pagano 层合板理论分析层合板弹道冲击下的整体响应;②将层合板的整个弹道侵彻过程分为三个阶段:开坑和背板凸起、纤维拉伸失效断裂以及弹体的冲出,采用最大应变失效准则,弹体在三阶段侵彻中的运动方程,采用中心有限差分法求解;③理论模型中,在计及靶板整体变形的基础上,重点考虑了冲击点附近的局部效应,主要包括纤维的应变能、层间断裂吸能以及弹体冲出过程中的摩擦力做功。该模型建立在线性理论基础上,忽略了波的传播作用,模型的建立和计算更多地依赖于静态冲压试验结果,对于应变率效应以及惯性效应没有加以考虑等,是该模型所存在的最大问题,从而导致速度和加速度预测结果的恶化。该分析模式对 Kevlar/聚酯层合板厚板弹道极限预测的试验吻合度优于薄板弹道极限的预测。

J. W. Taylor 和 S. S. Morye 提出了相似的柔性层合板弹道冲击吸能的分析模型,认为柔性复合材料层合板弹道冲击下,将在冲击点附近形成锥形区,如图 8 – 4 – 2、图 8 – 4 – 3 所示。层合板的弹道吸能主要由纤维的拉伸断裂应变能、纤维层的变形动能组成。对于该模型中的重要参数锥形变形区半径 R_2,采用剪切波理论和高速摄影试验观测确定。分析模型建立的前提条件如下:①弹体刚性,侵彻过程中无形变;②弹体与复合板之间的摩擦能可以忽略,将侵彻过程视为绝热过程;③复合板在侵彻过程中厚度方向的失效机理是一致的;④忽略分层吸能。J. W. Taylor 在理论预测与试验结果的比较中发现,弹体变形对层合板弹道冲击下靶板的吸能量有重要影响。

S. S. Morye 将层合板分为第一区纤维拉伸断裂区(白色部分)和第二区弹性变形区(黑色部分)两部分,如图 8 – 4 – 3 所示。认为层合板的弹道吸能 E_{Total} 主要由三部分组成:第一区纤维拉伸失效的应变能 E_{TF}、第二区纤维弹性变形能 E_{ED} 和层合板变形动能 E_{KE},则有 $E_{\text{Total}} = E_{\text{TF}} + E_{\text{ED}} + E_{\text{KE}}$。Morye 同时认为第三部分能量,即层合板变形锥的运动动能(与材料的惯性项相关)是主要的吸能组成

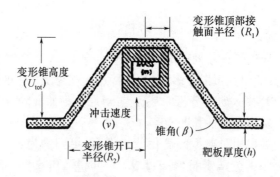

图 8 - 4 - 2　分析模型[124]

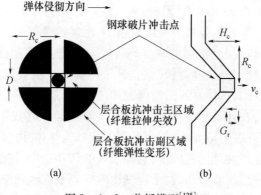

(a)　　　　　　　　　(b)

图 8 - 4 - 3　分析模型[125]

部分,而复合材料层合板的后失效惯性变形是组成第三部分吸能量的主要部分。

H. M. Wen[126]在侵彻力公式建立的基础上,根据能量守恒原理,针对不同弹型(截断弹型、圆柱型、平头型、半球型等),不考虑弹丸在侵彻过程中的变形,假设靶板变形为局部效应,则靶板吸能量 $E = \int_0^P F \mathrm{d}P$,式中 P 为弹体侵彻深度, F 为侵彻力。并详细讨论了不同弹形弹体,在对层合板侵彻中可能出现的不同状态下,侵彻力与靶板材料参数间的关系。当靶板吸能量等于弹体初始冲击能量时,得到不同弹丸侵彻时层合板的弹道极限。

8.4.3　两阶段分析模型[127]

1. 两阶段分析模型的提出

从能量角度出发,层合板弹道冲击实质上是靶板对弹体冲击动能的一个高瞬态的能量分配过程。靶板防御水平的高低根本上取决于靶板材料的两个基本特性:① 冲击能量的瞬态扩散能力;② 材料的失效阈值(或称为失效能量密度)。基于层合板高速侵彻后的变形模式及穿透现象,结合动力学理论认为:

(1) 弹道冲击下不同种类的纤维增强层板结构(脆性和韧性),虽然存在不

240

同吸能机制在比例和程度上的差异,但不存在吸能模式和力学机理上的根本差异,因此能够建立统一的分析模型[127]。将中厚层板结构柱形弹弹道侵彻过程分为两阶段(图8-4-4):剪切侵彻阶段和连续侵彻阶段。剪切侵彻阶段弹体的侵彻阻力主要包括侵彻区层向压缩反力、环向剪切力和靶板侵彻区的惯性力。

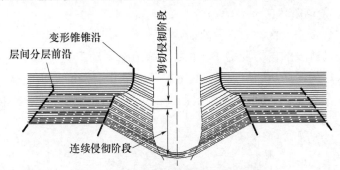

图8-4-4 两阶段侵彻模型示意图

注:图中虚线为层间分层。

侵彻过程中协调变形区(协变区)与侵彻区纤维层间存在的巨大速度梯度是导致纤维层纯剪切破坏的根本原因,当横向速度梯度较小时,剪切侵彻阶段结束,如图8-4-5所示。剪切侵彻阶段结束后,层合板未穿透纤维层形成动态变形锥,此时侵彻区与协变区横向速度一致。在纤维层拉伸应力分量的作用下弹体侵彻速度下降,弹体与变形锥的横向速度处于相对协调运动阶段,无明显速度梯度。弹体动能随变形锥锥沿变化,在纤维层面内扩散,能量主要转化为纤维拉伸应变能和层间断裂能。背层变形锥口随弹体的侵入逐渐增大,当弹体冲出后穿透区呈喇叭状。

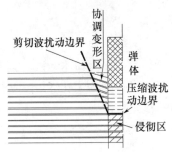

图8-4-5 剪切侵彻模型示意图

(2)弹体侵彻过程从破坏机理和吸能特征的角度分析主要可以分为以上两个阶段,但由于弹道冲击的波控冲击和动力学特征,其侵彻过程同时也分为应力波的第一次传播、剪切侵彻和连续侵彻等三个不同阶段,侵彻反力的作用特征将主要体现在该特征上。

(3)层合板的弹道吸能问题主要是高瞬态响应问题,变形锥模型实质上是瞬态分析模型,弹体穿透靶板后纤维层动能急剧释放,扰动区向层间分层区扩展,弹体穿透后纤维层的模态响应将对层合板最终变形模式产生影响,而不会影响层合板的弹道吸能计算,因此侵彻过程的动力学分析应重点分析弹靶的瞬态响应。

2. 剪切侵彻阶段的动力学分析

(1) 层合板侵彻区动力学分析。

剪切侵彻阶段的侵彻反力 F_R 主要由静阻力和动阻力两部分组成:静阻力主要指纤维层的横向压缩反力 F_c,其随时间的变化与侵彻初始速度以及面板纤维材料压缩性能相关;动阻力主要包括惯性力 F_i 和动剪切力 F_s。弹体基本运动微分方程为

$$M\frac{\mathrm{d}v_p}{\mathrm{d}t} = -F_R^{(1)} = -(F_c + F_i + F_s) \qquad (8-4-9)$$

侵彻压缩反力与侵彻深度的函数关系式如下

$$F_c = \begin{cases} F_{cm}, & 0 < t \leqslant t_{ct} = \dfrac{H}{C_{LT}} \\ \dfrac{F_{cm}}{t_{cr} - \sum t}(t - \sum t), & t_{cr} < t \leqslant \sum t \end{cases} \qquad (8-4-10)$$

式中:F_{cm} 为侵彻静阻力峰值,$F_{cm} = A \cdot \sigma_{cm}$,$\sigma_{cm}$ 为纤维准静态横向压缩极限强度;$\sum t$ 为弹体总侵彻时间,估算时可以取 $\sum t = 3H/v_0$;H 为板厚;C_{LT} 为厚度方向纵波传播速度。

惯性力满足

$$F_{i(n)} = \frac{E_{w(n)} - E_{w(n-1)}}{\mathrm{d}S_{(n)}} \qquad (8-4-11)$$

式中:$\mathrm{d}S_{(n)}$ 为 Δt 内弹体运动位移;E_w 为弹体动能。当压缩波传播到层合板背层后,应力波层间振荡,侵彻区速度迅速均匀化,并与弹体速度协调,惯性质量变化不大,可设惯性力线性衰减,满足

$$F_{i(n)} = \xi_i F_{i(n-1)} \qquad (8-4-12)$$

式中:ξ_i 为经验系数,且 $0 < \xi_i < 1$。

弹体环向剪切力,初始应力波传播时

$$F_{s(n)} = \int_{\delta_n}^{w(n)} \mathrm{d}F_{sz} = \pi D \cdot \frac{w_{(n)} - \delta_{(n)}}{2} \cdot \tau_{cr} \qquad (8-4-13)$$

式中:D 为弹径;w 为压缩波横向传播距离;δ 为剪切深度;τ_{cr} 为靶材剪切极限强度。

当应力波传播至层合板背层后,$w_{(n)} = H$,则剪切力为

$$F_{s(n)} = \pi D \cdot \frac{H - \delta_{(n)}}{2} \cdot \tau_{cr} \qquad (8-4-14)$$

(2) 层合板协变区动力学分析

协变区纤维层简化分析示意如图 8-4-6 所示,假设纤维层仅在两区界面剪切端(A 处)受极限剪切力 τ_{cr} 作用,剪切波前沿以剪切波速在面内传播,纤维层绕波沿刚性转动。绕剪切前驱波沿刚性转动,建立横方向运动方程

$$\frac{1}{2}\rho h \eta_k \lambda_{(n)} \frac{\mathrm{d}v_{(n)}^+}{\mathrm{d}t} = \tau_{cr}h \qquad (8-4-15)$$

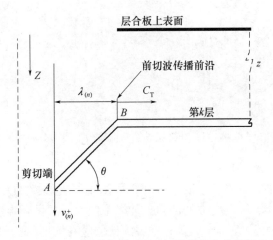

图 8-4-6   协调变形区第 k 纤维层简化分析示意

即

$$\frac{1}{2}\rho \eta_k \lambda_{(n)} \frac{\mathrm{d}v_{(n)}^+}{\mathrm{d}t} = \tau_{cr} \qquad (8-4-16)$$

当 $v_{p(n)} = v_{f(n)}$ 时,剪切侵彻阶段结束,剪应力将不再是侵彻阻力的主要组成部分;如果剪切深度 $\delta_n > H$,则层合板将被视为完全剪切穿透。

3. 连续侵彻阶段的动力学分析

侵彻进入连续侵彻阶段,结合侵彻过程中的应力波传播特性分析和 S. S. Morye[8-32] 的试验研究结论,连续侵彻阶段分析假设如下:①纤维层变形锥形状及锥半径一致;②纤维层由上至下连续断裂,同时未失效纤维层变形锥锥沿以剪切波传播速度在面内扩展,形成穿透后的梯度变化破坏模式;③变形锥区域纤维处于极限应力状态;④连续侵彻阶段变形锥区层间处于分层状态,不考虑层间约束。

连续侵彻阶段弹体侵彻阻力主要为纤维层拉伸应力分量(见图 8-4-7),弹体运动微分方程为

$$M\frac{\mathrm{d}v_{\mathrm{p}}}{\mathrm{d}t} = -F_{\mathrm{R}}^{(2)} = -\pi DZ^{(2)}\sigma_{\mathrm{cr}}\sin\theta \qquad (8-4-17)$$

式中：D 为弹体直径；$Z^{(2)}$ 为未穿透纤维层厚度；σ_{cr} 为纤维拉伸强度；θ 为变形锥斜边与板平面夹角。

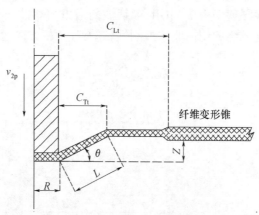

图 8 - 4 - 7　纤维层连续侵彻阶段的受力分析

（1）失效判据。

试验研究结果表明连续侵彻阶段纤维层的主要失效模式为拉伸断裂，其失效判据可取为纤维层材料主方向面内拉伸极限应变。根据纤维层的受力状态分析，可知连续侵彻阶段任一未失效纤维层的拉伸应变满足（见图 8 - 4 - 7）

$$\varepsilon_{\mathrm{L}} = \frac{C_{\mathrm{T}}}{C_{\mathrm{L}}}\Big(\frac{1}{\cos\theta} - 1\Big) \leqslant \varepsilon_{\mathrm{cr}} \qquad (8-4-18)$$

（2）变形锥锥角 θ 的分析。

层合板变形锥变形阶段，厚度方向主要是高瞬态的动力学过程，而面内主要受应力波传播特征影响。锥角的确定主要取决于以下三个因素：① 剪切波的传播特征；② 弹体的运动特征；③ 纤维的拉伸断裂应变。

对于变形锥锥角的连续变化规律，通过高速摄影来观测，对硬件要求太高。目前也极少出现相关的报道，文献［125］采用高速摄影技术研究韧性层板结构（尼龙和芳纶织物结构）弹道冲击历程时，观测到第一、二帧变形锥锥角 θ 约为 41.5°（见图 8 - 4 - 8）。

根据连续侵彻过程中的动力学特征，由图 8 - 4 - 7，设纤维的拉伸作用长度为 $C_{\mathrm{L}}\cdot t$，C_{L} 为面内拉伸纵波的传播速度；变形锥沿半径为 $C_{\mathrm{T}}\cdot t$，C_{T} 为横向剪切波的传播速度；弹体速度为 v_{p}，不考虑未失效纤维层的横向压缩，随着纤维层的连续失效，变形锥锥角应为

$$\theta_v = \arctan\frac{\sum v_{\mathrm{p}}\cdot\Delta t}{\sum C_{\mathrm{T}}\cdot\Delta t} \qquad (8-4-19)$$

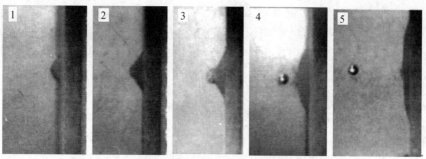

图 8 – 4 – 8　Nylon – 66 层板 0.68g 钢球 512m/s
穿透时背层变形锥变形情况[125]

由于侵彻过程中弹靶间的相对速度与锥角之间存在相互的协调,由上式,任一纤维失效断裂时刻(假设失效应变值无穷大),变形锥角应满足

$$\theta_v = \arctan \frac{v_\mathrm{p}}{C_\mathrm{T}} \qquad (8 - 4 - 20)$$

但是根据纤维层的失效判据式(8 – 4 – 18)变形锥锥角同时也应满足

$$\theta_\varepsilon = \arccos\left(\frac{C_\mathrm{T}}{C_\mathrm{L}\varepsilon_\mathrm{cr} + C_\mathrm{T}} \right) \qquad (8 - 4 - 21)$$

对比式(8 – 4 – 20)和式(8 – 4 – 21),式(8 – 4 – 21)为材料特性所决定的极限变形锥角度,即为纤维层板变形锥角的最大值。当 $\theta_v > \theta_\varepsilon$ 时,可认为弹体的侵彻速度大于纤维层板的能量扩散速度,此时纤维层将被连续穿透,锥角保持为 θ_ε,在此基础上,层板完全穿透侵彻过程中变形锥角基本保持不变,从而解释了图 8 – 4 – 8 的试验现象;当 $\theta_v < \theta_\varepsilon$ 时,纤维层板的能量扩散速度大于弹体侵彻速度,此时弹体不能穿透弹前未失效纤维层。然而由于在弹道侵彻后期背层变形锥整体处于极限强度条件下,此时弹靶接触处的复杂应力状态(拉应力和剪应力共同作用)成为主要受力形式,因此弹体剩余动能仍然具有一定的侵彻能力。这也正是弹道测试中采用 v_{50} 衡量层合板防护能力的根本原因之一。

(3)弹靶相对运动分析。

忽略纤维层的体积压缩,则侵彻过程中任一时刻纤维层变形锥的横向速度应等于或小于该时刻弹体侵彻速度,则连续侵彻阶段弹靶之间存在相对运动速度的协调。该过程中纤维层的实际侵彻深度为弹靶相对运动位移(见图8 – 4 –9)

$$Z_{(n)} = v_{2p(n)} \cdot \Delta t \cdot \eta_\mathrm{r}$$
$$(8 - 4 - 22)$$

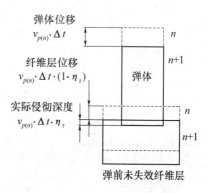

图 8 – 4 – 9　连续侵彻阶段
弹靶相对运动模型

式中：η_r 弹靶相对运动比例系数，$0 < \eta_r < 1$。

相对运动与靶材密度、横向压缩特性、侵彻速度、变形锥角度、剪切拉伸波速等均存在相互关联。η_r 对于同类型增强纤维，当 $\theta_v > \theta_\varepsilon$ 时基本保持不变，而当 $\theta_v < \theta_\varepsilon$ 时，将随 θ_v 值（弹体侵彻速度）的减小而存在轻微下降的现象。

（4）层间断裂分层能量的计算。

试验研究结果表明，对于中厚层合板结构，层间分层是主要破坏特征之一，层间分层破坏断裂能是层板弹道吸能的重要组成部分。初始侵彻阶段应力波的传播是层间分层的产生源头；面内弯曲波的传播是层间裂纹扩展的主要动力，而靶板穿透后弹性能和动能的卸载释放是层间裂纹进一步扩展的重要影响因素。裂纹的传播速度与纵波波速成正比，同时满足最小能量原理，即裂纹的传播将集中在靶板背层具有较小断裂韧性值的层间发生。

则任一时刻层间断裂能 E_c 为

$$\begin{cases} E_c = \pi R_c (2R + R_c) \times n_c \times G_c \\ R_c = C_c \cdot t \end{cases} \tag{8-4-23}$$

式中：R_c 为裂纹传播半径；R 为弹体半径；n_c 为透胶层层数；G_c 为层间断裂韧性。

8.4.4 算例及结果分析

在两阶段侵彻模型的基础上，本节分别讨论了 S2/PC、C/PC、T/PC 三种 FRC 层合板在微曲面柱形弹高速冲击下的抗弹性能，计算结果及分析情况如下：

1. 计算参数

准静态和动态载荷条件下的材料计算参数如表 8-4-2 所列。材料动态应变率效应通过对材料极限强度加权考虑，玻璃纤维层板的动态强度为准静态值的 1.5 倍~2.0 倍，芳纶层板为 1.2 倍~1.5 倍。

表 8-4-2　层板材料程序计算参数表

靶板结构	ρ_f /(10^3kg/m^2)	E_L /GPa	E_c /GPa	G /GPa	σ_{cr} /MPa	τ_{cr} /MPa	σ_{cm} /MPa	G_I /(J·m^2/kg)	ε_{cr}	η_r
T/P	1.39	23.0	2.93	0.67	426	174	571	287.84	0.019	0.6
T/P(d)	—	—	—	—	639	261	857	—	—	
S2/P	2.0	30.5	3.94	1.11	450	156	488	449.25	0.015	0.417
S2/P(d)	—	—	—	—	900	312	976	—	—	
C/P	2.0	24.3	2.37	0.610	165	56.0	278	68.4	0.007	0.417
C/P(d)	—	—	—	—	330	112	556	—	—	
注：表中(d)为动态参数										

2. 计算结果分析

弹道冲击试验在海军工程大学舰船工程系弹道实验室进行,发射装置为14.5mm 弹道枪。测试靶板增强纤维分别为高强 S 玻璃纤维、中碱 C 玻璃纤维、T750 芳纶纤维增强层合板结构,基体材料为 PC,基于舰艇防护研究背景,选取6.2g 微曲面柱形弹为研究对象,弹体速度 300m/s ~ 900m/s。不同类型靶板理论计算值与试验值的对比情况,如图 8 - 4 - 10 和图 8 - 4 - 11 所示。

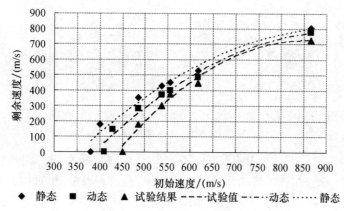

图 8 - 4 - 10 T750/PC 靶板剩余速度计算值/试验值比较

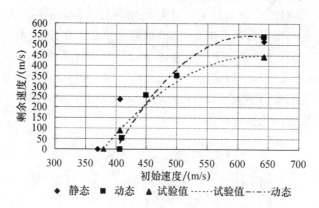

图 8 - 4 - 11 C400/PC 靶板剩余速度计算值/试验值比较

结果显示:① 由于靶板的破坏模式符合理论模型假设(见图 8 - 4 - 12),不同初始冲击速度条件下,对于中碱 C 玻璃纤维和 T750 纤维增强层合板结构,两阶段侵彻模型能够较好地描述剩余速度随初始速度的变化趋势,二次拟合曲线与试验拟合曲线变化规律基本一致,弹道极限计算值与试验结果的误差小于50m/s。②将材料极限强度提高到准静态值的 1.5 倍时,在相同初始冲击速度条件下,剩余速度差值随初始速度上升而下降。可见在密度一定的条件下,纤维强度的增加将减小剪切阶段侵彻历程,扩大连续侵彻范围,提高靶板整体抗弹吸能,因此将静动态计算数据相比较,动态效应(强度上升)在高速条件下对剩余速度的影响较小,而在低速时影响较为明显。③计算规律显示,弹道极限附近弹体剩余速度存在异常的变化,当弹体初始速度存在很小的变化时(减小),剩余速度将出现明显的下降,显然弹道极限附近存在靶板抗弹效率峰值。产生该现象的主要原因是变形锥角小于极限变形锥角,变形锥角随侵彻速度变化而变化,其结果与叠层织物弹道冲击现象是非常一致的[114]。实际上该现象也存在于层合板弹道试验中[119,128]。

(a)   (b)

图 8 - 4 - 12   C400/PC 和 T750/PC 层合板典型横向变形模式
(a) C400/PC;(b) T750/PC。

　　由于两阶段模型针对具有良好抗弹结构的中厚层板提出,薄板结构以及结构不理想的中厚板结构,将由于弹道特性的稳定性以及破坏机理的差异,计算误差较大。如:S/PC 靶板由于层间粘结性能较好,剪切刚度较大,分层阈值较高,其背层破坏模式主要为花瓣型开裂,其背层侵彻机理为弯曲破坏,不符合变形锥模型(图 8 - 4 - 13)。将试验结果与计算结果进行比较,高速冲击时,层板在高强激波作用下背层层间分层范围加大,破坏模式得到改良,因此其计算值与试验结果吻合较好,但是在较低冲击速度条件下以及弹道极限预测时,由于背层的花瓣开裂型破坏,计算值与试验值差异扩大(图 8 - 4 - 14)。由此推测 S/PC 在试验中所出现的花瓣开裂型破坏模式的吸能效率非常低,通过改变层间性能、调整变形模式将大幅提高其抗弹性能。

图 8 - 4 - 13   S/PC 层合板典型横向变形模式

8.4.5   小结

　　本节在应力波传播特征和动力学理论的基础上,提出弹道冲击下纤维层合板的两阶段侵彻模型和梯度瞬态变形锥理论。通过三种结构层板计算结果与试验结果的比较分析,验证了两阶段侵彻模型的稳定性和适用性。同时在比较分析的基础上,对层板的侵彻机理深入探讨,得出以下结论:

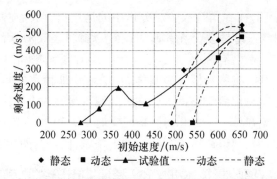

图 8 - 4 - 14 S/PC 靶板剩余速度计算值与试验值的比较

（1）两阶段侵彻模型较好地反映了不同特性增强材料（脆性和韧性）层板结构的抗弹特性,对 T/P 和 C/P 层板结构的剩余弹道速度和极限速度的预测具有较好的适用性,而对 S/PC 层板结构的设计提出了改进意见。

（2）考虑到动态效应,提高了层板的结构强度,结构强度的提高在较低速度条件下使靶板的抗弹性能得到了普遍的提高,但在高速条件下影响较小。这种现象与材料率效应和速度范围相关的规律以及靶板的抗弹变形机理是一致的。

（3）侵彻模型较好地反映了弹道极限附近存在抗弹效率峰值以及 v_{50} 弹道极限的波动问题。通过编制数值计算程序,将计算结果与试验结果进行比较,进一步深入了解 FRC 的抗弹机理。

（4）计算结果和试验现象共同显示,抗剪能力较强而密度、剪切模量较低的层板结构(T/P)剪切侵彻现象不明显,其主要吸能模式为梯度变形锥,分层能量是重要的吸能组成部分;反之,C/PC 层板结构表现出较为明显的剪切侵彻现象;其主要的抗吸能发生在剪切侵彻阶段和分层吸能;S/PC 层板结构由于剪切刚度较大,层间断裂阈值较高,面层出现明显的剪切破坏模式,背层纤维弯曲破坏,弹道试验测试值在低速条件下远低于计算预测值,该结构通过层间特性的改良应具有较大的发展潜力。

8.5 有限元数值分析技术在 FRC
弹道冲击上的运用与发展

虽然有人认为数值计算对了解侵彻机理贡献甚微。但在实际工程中,数值分析方法正越来越多地被使用,并得到了满意的结果。层合板弹道冲击相对于金属材料板的侵彻问题是更为复杂的过程,在解析方法求解非常困难的情况下,数值分析具有重要意义。

目前已用于复合材料层合板结构高速冲击动力学分析的数值分析技术主要可以分为两类:有限元、边界元和无网格法（如 SPH,即 Smoothed Particles Hydro-

258

249

dynamics)。有限元技术在层合板力学分析中的运用,目前存在两个主要的发展方向:①将增强材料及基体复合在一起讨论复合材料表观力学行为的有限元法称为宏观有限元法,宏观有限元法又可分为铺层有限元法和层合板有限元法。②根据材料的多相性,将层合板分为基体相、增强纤维相和层间相,不同性质的单元,引进不同的材料常数,进行计算,称为细观有限元法。无网格法,由于其较强的适应性,能避免在域中构造几何网格时费时费力的过程,在最近几年备受重视,SPH技术在层合板弹道冲击或超高速冲击领域,已经开始得到运用。

8.5.1 有限元数值分析技术在 FRC 弹道冲击研究领域的现状与发展

1. 宏观有限元技术的运用

层合板弹道冲击响应宏观有限元技术的运用,是金属材料弹道冲击 3D 有限元技术(包括单元网格的划分、接触算法及高度非线性问题的处理等)基础上的发展,一般将复合材料层合板等效为 3D 正交各向异性材料进行处理,这是目前运用较多的方法之一。例如,S. W. R. Lee[129]借助于商用有限元程序 MARC,研究了碳纤维/环氧层合板的弹道冲击问题;A. Blanas 使用 DYNA3D 程序评估了层合板弹道极限[130];江大志[131]将材料增量形式的损伤本构代入 3D 宏观有限元程序,对层合板结构冲击损伤响应进行数值分析,得到了较好的结果;梅志远[132]在 MSC/Dytran 程序的基础上,针对混杂结构,采用不同单元及材料本构形式,提出了混合建模法,求解弹道冲击问题,与试验吻合较好。

V. P. W. Shim[133]针对单层纤维织布弹道冲击提出数值分析模型,模型将织布离散为纤维单元网格,重点考虑了材料的粘弹属性(应变率效应),采用粘弹性三单元模型体现聚酯基的粘弹性变形行为。H. D. Espinosa[134]提出了建立在拉格朗日坐标系基础上的各向异性粘塑性材料复合材料层合板,弹道冲击载荷下的 3D 有限元分析模型。

J. A. Zukas[135]在单一和多层板冲击响应数值分析中,比较了拉格朗日和欧拉两种不同的分析方法,H. Yildiz[136]对于厚层合板结构(梁和板)的有限元分析中,多层材料单元材料常数的等效方案:算术平均值和重量平均值进行讨论,认为层合板结构面内承载时,采用算术平均值法能取得较好的计算结果,而厚度方向承载作用,采用重量平均值能取得更好的结果。同时,H. Yildiz 认为,等效方案将使层数较多的厚层合板结构的宏观有限元分析更为容易和经济。

2. 细观有限元技术的发展

细观有限元模型的提出,一般建立在 T. Ishikawa[137]马赛克模型(Mosaic model)的基础上,20 世纪 90 年代末,在复合材料结构分析方面得到了研究者们更多的关注。但目前细观有限元技术用于层合板弹道冲击响应分析的研究工作,还十分有限,其细观单元的构建,较多地集中于典型的平纹织物层合板结构。J. Jovicic[138]将细观有限元技术引入商用有限元程序 ALGOR 及 ABAQUS,研究平纹织物层合板弹道冲击响应研究。可以认为,细观有限元单元的引入,综合考虑了层合板材料的几何与材料特性,具有极大的发展潜力。

3. 无网格技术在复合材料层合板弹道冲击中的运用

由于有限元法和边界元法固有的缺点(如闭锁、裂纹扩展或大变形导致的单元畸变,以及费时的网格划分等缺点),无网格作为一种新的研究途径,得到了相当的关注。早期的无网格法起源于模拟天体物理现象的平稳粒子流体力学,即基于三维自由拉格朗日算法的 SPH 法[139,140]。无网格技术运用于复合材料层合板弹道冲击问题求解,目前尚处于起步阶段。无网格法的研究,由 B. Nayroles[141] 提出扩散单元法后,该领域的研究才变得十分活跃,将 SPH 技术运用于层合板弹道侵彻方面的相关文献可参考本书参考文献[139]。

4. 复合材料层合板弹道冲击数值分析中的常见问题

不同的数值分析方法,对于复合材料结构的高瞬态动力学分析,需要解决的问题(如接触算法、破坏准则、高度非线性问题的处理以及不同材料属性的多相及相间问题的处理等),存在不同的处理方法。接触算法和非线性问题的处理,是数值分析方法重点需要解决的问题。

将弹、靶作为一个系统的动态接触问题的数值分析法,主要是有限元法或有限差分法 A. E. Bogdanovich[142] (1992)已用于准静态三维和动态二维问题的求解,T. Belytschko[143] (1987)提出了一种三维弹靶动态接触算法,W. Shen[144] (1992)加以改进,为处理三维动态接触提供了可靠的理论基础。这种算法的实质是点 – 面接触问题,弹节点(从节点)一旦与靶单元的面接触,则从节点与该靶单元接触上的节点(主节点)组成的一个质点系统将满足动量守恒,这种算法要求弹体为弹性体,并不允许从节点侵入靶体内部,因此,接触面需要适时调整。V. P. W. Shim[119] (1995)对弹靶接触问题的处理方法基本与之类似,而目前较为成熟的侵蚀接触算法,以 J. O. Hallquist 对称罚函数法为代表,其基本原理为:当滑动线两侧接触面上的节点发生贯穿时,在该处引入一个较大的界面接触节点力,称为罚函数值,与贯穿深度成正比,用它限制节点对接触面的贯穿。SPH 技术建立在粒子微观力学理论的基础上,L. Vu[145] (2000)提出了球形粒子接触问题中法向力/位移关系的简化而精确的分析模型(NFD)。

层合板弹道冲击的高度非线性问题,主要包括材料的非线性问题以及几何的非线性问题,对于高速冲击过程的有限元分析是最为突出的问题,因而,引起了人们的普遍关注。相关研究工作可参见:[146]、[147]、[148]等文献。

综上所述,20 世纪 90 年代后,随着数值分析手段的提高和计算机技术的发展,数值分析技术在复合材料层合板冲击领域,得到了充分的发展,出现了几种不同的发展趋势和研究方向。

(1)基于工程领域的需求,利用现有商用有限元程序,建立和进行复合材料层合板结构宏(细)观有限元分析模型,近似求解层合板弹道冲击问题。

（2）基于复合材料微观力学响应研究的需求，发展细观有限元单元模型，体现复合材料层合板的强烈的几何及材料特性，是有限元技术在层合板冲击研究领域的重要发展方向。

（3）无网格技术的发展，将为彻底解决有限元和边界元法的固有缺点，提供新思路。

8.5.2 高速冲击下 FRC 层合板受力特征的数值分析

1. 引言

20 世纪 80 年代层合板开始在结构防护领域得到广泛应用，其弹道冲击载荷下的动态响应得到了研究者们的密切关注，然而弹道侵彻区域层合板的受力状态及应力分布等问题，至今还没有得到较好的解决和统一的认识。

层合板结构弹道冲击载荷作用下的应力状态非常复杂，并严重影响着层合板的变形吸能模式和抗弹机理。G. Zhu 等[123] 在一维应力波传播特征分析的基础上，指出弹体侵彻初始阶段，板厚方向压缩波传播至靶板背面，反射为拉伸波，在背层层间导致基体拉伸开裂和层间分层；黄英等人[149] 在 Mindlin 假设的前提下，由应力状态分析结果认为，弹体侵彻过程中，背层纤维受压失效破坏，而本文试验观察结果显示，层合板背层存在两种拉伸失效断裂模式，一种是背层弯曲拉伸断裂，另一种是层间分层条件下的变形锥拉伸断裂。近年来，B. R. Basavaraju 等也曾通过冲击后层合板的压缩性能试验工作（CAI）对层合板的厚度效应进行过研究[150]，但由于对厚度效应的产生机理没有进行深入的机理研究，从而认为厚度效应是层合板弯曲变形的结果。在此基础上，尤其是在试验研究难度较大的前提下，采用数值方法进行较为细致的层合板应力状态和厚度方向变形模式分析工作是非常有意义的。

2. 一维受力特征的数值分析

（1）有限元模型的建立。20 世纪 90 年代以来，界面单元法被应用于层合板损伤问题的数值研究工作中[151]，本节将该建模思想引入到层合板弹道冲击研究中，在有限元程序 MSC. Dytran 的基础上，采用线性弹簧模拟层间（基体与纤维界面）界面特性，弹簧有较高的初始刚度，一旦达到阈值时，弹簧失效打开，以此描述了基体开裂或分层损伤破坏产生和扩展的物理过程。由于弹簧单元刚度高，所以应力场不受弹簧单元的影响。同时纤维层和基体层分别采用三维各向异性和弹塑性材料模型。有限元模型示意如图 8 - 5 - 1 所示。

（2）数值模型的建立。一维应力分析采用的数值试件为三层层合板，其厚度为 1.34mm，半径为 5mm，层合结构几何参数如表 8 - 5 - 1 所列，有限元模型如图 8 - 5 - 2 所示，边界无约束，冲击载荷时间历程曲线如图 8 - 5 - 3 所示，0 ~ 0.01ms 内三角形冲击载荷作用在第一纤维层上表面。模型中层合板材料主轴与坐标主轴一致。

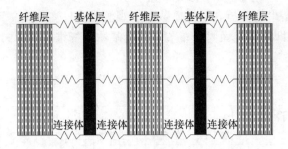

图 8 – 5 – 1　层合板有限元模型示意图

表 8 – 5 – 1　层合板模型结构几何参数

名　称	纤维层	基体层	界面层
厚度/mm	0.3	0.2	0.01

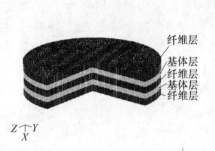

图 8 – 5 – 2　一维应力分析有限元模型

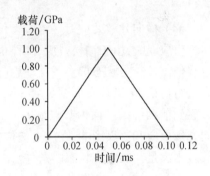

图 8 – 5 – 3　载荷曲线

　　纤维材料为 S2 玻璃纤维平纹织物,基体材料为聚酯基体,材料参数的选取参考文献[152,153],材料失效采用最大应变失效,取 $\varepsilon_{11} = \varepsilon_{22} = 0.04$,弹体、基体及纤维层材料参数如表 8 – 5 – 2 及表 8 – 5 – 3 所列,层间连接弹簧单元的刚度及失效应力,根据最大层间应力为 50MPa、法向失效位移 $\delta_n = 8.0\mu m$ 来确定。

表 8 – 5 – 2　S2 玻璃纤维材料参数

名称	E_{11}/GPa	E_{22}/GPa	E_{33}/GPa	v_{21}	v_{31}	v_{32}	G_{12}/GPa	G_{23}/GPa	G_{31}/GPa
纤维层	28.7	28.7	13.7	0.118	0.22	0.188	12.83	9.75	9.75

表 8 – 5 – 3　聚酯基体和弹体材料参数

名称	$\rho/(kg/mm^3)$	K/GPa	G/GPa	σ_s/GPa	ε_b/GPa	σ_{spall}/GPa
基体材料	1.952×10^{-6}	3.73	1.732	0.069	0.08	- 0.09
弹体材料	7.850×10^{-6}	175	81	0.35	0.5	- 3.5

（3）计算结果的分析。试件横截面上观测点分布如图 8 - 5 - 4 所示，观测点可分为三组，即纤维层面内分布节点以及基体和纤维层的横向节点。

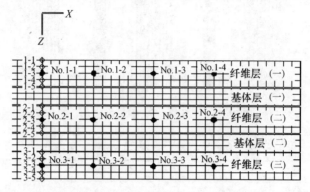

图 8 - 5 - 4　层合板厚度方向及面内 X 方向数值测点分布图

（4）横向弥散效应对一维应力传播的影响。应力波作用下，试件在厚度方向产生应变时，由于泊松效应，试件也会在面内方向发生膨胀变形，横向弥散效应将使试件应力状态偏离一维理想应力状态。对此本书针对面内方向的节点应力进行讨论，节点分布如图 8 - 5 - 4 所示，应力分布对比如图 8 - 5 - 5 所示。可以看到前两纤维层面内节点应力 σ_{zz} 变化规律基本一致，仅第三纤维层，由于横向弥散效应和边界影响，在应力波传播后期出现一定干扰，因此基本上可以认为其基本满足一维应力状态的条件。

（5）一维应力状态分析。图 8 - 5 - 6 分别给出了两层基体层中节点应力的时间历程曲线，可以看到层合板基体层处于不同位置时，其动态应力状态表现出较大差异。第一基体层的应力分布形状基本上与加载曲线相似，在 0.001ms 加载时刻附近达到压缩应力极限，约为 90MPa 时单元失效，但第二基体层的应力分布出现较大的变化，尤其值得注意的是，基体层在 0.001ms 加载时刻附近出现了拉应力峰值（约为 60MPa），高于压应力峰值（约为 40MPa），可以认为此时基体单元基本失效，层间开裂，然后是较为明显的正负数值振荡，在 0.003ms 之前已经完全失效，该现象是应力波在多重层间界面不断发生反射和应力叠加，形成拉伸波作用的结果。从而数值验证了 G. Zhu[123] 关于层合板弹道冲击下一维应力波对层间分层起重要作用的假定，可以认为层合板弹道冲击载荷作用下层间分层的初始裂纹是侵彻前期横向拉伸应力波传播的结果，后期由于弹体连续侵彻引起的层间剪切力（Ⅱ型层间断裂）和横向应力（Ⅰ型层间断裂）将使裂纹进一步扩展。

图 8 - 5 - 7 分别给出了三层纤维层沿厚度方向的应力 σ_{zz} 动态分布，前两层纤维层的应力状态基本上与载荷分布一致，为压应力。但第三层则表现出了较强的应力正负交替现象，与基体层相似，该现象是应力波在多重层间界面不断发

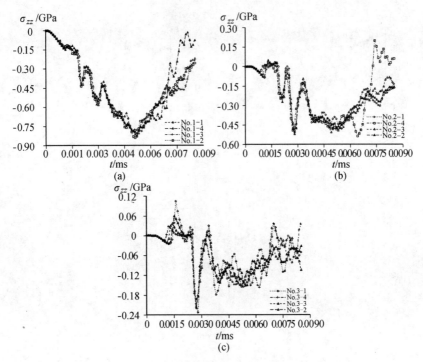

图 8 - 5 - 5   三层纤维层沿面内分布节点的应力 σ_{zz}

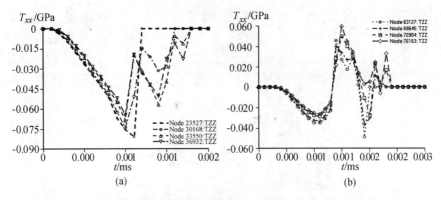

图 8 - 5 - 6   第一层和第二层基体厚度方向节点应力时间历程曲线

生反射和应力叠加的结果,纤维层在背面为自由面时,背纤维层不可能出现压缩失效,图 8 - 5 - 7 显示纤维各层的压应力峰值分别为 1GPa、600MPa 和 380MPa,可见应力波在层合板结构横向传播时,衰减幅度较大,其原因主要是横向存在多重不同介质的层间界面和基体失效界面不断增多。

3. 三维受力特征的数值分析

一般认为在忽略纤维材料应变率效应的情况下,复合材料层合板弹道冲击是指在弹道极限速度附近的载荷冲击[154],因此本书针对五层层合板柱形弹弹

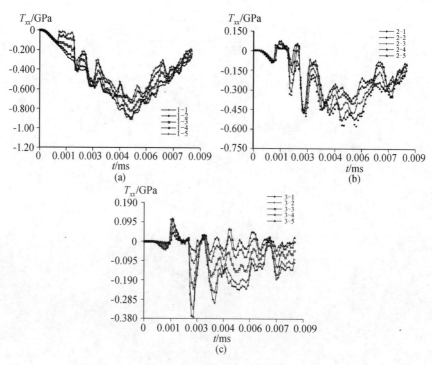

图 8-5-7　三层纤维层沿厚度方向分布节点的应力 σ_{zz}

道冲击下的三维应力进行分析时,取柱形弹弹速为 90m/s。由于该问题是对称问题,因此本书采用对称算法,在对称边界进行相应约束,对非对称边界进行固支约束,不考虑应力波的边界反射。有限元模型如图 8-5-8 所示,材料及模型几何参数分别如表 8-5-2 和表 8-5-3 所列。

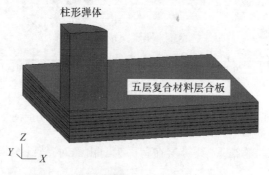

图 8-5-8　三维应力分析有限元模型

(1) 破坏模式及面内应力分布分析。由于平纹织物层合板的对称性,将主要考虑弹道冲击下纤维层内的应力分量(σ_{xx}、σ_{zz}、σ_{xy}、σ_{yz}),同时通过前面对层合板厚度方向的一维应力状态分析,已知横向应力在传播过程中衰减很快,可以认为其作用范围将主要局限于弹靶接触层附近。因此,以下将主要讨论面内应

力 σ_{xx}、σ_{xy}的分布特征。

图 8 - 5 - 9 分别给出了侵彻开坑阶段、连续侵彻阶段和冲出阶段的位移分布和应力 σ_{xx}云图。结果显示开坑阶段的应力分布主要集中在弹道侵彻区域内,层间横向应力分布类似于一维应力波结果,层间基体层出现初始失效裂纹;连续侵彻阶段层间基体层裂纹在层间剪切和横向应力的作用下扩展,侵彻附近区域靶板背板形成凸起,应力分布由于加卸载波和反射、透射等传播现象的存在,其分布变得非常复杂,但由于纵波的传播特性,面内应力还是保持着拉压交替的基本分布特性(图 8 - 5 - 10);冲出阶段层合板层间分层现象较为明显,分层半径约为弹径的 3 倍以上,厚度方向呈梯状分布,与文献[155]中的试验结果一致,弹体变形量较小。同时由侵彻过程中典型的面内应力分布等高线(图 8 - 5 - 10)显示,正交平纹层合板的应力分布具有较强的方向性(图 8 - 5 - 10(c))。

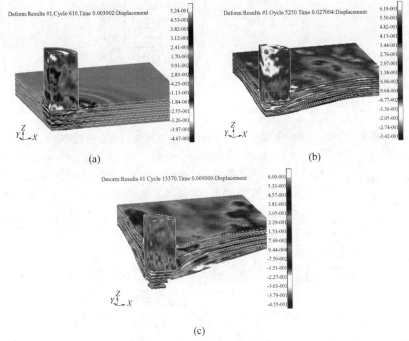

图 8 - 5 - 9   侵彻开坑阶段、连续侵彻阶段和冲出阶段的位移分布和应力 σ_{xx}云图
(a) $t = 0.0030\text{ms}$; (b) $t = 0.0270\text{ms}$; (c) $t = 0.0690\text{ms}$。

(2) 厚度方向应力分布特征分析。通过对厚度方向纤维层面内主应力 σ_{xx}结果进行分析,发现纤维层在连续侵彻过程中沿厚度方向的受力状态历程存在较大差异,第二、五纤维层的上下表面测点分布及主应力时间历程曲线分别如图 8 - 5 - 11 ~ 图 8 - 5 - 13 所示,第二和第五纤维层分别在 0.018ms 和 0.048ms 时刻前断裂失效。

由图 8 - 5 - 13 可以明显看到,第五纤维层上下表面节点主应力在初始侵彻

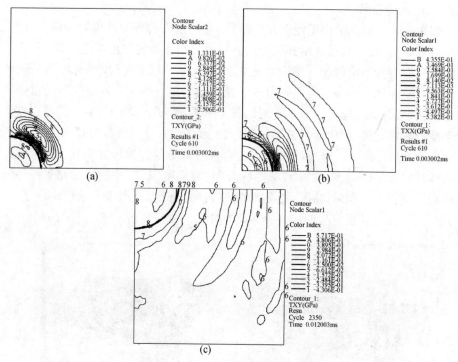

图 8 – 5 – 10　弹体侵彻过程中较为典型的几种面内应力分布等高线
注：图中黑粗线为弹体轮廓。
（a）第一层 σ_{xy} 分布等高线；（b）第一层 σ_{xx} 分布等高线；
（c）第五层背面 σ_{xx} 分布等高线。

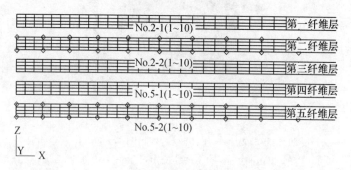

图 8 – 5 – 11　五层纤维层厚度方向应力测点分布示意图

阶段（0 ~ 0.013ms）主要表现为弯曲应力状态，拉压交替出现，但在连续侵彻阶段（0.013ms ~ 00.48ms）上下表面节点应力主要处于正应力状态，即可以认为此时背纤维层的受力状态呈薄膜拉伸受力状态（其外在表现即为变形锥形式）；而同时观察第二层测点的受力状态（图 8 – 5 – 12）可以看到呈现正负交替波动状态，可知弹体连续侵彻阶段纤维层失效前纤维层面内均在弯曲应力的作用之下。

258

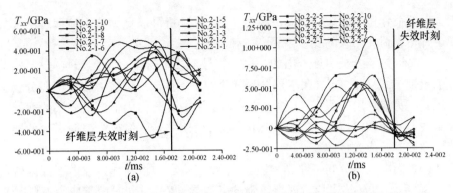

图 8 – 5 – 12　第二纤维层上下表面面内主应力时间历程曲线

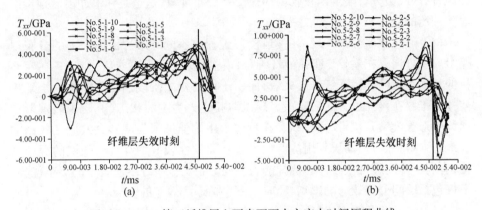

图 8 – 5 – 13　第五纤维层上下表面面内主应力时间历程曲线

产生该现象的原因,是由于在初始侵彻阶段靶板凸起尚未形成,弹靶的相互挤压将使靶板局部整体呈弯曲受力状态,面纤维层将在弯曲和横向剪切作用下失效断裂,然而在连续侵彻阶段凸起形成,由于初始挠度的出现,背纤维层的应力状态将逐渐转变为拉伸应力状态,呈现出薄膜受力特性。同时由于纤维材料拉压轴向抵抗能力相差很大(纤维层的主要轴向压力承受载体为基体),薄膜状态将吸收更多的应变能,因此,试验结果发现在弹道极限速度冲击下,层合板往往表现更高的弹道吸能[156]。但是层合板在高速冲击下(冲击速度远高于弹道极限速度),由于靶板的变形(如凸起的形成)滞后,从而薄膜变形机理表现较弱,纤维材料将主要在弯曲和横向剪切作用下失效破坏,此时层合板抗弹性能将主要取决于材料的应变率特性和侵彻扰动区范围的变化。

　　4. 小结

　　本节针对层合板结构进行了弹道冲击下的三维应力场的有限元数值计算,并对于计算结果结合试验现象进行了层合板结构应力状态和抗弹机理研究,由以上分析,可得出以下结论:

　　(1)采用有限元数值技术能够在一定程度上弥补试验手段的不足,对层合板强动载荷作用下的应力状态进行分析,通过分析可以更为深入地理解层合板弹道冲击载荷作用下的变形模式和抗弹机理。

(2) 通过层合板厚度方向的一维应力波和横向弥散效应的影响分析,本节数值验证了 G. Zhu 等[123]关于层合板弹道冲击下横向一维应力波对层间分层破坏模式起重要作用的假定,认为层合板弹道冲击载荷作用下层间分层的初始裂纹是侵彻前期横向拉伸应力波传播的结果,后期由于弹体连续侵彻引起的层间剪切力和横向应力将使裂纹进一步扩展。

(3) 面内应力分布特性研究显示,平纹织物层合板在弹道冲击下面内各应力分量(σ_{xx}、σ_{yy}及 σ_{xy})均呈现出较强的各向异性特性;同时由于应力波的传播特性,面内应力分量表现出较强的拉压交替分布现象,这也是弹道冲击区别于准静态冲压的较为明显的特征之一。

(4) 通过数值分析发现,在弹道侵彻过程中不同纤维层面内应力的分布规律沿厚度方向存在差异,迎弹面纤维层面内主要表现为弯曲应力状态,在弯曲拉伸和剪切共同作用下纤维层失效,而由于侵彻初始阶段的凸起产生的挠度将使背纤维层在侵彻过程的后阶段呈现以薄膜受力为主的状态(其宏观表现形式即为变形锥模型),因此,可以认为在背层采用拉伸极限强度和失效应变较高的纤维增强材料层,在面层采用抗剪能力较强而韧性较好的纤维增强层的混杂结构,有利于提高层合板整体的抗弹能力。同时指出混杂纤维层合板的混杂优势,不仅包括层间分层效应的影响,同时还应包括厚度效应的影响。

(5) 最后有必要指出有限元方法发展至今,将其运用于层合板高速冲击问题的定量求解,仍然存在诸多问题:① 目前商用有限元程序中现存的单元模型均不能完全满足层合板结构几何模型的构造需求;② 采用各向异性层合三维体单元进行定量计算将导致数值模型非常庞大,而不利于进行有效的分析研究;③ 含胶层合板结构高瞬态高应变率条件下的弹塑性本构关系的研究还非常缺乏;④ 失效判据有待改进。因为目前复合材料研究工作中所采用的失效准则大多来自于连续介质(均质)力学,对于层合板高速冲击问题是否适用,也需要在今后得到进一步验证。

第9章 现代舰船防护结构设计

对舰攻击武器命中舰体后,其毁伤载荷主要可分为两大类:一类是质量体(弹丸)的撞击载荷,其对舰船结构的破坏是局部性的;另一类是由战斗部爆炸所产生的冲击载荷,它对舰船结构的毁伤形式表现为大面积变形或失效。针对这两大类毁伤载荷,舰船防护结构设计相应也主要包括两大类:一类是针对质量体(弹丸)撞击载荷的装甲防护结构设计;另一类是针对爆炸冲击载荷的抗爆结构设计。

由于水介质和空气介质在密度和可压缩等特性上的巨大区别,水下爆炸和空中爆炸在毁伤载荷形式和威力上存在较大区别。此外,由于防护结构重量对舰船稳性等航行特性的影响,抵御空中反舰武器的防护结构和抵御水中兵器的防护结构存在较大区别。因此,通常将舰船防护结构分为水上防护结构和水下防护结构。

9.1 舰船防护结构的发展

舰船防护结构的发展与反舰武器攻击模式的发展、材料科学技术的发展以及舰船生命力要求密不可分。本节将从水上防护(以导弹、激光制导炸弹以及火炮等为防御对象)、水下防护(以鱼雷、水雷等为防御对象),以及防护材料三个方面介绍舰船防护结构的发展。

9.1.1 水上防护结构的发展

冷兵器时代,人们便开始考虑对战舰进行防护,其代表便是东方龟船和西方撞角船。

火炮尤其是后装线膛炮的使用,迫使舰船采用装甲保护,诞生了一批近代装甲舰船,其装甲防护的主要方式是在舰船舷侧外挂"装甲防护带"(见图9-1-1),以抵御大口径火炮平射穿甲弹。如:1859年法国建成的世界上首艘装甲巡洋舰"光荣"号,排水量6000t,舷装甲厚120mm;1876年,意大利海军建成的杜利奥级装甲舰,舷装甲厚540mm;同一时期英国海军的"坚定"号装甲舰,舷装甲厚610mm。以大口径炮弹为防御目标的防护装甲在第二次世界大战前发展到了顶峰,其代表就是战列舰,如:德国1939年建成的"沙恩霍斯特"号战列舰,排水量31800t,主舷侧装甲中部为320mm,首尾部170mm,上甲板和下甲板装甲50mm。

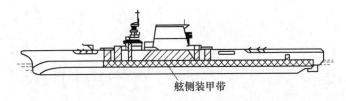

图 9 - 1 - 1 "萨拉托加"号航母(1928 年)的舷侧"装甲防护带"

主炮装甲正面 360mm,侧面 200mm,顶部 150mm。战列舰凭借其大口径火炮和厚重的防护装甲一度成为海战场上的霸主。这种装备状况一直延续到第二次世界大战结束。

第二次世界大战期间,航空母舰大量参战,宣告了战列舰时代的结束。舰船装甲防护的防御目标逐渐以航空炸弹为主,舰船的甲板防护得到了广泛重视。以航母为例(见图 9 - 1 - 2),为抵御航空炸弹的破坏,飞行甲板装甲由开始的 1in① 加厚到 3in ~ 5in;另外,为了保证飞机库的安全,飞机升降机由船中移到两舷,以保证飞行甲板装甲的完整性,并在飞行甲板下设一道地道甲板,它一方面可作为甲板的第二道防线,同时也可以减小飞机库上面的横梁尺寸,这样结构更为合理。同时,由于大口径火炮的威胁相对减小,水线附近的装甲带逐渐被取消。

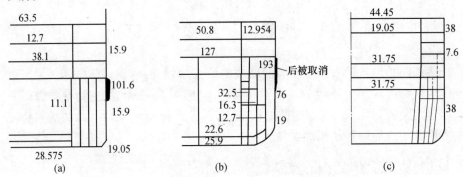

图 9 - 1 - 2 美国不同时期的三型航母装甲防护的情况
(a)"爱塞克斯"号(1941 年);(b)"中途岛"号航母(1945 年);
(c)"福莱斯特"号航母(1955 年)。

第二次世界大战后,反舰导弹技术得到了飞速发展,20 世纪 60 年代末开始成为主要对舰攻击武器,海战模式发生了质的飞跃,原来视距内的对抗,逐渐演变为超视距的导弹对抗。舰船水线以上防护结构的主要防御目标逐渐由机载航空炸弹为主发展为以高突防力的掠海飞行半穿甲反舰导弹为主,舰船防护思想也相应发生转变,由以往的全方位整体防护转变为立体防护和局部重点防护,防御

---

① 1in ≈ 25.4mm。

区域也由原来的以舷侧、甲板防护为主逐渐发展为以重要舱段或重要舱室为主,充分利用舰船内部空间的多层立体防护体系。同时,随着材料科学的进步,各种高强度低密度纤维增强复合材料,如 Kevlar 纤维,在结构防护工程中得到了广泛应用。

对于像航空母舰这样的大型舰船来说,通常以隔离原则为基础,设置内、外两层防护装甲,保证内部重要舱室的安全。外层装甲防护以外板、上甲板等舰船外层结构为基础,用于触发反舰武器战斗部引信,抵御战斗部的侵彻,或尽量减小战斗部的侵彻深度,从而最大限度地削弱战斗部的爆炸威力。内层防护装甲设计主要用于抵御高速破片和爆炸冲击波对舱室的破坏。

由于直接抵御反舰武器战斗部(尤其是超声速半穿甲战斗部)的穿甲破坏,难度很大,付出代价太高,因此现代大型水面舰船水上防护结构通常采用外层抗动能穿甲防护装甲和内层抗高速破片防护装甲、抗爆结构相结合"屏蔽式"防护结构。外层装甲和内层装甲空间上要对所有来袭方向进行屏蔽(见图 9 - 1 - 3)。外层装甲的主要作用是触发来袭战斗部的引信,减小其向舰船内部侵彻的深度;内层装甲和抗爆结构则要抵御爆炸后所产生的高速破片和爆炸冲击波。

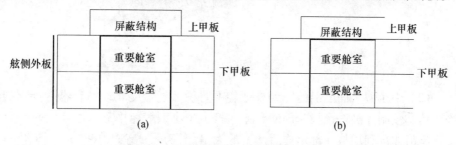

图 9 - 1 - 3　重要舱室的屏蔽防护结构

但是对于中小型水面舰船,由于空间和排水量有限,一般无法提供足够的空间和储备浮力用于设置能防御反舰导弹攻击的全方位装甲和防护结构。因此,中小型水面舰船的防护研究在相当长的时期内基本处于空白。20 世纪 80 年代,随着新材料技术的发展,轻质高强材料不断涌现,西方国家开始在其新一代舰船上设置轻型复合装甲。进入 90 年代以后,世界各国开始研究中小型水面舰船结构的抗毁伤能力,例如,美国海军在《舰船作战性能研究》(SOCS)报告中规定最低的生命力要求:舰船在遭受 1 发战斗部标称重 1 吨的反舰(巡航)导弹(ASCM)命中后能够继续作战;舰船在遭受 2 发 ASCM 或龙骨下面 1 发鱼雷的命中爆炸后依然具有生命力。现代中小型水面舰船的装甲及防护结构的发展主要体现在以下两个方面[157,158]:

(1)中小型水面舰船的总体防护。中小型水面舰船的总体防护主要包含两层含义:一是舰体结构能够将一定当量的攻击武器战斗部的爆炸毁伤限制在一定范围内,从而确保整船的生存;二是在战斗破损的条件下,舰体结构能够保障足够的剩余总强度。有关文献显示,德国海军近年来一直从事中小型水面舰船结构抗毁伤能力的研究,并提出了较为完善的结构防护方案。图9-1-4为公开报道的德国F124型护卫舰的防护系统组成。全舰的结构防护系统主要由横向六道夹层防爆主横舱壁和纵向三道防爆箱形梁结构构成。六道双层舱壁结构按主横舱壁结构设计,主要用于舰船的抗爆,具有防气浪与抗破片联合打击的能力,可有效阻止爆炸冲击波沿船长方向传播。三道箱形纵桁自身是一种水密通道,参与总纵强度,保证舰体在爆炸载荷毁伤后的总纵强度。

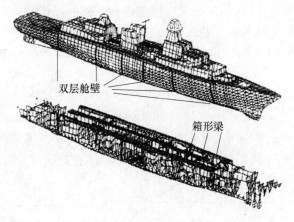

图9-1-4 德国F124型护卫舰防护结构示意图

（2）中小型水面舰船的轻型复合装甲防护。现代反舰攻击武器中,具有近炸引信和预制片破杀伤战斗部的导弹在打击中小型舰船中显示了巨大的威力。杀伤型战斗部利用战斗部爆炸后产生的大量（数万枚）高速（1000m/s～1500m/s）破片,对舰船舱面设备（雷达等）和上层建筑舱室造成毁灭性的打击。无装甲防护的舰船,将完全丧失战斗力。因此,设置一定的轻型复合装甲防护结构,对于提高舰船的生存能力,特别是作战指挥系统的生命力以及人员、设备的安全性具有极为重要的作用。该类型的防护属于局部性防护,主要针对重要舱室和设备实施。其防御对象主要是对舰攻击武器爆炸后所产生的破片和现代轻型武器。装甲防护的范围主要是与作战指挥系统相关的重要部位和舱室,如舱面雷达、导弹系统、作战指挥室、舰桥等;以及与生存能力相关的重要舱室,如弹药舱、垂直导弹发射舱等。按照舰船各部位和各舱室对舰船作战能力影响大小的不同,以及对其自身生存影响大小的不同,其装甲防护的强度等级是不同的。中小型舰船装甲防护的强度等级,是指该装甲能防住多远距离上导弹爆炸所产生的高速破片。本书给出了轻型装甲防护舰船和重型装甲防护舰船防护强度等级的划分方法（参见3.2.3节）。

图9-1-5给出了中型舰船轻型装甲防护区域（范围）和防护等级。对于一艘4000t左右的驱逐舰或护卫舰,若采用钢装甲进行图9-1-5所示的装甲

防护,需要增加装甲重量约为300t,而采用轻型优质装甲材料,如Kevlar材料,只需大约50t。

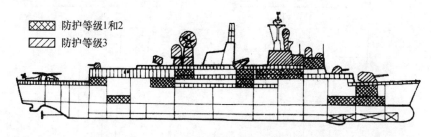

图9-1-5　中小型水面舰船装甲防护区域与等级

9.1.2　水下防护结构的发展

相对于水上反舰武器的发展,水中兵器对舰船的攻击模式变化相对较小,水中对舰攻击武器主要是鱼雷和水雷,其对舰破坏方式有水下接触爆炸和非接触爆炸两种。

一战期间,鱼雷武器开始在海战中大量使用,并显示了巨大的破坏威力。各海军大国开始探讨在水下舷侧采用多层防护结构以抵御水雷、鱼雷接触爆炸的毁伤作用,如图9-1-6所示。

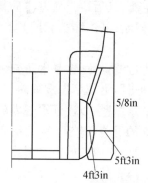

图9-1-6　"萨拉托加"号航母(1928年)
水下舷侧防护结构示意图①

二战时期水下舷侧多层防护结构的防护效果进一步得到认同,并逐渐形成了完整的防雷舱设计思想,欧美国家和日本在这一时期建造的航母均设有防雷舱结构(见图9-1-2)。防雷舱结构大致可分为"四层三舱"方案和"五层四舱"方案,如图9-1-7所示。

---

① 图中,1ft=0.3048m,1in=25.4mm。

265

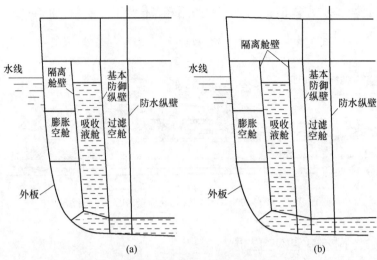

图 9 - 1 - 7　典型舷侧防雷舱结构防护方案示意图

(a)"四层三舱"方案;(b)"五层四舱"方案。

（1）在舰体外板内侧设置一个空舱,供水中爆炸后产生的气浪膨胀,以减弱其冲击压力。

（2）空舱内层设置一液舱（常满）,以防止外板炸坏产生的碎片飞向防御纵壁。

（3）液舱后设置一层空舱,其后再设置基本防御纵壁或者直接设置基本防御纵壁,空舱再次将冲击波阻断,基本防御纵壁具有相当厚度,是承受水中爆炸冲击波的主要结构。

（4）基本防御纵壁内为过滤空舱,供基本防御纵壁发生大变形吸能,或在基本防御纵壁破损后形成的冲击压力作第二次缓冲。

（5）过滤空舱后设置防水纵壁,以保证军舰内部舱室不进水。

由于船底外板接触爆炸的可能性较低,因此船底防护通常是为了抵御鱼雷、水雷的非接触爆炸,目的是要防止内部舱室受爆炸后进水,以及防止爆破物质和高速碎片进入防护舱室。其典型防护方案是船底外板和第二层底之间装压载水的双层底方案和三层底方案,如图 9 - 1 - 8 所示。双层底间压载水的自由液面能有效削弱初始爆炸冲击波的强度,而压载水的巨大惯性能有效抵御船底非接触爆炸所产生的气泡脉动载荷和气泡溃灭时所产生射流冲击载荷,大大提高了底部结构的抗爆性能。

9.1.3　舰用装甲材料的发展

新材料的出现极大地促进了舰船装甲防护研究的发展,20 世纪 70 年代以来,各种高性能材料的发展为舰用复合装甲结构的发展提供了可能,其力学机械性能对提高装甲的抗弹性能至关重要。

266

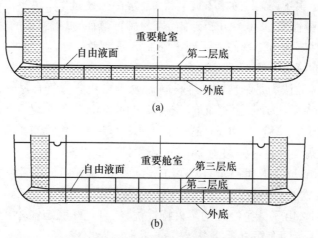

图 9 - 1 - 8　典型底部防护方案示意图

（a）双层底；（b）三层底。

1. 金属装甲材料[157]

金属装甲材料主要有钢装甲和铝合金装甲,金属装甲材料因具有明显的可加工性工艺优势,长期出现在装甲舞台上。传统的舰用金属装甲材料为中高碳调质钢,目前装甲钢的强度和硬度均有较大的发展,如性能优异的装甲钢其强度可高达 1.5GPa ~ 2.0GPa。然而,装甲钢密度过高,可焊性较差,在舰船上使用时易发生撕裂。装甲钢材料现阶段正致力于发展高硬度和高断裂韧性的高强度钢以及研究特殊加工工艺,如利用激光表面处理后的薄装甲板可有效提高抗弹性能等。高碳化(高硬度)和超细晶粒(超塑性)的出现对于钢材的硬度和冲击韧性有极大的帮助。另外,铝、钛以及镁等合金钢由于其抗弹性能好、重量轻、容易维修且成本低廉,在装甲防护,特别是轻型装甲上将占有一席之地。但它们的防腐蚀性能或抗弹效率尚需进一步提高。

2. 非金属装甲材料[157,159,160]

现代复合装甲所选用的非金属材料主要是轻质、防弹能力高的无机、有机材料,包括陶瓷及各种纤维增强复合材料、陶瓷聚合物基复合材料等。其中陶瓷材料由于加工工艺困难、价格较高,目前在舰船上尚未见大量使用。纤维增强复合材料在舰船装甲防护中的应用,在 20 世纪 80 年代以前以玻纤增强复合装甲材料为主,80 年代至今以 Kevlar 和 Twaron 为代表的芳纶纤维增强复合装甲材料在舰船防护工程中得到大量应用,而以超高分子量聚乙烯(UHMPE)、聚对苯撑苯并二恶唑(PBO)等为代表的第三代纤维增强材料必将成为未来舰船装甲防护的重要组成部分。

高性能玻璃纤维复合装甲材料,一般所用玻璃纤维为 S 高强玻璃纤维。玻璃纤维力学性能最大的特点是拉伸强度高,直径 3μm ~ 9μm 的玻璃纤维,其拉伸强度可高达 4GPa 以上,如 S2 玻璃纤维,常温下密度为 $2.49g/cm^3$,抗拉强度为 4.56GPa,弹性模量 86.4GPa,延伸率 5.4%。然而,玻璃纤维的脆性及基体材料的易老化性等缺点使其使用受到了限制。研究者们在这方面做了许多工作,并找到了一些解决办法。

芳纶纤维被认为是继玻璃纤维材料后的第二代防弹复合材料,以其一代防弹产品 Kevlar-29 为例,性能如下:密度 $1.44g/cm^3$,拉伸强度 3.34GPa,初始模量 70.4GPa,最大模量 97.9GPa,延伸率 3.9%。芳纶纤维的来源有:美国杜邦公司的 Kevlar、荷兰阿克苏公司的 Twaron、俄罗斯的 APMOC 和 CBM 芳纶纤维等及其二代产品 Kevlar HT 和 Twaron CT。在相同条件下 Kevlar HT 比一代的 v_{50} 值高 33%,动能吸收能力提高 78%;Twaron CT 的防弹能力比标准的 Twaron 的面密度小 21%。同时,由于芳纶纤维的耐火特性优异,且化学稳定性较好,因此芳纶纤维目前是世界各国海军复合装甲结构的主要组成部分。

高强度聚乙烯纤维复合材料是目前投入使用的性能最为优异的防弹复合材料纤维。商品化的产品有美国的 Spectra 以及荷兰 DSM 研究所和日本东洋纺织公司联合开发的 Dyneema 纤维。以后者为例,其密度为 $0.97g/cm^3$;拉伸强度 3.59GPa;弹性模量 155GPa。高强度聚乙烯纤维将代替芳纶纤维,是未来有机纤维复合材料中重量最轻、价格最低的抗弹材料,但其所存在的主要问题是耐火性较差,正常使用温度低于 90℃,使其在舰船上的使用受到一定限制,因此,目前作为舰船复合装甲材料的还不多见。据有关资料报道,一种强度更高、弹性模量更高的纤维织物——聚对苯撑苯并二恶唑于 20 世纪 80 年代中期由美国 SRI 机构研制出来,日本 TOYOBO 化学公司 1998 年 10 月开始其商业生产。其抗弹性能与高强度聚乙烯纤维相当,但其耐火性能优越,正常使用温度高于 300℃,目前相关研究较少见于发表。

基体材料按其发展历史来看可分为高性能树脂基、金属基、陶瓷基、碳基等几种不同材料,高性能树脂基体有两种不同性质的材料:高性能的热固性和热塑性树脂基体。热固性树脂基体的加工工艺好,粘附性能优异,易于固化,特别适合于制造结构较复杂的复合材料构件,使复合装甲具有比较好的维护性能,在今后的一段时期内热固性树脂将在复合装甲基体中占主导地位。然而,热固性树脂与纤维界面层间基体变形小,限制了纤维的大变形,即限制了纤维的吸能作用,受弹击后层间脆性开裂,分层现象严重,树脂基体内聚破坏,导致靶板防弹能力下降。而热塑性树脂作为基体材料能克服这种现象,基体材料变形大,层间剥离强度高,能量吸收较多。但热塑性树脂的工艺性能有待进一步改善。金属基复合材料研究的重点是连续纤维增强的金属基复合材料,近年来研究重点为碳化硅纤维(颗粒)增强铝合金。但因其存在密度大、造价高和工艺复杂等缺点,在装甲防护上尚未得到大量使用。陶瓷基复合材料目前大部分还处于研制开发状态,其原理是在陶瓷基体中加入纤维,纤维能起到阻止裂纹扩展、分散应力集中的增韧作用。其中碳化硅纤维是当前研究最为广泛的陶瓷基复合材料的增韧材料。但至今还没有较为成熟的制造工艺出现。

9.2 水上防护结构设计

9.2.1 舰船装甲防护结构形式

反舰武器对舰船水线以上部分的毁伤作用主要包括两个部分,即弹体对舰船结构的连续侵彻(或穿甲)和战斗部爆炸对舰船结构的毁伤作用,其中战斗部爆炸对舰船结构的毁伤作用又包括爆炸冲击波作用下舰船结构的动态冲击响应及失效破坏问题,以及战斗部爆炸后产生的大量高速破片对舰船结构的侵彻问题。因此,现代舰船水线以上防护结构主要包括防护装甲和抗爆结构两大类,其中防护装甲又可分为抵御战斗部动能穿甲的防护装甲、抵御高速破片的防护装甲,以及一些特殊用途的装甲,如登陆舰船上用以抵御小口径枪、炮的防护装甲。

真正现代意义上的防护装甲首先在舰船上得到应用,在坦克等装甲车辆上得到了最充分的发展,从结构形式上可分为均质和非均质装甲结构、多层间隔装甲、复合装甲、间隙复合装甲、主动反应装甲、爆炸反应装甲等。现代舰用装甲由于受舰船特殊使用环境及防御目标的限制,主要采用均质装甲、多层间隔装甲、复合装甲以及间隙复合装甲等结构形式,如图9-2-1所示。

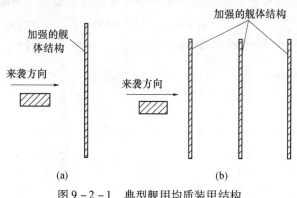

图9-2-1 典型舰用均质装甲结构

(a)均质装甲;(b)多层间隔装甲。

均质装甲结构是最早的装甲结构,主要由均质金属材料(如防弹钢、高强度钢、铝合金、钛合金等)组成,主要通过对原有舰体结构进行以抗弹为目标的加强来实现,也可在原有舰船结构的基础上增设装甲板。均质装甲结构主要用于舰船舱室抵御战斗部非接触爆炸所产生的高速破片,包括自然破片和预制破片,也可用于舰船外层抗战斗部动能穿甲。

多层间隔装甲主要用于舰船外层抵御战斗部动能穿甲,也可用于距离舰体外层结构较远的重要舱室对高速破片的防护,通常由加强的舰体结构组成。

舰船复合装甲目前较为普遍地采用纤维增强复合材料,主要包括 Kevlar 纤维、高强聚乙烯纤维,高强玻璃纤维等,此类材料密度小,有远大于钢的比强度和比刚度。另外,纤维增强材料具有较好的吸声、减振性能。中小型舰船采用纤维增强轻型复合材料装甲的结构形式有两种。一种是与舰体原有钢板一起形成钢—纤维增强材料的组合装甲结构,主要应用在重要舱室的装甲防护中,也可应用于舰船外层抗战斗部动能穿甲防护中。对于高速破片的防护,复合材料装甲板的厚度一般在 15mm ~ 25mm,具体厚度与舱壁钢板的性能和厚度直接相关,并最终取决于防御指标的要求;用于抗动能穿甲的防护时,复合材料板厚度通常在 50mm ~ 150mm。另一种是采用单一纤维增强材料作为装甲结构,要应用于雷达天线防护罩、导波电缆防护管道等装甲防护中。

纤维增强复合材料属"柔性"防护装甲,其抵御较低速(小于 1000m/s)弹丸的穿甲具有很大优势。由于目前主要的反舰导弹的末弹道速度均在声速左右,因此采用此类装甲防护结构作为舰船外层抗动能穿甲结构和作为远离舰船外壳重要舱室抗高速破片穿甲结构均具有很好的防护效果。其典型结构形式如图 9 - 2 - 2 所示,其中船体结构为船体外板、甲板、舱壁等,图 9 - 2 - 2(b)中,间距隔离构件为船体肋骨、扶强材等;复合材料装甲板所使用的增强纤维材料主要有单一的高强玻璃纤维、芳纶纤维或高强聚乙烯等,或采用不同增强纤维的混杂结构。隔离间距的宽度根据舰船舱壁加筋型材高度的差异而有所变化,一般大于 50mm,这种装甲结构也称为有间隙组合结构;将隔离构件取出,钢板将与层板靶板紧密贴合,称为无间隙组合结构。

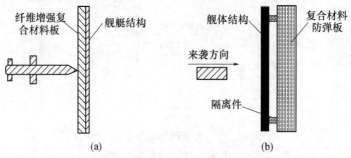

图 9 - 2 - 2　典型舰用复合装甲结构
(a) 外层;(b) 内层。

对于距离舰船外壳较近的重要舱室或者登陆舰船抗小口径火炮、重机枪的防护,可采用陶瓷与纤维增强复合材料组合的复合装甲结构。由于陶瓷材料为高硬度脆性材料,属"刚性"装甲防护材料,在抵御高速(大于 1000m/s)弹丸时,能有效将弹丸击碎,并形成陶瓷锥分散弹体的冲击动能。当与纤维增强复合材料组合使用时,形成刚柔相济的防护装甲,典型结构如图9-2-3所示。面层采用陶瓷面板主要是用来粉碎弹体,同时通过陶瓷锥的形成,扩大背层钢板的抗弹变形范围和吸能量,提高整体抗弹性能,在舰船上使用时一般依托船体结构钢,背衬复合材料装甲板又来吸收弹丸、陶瓷锥和钢背板碎片,以防御"二次杀伤"作用。

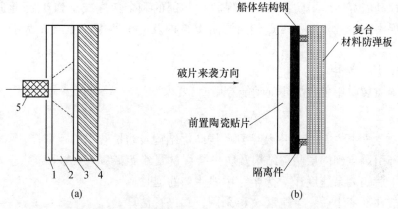

图9-2-3 防高速破片的陶瓷复合装甲典型结构

(a)典型的陶瓷轻型复合装甲结构;(b)舰用陶瓷轻型复合装甲结构。

1—面板(轻合金或钢板);2—高增韧陶瓷;3—缓冲层(纤维增强高分子材料);

4—结构装甲(轻合金或钢板);5—高速破片或制式枪弹。

9.2.2 装甲防护结构设计方法

装甲防护结构设计方法通常有三种:①经验公式法(试验研究设计),这种方法基于由大量试验数据形成的经验公式,简单易行;②理论分析法,这种方法通过引入一些简化假设,重点考虑问题的一个或多个方面(如冲塞失效、花瓣破坏、层裂崩落、开坑阶段等),建立冲击过程的物理模型,并进行求解;③数值分析方法,这种方法应用动力学分析程序对弹靶冲击过程基于有限差分或有限元法进行求解,具有很大的灵活性和适用性。但是,由于目前高应变率下材料力学行为的描述精度有限,它所带来的误差远大于数值方法中的固有误差,使得数值分析方法的应用受到了较大限制。

9.2.3 抗动能穿甲装甲防护结构设计

内爆式半穿甲战斗部对舰船的毁伤机理是依靠其初始动能,侵入舰体内部爆炸,以充分发挥其毁伤效能。大型舰船外层结构及其装甲主要目的是抵抗反舰武器战斗部向舱室内部穿透,防护结构形式包括均质装甲、多层间隔装甲和复合装甲。

由于现代水面舰船结构及其防护装甲普遍采用多层薄壁结构,半穿甲反舰导弹对舰船结构攻击速度通常在声速左右,其弹径通常在舰船结构及防护装甲

271

厚度的 5 倍以上。因此,半穿甲导弹对舰船外层均质装甲的冲击是典型的薄板抗低速穿甲问题。

当均质装甲的材料确定后,其防护性能主要取决于均质装甲的厚度 h_0。现代舰船普遍采用的加筋板结构可将加强筋按重量等效原则平摊到板厚上。由于外层抗动能穿甲装甲防护难以确保将战斗部的剩余速度减小到 0,因此通常要求确保半穿甲战斗部引爆点到内层防爆结构及防护装甲的距离 R 大于某一临界值。

1. 均质装甲

均质装甲用于抗战斗部动能穿甲时,要求

$$R = S - v_{\mathrm{r}} t_{\mathrm{delay}} \geqslant R_{\mathrm{cr}} \qquad (9-2-1)$$

式中:S 为外层抗动能穿甲装甲到内层防爆结构及防护装甲的距离;R_{cr} 为半穿甲战斗部引爆点到内层防爆结构及防护装甲的最小距离;v_{r} 为战斗部穿透外层均质装甲后的剩余速度;t_{delay} 为半穿甲战斗部的延时。

战斗部穿甲后剩余速度 v_{r} 可采用下式进行估算

$$v_{\mathrm{r}} = \sqrt{\frac{2(E_{\mathrm{k0}} - W)}{m_{\mathrm{p}}}} \qquad (9-2-2)$$

式中:W 为穿甲过程中均质装甲的吸能量;E_{k0} 为半穿甲战斗部的初始动能;m_{p} 为半穿甲战斗部的质量。

2. 多层间隔装甲设计

多层间隔装甲用于抗战斗部动能穿甲时,要求

$$R = S - v_{\mathrm{r}}\left(t_{\mathrm{delay}} - \sum \frac{\Delta L_i}{v_{\mathrm{ri}}}\right) \geqslant R_{\mathrm{cr}} \qquad (9-2-3)$$

式中:v_{ri} 为战斗部穿透多层间隔装甲中第 i 层后的剩余速度;ΔL_i 为多层间隔装甲中第 i 层与第 $i+1$ 层间的间距;v_{r} 为战斗部穿透多层间隔装甲后的剩余速度。

弹体穿透第 i 层后剩余速度 v_{ri} 可采用下式进行估算

$$v_{\mathrm{ri}} = \sqrt{\frac{2(E_{\mathrm{k}(i-1)} - W_i)}{m_{\mathrm{p}}}} \qquad (9-2-4)$$

式中:W_i 为穿甲过程中第 i 层的吸能量;$E_{\mathrm{k}(i-1)}$ 为半穿甲战斗部的初始动能;m_{p} 为半穿甲战斗部的质量。

对于均质装甲和多层间隔装甲设计,有:

(1) 当战斗部为锥角较小的尖头弹时,可采用 Woodward 对 Thomson 理论进行修正后靶板的变形功(吸能量)的修正公式(8-2-5)进行计算。

(2) 当战斗部为较大锥角(弹丸半锥角大于 45°)的钝头弹时,可采用式(8-2-10)进行计算。

(3) 对于弹速较低的大锥角尖头弹丸或相对较厚的均质装甲,可采用式

272

$(8-2-15)$进行计算。

3. 复合装甲

对于抗战斗部动能穿甲的复合装甲通常由纤维增强复合材料与原有船体结构组合而成,防护要求为

$$R = S - v_r t_{delay} \geq R_{cr} \qquad (9-2-5)$$

式中:S 为外层抗动能穿甲装甲到内层防爆结构及防护装甲的距离;R_{cr} 为半穿甲战斗部引爆点到内层防爆结构及防护装甲的最小距离;v_r 为战斗部穿透外层复合装甲后的剩余速度;t_{delay} 为半穿甲战斗部的延时。

在抗动能穿甲过程中,复合装甲的吸能量 W 可分为两部分,即纤维增强复合材料板的吸能量 W_f 和舰船结构的吸能量 W_{st}。实践表明,复合装甲在抗穿甲破坏吸能时,两者的相互影响很小,可近似分别计算。因此,战斗部穿后剩余速度 v_r 可采用下式进行估算

$$v_r = \sqrt{\frac{2(E_{k0} - W)}{m_p}} \qquad (9-2-6)$$

式中:W 为穿甲过程中复合装甲的吸能量;E_{k0} 为半穿甲战斗部的初始动能;m_p 为半穿甲战斗部的质量。

W_{st} 的计算可根据低速薄板穿甲中靶板变形吸能公式进行计算,参照 8.2 节。

W_f 的计算较复杂,与纤维增强复合材料板的纤维材料特性及其破坏模式有关。对于碳纤维、高强玻璃纤维等脆性增强层合板,可近似采用下式计算

$$W_f = U_{sdb} [\sqrt{2}\pi h(h + 2r_p)] \qquad (9-2-7)$$

式中:U_{sdb} 为试验测试的纤维动态横向剪切断裂能;h 为纤维增强复合材料板的厚度,r_p 为半穿甲战斗部的半径。玻璃纤维层合板的动态强度为准静态值的 1.5 倍 ~ 2.0 倍。

对于柔性复合材料层合板(如芳纶纤维、高强聚乙烯等增强层合板),纤维增强材料在迎弹面为动态剪切破坏,背层为动态拉伸断裂破坏,忽略层间剪切破坏和基体碎裂吸能,W_f 可近似采用下式计算:

$$W_f = U_{sdb} [\sqrt{2}\pi h_1 (h_1 + 2r_p)] + 2U_{tdb}\pi r_p(h - h_1)$$
$$(9-2-8)$$

式中:U_{tdb} 为试验测试的纤维动态拉伸断裂能;h_1 为迎弹面纤维增强复合材料板动态剪切破坏厚度。

9.2.4 舰用复合装甲防护结构设计

当导弹战斗部在舰船船体外或舰船舱室内部爆炸后,战斗部壳体在爆轰产

物作用下将发生膨胀、破裂,形成大量大小不等的高速(>800m/s)破片。舰船一般依托内部舱壁结构设置轻型复合装甲防护结构抵御高速破片的穿甲作用,其防护要求通常是抵御某一防护等级的高速破片,使其弹速减小到0。因此,抗高速破片装甲防护结构设计通常采用弹道极限法或 v_{50} 法。

抗高速破片穿甲的纤维增强复合材料装甲通常设置于原有舰船结构后(见图9-2-2(b))。高速破片首先必须穿透原有舰船结构,穿透原有舰船结构后,高速破片将发生头部镦粗变形和质量损失,并会使原结构产生剪切冲塞质量块,其剩余总质量 m_A 及剩余速度 v_r 的计算方法见7.3节。

由于纤维增强复合材料在抗穿甲过程中的破坏吸能与纤维的强度、铺层设计、编织方式,以及基体的含量、粘接强度等诸多因素有关,因此通常依赖试验方法进行评价与优化设计。设计的基本步骤如下:①确定防御目标;②确定初步的防护结构方案;③设计制作系列靶板;④开展试验测试与结果分析;⑤进行防护效率的对比与评估,确定防护结构方案。

1. 舰用轻型混杂复合装甲结构设计[161]

(1)确定防御目标。假定防御对象为45钢质立方体破片,尺寸为7.5mm×7.5mm×7.5mm,经机加工磨光,质量为3.2g,防护等级为三级防护,则破片初速在1000m/s~1300m/s范围内。

(2)确定初步的防护结构方案。针对此防御对象的穿甲特性,可认为是小质量体的高速穿甲,基于复合装甲结构设计经验,拟采用船体结构钢+混杂纤维增强复合材料层合板组成轻型复合装甲结构加以防御。

(3)设计制作系列靶板。所用复合材料靶板的序号及面密度参数如表9-2-1所列。复合材料靶板基体材料采用聚碳酸酯,基体含量为(质量分数)25%左右。纤维增强材料分别为S2玻纤织布和T750织布,按一定方式混杂层合,体积比约为4:1,为了与防弹钢抗弹性能进行比较,对F-1G防弹钢和前置钢板进行了破片侵彻试验研究。

表9-2-1 复合材料防弹板材料参数

靶板序号	170	171	172	173	175	176	178	179	180
面密度/(kg/m²)	21.7	21.7	21.9	22.5	8.4	10.6	14.36	16.4	14.40

(4)开展试验测试与结果的分析。对于采用有间隙组合形式的复合装甲结构,为更有效评估背层复合材料层合板的抗弹效率,首先应针对不同前置船体结构钢以及相应的防弹钢单一抗弹效率进行测试,然后针对组合式复合装甲结构进行分析。打靶试验采用火药弹道枪进行破片发射,通过火药量控制破片发射初速,速度测量采用间隙触发测速系统进行测量,实测数据如表9-2-2所列。

274

表9-2-2 立方体破片打靶实测结果

序号	靶板类型	靶前速度 /(m/s)	靶后速度 /(m/s)	面密度 /(kg/m²)	现象及单位面密度 吸能量/(J·m²/kg)
1	3.92mm 船体钢	1066	449.5	31.2	穿透(38.30)
2	3.92mm 船体钢	1083	433	31.2	穿透(41.62)
3	3.92mm 船体钢	1253.3	603.8	31.2	穿透(44.54)
4	6.1mm 船体钢	1048.6	177	48.05	穿透(34.10)
5	6.1mm 船体钢	1252	337.5	48.08	穿透(42.96)
6	7.6mm 防弹钢	1348	237	59.2	穿透(44.93)
7	7.6mm 防弹钢	1280	174.5	59.2	穿透(42.00)
8	8.5mm 防弹钢	1325	未测到	66.3	穿透(<42.4)
9	8.5mm 防弹钢	1239.8	未测到	66.3	穿透(<37.1)
10	6.1mm 船体钢 +173#	1287	—	48.5+22.5	未穿透,背板稍凸起(>37.30)
11	6.16mm 船体钢 +172#	1254	—	48.5+21.9	未穿透,背板稍凸起(>35.70)
12	6.1mm 船体钢 +180#	1269.7	—	48.5+14.4	未穿透,背板稍凸起(>35.40)
13	6.1mm 船体钢 +176#	1226.9	—	48.5+10.6	未穿透,背板稍凸起(>40.80)
14	6.1mm 船体钢 +175#(1)	1253.5	—	48.5+8.4	未穿透,背板稍凸起(>44.18)
15	6.1mm 船体钢 +175#(2)	1201.5	—	48.5+8.4	未穿透,背板稍凸起(>40.59)
16	3.92mm 船体钢 +170#	1059	—	31.2+21.7	未穿透,背板凸起(>33.92)
17	3.92mm 船体钢 +178#	1250.3	—	31.2+14.4	未穿透,背板凸起(>54.87)
18	3.92mm 船体钢 +179#	1250.3	—	31.2+16.4	未穿透,背板凸起(>52.52)
19	3.92mm 船体钢 +180#	1231.5	—	31.2+14.4	未穿透,背板凸起(>53.26)

表9-2-2给出了船体钢板、防弹钢板和前置船体钢板与复合材料防弹板组合板的立方体破片打靶试验测试结果。ρ_a 为靶板面密度;M 为钢靶板被冲出的钢块质量(实测),钢板侵彻孔直径约为11mm。立方体破片侵彻钢靶

板的姿态和弹孔孔径尺寸的讨论,可参见第7章。图9-2-4为典型立方体破片穿透船体钢板后的变形模式。图9-2-5、图9-2-6为试验中部分靶板破坏模式。

图9-2-4 破片穿透靶板后的变形模式

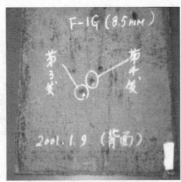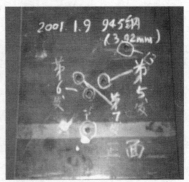

图9-2-5 破片高速侵彻3.92mm船体钢板和8.5mm
防弹钢板破坏模式以及破片穿透靶板后的变形模式

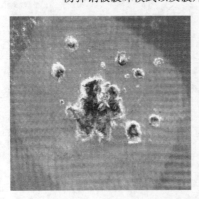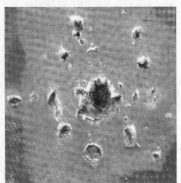

图9-2-6 破片高速侵彻后置178#纤维和
后置180#纤维靶板破坏形貌(迎弹面)

钢靶板及纤维复合靶板的破坏模式(图9-2-5、图9-2-6)显示:钢靶板在破片的高速侵彻下,弹孔很小,局部高速破片穿透钢板,产生冲塞剪切破坏模式。混杂纤维组合靶板,则表现出背板凸起、大面积层间分层等特点。以178#靶板为例,高速破片穿透钢板后着靶速度降低,破片前端发生较大的塑性变形镦粗(图9-2-5),破片与纤维靶接触面积增大,开坑面压力相对下降,穿透能力降低;破片对纤维板的侵彻,由于冲击过程中厚度方向的压缩波反射为拉伸波,导致层间基体开裂,而弹体的后继侵彻和层向剪切波的作用,导致层间分层的扩展和背板凸起。前置钢板、纤维板的拉伸断裂和层间分层损伤(能量扩散),是纤维板产生优异抗弹性能的主要原因。

在此基础上,对试验所得靶板单位面密度吸能量进行比较。钢靶板以7.6mm 厚防弹钢板抵抗 1348m/s 破片侵彻时的单位面密度吸能量最高,为44.93J·m²/kg。而采用轻型复合装甲(如 3.92mm + 178#)抵抗破片的高速侵彻,由于靶板未被穿透,可以认为,综合单位面密度吸能量高于 54.87J·m²/kg(破片速度 1250.3m/s)。由钢板的单位面密度吸能量低于综合平均值,可以推断纤维靶板的单位面密度吸能量将高于综合单位面密度吸能量。

(5) 防护效率的对比与评估。对于钢靶与复合材料靶板的防护性能,可采用如下的评估方法:选取某种钢靶作为参考靶,与组合结构靶进行比较,在较为接近的初始侵彻速度条件下,按下式进行评估

$$\bar{m} = \rho_r / \rho_t \qquad (9 - 2 - 9)$$

式中:$\bar{m}$ 为质量系数;ρ_r 为参考钢靶的面密度;ρ_t 为钢—纤维组合结构靶的面密度。当质量系数大于 1 时,质量系数越大,则钢—纤维增强复合材料组合结构靶的防护性能越好;反之,防护性能越差。

根据试验结果可知,对于 8.5mm 厚的防弹钢靶,在 1239.8m/s 速度下被击穿,其面密度为 66.3 kg/m²,而 3.92 mm 船体钢靶/178# 复合材料防弹板组成的组合靶板防住了 1250.3m/s 弹速的破片,其面密度为 45.56 kg/m²。由式(9 - 2 - 9)可得组合靶板的质量防护系数为 1.46,较一般认为的动能穿甲防护系数只能达到 1.2 ~ 1.3(目前的国际水平)有较大提高。

2. 舰用轻型陶瓷复合装甲设计实例[162]

(1) 防御对象。假定防御对象为 26g 破片模拟弹,冲击速度为 1000m/s ~ 1200m/s。

(2) 防护结构初步方案。针对此防御对象的穿甲特性,采用陶瓷 + 船体结构钢 + 混杂纤维增强复合材料层合板组成轻型复合装甲结构加以防御。设置陶瓷材料的主要目的是通过其高硬度来侵蚀、钝化和碎裂弹体,降低弹体的侵彻性能,此外,陶瓷材料碎裂后形成的陶瓷锥还能吸收弹体的冲击动能,传递冲击载荷,增大船体结构钢背板的破坏程度。设置混杂纤维增强复合材料的主要目的是吸收碎裂弹体及陶瓷锥的剩余冲击动能,防止其对结构、设备及人员产生"二次杀伤"效应。

(3) 系列靶板的设计制作。共设计了 4 个系列的靶板:

① 船用钢装甲(参照结构)。为研究舰船结构在高速破片弹道冲击下的响应,考查船用钢装甲结构的抗弹性能,第 1 种靶板结构设计为船用装甲靶板。

② 陶瓷/船用钢复合装甲。面板选用目前应用较广的装甲陶瓷(99 瓷),背

板为舰船水线以上较典型的舱壁板厚(6mm 和 4mm);面板和背板采用 AB 胶粘接,粘接后经过 24h 固化。靶板结构为:止裂层(C 玻纤增强层压板) + 陶瓷 + 船用 D 级钢。陶瓷面板边界用玻璃钢复合材料层压板约束。设计这种靶板的目的是研究陶瓷材料侵蚀、钝化和碎裂弹体的能力,及其对弹体侵彻能力、背板破坏形式和破坏程度的改变。实践经验证明,由于这种靶板存在"二次杀伤"的缺陷,充分发挥纤维增强复合材料的优势,分别设计第3、4种靶板结构。

③ 陶瓷/纤维增强复合材料装甲。面板选用 Al_2O_3 陶瓷(95 瓷和 99 瓷),背板采用抗弹性能和经济性均较优的混杂纤维增强复合材料层合板。靶板结构为:止裂层(C 玻璃纤维增强层压板) + 陶瓷 + 纤维增强复合材料。陶瓷面板边界用玻璃钢复合材料层压板约束。

④ 陶瓷/船用钢/纤维增强复合材料组合装甲。根据舰船实际结构,充分发挥陶瓷材料侵彻、碎裂弹体的能力和纤维增强复合材料防止"二次杀伤"效应的能力,降低装甲结构的面密度设计第三种靶板结构。靶板结构为:止裂层(C 玻璃纤维增强层压板) + 陶瓷 + 船用钢 + 间隙 + 纤维增强复合材料;或为前置钢板 + 间隙 + 陶瓷 + 纤维增强复合材料。陶瓷面板边界用玻璃钢复合材料层压板约束。

材料性能及装甲靶板具体结构分别如表9-2-3~表9-2-5所列。

表 9-2-3　背板材料力学性能

材料	E/GPa	$\rho/(kg/m^3)$	泊松比 ν	σ_y/MPa	σ_b/MPa	伸长率 δ_s/%	Ψ/%
945 钢	205	7770	0.32	≥440	550~685	≥20	≥50
船用 D 级钢	210	7800	0.3	≥235	400~490	≥22	
45 钢	205	7800	0.3	355	600	16	40

表 9-2-4　Al_2O_3 陶瓷材料性能

材料	Al_2O_3 含量	密度 /(kg/m³)	弹性模量 /GPa	断裂韧性 K_{IC}/MPa·m$^{0.5}$	维氏硬度 /GPa	抗压强度 /GPa
99 瓷	99.5%	3616	355	3.390	10.982	2.416
95 瓷	95%	3441	227.2	3.207	8.932	2.187

表 9-2-5　装甲靶板具体结构

编号	系列	靶板结构	$\rho_A/(kg/m^2)$	编号	系列	靶板结构	$\rho_A/(kg/m^2)$
1	(1)	4mm945 钢	31.08	7	(2)	12.31mm99 瓷/6mmD 级钢	91.31
2	(1)	6mm945 钢	46.62	8	(3)	4.35mm95 瓷/纤维增强复合材料	29.01

278

编号	系列	靶板结构	ρ_A/(kg/m²)	编号	系列	靶板结构	ρ_A/(kg/m²)
3	(1)	8.32mm945钢	64.65	9	(3)	12.20mm99瓷/纤维增强复合材料	75.79
4	(1)	11mm945钢	85.47	10	(4)	前置4mm945钢,2.30mm95瓷/纤维增强复合材料	46.92
5	(1)	20.8mm945钢	155.4	11	(4)	12.20mm99瓷/6mmD级钢/间隙60mm/纤维增强复合材料	105.56
6	(2)	15.12mm99瓷/4mmD级钢	85.87	12	(4)	12.50mm99瓷/4mmD级钢/间隙90mm/纤维增强复合材料	90.9

（3）试验测试及结果分析。为研究不同冲击速度及冲击能量下船用复合装甲结构形式,分别进行三种不同冲击动能下的弹道冲击试验。其中,冲击能量动能较高的试验采用26gFSP,冲击速度约为1200m/s和1000m/s,采用面密度较大的陶瓷复合装甲靶板结构:1、6和2、4。冲击动能较小的试验采用3.3g立方体破片,冲击速度约为1200m/s,采用面密度较小的靶板结构:3和5。

① 船用钢装甲的破坏模式及抗弹性能。弹体冲击下,有限厚金属靶板的穿甲破坏模式主要有花瓣开裂、延性扩孔、剪切冲塞以及破碎穿甲等。影响靶板破坏模式的基本因素除冲击速度、角度,弹靶材料的特性和靶板的相对厚度外,还有弹头形状。一般认为,钝头弹侵彻中厚靶或薄板时容易发生冲塞穿甲,而塑性良好的钢甲则常出现延性扩孔穿甲。破片模拟弹由于具有独特的弹头形状、平面凸缘和切削面,因而侵彻初期同时具有钝头弹和尖头弹的特性。

由试验8～16可知,船用945钢靶板在FSP冲击下,开始将产生延性扩孔破坏,使靶板破口正面产生翻起的唇边(延性扩孔的结果)(见图9-2-7(a)、(b)),随着弹体侵入深度的进一步增加,由于弹体头部平面凸缘受到侵蚀,弹体与一般的钝头弹的区别变小,当靶板剩余厚度的剪切冲塞抗力小于延性扩孔抗力时,弹体的侵彻使靶板产生剪切冲塞,使靶板破口背面产生明显的剪切口(见图9-2-7(c)、(d))。因此,靶板的破坏模式为延性扩孔和剪切冲塞的组合形式。

船用钢装甲弹道试验结果如表9-2-6所列。其中剩余速度v_r是剩余弹体与剪切塞块的最大速度。根据第7章结论,高速破片穿透船体钢时弹体质量损失较少,部分剩余质量还略大于初始质量,而靶板的冲塞块厚度与靶板的厚度及弹径有关。假设冲塞块的速度与弹体剩余速度相同,直径与镦粗后的弹径相同,可得高速破片的冲击下船用945钢靶板的单位面密度吸能量E_A。其中,由于冲塞块对于靶后目标同样具有杀伤性,因此计算中不考虑冲塞块吸收的动能。

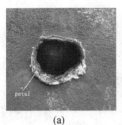 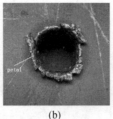  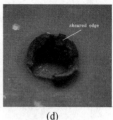

(a)　　　　　　　(b)　　　　　　　(c)　　　　　　　(d)

图 9 – 2 – 7　船用钢靶板破口形貌

(a) 试验 6；(b) 试验 7；(c) 试验 1；(d) 试验 7。

表 9 – 2 – 6　船用钢靶板的抗弹性能

编号	靶板厚/mm	弹型/质量	v_0/(m/s)	v_r/(m/s)	E_A/(J·m²/kg)	靶板穿透情况
1	4	FSP/26g	1067.5	843.8	135.1	穿透
2	4	FSP/26g	1238.8	1006.1	156.3	穿透
3	6	FSP/26g	1055.1	726.6	130.0	穿透
4	6	FSP/26g	1235.7	812.1	200.5	穿透
5	8.32	FSP/26g	1052.9	681.8	99.5	穿透
6	8.32	FSP/26g	1232.7	755.3	154.1	穿透
7	11	FSP/26g	1035.3	557.2	95.2	穿透
8	11	FSP/26g	1226.6	577.9	155.9	穿透
9	20.8	FSP/26g	1208.5	0	>117.5	未穿透

　　高速破片穿透普通舰船结构(板厚 4mm ~ 11mm)后仍具有较强杀伤威力(剩余速度 500m/s 以上)，必须为舰船设置专门防护装甲抵御高速破片的冲击；高速破片冲击下船用 945 钢靶板的单位面密度吸能量随初始冲击速度的增大而增大，分别对初始速度相近的试验结果取算术平均，可得 26gFSP 在 1052.7m/s 和 1228.5m/s 冲击下，船用 945 钢靶板的 E_A 分别约为 115.0J·m²/kg 和 156.9J·m²/kg。

　　② 陶瓷复合装甲的破坏模式及抗弹性能。弹体撞击陶瓷面板后在弹体和陶瓷面板内同时产生压缩应力波，当冲击速度较高时，压缩应力波将使弹体产生钝化、侵蚀和碎裂；而压缩应力波传播到陶瓷面板背面时，会反射为拉伸应力波，拉伸应力波和周向应力共同作用，使陶瓷面板中形成周向和径向裂纹，最终形成碎裂陶瓷锥(见图 9 – 2 – 8(a))。陶瓷锥形成后，陶瓷碎片的运动将吸收部分弹体动能，剩余弹体速度进一步减小；随后弹体和陶瓷锥共同冲击背板(见图 9 – 2 – 9)，增加了弹体的作用面积，背板在弹体和陶瓷锥的共同冲击下，其冲击响应类似于低速卵形弹冲击下的薄板穿甲，变形范围和变形程度大大增加，其变形失效模式有隆起大变形和花瓣开裂型穿甲(见图 9 – 2 – 8(b)、(c))。

　　对于第 4 种装甲结构，弹体穿透陶瓷和钢背板后，弹体和陶瓷碎片将呈喷射

280

  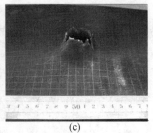

（a）　　　　　　　　　　　　　（b）　　　　　　　　　　　　　（c）

图9-2-8　陶瓷复合装甲的破坏模式

（a）靶板6：陶瓷面板锥形失效；（b）靶板7：背板隆起大变形；（c）靶板6：背板花瓣开裂失效。

状作用于间隙设置的复合材料背板（见图9-2-10），喷射状的弹体和陶瓷碎片其速度、侵彻能力较初始弹体大大下降，而其在复合材料板上的作用面积则大大增加，有利于复合材料背板提高吸能量，因此，这种结构结合了陶瓷材料降低弹体侵彻性能的能力和纤维增强复合材料防"二次杀伤"效应的能力。

图9-2-9　弹体和碎裂陶瓷锥　　　　　图9-2-10　复合材料背板
破坏形貌（靶板11：正面）

陶瓷复合装甲的弹道试验结果如表9-2-7所列，其中 v_0 为弹体初速，v_r 为剩余弹体和陶瓷碎片最大速度，E_A 为单位面密度吸能量。对于靶板被穿透的情况，假设陶瓷面板上与弹体截面积相同的柱形部分与剩余弹体的速度相同，忽略其余陶瓷碎片的运动，可得其 E_A。

表9-2-7　陶瓷复合装甲弹道试验结果

编号	靶板编号	弹型/质量	$v_0/(m/s)$	$v_r/(m/s)$	$E_A/(J \cdot m^2/kg)$	靶板穿透情况
10	6	FSP/26g	1197.1	568.6	150.3	穿透
11	7	FSP/26g	1041.0	0	>154.3	陶瓷面板穿透，钢背板未穿透
12	8	立方体/3.2g	1206.3	410.7	71.0	穿透
13	9	FSP/26g	1061.0	395.4	158.4	穿透
14	10	立方体/3.3g	1174.4	340.9	44.4	穿透
15	11	FSP/26g	1220.4	0	>183.4	陶瓷面板和钢背板穿透，复合材料背板未穿透
16	12	FSP/26g	1028.9	328.7	131.3	穿透

根据试验 11 及其靶板破坏情况可知,26gFSP 在 1041.0m/s 冲击下,陶瓷/船用 D 级钢复合装甲单位面密度吸能量大于 154.3J·m²/kg;由图 9-2-10 可知,试验 15 中复合材料背板仅受到轻微损伤,因而可以认为靶板 11 中,陶瓷/船用 D 级钢复合装甲的弹道极限速度接近 1220.4m/s,单位面密度吸能量接近 212.8J·m²/kg;而 26gFSP 在 1220.4m/s 冲击下,陶瓷/船用 D 级钢/纤维增强复合材料组合装甲的单位面密度吸能量大于 183.4J·m²/kg,根据复合材料背板的破坏情况,其面密度可大大降低,单位面密度吸能量和抗弹性能可进一步提高。根据试验 10、11、15 可知,靶板 6、7、11 中陶瓷/船用钢复合装甲部分面密度相近,但是靶板 7、11 的抗弹能力大于靶板 6,主要原因是靶板 6 的背板相对厚度太小,不能为陶瓷面板提供足够的支撑,从而不能充分碎裂弹体。

由试验 12、13 可知,26gFSP 在 1061.0m/s 冲击下,陶瓷/纤维增强复合材料装甲的单位面密度吸能量约为 158.4J·m²/kg,在 3.2g 立方体破片 1206.3m/s 冲击下,单位面密度吸能量可达 71.0J·m²/kg,根据第 7 章,3.2g 立方体破片 1200m/s 左右冲击下,船用钢的单位面密度吸能量约为 40J·m²/kg。靶板 9 中纤维增强复合材料背板中采用的纤维大部分为强度和价格较低的玻璃纤维,而抗弹性能较好的凯夫拉纤维较少;若进一步增加凯夫拉纤维的用量,其单位面密度吸能量将进一步提高。

因此,陶瓷复合装甲的单位面密度吸能量较船用钢提高 35% 以上,其结构重量较船用钢轻 25% 以上,通过对装甲结构和材料的优化设计,其抗弹性能还可进一步提高。

9.2.5 抗爆加筋板结构设计

1. 单根加筋固支矩形板的结构设计[163]

加筋板结构是舰船典型结构,舰船水线以上抗爆结构主要依赖加筋板结构。单根加筋固支矩形板是加筋板的基本单元,对其进行结构设计是抗爆加筋板结构设计的基础。

(1) 失效模式分析。与固支矩形板的失效类似,随着冲击载荷的增强,具有 1 根加强筋的固支矩形加筋板也有三种失效模式:塑性大变形(模式Ⅰ)、拉伸失效(模式Ⅱ)和剪切失效(模式Ⅲ)。由于剪切失效(模式Ⅲ)是在超强冲击载荷作用下发生的,工程中比较少见,本节只讨论失效模式Ⅰ和失效模式Ⅱ。

爆炸载荷作用下,加筋板面板各板格首先分别进入"四坡顶形"变形机构,面板传递给加强筋的动反力使加强筋在两固支端产生塑性铰,固支端产生塑性铰后,面板传递给加强筋的载荷将继续使加强筋中部产生塑性铰,形成图 9-2-11(a)所示的变形机构。随着爆炸载荷峰值压力的衰减,面板上各点逐渐停止塑性变形,由于惯性作用加强筋将继续产生塑性变形,直到加筋板的动能全部转化为变形能,加筋板达到最终变形模态(见图 9-2-11(b)),此后加筋板进

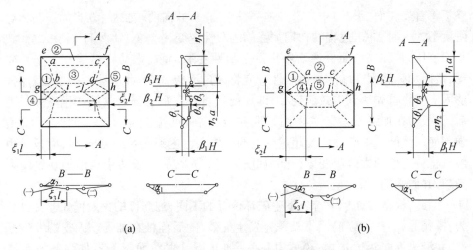

图 9 - 2 - 11　加筋板的变形模态

入弹性振动阶段。

因此,当冲击载荷相对强度较小时,根据加强筋相对刚度的不同,加筋板有三种不同的变形模态:①当加强筋相对刚度较小时,在面板传递给加强筋的载荷使其迅速进入变形机构,其位移逐渐赶上面板,结果使塑性铰线 bd 将向 ij 运动,最后两者重合,加筋板的最终变形模态和固支矩形板的变形模态类似;②当加强筋的相对刚度足够大时,面板传递给加强筋的载荷不足以使其产生塑性铰,整个冲击过程中,加强筋处于近似刚性状态,加筋板板格以加强筋为固定边界发生运动;③当加强筋相对刚度不太大时,面板传递给加强筋的载荷可以使加强筋进入变形机构,但由于加强筋有一定的刚度,其不足以使塑性铰线 bd 与 ij 重合,但面板的运动将使塑性铰线 ac 逐渐向中心运动,最后与 bd 重合。

强动载荷下,对于理想刚塑性材料,加筋板的变形模态如图 9 - 2 - 11(a)所示,其塑性变形包括薄膜拉伸和塑性铰线的弯曲,刚性板块(① ~ ⑤)中的最大有效塑性应变发生在塑性铰线上,加强筋中最大有效塑性应变发生在塑性铰位置。因此,在最大塑性应变失效准则下,塑性铰(线)是加筋板最先发生破坏的位置。

当冲击载荷相对强度较大时,根据加强筋相对刚度的不同,加筋板有两种不同的失效模式:①当加强筋的相对刚度较小时,其惯性和相对刚度较小,在面板作用力作用下迅速进入变形机构,其位移与面板位移相差较小,最大塑性应变及应变率均大于面板,随着冲击载荷的增强,加强筋固支端将首先达到失效应变 ε_f,即加筋板将首先从加强筋端部产生失效,随后面板将在加强筋固支端发生撕裂,并沿边界向两边扩展;②当加强筋相对刚度足够大时,其塑性应变和应变率均小于面板,爆炸载荷峰值压力衰减后,加强筋很快停止塑性变形,进入弹性振动阶段,最大塑性应变发生在面板长边中点,面板将首先达到失效应变 ε_f,即加

283

筋板将首先在面板长边中点沿加强筋发生撕裂,并向两端扩展;③当加强筋相对刚度不太大时,冲击过程的初期加强筋的塑性应变和应变率均小于面板,爆炸载荷峰值压力衰减后,面板逐渐停止发生塑性变形,而加强筋将继续发生塑性变形,最后加强筋固支端的最大塑性应变将超过面板,随着冲击载荷的增强,加强筋固支端将首先达到失效应变 ε_f,即加筋板将首先从加强筋端部产生失效。随后,面板将在加强筋固支端发生撕裂,并沿边界向两边扩展;但是,当冲击载荷增强到使加强筋最大塑性应变超过面板的临界点也达到失效应变 ε_f 时,面板长边中点将首先达到失效应变 ε_f,此时加筋板将首先在面板长边中点沿加强筋发生撕裂,并向两端扩展。

因此,根据加筋板上首先发生破坏位置的不同,加筋板的失效模式Ⅱ又可分为:模式Ⅱa——加强筋固支端首先发生失效,随后面板在加强筋固支端发生撕裂,并沿边界向两边扩展;模式Ⅱb——加筋板首先在面板上沿加强筋发生撕裂,并沿加强筋向两边扩展。

(2)临界失效条件。逐渐增大冲击载荷强度,可得单根加筋固支矩形板由发生塑性大变形(失效模式Ⅰ)到发生失效模式Ⅱ以及由发生失效模式Ⅱa到发生失效模式Ⅱb的临界失效载荷,如图9-2-12所示。

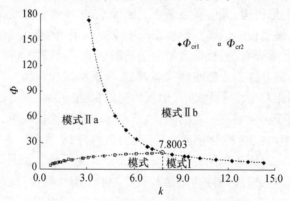

图9-2-12　临界失效条件

其中,Φ 为无量纲冲击载荷

$$\Phi = \frac{Ia}{H_e^2 \sqrt{\rho \sigma_0}} \qquad (9-2-10a)$$

k 为加强筋的相对刚度

$$k = M_s / (M_0 l) \qquad (9-2-10b)$$

式中:H_e 为加筋板的等效厚度;I 为比冲量;a 为加筋板的半宽,ρ、σ_0 分别为加筋板材料的密度和静态屈服强度;M_0 为加强筋面板单位长度极限弯矩,M_s 为加强筋的极限弯矩。

（3）结构设计。工程实际中,通常要求抗爆加筋板结构在爆炸载荷作用下不产生破损,并使其发生的塑性变形最小,此外由于结构使用者承载能力的限制,通常还要求结构重量最小,即要求抗爆加筋板结构在重量最轻的情况下,不发生模式Ⅱ失效,并使结构的最大塑性变形最小。

加筋板发生模式Ⅱ失效的临界无量纲冲击载荷 $\varPhi_{cr}$ 为

$$\varPhi_{cr} = \begin{cases} \varPhi_{cr1} & k \leqslant 7.8003 \\ \varPhi_{cr2} & 7.8003 < k < 15 \end{cases} \qquad (9-2-11)$$

由图 9-2-12 可知,当 $k=7.8003$ 时, $\varPhi_{cr}=19.1308$,达到最大值,即加筋板产生破损的临界载荷最大,抗爆性能最强。由于要求抗爆加筋板结构质量最小,即单位抗爆面积、单位比冲量下加筋板结构质量最小,此外加筋板结构质量还与其材料的比强度有关,因此取加筋板的无量纲质量为

$$m = \left(\frac{a\sqrt{\rho\sigma_0}}{\varPhi_{cr}I} \right)^{0.5} \qquad (9-2-12)$$

当加筋板材料和抗爆面积(即加强筋间距 a 和跨长 l)确定后,一定冲击载荷下,当 $\varPhi_{cr}$ 达到最大值时, m 最小。此时任意确定 b、h、H 三个变量中的一个(工程实际中通常有的变量是确定的),即可求得所有变量的值。

2. 多根加筋固支矩形板的结构设计

（1）变形及失效模式。对于图 9-2-13 所示的复杂加筋板架,根据横向和纵向加强筋的相对刚度的不同,有三种不同的变形模式:板格变形(模式 a),当横向和纵向加强筋的相对刚度均足够大时,整个冲击响应过程中,加强筋一直近似处于刚性状态,加筋板的板格始终以加强筋为固定边界发生运动;板架整体变形(模式 b),当横向和纵向加强筋的相对刚度均较小时,加筋板的面板和加强筋作为一个整体一起发生运动;弱加强筋变形(模式 c),当一个方向的加强筋相对刚度较小(弱筋)而另一方向的加强筋相对刚度足够大(强筋)时,整个冲击响应过程中,强筋一直近似处于刚性状态,而弱筋与面板一起发生运动。

对于变形模式 a,随着载荷的增大,加筋板板格将首先发生失效,其失效模式与爆炸冲击载荷作用下矩形板类似,即有三种失效模式:板格的塑性大变形(Ⅰa)、板格沿其长边发生拉伸失效(Ⅱa)和板格沿加强筋发生剪切失效(Ⅲa)。对于变形模式 b,随着载荷的增大,也有三种失效模式:板架的整体塑性大变形(Ⅰb)、板架在其边界发生拉伸失效(Ⅱb)、板架在其边界发生剪切失效(Ⅲb)。对于变形模式 c,随着载荷的增大,弱筋将首先发生失效,其失效模式也有三种:弱筋与面板的塑性大变形(Ⅰc)、弱筋在与强筋及边界相交的位置发生拉伸失效,从而导致板架沿强筋发生撕裂(Ⅱc)、板架沿强筋及边界发生剪切失效(Ⅲc)。

（2）各变形模式的临界转化条件。假设材料面板和骨材的材料均为理想刚

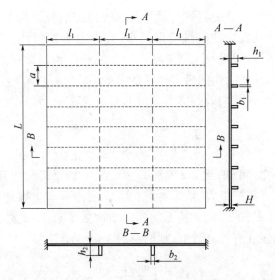

图 9 - 2 - 13 多根加强筋的加筋板结构

塑性材料,屈服应力为 σ_s,满足有效塑性应变失效准则,最大失效应变为 ε_f。

① 模式 a。静态极限载荷作用下,当横向和纵向加强筋的相对刚度均足够大时,板架的变形机构如图 9 - 2 - 14(a)所示,其塑性变形包括薄膜拉伸和塑性铰线的弯曲,板格 $abcd$ 中,刚性板块(①和②)中的最大有效塑性应变发生在面板的塑性铰线上。面板在纵骨位置(塑性铰线 ab)的塑性应变为

$$\varepsilon = \varepsilon_m + \varepsilon_b \qquad (9 - 2 - 13)$$

式中: ε_m 为膜拉伸应变; ε_b 为弯曲应变。假设刚性板块(①和②)中膜拉伸应变均匀分布,则在塑性铰线 ab 的中点(纵骨跨中),面板的有效应变为

$$\varepsilon_m = a\left(\frac{1}{\sin\theta} - 1\right), \varepsilon_b = \frac{H\kappa}{2} = \frac{H\theta}{2l_t} \qquad (9 - 2 - 14)$$

式中: l_t 为塑性铰的长度,在大变形分析中近似取为 $2H$。因此当板格在塑性铰线 ab 的中点发生拉伸失效时 θ 满足

$$\varepsilon = \varepsilon_f = \frac{\theta}{4} + a\left(\frac{1}{\sin\theta} - 1\right) \qquad (9 - 2 - 15)$$

纵骨可视为受面板膜力拉伸作用的固支梁,单位长度上的载荷大小为

$$q = 2\sigma_s H\cos\theta \qquad (9 - 2 - 16)$$

因此,纵骨最大弯矩发生在端部,其弯矩值为

$$M_1 = \frac{q_1 l_1^2}{12} \qquad (9 - 2 - 17)$$

当 M 小于纵骨的塑性极限弯矩 M_s 时,即

286

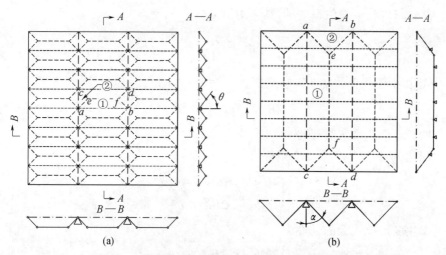

图 9 - 2 - 14 静态极限载荷下多根加强筋的加筋板结构的变形模式

(a) 变形模式 a；(b) 变形模式 b。

$$2Hl_1^2\cos\theta \leqslant 3b_2h_2^2 \qquad (9-2-18)$$

纵骨不会产生弯曲塑性变形,板架的变形为模式 a。

② 模式 b 和模式 c。静态极限载荷作用下,当一个方向的加强筋(纵骨)相对刚度较小(弱筋)而另一方向的加强筋(肋骨)相对刚度足够大(强筋)时,冲击响应过程中纵骨与面板一起发生运动,因此可将纵骨按面积等效原则分摊到面板上,板架的变形机构如图 9 - 2 - 14(b)所示。与上述分析类似,板架的塑性变形包括薄膜拉伸和塑性铰线的弯曲,板格 abcd 中,刚性板块(①和②)中面板的最大有效塑性应变发生在塑性铰线上。面板在肋骨位置(塑性铰线 ac)的塑性应变为

$$\varepsilon = \varepsilon_m + \varepsilon_b \qquad (9-2-19)$$

式中:ε_m 为膜拉伸应变;ε_b 为弯曲应变。假设刚性板块(①和②)中膜拉伸应变均匀分布,则在塑性铰线 ac 的中点(肋骨跨中),面板的有效应变为

$$\varepsilon_m = l_1\left(\frac{1}{\sin\alpha} - 1\right),\varepsilon_b = \frac{H_e\kappa}{2} = \frac{H_e\alpha}{2l_t} \qquad (9-2-20)$$

式中:$H_e = H + b_2h_2/a$,为面板及纵骨的等效厚度;l_t 为塑性铰的长度,在大变形分析中近似取为 $2H_e$。因此当板架在塑性铰线 ac 的中点发生失效时 α 满足

$$\varepsilon = \varepsilon_f = \frac{\alpha}{4} + l_1\left(\frac{1}{\sin\alpha} - 1\right) \qquad (9-2-21)$$

肋骨同样可视为受面板及纵骨膜力拉伸作用的固支梁,单位长度上的载荷大小为

$$q_2 = 2\sigma_s H_e\cos\alpha \qquad (9-2-22)$$

287

肋骨最大弯矩发生在端部,其弯矩值为

$$M_2 = \frac{q_2 L^2}{12} \qquad (9-2-23)$$

当 M 小于肋骨的塑性极限弯矩 M_s 时,即

$$2H_e L^2 \cos\alpha \leqslant 3b_1 h_1^2 \qquad (9-2-24)$$

肋骨不会产生弯曲塑性变形。

因此,板架发生变形 c 的条件为

$$\begin{cases} 2H_e L^2 \cos\alpha \leqslant 3b_1 h_1^2 \\ 3b_2 h_2^2 < 2H l_1^2 \cos\theta \end{cases} \qquad (9-2-25)$$

发生变形模式 b 的条件为

$$\begin{cases} 3b_1 h_1^2 < 2H_e L^2 \cos\alpha \\ 3b_2 h_2^2 < 2H l_1^2 \cos\theta \end{cases} \qquad (9-2-26)$$

(3) 结构设计。当加筋板发生板格变形(模式 a)时,由于骨材相对较强,整个冲击响应过程中,一直近似处于刚性状态,不能协调变形,加筋板的动态响应特性类似于多个固支矩形方板,其抗爆性能与单个固支矩形方板相同。影响板架抗爆性能的因素主要有面板厚度 t、纵骨间距 a 及跨长 l_1。此时,板架的极限变形能即等于各板格变形能之和,而加强筋未参与吸收能量。同样,当加筋板发生弱加强筋变形(模式 c)时,由于肋骨相对较强,整个冲击响应过程中,强筋一直近似处于刚性状态,加筋板在肋骨间的局部区域发生变形和失效,肋骨未参与吸收能量。只有当板架发生整体变形(模式 b) 时,加筋板能够整体协调变形,相同质量下其变形吸能能力最强,即抗爆性能最强。

当加筋板发生弱加强筋变形(模式 c)时,对于任意连续三根纵骨间的板架其变形和失效类似于具有单根加筋的加筋板,因此根据前面的分析,当 $k_1 = 7.8003$ 时,加筋板产生破损的临界载荷最大,抗爆性能最强。其中

$$\Phi = \frac{Ia}{(H + b_2 h_2)^2 \sqrt{\rho\sigma_0}} = 19.1308 ; k_1 = \frac{b_2 h_2^2}{l_1 H^2} = 7.8003$$

$$(9-2-27)$$

对于整体变形(模式 b),假设冲击响应过程中纵骨与面板一起发生运动,可将纵骨按面积等效原则分摊到面板上,因此对于任意连续三根肋骨间的板架,其变形和失效也类似于具有单根加筋的加筋板,根据前面的分析,当 $k_2 = 7.8003$ 时,加筋板产生破损的临界载荷最大,抗爆性能最强。其中

$$\Phi = \frac{Il}{(H + b_2 h_2/a + b_1 h_1/l)^2 \sqrt{\rho\sigma_0}} = 19.1308$$

288

$$k_2 = \frac{b_1 h_1^2}{L H_e^2} = \frac{b_1 h_1^2}{L(H + b_2 h_2/a)^2} = 7.8003 \qquad (9-2-28)$$

又由于加筋板单位面积质量为

$$\mu = \rho(H + b_2 h_2/a + b_1 h_1/l) \qquad (9-2-29)$$

因此,当加筋板材料确定后,一定的冲击载荷下,对图 9-2-13 所示的复杂抗爆加筋板架的优化设计问题,就是在满足式(9-2-26)~式(9-2-28)的条件下,求 μ 的最小值。

9.3　水下舷侧防雷舱结构设计与评估

水下舷侧防雷舱是抵御鱼雷、水雷近距非接触和接触爆炸的有效结构形式。由于问题的复杂性,其结构的精确设计问题是防护结构设计的难点。因此,水下舷侧防雷舱结构的设计可分两步进行:第一步采用近似理论分析方法或参照母型方法进行初步结构设计,第二步采用理论分析、模型试验或数值仿真方法进行防护能力的评估。

9.3.1　防雷舱结构初步设计

参照母型方法设计需要已知母型船防雷舱结构的防御目标、结构尺寸、材料性能等相关参数,其方法相对简单。在此主要探讨防雷舱结构的近似理论设计思路、设计步骤和设计方法等问题。

1. 设计思路和设计步骤

在鱼雷接触爆炸作用下,舷侧外板将形成一个初始直径近似等于鱼雷装药直径的绝热剪切破孔和剪切塞块,随后爆炸冲击波一方面会使外板破孔周围产生撕裂破坏,另一方面将继续推动塞块和鱼雷战斗部壳体碎片加速形成高速破片,此外爆炸产物还将向膨胀空舱内扩散。高速破片作用到液舱前壁后,将产生穿甲破坏和形成二次高速破片,并继续侵彻液舱中的液体。由于高速破片的速度很高(约为 2000m/s ~ 2500m/s),其在液体中侵彻将形成压力波,如若没有液体或液舱宽度不足,高速破片将继续对后续结构产生穿甲破坏。爆炸产物作用到液舱前壁后,也将在水中形成压力波。高速破片和爆炸产物的作用产生的冲击波作用于液舱内壁(或基本防护隔壁)上,使其发生大变形,并诱发其支撑结构(加强甲板、底部以及其后的弹性支撑结构)大变形[164,165]。

因此,水下接触爆炸对内层结构的破坏作用主要依靠两种能量传递介质,一种是爆炸产物,另一种是高速破片。其中爆炸产物的作用是一种空间面载荷,其衰减随空间距离呈指数关系;高速破片是一种点载荷,能量密集度很高,空气的衰减作用很小,需要高密度的固体或流体介质来衰减。设置膨胀空舱的主要目的是供水下爆炸后产生的气浪膨胀,削弱其冲击压力;而吸收液舱则主要是用来吸收鱼雷等爆炸后所产生壳体碎片和结构碎片。爆炸产物和高速破片的剩余能量均通过水介质,以面载荷的形式作用于基本防护隔壁(或液舱内壁)。基本防护隔壁的主要作用是吸收剩余的爆炸冲击能量。

因此,防雷舱结构的设计重点是合理设计膨胀空舱和吸收液舱的尺寸,以降低爆炸对基本防护隔壁等内层结构的作用。目的是要保证高速破片和爆炸冲击波的作用不使基本防护隔壁及与其相连的水密外廓发生破损,包括从舷侧外板到基本防护纵壁这段距离上的加强甲板(或平台)、基本防护纵壁,以及与基本防护纵壁毗连的底部区域。

防雷舱结构设计的基本步骤是:①根据高速破片在空气中和液舱中的速度衰减规律,及其对结构的穿甲能力计算液舱的最小宽度;②根据实际的防护空间大小确定膨胀空舱的尺寸;③计算分析基本防护纵壁(或液舱内壁)承受的冲击载荷大小,并进行基本防御纵壁及其支撑结构的设计;④进行结构其他强度问题的设计。

2. 吸收液舱宽度计算

吸收液舱中通常装载锅炉用重油或海水,其功能主要是降低爆炸产生的高速破片和船体自身结构碎片的速度,防止高速破片对基本防护隔壁发生穿甲作用,以免降低其在抵御爆炸冲击波和由于气泡溃灭产生的射流冲击的性能。因此,吸收液舱的宽度应能使高速破片的速度降低到0,或者降低到不再具备穿甲破坏的速度。

破片的平均初速 v_0 可采用经典的 Gurney 公式进行计算

$$v_0 = \sqrt{2E} \sqrt{\frac{\beta}{1 + 0.5\beta}} \qquad (9-3-1)$$

式中:β 为战斗部装药与壳体质量比,在此处壳体质量除了鱼雷战斗部壳体外还包括与鱼雷战斗部相接触部分船体外板的质量,对于 533mm 直径鱼雷其值约为 1;$\sqrt{2E}$ 为战斗部装药的 Gurney 常数,对于 B 类混合装药 $\sqrt{2E} = 2682$m/s。

高速破片在进入液舱之前须飞过空舱,并穿透分隔舱壁,高速破片在空气中的速度衰减公式如下

$$v = v_0 \left[\left(1 + \frac{1.0536 C_0}{1.2852 v_0} \right) \exp\left(-\frac{1.2852 \rho s k_s}{2 m_f} R \right) - \frac{1.0536 C_0}{1.2852 v_0} \right]$$

$$(9-3-2)$$

式中:$m_f = K_T \cdot m_T$ 为破片实际修正质量,m_T 为破片设计质量,$K_T = 0.85$ 为破片质量修正系数;v 为破片瞬时运动速度;ρ 为空气密度,海平面处 $\rho = 1.25$kg/m^3;s 为破片迎风面积,对于立方体 $s = (3/2)d^2$,d 为立方体边长;C_0 为声速,常温下约为 340m/s;$k_s = 1.25$。

液舱前壁的主要作用是分隔吸收液舱和膨胀空舱,其设计计算载荷是承受液舱的静水压力。破片穿透分隔舱壁后的剩余速度,可近似根据德玛尔公式计算

$$v_c = K \frac{d^{0.75} b^{0.7}}{m^{0.5} \cos\alpha}; \quad v_r = \sqrt{\frac{v^2 - v_c^2}{1 + \frac{k\pi d^2 \rho_t b}{4m\cos\alpha}}} \qquad (9-3-3)$$

式中:K 为穿甲复合系数,在估算时通常取 $K=67650$;v_c 为极限穿透速度,单位为 m/s;d 为弹丸直径,单位为 m;b 为装甲厚度,单位为 m;m 为弹丸质量,单位为 kg;α 为入射偏角,k 为系数,通常取 $k=0.8$;ρ_t 为靶板金属密度。

由于鱼雷战斗部爆炸后形成的高速破片以及由它引起的舷侧外板碎片形状是极不规则的,对于尺寸小于战斗部壳体厚度的破片和大于战斗部壳体厚度的破片可分别用立方体和厚度等于战斗部壳体(或外板)厚度的六面体近似估算其穿过膨胀空舱并穿透液舱前壁后的速度。

文献[166,167]认为破片在水中运行过程中阻力的大小与速度的平方成正比,并认为阻力系数 C_d 为常数,由此得到破片的侵彻阻力 F、侵彻距离 L 及侵彻速度 v 的计算公式

$$F = C_d \rho A v^2 \qquad (9-3-4a)$$

$$L = \frac{m}{C_d \rho A}(\ln v_0 - \ln v_1) \qquad (9-3-4b)$$

$$\frac{1}{v_1} = \frac{1}{v_0} + \frac{C_d \rho A}{m} t \qquad (9-3-4c)$$

式中:v_0 为初速度;v_1 为剩余速度;A 为迎流面积;ρ 为水的密度。式中未考虑破片侵彻过程中破片迎流面积变化的影响,并可近似取阻力系数 C_d 等于0.33。

由此可得不同质量的破片在水中速度衰减到0或临界开坑侵彻速度时运行的距离 L_0,吸收液舱的宽度 B_2 应大于或等于 L_0。

3. 膨胀空舱宽度的确定

膨胀空舱的宽度越大,越有利于衰减爆炸产物的冲击压力。假设防护空间总宽度为 B,则膨胀空舱宽度 B_1 可取为

$$B_1 = B - B_2 - B_3 \qquad (9-3-5)$$

式中:吸收液舱的宽度 B_2 可取为 L_0;过滤空舱总宽度 B_3 要为液舱内壁和防御纵壁的变形提供空间,此外还应满足结构工艺性要求。

4. 基本防护纵壁(液舱内壁)承受的冲击载荷分析

基本防护纵壁承受的冲击载荷主要来自于两方面,一方面是外板上的冲塞大破片撞击到液舱外壁在水中产生压力波,另一方面是爆炸产物扩散到液舱前壁产生压力。其中,高速破片撞击产生的压力波峰值高,作用时间短,是典型的

瞬态载荷;爆炸产物扩散产生的压力,峰值相对较小,作用时间长,其后期的作用相当于准静态载荷。

(1) 高速破片撞击载荷分析。

忽略外板破片侵彻液舱前板的过程,以破片在液舱中的运动为重点。如图 9 - 3 - 1 所示,将破片假设成一厚度为 S_1(约为外板厚度与液舱前壁厚度之和)的整块平板,以速度 v_F 撞击静止的液体,并在液体中形成强度为 $P_i(t)$ 的冲击波。当冲击波传播至液舱后壁时,形成强度为 $P_r(t)$ 的反射冲击波。

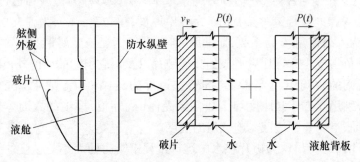

图 9 - 3 - 1   高速破片入水冲击模型示意图

计算中所涉及到其他变量定义如下:板的密度 ρ_p;板中波速 C_p;液体的密度 ρ_l;液体中波速 C_l;液舱后壁厚度 S_2。

由于破片的厚度远小于其他方向的尺寸,所以将这一问题看成一维应变平面波的传播问题,据此建立相应的运动方程,求得水中的冲击波荷载。

根据一维波理论,高速运动的破片与液体撞击后,将从撞击界面处分别在破片中传播左行冲击波和在液体中传播右行冲击波。在撞击接触处,破片与液体应具有相同的质点速度 v(连续条件)和相同的应力 p(作用力与反作用力)。据此,再由冲击波阵面(强间断面)上动量守恒条件可以得到

$$p = \rho_p C_p (v - v_F) = -\rho_l C_l v \qquad (9 - 3 - 6)$$

由式(9 - 3 - 6)可求出撞击后的质点速度 v 和应力 p 分别为

$$v = \frac{\rho_p C_p v_F}{\rho_l C_l + \rho_p C_p} \qquad (9 - 3 - 7)$$

$$p = -\frac{v_F}{\dfrac{1}{\rho_l C_l} + \dfrac{1}{\rho_p C_p}} \qquad (9 - 3 - 8)$$

为了方便后续的推导,设破片与液体第一次撞击后的质点速度为 v_1,相应的应力为 p_1。而破片中左行的冲击波会在破片的左边自由界面发生反射,应力降为零,反射波质点速度变为入射波速度的两倍。因此有:

$$v_{F1} - v_F = 2(v_1 - v_F) \qquad (9 - 3 - 9)$$

式中：v_{F1} 为破片中反射后的质点速度，将式（9-3-7）（$v_1 = v$）代入式（9-3-9）中即可得

$$v_{F1} = \frac{\rho_p C_p - \rho_1 C_1}{\rho_1 C_1 + \rho_p C_p} v_F \qquad (9-3-10)$$

当破片中的反射波向右传到破片与液体的接触界面时，破片即变成应力为零、整体速度为 v_{F1} 的状态，而接触处的液体的应力和质点速度也降为零。一般情况下，防雷舱结构的材料为船用钢，其波阻抗 $\rho_p C_p$ 要大于液体的波阻抗 $\rho_1 C_1$，所以 $v_{F1} > 0$，那么破片将会以速度 v_{F1} 再次撞击液体，在液体中形成二次冲击波。撞击后的质点速度 v 和应力 P 仍为式（9-3-7）和式（9-3-8）的形式，不过式中的 v_F 要替换成 v_{F1}。考虑到破片的厚度为 S，可以得到每次撞击的持续时间为

$$T = 2S_1 / C_p \qquad (9-3-11)$$

所以在一维情况下，破片与液体撞击后的冲击载荷可以公式表述如下

$$p(t) = p_i = -\frac{v_{Fi}}{\dfrac{1}{\rho_1 C_1} + \dfrac{1}{\rho_p C_p}} \quad (i-1)T < t \leqslant iT$$

$$(9-3-12)$$

式中：$v_{Fi} = \left(\dfrac{\rho_p C_p - \rho_1 C_1}{\rho_1 C_1 + \rho_p C_p} \right)^{i-1} v_F$；$i$ 代表破片与液体的撞击次数，取为整数 1，2，3，…。

由公式（9-3-12）可以看出，破片在液体中形成的理论载荷为阶跃函数的形式。为了方便后续的研究，取各阶跃段的中点为基准点，可以拟合成一连续的载荷曲线，这一载荷形式可以称为简化载荷（Simplified loading）（见图9-3-2）。下面推导简化载荷的函数形式。

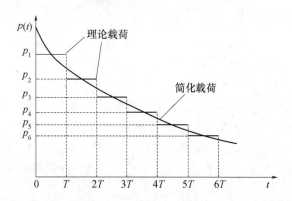

图9-3-2 理论载荷的简化

设 $A = 1/(1/\rho_1 C_1 + 1/\rho_p C_p)$，$B = (\rho_p C_p - \rho_1 C_1)/(\rho_1 C_1 + \rho_p C_p)$，公式（9 - 3 - 12）转化为

$$p(t) = p_i = -AB^{i-1} v_F \qquad (i-1)T < t \leqslant iT$$

$$(9 - 3 - 13)$$

由式（9 - 3 - 11）和式（9 - 3 - 13）可得理论载荷各阶跃段中点的值分别为

$$p(0.5T) = p_1 = -AB^0 v_F, p(1.5T) = p_2$$

$$= -AB^1 v_F, p(2.5T) = p_3 = -AB^2 v_F, \cdots$$

由此可得简化载荷的表达式为

$$p(t) = -AB^{\frac{t}{T}-0.5} v_F \qquad (9 - 3 - 14)$$

参照水中爆炸冲击波，定义

$$\theta = \frac{-T}{\ln B}$$

因此式（9 - 3 - 14）相当于装药量为 $w = \left[\dfrac{\theta}{K_\theta \left(\dfrac{P(0)}{K_p} \right)^{\frac{\alpha_\theta}{\alpha_p}}} \right]^3$，在距离为 $R =$

$\dfrac{\theta}{K_\theta \left(\dfrac{P(0)}{K_p} \right)^{\frac{\alpha_\theta}{\alpha_p}} \left(\dfrac{P(0)}{K_p} \right)^{\frac{1}{\alpha_p}}}$ 处爆炸时产生的冲击波。

当压力载荷传播到液舱内壁后，其峰值压力将会衰减，载荷作用时间会增大；其衰减程度与破片的相对大小有关，破片越大衰减越小。假设载荷强度的衰减规律与水中冲击波类似，则可根据美国水面武器中心（NSWC）归纳的水下爆炸统一公式计算压力波到达液舱内壁时的入射峰值压力和特征时间

$$参数 = K \left(\frac{\sqrt[3]{w}}{r} \right)^\alpha$$

式中，"参数"可以为峰值超压 p_m 或者对比常数 $\theta/w^{1/3}$，$r = R + L_0$，R 和 L_0 见本节中给出的定义。其他参数见表 2 - 2 - 2。

（2）爆炸产物产生的载荷分析。

在忽略重力影响时，水下爆炸放出的初始冲击波能量约为装药爆炸释放总能量的 53%，剩余能量均以高压气团内能形式积蓄起来。当高压气团膨胀和向膨胀空舱内扩散时，这些能量逐渐释放，假设爆炸产物为理想气体，高压气团全部以半球面形式向舱内均匀扩散，则爆炸产物到达液舱前壁时的压力峰值为

$$p_{bm} = 0.47(\gamma - 1) \frac{3w}{2\pi B_1^3} e \qquad (9 - 3 - 15a)$$

随后，爆炸产物逐渐扩散到整个空舱（扩散时间根据膨胀空舱大小的不同），产物压力逐渐降低到

$$p_{\mathrm{b}} = 0.47(\gamma - 1)\frac{w}{V}e \qquad\qquad (9-3-15\mathrm{b})$$

式中:γ 为比热,近似取 $1.25 \sim 1.4$;w 为装药量;e 为装药比内能;V 为膨胀空舱总容积。

（3）液舱内壁与液体的流固耦合分析。

水中压力波作用下液舱内壁的响应可根据 Taylor 平板理论进行求解（见图 9-3-3）。其中,p_{i} 为入射压力,p_{r} 为反射压力,p_{t} 为流固界面压力,α 为波前法向与板面法向的夹角,v_{i} 为入射波质点速度,v_{r} 为反射波质点速度,v_{s} 为板速。界面边界条件的连续性要求

$$V_{\mathrm{i}}\cos\alpha = V_{\mathrm{r}}\cos\alpha + V_{\mathrm{s}} \qquad\qquad (9-3-16)$$

式中:$v_{\mathrm{i}} = \dfrac{p_{\mathrm{i}}}{\rho_1 C_1}$,$v_{\mathrm{r}} = \dfrac{p_{\mathrm{r}}}{\rho_1 C_1}$,可得

$$\frac{p_{\mathrm{i}}}{\rho_1 C_1}\cos\alpha = -\frac{p_{\mathrm{r}}}{\rho_1 C_1}\cos\alpha + v_{\mathrm{s}}\,\text{或}\, p_{\mathrm{r}} = p_{\mathrm{i}} - \frac{v_{s}\rho_1 C_1}{\cos\alpha}$$

$$(9-3-17)$$

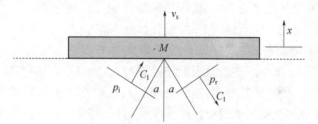

图 9-3-3　刚性板—流体相互作用

边界上的总压力

$$p_{\mathrm{t}} = p_{\mathrm{i}} + p_{\mathrm{r}} = 2p_{\mathrm{i}} - \frac{v_{s}\rho_1 C_1}{\cos\alpha} \qquad\qquad (9-3-18)$$

当入射压力较大时,板结构的速度迅速增大,引起离界面小距离处立体中的张力,这种张力将导致局部流体空泡,此时 p_{t} 不再增大。

假设空背板的质量为 M,面积为 S_{A},其运动方程是

$$M\frac{\mathrm{d}^2 x}{\mathrm{d}t^2} = S_{\mathrm{A}}p_{\mathrm{t}} = S_{\mathrm{A}}\left(2p_{\mathrm{i}} - \rho C\frac{\mathrm{d}x}{\mathrm{d}t}\right) \qquad\qquad (9-3-19)$$

初始条件是

$$x(0) = \frac{\mathrm{d}x(0)}{\mathrm{d}t} = 0 \qquad\qquad (9-3-20)$$

已知 p_{i} 等于达液舱内壁时的压力,则可求出位移、速度和加速度,代入式 (9-3-18) 即可求得液舱后壁板承受的冲击载荷形式。

5. 液舱内壁(基本防护纵壁)结构设计

设液舱内壁(基本防护纵壁)的面密度为 ρ_A,有效失效应变为 ε_f,考虑流固耦合影响,液舱内壁最大速度为 v_{max}。

则前面板失效时液舱内壁单位面积上的应变能为 $\sigma_d \varepsilon_f h$,其中 σ_d 为面板材料的动态屈服应力。显然,面板单位面积上获得的动能 $\rho_A v_{max}^2 / 2$ 与其破坏所需的应变能 $\sigma_d \varepsilon_f h$ 比值越大,破坏程度也大。因而防护纵壁产生破口时的能量准则可以写成

$$\rho_A v_{max}^2 / 2 \geqslant \sigma_d \varepsilon_f h \tag{9-3-21}$$

要使防护纵壁面板不产生破口,必须满足

$$h \geqslant \frac{\rho_A v_{max}^2}{2 \sigma_d \varepsilon_f} \tag{9-3-22}$$

6. 舷侧外板

舷侧外板首先要满足船体强度的需要。在鱼雷接触爆炸下,舷侧外板将首先产生一个初始直径等于鱼雷装药直径的破口。随后在爆炸冲击波作用下,随着外板的横向变形的逐渐增大,板内环向拉伸应变也随之增大。当初始破口边缘的环向拉伸应变达到断裂应变时,板开始发生花瓣开裂破坏。

由于鱼雷接触爆炸的毁伤载荷除了爆炸冲击波还有气泡溃灭后的射流作用,因此必须有效减小舷侧外板上的初始破口,从而减小后续射流对内部结构的冲击破坏作用。研究经验表明,舷侧外板的花瓣裂纹将扩展到较大的纵向和横向骨架,即大型的纵桁和肋骨可以阻止裂纹的扩展范围。因此,为阻止鱼雷接触爆炸下舷侧外板的裂纹扩展,应在舷侧按一定间距设置一系列大型的纵桁和肋骨。

9.3.2　防雷舱结构能量法和模型试验法评估[164,165]

1. 能量法评估的基本假设

(1)总能量的分配。当装药在水面舰艇舷侧接触爆炸后,强大的水下爆炸冲击波首先将外板炸开一个破口。因此,假设冲击波的能量一半作用在舷侧外板,另一半向外侧水中传播逐渐耗散掉。

与自由场水下爆炸爆轰气团不同的是,由于防雷舱第一层为空舱,内部为空气,此时爆轰气团在外侧水流的作用下向内侧膨胀舱涌入,因此假设爆轰气团的能量全部被防雷舱吸收。

(2)外板破坏模式。船体舷侧外板在接触爆炸载荷的作用下首先发生冲塞凹陷。当板中部破口边缘的变形位移达到一定值时,由于环向应变达到断裂极限应变而发生花瓣开裂,当板的初始动能全部转化为裂瓣的断裂能和塑性铰的耗散能之后,裂纹停止扩展(见图9-3-4)。

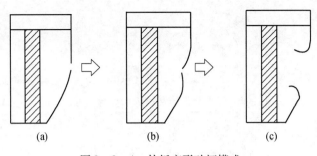

图 9 - 3 - 4 外板变形破坏模式

(a) 冲塞；(b) 横向变形；(c) 花瓣开裂。

（3）其他结构的破坏模式。

① 液舱外板：假设液舱外板在爆轰气团和水流的作用下直接发生花瓣开裂，液舱外板吸收的能量转化为花瓣开裂能。

② 液舱内板(基本防护隔壁)：液舱内板的变形属于在非接触爆炸冲击作用下的变形。液舱内板在冲击力作用下的破坏模式可根据发生开裂的时间分为两相。首先发生横向塑性变形。当塑性变形达到一定值时中部应变达到极限发生开裂，之后开始花瓣开裂破坏模式。因此液舱内板所吸收的能量包含发生开裂之前的塑性变形能和花瓣开裂能。防御纵壁的破坏模式与液舱内板相类似。所不同的是传递到防御纵壁上的能量可能已不足以使其发生开裂。当剩余能量大于防御纵壁板架开裂之前的塑性变性能时，防御纵壁破裂并产生花瓣开裂，反之则不发生开裂，达到了防御的目的。

（4）液舱吸能。高速破片的动能全部被液舱液体吸收。

2. 结构吸能量计算方法

根据舷侧防雷舱各层防护结构防护机理的不同，其变形模式的差异较大，每层防护舱壁的吸能量也会随之不同，主要由以下三种变形模式所组成：接触爆炸花瓣开裂之前的变形、非接触爆炸花瓣开裂之前的变形和花瓣开裂变形。舷侧外板的变形为接触爆炸之前的变形加上花瓣开裂变形；液舱外板只有花瓣开裂变形；液舱内板、防护纵壁和防水纵壁的变形为非接触爆炸花瓣开裂之前的变形加上花瓣开裂变形。其中如果防御纵壁没有花瓣开裂的变形则认为达到了防护的目的。根据以上的分析可知，只要掌握了上述三种变形模式的吸能量就可以求得各层防护结构的吸能量，进而求得能量流的衰减情况。根据各层防护结构的吸能率，就可以知道它们在整个防护体系中所发挥作用的大小，从而为更合理地设计舷侧防护结构提供理论基础。以下将对这三种变形模式的吸能量分别进行分析。

（1）接触爆炸下花瓣开裂之前板架吸能量计算。假设矩形板架长为 L，宽为 B，板厚为 δ，其上 x 方向有纵向骨架 n 根，骨架断面积为 F_i，y 方向横向骨架 m 根，骨架断面积为 F_j(见图 9 - 3 - 5)。将板架中的骨架均布到板上，得到板架

的相当板厚

$$t = \left(LB\delta + \sum_{i=1}^{n} F_i L + \sum_{j=1}^{m} F_j L\right) / (LB) \qquad (9-3-23)$$

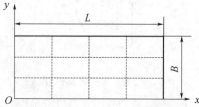

图 9-3-5　板架结构示意图

假设塑性变形区域为圆形,因而可设第 5 章中 5.2 节的边界 $r_1 = \min\{L, B\}$。根据以上等效可将板架化成厚度为 t、半径为 R 的圆形板。各能量的表达式已经在 5.2 节中进行了推导,以下仅进行归纳,各参数具体含义可参见 5.2 节。

环向拉伸应变能

$$W_\theta = \int_0^{2\pi} \int_{r'_p}^{t} \int_{r'_p}^{r_1} \sigma_0 \varepsilon_{\theta t} r \mathrm{d}r \mathrm{d}\delta \mathrm{d}\theta = 2\pi \sigma_0 t \int_{r'_p}^{r_1} (r' - r)\, \mathrm{d}r$$

$$(9-3-24)$$

其中

$$r' = \frac{1}{2}\left\{ \sqrt{\left[\frac{r_p^2 \varepsilon_f (\varepsilon_f + 1)}{r_1 - r_p(\varepsilon_f + 1)} - r\right]^2 + \frac{4r_1 \varepsilon_f (\varepsilon_f + 1)}{r_1 - r_p(\varepsilon_f + 1)}} - \left[\frac{r_p^2 \varepsilon_f (\varepsilon_f + 1)}{r_1 - r_p(\varepsilon_f + 1)} - r\right] \right\}$$

环向弯曲变形能

$$W_{\theta b} = 2\pi M_0 \left[\frac{2r_1 \varepsilon_f (\varepsilon_f + 1)}{r_1 - r_p(\varepsilon_f + 1)}\right]^{0.5} \ln \frac{r_1}{r_p(\varepsilon_f + 1)} \qquad (9-3-25)$$

径向弯曲变形能

$$W_r = 2\pi M_0 r_p \left[\frac{2r_1 \varepsilon_f (\varepsilon_f + 1)}{r_1 - r_p(\varepsilon_f + 1)}\right]^{0.5} \ln \frac{r_1}{r_p(\varepsilon_f + 1)} \qquad (9-3-26)$$

临界冲塞能

$$E_{cr} = 0.5\pi r_p^2 t \rho v_{cr}^2 \qquad (9-3-27)$$

式中:$v_{cr} = 2.83 \sqrt{\varepsilon_f \sigma_0 / \rho}$。

破片的初速度可根据式(9-3-1)进行计算。

(2)非接触爆炸下花瓣开裂之前板架吸能量计算。非接触爆炸下花瓣开裂之前板架吸能量计算可参考 5.3 节进行。板架变形能由三部分组成,即边界塑性铰弯曲变形能 U_1、板架区域内的弯曲变形能 U_2 和板架区域伸长变形能 U_3,其计算见5.3节。板架的破损失效判据可参照5.4节进行。

（3）板架花瓣开裂吸能量计算。花瓣开裂的能量包括裂瓣的弯曲能 E_b 和裂纹扩展的断裂能 E_m。如果已知破口的半径，可以根据第5章5.2节中的理论计算花瓣开裂所吸收的能量。只需要将板架按照式(9-3-23)进行等效即可。

3. 能量流计算及抗爆能力评估

（1）防雷舱结构所吸收的药包爆轰能。首先需要求出能量流的初始能量，即装药在水中爆炸后被防雷舱结构所吸收的总能量。根据本节前面的基本假设，防雷舱结构总系能量为

$$E_q = 0.5 \times E_s + E_b \qquad (9-3-28)$$

式中：E_s 为装药爆炸的冲击波能；E_b 为装药爆炸的气泡能。对于 TNT 装药，在忽略重力影响时，水下爆炸放出的初始冲击波能量约为53%，气泡能约占47%。

（2）结构花瓣破口。结构接触爆炸花瓣破口长度可按公式(5-5-7)进行计算。根据式(5-2-27)，可以求得裂纹扩展时间 t_c。根据破口长度，再将 t_c 代入(5-2-23)中积分可得结构花瓣破坏吸能。

（3）能量流计算。根据本节前面的假设和计算方法，分别计算出外板、液舱外壁、液舱液体、液舱内壁、基本防护纵壁的吸能量。能量经过当前防护层吸收后的能流强度 E_{cu} 为

$$E_{cu} = E_q - \sum E_i$$
$$(9-3-29)$$

式中：E_i 代表当前及以前各防护层的吸能量，计算结果如表9-3-1所列。

表9-3-1　防雷舱结构能量流分析

		能流强度
初始能流		E_q
防护层	外板	$E_q - E_{外板}$
	液舱外壁	$E_q - E_{外板} - E_{液外}$
	液舱液体	$E_q - E_{外板} - E_{液外} - E_{液舱}$
	液舱内壁	$E_q - E_{外板} - E_{液外}$ $- E_{液舱} - E_{液内}$
	基本防护纵壁	$E_q - E_{外板} - E_{液外}$ $- E_{液舱} - E_{液内} - E_{防护}$
剩余能流		$E_q - \sum E_i$

（4）抗爆能力评估。给定防雷舱结构和装药量，可按照上述方法计算其接触爆炸下的能量流。若最终剩余能流大于0，则说明防雷舱结构不能抵御计算装药量的接触爆炸破坏；反之，则可以抵御。改变装药量大小，可计算出防雷舱结构能抵御的最大装药量。

4. 模型试验法评估

采用缩比模型试验方法进行结构抗爆性能研究已为工程界普遍接受。关于水下爆炸缩比模型试验方法的介绍文献浩如瀚海，本节不再详述，仅将模型试验作为一种重要而有效评估防雷舱结构防护能力的方法做一说明。

5. 评估实例

本节采用能量法和模型试验法评估一下缩比防雷舱试验模型的抗爆性性能。

（1）模型试验概况。防雷舱试验模型共有三种,分别是:模型 1 舷侧无防护结构设计,仅设有一层空舱,防御纵壁为普通纵舱壁;模型 2 防雷舱中设置膨胀舱(第一层空舱)、液舱及第二层空舱,防御纵壁为普通纵舱壁;模型 3 防雷舱中设置膨胀舱(第一层空舱)、液舱及第二层空舱,并对防御纵壁结构进行加强。各试验模型的结构设计如下:

模型 1 具体尺寸如图 9 - 3 - 6 所示,模型全长 1500mm,高 710mm,宽 567mm,肋距为 167mm,模型吃水为 0.55m,材料为普通碳钢。

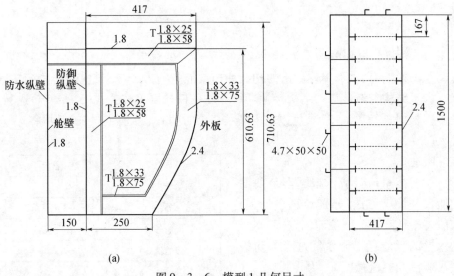

(a)　　　　　　　　　　　　　　　　(b)

图 9 - 3 - 6　模型 1 几何尺寸

(a) 横剖面图;(b) 俯视图。

模型 2 在模型 1 的基础上加入了一个水舱,该水舱位于外板和防御纵壁之间,水舱宽 100mm,两边分别距外板和防御纵壁 217mm 和 100mm。模型 2 对船底板上的肋骨进行了加强,将其腹板由模型 1 的 75mm 加强为 100mm。同时将模型顶部甲板延伸至防水纵壁(图 9 - 3 - 7(a)),并将甲板上的横梁补齐(图 9 - 3 - 7(b))。水舱上部设有两个注水管,通过注水管可以将水舱注满水。

在模型 3 中对模型 2 的防御纵壁和顶板进行材料和结构加强,将板厚增加到 4mm,材料改为屈服强度为 390MPa 的低合金船用钢。其他结构和试验布置与模型 2 相同,横剖面结构如图 9 - 3 - 8 所示。

试验装药量为 300gTNT,用胶布粘附于水下 0.3m、中横剖面外板上,如图 9 - 3 - 9 所示。

模型 1 的破损情况如图 9 - 3 - 10 所示。由图 9 - 3 - 10(a)可见,外板严重破损,各破裂板块呈花瓣形状向内翻转。由于舷侧空舱内没有防御结构,裂瓣的尖端已伸入防御纵壁内部。由图 9 - 3 - 10(b)模型背面的破损情况可见,防水纵壁已破损,且上面有许多被锐利碎片射穿的穿孔。穿孔最大半径接近一个肋

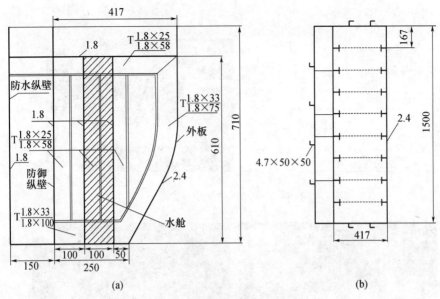

图 9 - 3 - 7　模型 2 几何尺寸

（a）横剖面图；（b）俯视图。

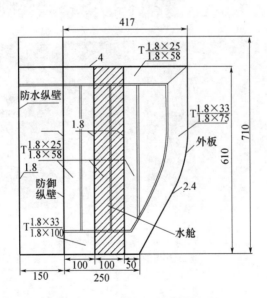

图 9 - 3 - 8　模型 3 结构设计图

距。由于最后一层舱壁被击穿,可见所有纵壁均被碎片射穿,多处出现较大孔口。由图 9 - 3 - 10(c) 可见,上部甲板有较大破口,防御纵壁和防水纵壁有很大的塑性变形并有贯穿破口。同时在爆炸筒内找到了许多碎片,破片的形状都是不规则的,且大小不一,如图 9 - 3 - 10(d) 所示。

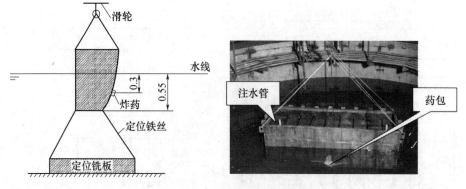

图 9 - 3 - 9　试验设计布置图

Labels in figure: 滑轮, 水线, 0.3, 0.55, 炸药, 定位铁丝, 定位铣板, 注水管, 药包

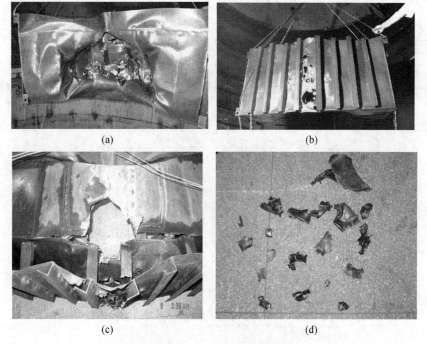

(a)　　　　　　　　　　　　(b)

(c)　　　　　　　　　　　　(d)

图 9 - 3 - 10　模型 1 破损概貌

(a) 外板正视；(b) 背面；

(c) 俯视；(d) 爆炸破片(爆炸筒中收集而来)。

　　模型 2 破损的整体情况如图 9 - 3 - 11 所示。由图可见,模型舷侧的破损情况相对模型 1 明显减弱,破损和变形的范围大大减小。舷侧外板和甲板的变形也没有模型 1 严重。防水纵壁没有破裂,也没有像模型 1 中被碎片打穿的破口,说明碎片没有打到防水纵壁上。但外板、液舱内外纵壁和防御纵壁均已破裂,且破口的大小越来越小。同时在模型底板上发现了许多碎片,而在爆炸筒里几乎没有发现碎片。

302

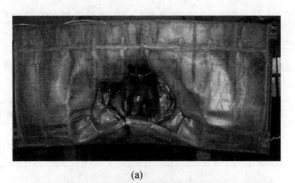

(a)

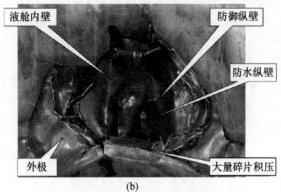

液舱内壁　　　　　　　　　　　　防御纵壁

防水纵壁

外极　　　　　　　　　　　大量碎片积压

(b)

图 9 – 3 – 11　模型 2 破损概貌

(a) 正视；(b) 破口局部放大。

模型 3 整体破损情况如图 9 – 3 – 12 所示。外板和液舱纵壁均已破裂，由 4mm 的低合金船用钢构成的防御纵壁并没有破裂，只发生了少量的塑性变形。在液舱底部也发现了大量碎片。

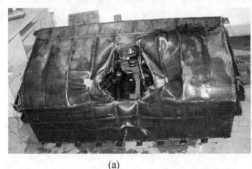
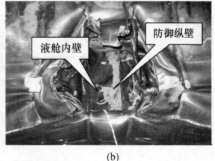

(a)　　　　　　　　　　　　　　　　　　　　　(b)

图 9 – 3 – 12　模型 3 破损概貌

(a) 整体情况；(b) 破口局部放大。

通过模型试验结果，可知模型 1、2 均不能抵御 300gTNT 装药水下接触爆炸的破坏。

（2）模型能量流计算。计算 0.3kgTNT 接触爆炸下防雷舱结构的防御能

力。TNT 装药的炸药比能为 $3.86 \times 10^6 J/kg$，防雷舱结构吸收初始能量流

$$E_q = 0.5 \times E_s + E_b = 8.53 \times 10^5 J$$

模型 1 的破损情况及能量流计算结果分别如表 9 - 3 - 2、表 9 - 3 - 3 所列。

表 9 - 3 - 2　模型 1 各层结构的破损及吸能

结构层	相当板厚/mm	破口长轴/m	破口短轴/m	等效破口直径/m	吸能量/10^4J
舷侧外板	3.44	0.73	0.53	0.64	7.73
防御纵壁	2.6	0.28	0.13	0.20	1.35

表 9 - 3 - 3　模型 1 能量流计算结果

		能量流强度/10^4J
初始能量流		85.3
防护层	外板	77.57
	基本防护隔壁	76.22
剩余能量流		76.22

由表 9 - 3 - 2、表 9 - 3 - 3 可知，模型 1 无法抵御 300gTNT 装药水下接触爆炸的破坏。

模型 2 的破损情况及能量流计算结果分别如表 9 - 3 - 4、表 9 - 3 - 5 所示。

表 9 - 3 - 4　模型 2 各层结构的破损及吸能

结构层	相当板厚/mm	破口长轴/m	破口短轴/m	等效破口直径/m	吸能量/10^4J
舷侧外板	3.44	0.43	0.34	0.38	4.17
液舱外板	2.6	0.38	0.33	0.36	3.07
水层	100	—	—	—	30.7
液舱内板	2.6	0.3	0.1	0.18	22.06
防御纵壁	2.6	0.13	0.09	0.12	21.56

表 9 - 3 - 5　模型 2 能量流计算结果

能流位置		能量流强度/10^4J
初始能量流		85.3
防护层	外板	81.13
	液舱外壁	78.06
	液舱液体	47.36
	液舱内壁	25.30
	基本防护隔壁	3.74
剩余能量流		3.74

由表9-3-4、表9-3-5可知,爆炸能量流经过模型2的吸收后,剩余能量流约为4.38%,其防护能力接近于试验装药量。

模型3的破损情况及能量流计算结果分别如表9-3-6、表9-3-7所列。

由于舷侧外板、液舱外板和液舱内板的材料和结构尺寸未作改动,并且水层的厚度也和模型2完全相同,因此模型舷侧接触爆炸所产生的能量流在通过舷侧外板、液舱外板、水层和液舱内板时的衰减情况与模型2完全相同。通过液舱内板之后,能量流的剩余能量为25.3×10⁴J。

表9-3-6 模型3各层结构的破损及吸能

结构层	相当板厚/mm	破口长轴/m	破口短轴/m	等效破口直径/m	吸能量/10⁴J
舷侧外板	3.44	0.43	0.34	0.38	4.17
液舱外板	2.6	0.38	0.33	0.36	3.07
水层	100	—	—	—	30.7
液舱内板	2.6	0.3	0.1	0.18	22.06
防御纵壁	4	无破口			25.3

表9-3-7 模型3能量流计算结果

能流位置		能量流强度/10⁴J
初始能量流		85.3
防护层	外板	81.13
	液舱外壁	78.06
	液舱液体	47.36
	液舱内壁	25.30
	基本防护隔壁	0
剩余能量流		0

根据计算分析,模型3的防御纵壁加强后,产生断裂至少需要47.2×10⁴J的能量,大于剩余能量。因此能量流在防护纵壁处终止,即剩余能量全部被加强后的防御纵壁吸收(见表9-3-6、表9-3-7)。模型3可以抵御水下300gTNT装药接触爆炸。

9.3.3 防雷舱结构抗爆能力数值仿真评估

由于水下爆炸问题自身的复杂性,加之防雷舱结构为多层多介质结构,其动响应问题也就更为复杂。理论分析必须基于多种简化假设前提下进行。受试验经费和条件的影响,首先不能开展大规模的试验研究;其次在小规模的试验过程中,很难详细观察防护舱结构的破坏过程,只能得到结构的最终破坏结果。因而,数值防真评估方法成为一种重要的评估手段。

1. 数值仿真中的几个细节

关于水下爆炸数值仿真方法,本书第 7 章已有详细介绍。此处以 MSC. Dytran 为例,对防雷舱结构抗爆能力数值仿真评估中必须注意的细节问题做简要介绍。

水下接触爆炸下防雷舱结构防护能力分析评估,必须考虑以下几个问题:

(1) 结构与多重介质的耦合问题。由于防雷舱结构是一种由多层多舱多介质结构。舱内介质有气体、有液体。各层结构均与其两侧的介质发生作用,并传递载荷;当结构破损时,介质之间还会发生相互流动。因此,数值分析评估中必须考虑结构与其两侧介质的流固耦合问题,即结构的多耦合问题;必须考虑结构失效后耦合面破损和欧拉介质的流动问题,每个欧拉域中,介质的种类有多种。

MSC. Dytran 中的耦合方式有两种:一般耦合和任意拉格朗日—欧拉耦合。对于 Dytran 中的任意拉格朗日—欧拉耦合方法,它不允许耦合面破坏,所以采用一般耦合来分析水下接触爆炸问题就成了必然的选择。

使用快速耦合算法的情况下,多耦合面对 HYDRO、MMHYDRO、MMSTREN 的欧拉求解器有效。快速耦合法通过定义参数 PARAM、FASTCOUP 来激活。每一个耦合面都与一个欧拉域相关联。每一个欧拉域都是一个与基础坐标系相平行的网格。用户可以使用卡片 COUPLE 的 MESHID 和 SET1ID 域定义一个欧拉域。

通过两个耦合面共用的表面,物质可以从一个耦合面流动到另一个耦合面,这样的面称为一个洞,一个洞可以是一个耦合面上的渗漏子面,也可以是耦合面的失效部分。

一个耦合面总是与一个拉格朗日结构相关联。当定义的拉格朗日结构支持失效,比如,对材料定义了一个失效模式,当耦合面的结构材料失效时,耦合面也可以失效。通过设置参数 PARAM、FASTCOUP、FAIL,可以定义耦合面的失效。

当两个耦合面共用的一个拉格朗日单元失效时,物质通过孔从一个欧拉域流到另一个欧拉域。通过输入卡片 COUP1INT 定义这些欧拉域之间的相互作用。当不定义欧拉域之间的相互作用,但是耦合面失效了,状态变量默认的环境值会用来计算经过表面上洞的流入与流出。COUP1INT 输入的限制在参数 PA-RAM、FLOW – METHOD 中进行了描述。

(2) 结构间的接触。当结构发生冲塞破坏形成高速破片时,高速破片会对内层结构产生穿甲破坏;此外,结构发生大变形时也可能与其他结构产生接触。因此,必须考虑结构间的接触作用。

(3) 高速破片的模拟。水下接触爆炸问题中,爆炸所产生的能量主要通过两种形式向舰艇内部传递,一是爆炸冲击波,二是高速破片。其中爆炸冲击波的传递介质包括爆炸产物,内部的空气、水等,高速破片的产生主要来自于战斗部壳体、外板和由初次高速破片穿甲产生的"二次破片",主要为一些拉格朗日固体结构。

由于有限元模拟过程中,拉格朗日固体单元失效以后其携带的动能也随之消失,失效的单元数量越多,速度越大,损耗的冲击能越多,并由此将造成能量的不平衡。数值计算中应当尽量减少这部分能量的损失。

2. 数值仿真评估算例

以 9.3.2 节中"评估实例"的模型试验为例,进行数值仿真评估。

(1)数值仿真模型。对于水下舷侧结构接触爆炸作用下的动态响应数值计算来说,涉及到空气、水、炸药和船体结构钢四种材料。

假设空气为理想气体,其状态方程为

$$p = (\gamma - 1)\rho e \qquad (9-3-30)$$

式中:p 为空气压力;ρ 为空气密度;e 为内能;γ 为比热。

水被假设成可压缩但是无粘性无旋性的流体,它的状态方程由多项式给出

$$p = k\left(\frac{\rho}{\rho_0} - 1\right) \qquad (9-3-31)$$

式中:k 是体积模量;ρ 和 ρ_0 分别为水的瞬时密度和参考密度。

炸药的密度为 1700kg/m³,质量为 0.3kg。炸药可以用 JWL 方程来进行模拟,但如果假设炸药为球形装药,半径为 0.0348。由于在欧拉单元的初始化时,要求材料必须包括一个单元,所以欧拉域的网格必须划分得非常细密。此外,采用 JWL 方程模拟时,爆炸初始时刻能量集中在一小区域,使得与之接触的外板局部结构单元产生很高速度,并迅速失效从而导致大量能量损失,反而不能真实模拟接触爆炸产生的破坏。因此,采用高压空气($\gamma = 1.4$)进行等效模拟。空气的质量和内能与炸药一样,半径调整为 0.11m,密度调整为 105kg/m³。空气的初始压力由公式(9-3-30)计算。

防雷舱结构的本构模型为双线性弹塑性模型,由下面的公式描述

$$\sigma_y = \sigma_0 + EE_h\varepsilon_p/(E - E_h) \qquad (9-3-32)$$

式中:σ_0 为初始屈服应力,设为 2.35×10^8Pa;E 为杨氏弹性模量,设为 2.1×10^{11}Pa;E_h 为硬化模量,设为 2.5×10^8Pa;ε_p 为等效塑性应变;σ_y 为屈服应力。同时考虑钢板的失效,设其最大塑性应变为 0.28。在冲击状态下,材料考虑应变率的影响由下式给出

$$\sigma_d/\sigma_y = 1 + (\dot{\varepsilon}_p/D)^{1/p} \qquad (9-3-33)$$

式中:σ_d 为瞬态应力;σ_y 为屈服应力;$\dot{\varepsilon}_p$ 为等效塑性应变率;D 和 p 为应变率参数,分别设为 40.4 和 5。

根据试验的三个模型的结构尺寸,利用 MSC. Patran 分别建立了三个结构模

型。为减少建模工作量,与试验模型相比,忽略了模型侧面与背面的加筋(见图 9 - 3 - 13)。

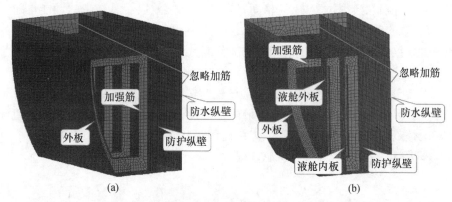

(a)　　　　　　　　　　　　　　　　　(b)

图 9 - 3 - 13　有限元模型

(a) 模型1;(b) 模型2、3。

（2）数值仿真破坏模式。模型 1 的有限元模型破损情况如图 9 - 3 - 14 所示。由图可知,外板形成了一个长度跨 5 档肋骨、高约 0.6m 的凹陷大破口,各破裂板块也呈花瓣形状向内翻转,并分别与甲板、底部等其他结构碰撞。防护纵

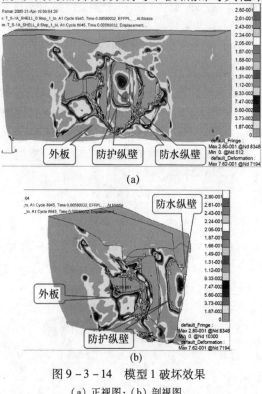

(a)

(b)

图 9 - 3 - 14　模型 1 破坏效果

(a) 正视图;(b) 剖视图。

壁形成了一个长0.167m(跨1挡肋骨),高约0.3m的剪切冲塞破口,防护纵壁无太大的挠曲变形。

模型2的有限元模型破损情况如图9-3-15所示。由图可知,外板产生了和模型1类似的破口,破口长度跨3挡肋骨,高约0.55m,凹陷范围跨5挡肋骨。破口上各破裂板块也呈花瓣形状向内翻转,并分别与液舱外板、甲板、底部等其他结构碰撞。

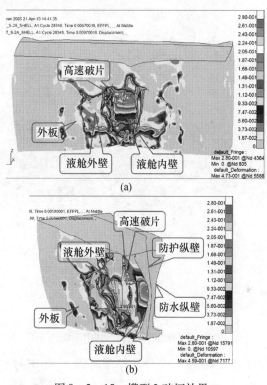

图9-3-15 模型2破坏效果

(a)正视图;(b)剖视图。

液舱外板形成了一个剪切冲塞破口,大小与模型1中防护纵壁上的破口相当;液舱外板产生了向舷外挠曲的塑性大变形,并和向内侧凹陷的外板相碰撞。

由液舱外板上冲塞下的二次破片停留在液舱中,未和液舱内壁发生撞击。

液舱内壁发生了较大塑性变形,其加强筋根部的有效塑性应变达到0.28,开始发生失效破坏。防护纵壁发生了较小的变形,主要是由于甲板和底部结构变形引起的。

模型3的有限元模型的破损情况如图9-3-16所示。由图可知,模型外板产生了一个长约0.5m(跨3挡肋骨)、高约0.5m的大破口,凹陷区域长度跨5挡肋骨,各破裂板块呈花瓣形状向内翻转。液舱外板产生了一个长度跨1挡肋骨、高约0.35m的局部塑性变形区,塑变区周围产生了较长的撕裂裂纹;此外,液舱外板上还有多个穿甲破孔;液舱内板产生了整体性大挠度塑性变形。防御纵壁未发生塑性变性或破坏。防水纵壁发生了类似模型1、2的凹陷变形。

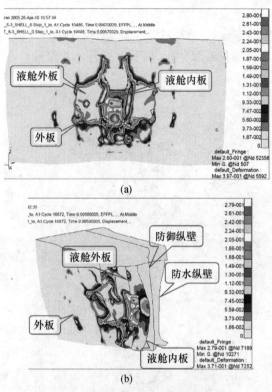

图9-3-16　模型3破坏效果

(a)正视图;(b)剖视图;

(3)评估结果。根据数值仿真分析结果,模型1基本防护隔壁纵壁发生了剪切冲塞破口,未能达到防御目的。模型2、3基本防护纵壁未发生破损,基本达到防御目的。

参 考 文 献

[1] 于文满,等. 舰艇毁伤图鉴[M]. 北京:国防工业出版社,1991.

[2] 孙业斌. 爆炸作用与装药设计[M]. 北京:国防工业出版社,1987.

[3] 库尔. 水下爆炸[M]. 罗耀杰,等译. 北京:国防工业出版社,1960.

[4] 恽寿榕,赵衡阳. 爆炸力学[M]. 北京:国防工业出版社,2005.

[5] Cole,Josef Henrych. The dynamic of explosion and its use[M]. New York:Elsevier Scientific Publishing Company, 1979.

[6] 钱伟长. 穿甲力学[M]. 北京:国防工业出版社,1984.

[7] 赵国志. 穿甲工程力学[M]. 北京:兵器工业出版社,1992.

[8] 朱锡,白雪飞,黄若波,等. 船体板架在水下接触爆炸作用下的破口试验研究[J]. 中国造船,2003,44(1):46-52.

[9] 刘润泉,白雪飞,朱锡. 舰船单元结构模型水下接触爆炸破口试验研究[J]. 海军工程大学学报,2001,13(5):41-46.

[10] 张振华,朱锡,冯刚,等. 船舶在远场水下爆炸载荷作用下动态响应的数值计算方法研究[J]. 中国造船,2003,44(4):36-42.

[11] 张振华,朱锡,白雪飞. 水下爆炸冲击波的数值模拟研究[J]. 爆炸与冲击,2004,24(2).

[12] 张振华,朱锡,冯刚,等. 水下爆炸载荷作用下自由环肋圆柱壳的非线性动态响应研究[A]. 第七届全国爆炸力学学术会议论文集[C]. 昆明:中国力学学会爆炸力学专业委员会,2003:155-156.

[13] Padraic K Fox. Nonlinear dynamic response of cylindrical shells subjected to underwater side-on explosions[R]. AD-A252856. 1992.

[14] 朱锡,朱凌,殷沐德,等. 爆炸载荷下固支方板塑性变形过程的实验研究[J]. 海军工程学院学报,1985,2.

[15] 黄骏德,殷沐德,朱锡,等. 爆炸载荷下固支方板大变形塑性动力响应[J]. 海军工程学院学报,1985,4.

[16] Jones N. Plastic failure of ductile beams loaded dynamically[J]. Trans A S M E, Serials B,1996,98(1).

[17] Kigota K,Fujita M. Diverging plastic wave generated at the enter of a plate by an impulsive load[A]. Proc. 13th Jap. natn. Congr. for appl. Mech[C],1963,90.

[18] Nonaka T. Some Interaction Effects in a Problem of plastic beam dynamics[J]. Parts-1-3 ,Journal of Applied Mechanics,1967,34.

[19] Nurick G N, Radford A M. Deformation and tearing of clamped circular plates subjected to localized central blast load[J]. Recent developments in computational and applied mechanics,1997:273-301.

[20] Wierzbicki T. Pedaling of plates under explosive and impact loading[J]. International Journal of Impact Engineering. 1999,22:935-954.

[21] Wierzbicki T, Hoo Fatt M. Deformation and perforation of a circular membrane due to rigid projectile impact[A]. Proceedings of the Symposium on the Dynamic Response of Structures to High-Energy Excitations,1997,225:73-84.

[22] 杨桂通,熊祝华. 塑性动力学[M]. 北京:清华大学出版社,1984:278－283.

[23] 刘土光,胡要武,郑际嘉. 加筋固支方板在爆炸载荷作用下的刚塑性动力有限变形分析. 中国造船工程学会船舶力学委员会船舶结构应力分析(暨六届)波浪载荷(暨五届)学术讨论文集[C],1992.

[24] 刘土光,胡要武,郑际嘉,等. 固支加筋方板爆炸试验研究. 中国造船工程学会船舶力学委员会船舶结构应力分析(暨六届)波浪载荷(暨五届)学术讨论文集[C],1992.

[25] Houiston R,Slaten J E. Structure response of panels subjected to shockloading. 55th shock and Vibration Bulletin part 2,1985.

[26] Houlston R,Slater J E,Ritzed D V. Damage assessment of naval steel panels subjected to three－field and enhanced air－blast loading Advances in Marine struture－2. Elsevier Science Publishers Ltd. ,1991.

[27] 吴有生,彭兴宁,赵本立. 爆炸载荷作用下舰船板架的变形与破坏[J]. 中国造船,1995,131(4),55－61.

[28] 岳茂裕,刘建湖. 科技报告97161. 中国船舶科学研究中心.

[29] Norman Jones. A theoretical study of the dynamic plastic behavior of beams and plates with finite－deflections. Int. J. Solids Struct. ,1971,7:1007－1029.

[30] 刘土光,朱科,郑际嘉. 爆炸载荷下矩形板的塑性动力响应[J]. 爆炸与冲击,1992,12(2):166－169.

[31] 陈发良,樊福如. 局部冲击作用下刚塑性平板的塑性动力响应和失效模式[J]. 爆炸与冲击,1993,13(3):233－242.

[32] 王祖典,等. 世界飞机武器手册[M]. 北京:航空工业出版社,1988.

[33] 龚一凡,等. 军舰的战斗损伤与沉没[M]. 北京:国防工业出版社,1978.

[34] 管光东,周元和. 海战·事故·舰船破损[M]. 北京:国防工业出版社,1997.

[35] 吉田隆. 旧海军舰船の爆弹被害损伤例について(1)[J]. 船の科学,1990,5:69－73.

[36] 吉田隆. 二次世界大战初期日本海军舰船在炸弹攻击下的损伤实例分析[J]. 船的科学,1990,(5):70－81.

[37] 孟祥岭. 水雷兵器总体设计原理[M]. 武汉:海军工程学院印刷厂,1982.

[38] 陈继康,岳茂裕. 舰艇接触爆炸冲击环境和近舰水下爆炸破口模型试验[J]. 舰船论证参考,1993,(2):1－8.

[39] 王礼立. 应力波基础[M]. 北京:国防工业出版社,1985:196－201.

[40] 朱传云,许桂生. 爆炸应力波近似处理的分析与研究[J]. 岩土力学,2002,23(4):455－458.

[41] 李海涛,朱锡,牟金磊,等. 水下近距爆炸作用下弹性钢板处的空化特性研究[J]. 海军工程大学学报,2008,20(1):21－24.

[42] 李海涛,朱锡,王路,等. 球面冲击波作用下船体梁整体运动的简化理论模型[J]. 爆炸与冲击,2010,30(4):345－350.

[43] Jiang J, Olson M D. Rigid－plastic analysis of underwater blast loaded stiffened plates[J]. International Journal of Mechanic and Science,1995,37(8):843－859.

[44] Zhang A-man,Ni Baogu,Sorg Bingyue,et al. Numerical Simalation of bubble breaknp phenomena in anarrow flow field [J]. Applied Mathematics and Mechanics (English Adition),2010,(04):449－460.

[45] 李海涛,朱锡,黄晓明,等. 近场脉动气泡作用下船体梁模型动响应试验研究[J]. 哈尔滨工程大学学报,2008,29(8):773－778.

[46] Thomas A Vernon. Whipping response of shi Phulls from underwater explosion bubble loading [R]. ADA178096,1986.

[47] 方斌,朱锡,陈细弟,等. 水平刚性面下方水下爆炸气泡垂向运动的理论研究[J]. 爆炸与冲击,2006,26(4):345－350.

312

[48] 方斌,朱锡,张振华.垂直刚性面边界条件下水下爆炸气泡运动的理论研究[J].海军工程大学学报,
2007,19(2):81 –85.

[49] Jeffrey W S. Damping Mechanisms and Their Effects on the Whipping Response of a Submerged Submarine
Subjected to an Underwater Explosion[R]. ADA298743,1983.

[50] Shin Y S, Ilbae H. Damping Modeling Strategy for Naval Shi PSystem[R]. USA:NPS – ME – 03 –
003,2003.

[51] 李玉节,潘建强,李国华,等.水下爆炸气泡诱发舰船鞭状效应的实验研究[J].船舶力学,2001,5
(6):78 –83.

[52] 李玉节,张效慈,吴有生,等.水下爆炸气泡激起的船体鞭状运动[J].中国造船,2001,42(3):1 –7.

[53] 姚熊亮,陈建平,任慧龙.水下爆炸气泡脉动压力下舰船动态响应分析[J].哈尔滨工程大学学报,
2000,21(1):1 –5.

[54] Zong Z. Dynamic plastic response of a submerged free – free beam to an underwater gas bubble[J]. Acta
Mechanica,2003,161(3 –4):179 –194.

[55] Zong Z, Lam K Y. Dynamic Plastic Response of a Submarine Oil Pipeline to an Underwater Explosion Bub-
ble[J]. ASME,2000,67(4):758 –762.

[56] Zong Z. A h · roplastic analysis of a free – free beam floating on water subjected to an underwater bubble
[J]. Journal of Fluids and Structures,2005,20(3):359 –372.

[57] 清华大学工程力学系.流体力学基础[M].北京:机械工业出版社,1980.

[58] 028G 实艇水下爆炸资料汇编.第六机械工业部船舶系统工程部,1982.

[59] 方斌,朱锡.舰船静置爆炸气泡时的总纵强度计算方法[J].海军工程大学学报.2007,19(6):6 –11.

[60] 朱锡,吴梵.舰艇强度[M].北京:国防工业出版社,2005.

[61] 黄若波,朱锡,刘燕红.受损船体极限强度剖面计算中的大挠度修正[J].海军工程大学学报,2003,
15(3 增刊).

[62] Kendall S Hunter. Global – shape – function models of an underwater explosion bubble[D]. Colorado:U-
niversity of Colorado, 2001.

[63] Chahine G L, Kalumuck K M, Hsiao C T. Simulation of Surface Piercing Body Coupled Response to Un-
derwater Bubble Dynamics utilizing 3DYNAFS, a three – dimensional BEM code[J]. Computational Me-
chanics, 2003, 32:319 –326.

[64] Klaseboerk E, Khoo B C, Hung K C. Dynamics of an oscillating bubble near a floating structure[J]. Jour-
nal of Fluids and Structures, 2005, 21:395 –412.

[65] 张馨,王善,陈振勇,等.水下接触爆炸作用下加筋板的动态响应[J].系统仿真学报, 2007, 19
(2):257 –260.

[66] Zhang Xin, Wang Shan, Chen Zhengyong, et al. Research on Dynamic Responses of Stiffened – plate under
Underwater Osculatory Explosion[J]. Journal of System Simulation,2007,19(2): 257 –260.

[67] 张阿漫.水下爆炸气泡三维动态特性研究[D].哈尔滨:哈尔滨工程大学, 2006.

[68] 朱锡,牟金垒,洪江波,等.水下爆炸气泡脉动特性的试验研究[J].哈尔滨工程大学学报,2007,28
(4):365 –368.

[69] Chahine G L, Kalumuck K M. The influence of structural deformation on water jet impaction loading[J].
Journal of Fluids and Structures, 1998, 12:103 –121.

[70] 罗松林,叶序双,顾文彬,等.水下爆炸研究现状[J].工程爆破,1999,5(1):84 –83.

[71] Olson M D, Nurick G N ,Fagnan J R. Deformatin and rupture of blast loaded square plates – predictions
and experiment. Int. J. Impact Engng Vol. 13. No. 2. pp:279 –291,1993.

[72] 刘土光,王立庚,唐文勇.舰船结构在爆炸冲击波作用下的塑性动力响应研究[J].舰船科学技术,

1993(3),7-21.

[73] 姚熊亮,瞿祖清,陈起福. 爆炸载荷下航母飞行甲板的弹塑性动力响应. 哈尔滨工程大学学报, 1996,17(3),21-30.

[74] Tomasz Wierzbicki,Michelle S. Hoo Fatt DAMAGE ASSESSMENT OF CYLINDERS DUE TO IMPACT AND EXPLOSIVE LOADIN. Int. J. Impact Engng,1993,13(2):215-241.

[75] 符松,王智平,张兆顺,等. 近水面水下爆炸的数值研究. 力学学报,1995,27(3),267-276.

[76] 刘建湖,赵本立,吴有生. 船舶结构在水下爆炸冲击波作用下的非线性响应研究. 第五次全国爆轰与冲击动力学学术会议论文集[C],1997:301-308.

[77] 孙韬,冯顺山.自由圆柱壳体在侧向非对称脉冲载荷下的塑性破坏[J].爆炸与冲击,1998,18(2): 103-111.

[78] 姚熊亮,侯健,王玉红,等.水下爆炸载荷作用时船舶冲击环境仿真[J].中国造船,2003,44(1): 71-74.

[79] Padraic K Fox. Nonlinear dynamic response of cylindrical shells subjected to underwater side-on explosions [R]. AD-A252856,1992.

[80] Kurt W Nelson. Dynamic response and failure analysis of aluminum cylinders subjected to underwater explosion[R]. AD-A256721,1992.

[81] Ramajeyathilagam K. Nonlinear transient dynamic response of rectangular plates[J]. Int J Impact Eng,2000 (24):999-1015.

[82] 国防科工委军标出版发行部.GJB 4000—2000[S].舰船通用规范.北京:总装备部军标出版社,2000.

[83] 陈继康.某型实艇水下爆炸试验数据汇编[R].北京:第六机械工业部船舶系统工程部,1982.

[84] 张振华,朱锡,冯刚,等.船舶在远场水下爆炸载荷作用下动态响应的数值计算方法研究[J].中国造船,2003,44(4):36-42.

[85] 张振华,朱锡,冯刚,等.水下爆炸载荷作用下自由环肋圆柱壳的非线性动态响应研究[R].第七届全国爆炸力学学术会议文集,2003.

[86] Padraic K Fox. Nonlinear dynamic response of cylindrical shells subjected to underwater side-on explosions [R]. AD-A252856. 1992.

[87] 朱锡,张振华,刘润泉.某型潜艇结构开裂判据试验报告[R].海军工程大学科技报告,2003.

[88] Stultz Jr G K, Atkatsh R S, Chan K K. Single Hull Versus Double Hull Design Shock Resoponse of Underwater Vessels[C]. Proceedings of the 65th shock and vibration Symposium, San Diego, CA. 1994(1): 207-216.

[89] 陈铁云,沈惠申.结构的屈曲[M].上海:上海科学技术文献出版社,1993.

[90] 陈宏湛,沈成康.组合圆柱壳静态屈曲的几个影响因素分析[J].力学季刊,2001,22(2):210-215.

[91] 岳吾宝.短口圆柱壳在外压作用下的稳定性[J].湖北航天科技,1996,(1):1-7.

[92] 郝刚,曾广武.纵加筋圆柱薄壳的塑性屈曲试验与分析[J].中国造船,1994,(3):60-71.

[93] 周频,沈惠申.加肋圆柱壳在外压作用下的屈曲和后屈曲[J].中国造船,1991,(2):38-44.

[94] 费鹏,刘土光.有初始缺陷圆柱壳轴向压力下的静态塑性屈曲[J].海军工程大学学报,2000,(1): 33-35.

[95] 张振华,朱锡,冯刚.水下爆炸载荷作用下自由环肋圆柱壳的非线性动态响应研究[A].第七届全国爆炸力学学术会议论文集[C],2003.

[96] Woodward R L. Computaional methods for low velocity perforation of metallic plates, AD-A180185,1986.

[97] Woodward R L. The interrelation of failure modes observed in the penetration of metallic targets. Int. J. Impact Engng., 1984(2):121-129.

[98] 朱锡,冯文山. 低速锥头弹丸对薄板穿孔的破坏模式研究. 兵工学报. 1997,18(1):27-32.

[99] Taylor G I. The formation and enlargement of a circular hole in a thin plastic sheer. Quarr. J. Mech. Appl. Math. , 1948(1):103-124.

[100] Woodward R L. The penetration of metal targets by conical projectiles. Int. J. Mech. Sci. , 1978(20): 349-359.

[101] Thomson W T. An approximate theory of armor penetration. J. Appl. Phys. 1955(26):80-82.

[102] 朱锡.921A 钢动态屈服应力的实验研究[J]. 海军工程学院学报. 1991(2)43-48.

[103] 岳平,等. 薄装甲倾角效应研究[J]. 兵器材料科学与工程,1989(6):19-25.

[104] 梅志远,朱锡,张立军. 高速破片穿透船用钢靶剩余特性研究[J]. 工程力学, 2005(4): 235-240.

[105] 朱锡,梅志远,刘润泉,等. 舰用轻型复合装甲结构及其抗弹试验研究[J]. 爆炸与冲击,2003,23 (1):61-66.

[106] 朱锡,梅志远. 高速破片侵彻舰用复合装甲模拟实验研究[J]. 兵工学报,2003,24(4):463-468.

[107] Florence A L. Interaction of projectiles and composite armour, Part II. Report No. AMMRC - CR - 69 - 15 [R]. Menlo Park, Carlifornia, U. S. A. Stanford Research Institute, 1969.

[108] 王儒策,赵国志. 弹丸终点效应[M]. 北京:北京理工大学出版社,1993.

[109] Ravid M, Bodner S R ,Holcman I. Penetration into thick targets – refinement of a 2D dynamic plasticity approach[J]. In ternat ional Journal of Impact Engineering,1994, 15(4):491-499.

[110] Hetherington J G. Energy and momentum changes during ballistic perforation[J]. International Journal of Impact Engineering,1996,22(2):319-337.

[111] Bless S J ,D R Hartman. Ballistic penetration of S - 2 glass laminates. Proc. 21st SAMPE Conf. Edited by R. Wegman et al. Atlantic City,1989: 852-866.

[112] Cantwell W J,Mortan J. Impact perforation of Carbon fiber reinforced plastic[J]. Composite Science and Technology,1990,30:38-49.

[113] Lin L C, Bhatnagar A , Chang H W. Basllistic energy absorption of composites[J]. Proc 22nd int. SAMPE Tech. Conf. Boston,1990, 30:38-49.

[114] Jenq S T,Jing H S, Chung C. Predicting the Ballistic Limit for Plain Woven Glass/ Epoxy Composite laminate[J]. International Journal of Impact Engineering. 1994,15(4):451-464.

[115] 张佐光,李岩,殷立新,等. 防弹芳纶复合材料实验研究[J]. 北京航空航天大学学报,1995,21 (3):1-5.

[116] Lee B L,Song J W , Ward J E. Failure of Spectra Polyethylene Fibre - Reinforced Composites under Ballistic Impact Loading[J]. Journal of Composite Materials,1994,28 (13): 1202-1226.

[117] Iremonger M J , Went A C. Ballistic impact of fibre composite armours by fragment - simulating projectiles [J]. Composites:Part A, 1996,27A: 575-581.

[118] 金子明,沈峰,曲志敏,等. 纤维增强复合材料抗弹性能研究[J]. 纤维复合材料, 1999 (3):5-9.

[119] Shim V P W,Tan V B C , Tay T E. Modelling Deformation and damage characteristics of Woven fabric under Small Projectile Impact. International Journal of Impact Engineering, 1995,16(4):585-605.

[120] 沈峰. 芳纶防弹板的研制[J]. 工程塑料应用,1998,26(5): 1-3.

[121] Jenq S T,Wang S B. A Model for Predicting the Residual Strength of GFR PLaminates Subject to ballistic Impact[J]. Journal of Reinforced Plastics and Composites,1992,2: 1127-1141.

[122] Jacobs M J N,Van J L J. Dingenen. Ballistic protection mechanisms in personal armour[J]. Journal of Material Science,2001,36:3137-3142.

[123] Zhu G. Smith W G. Penetration of laminated kevlar by projectiles – -2[J]. International Journal of Sol-

ids Structures,1992,29(4):421 –436.

[124] Taylor J W,Vinson J R. Modeling ballistic impact into flexible materials[J]. AIAA Journal, 1990, 28 (12): 2098 –2103.

[125] Morye S S,Hine P J,Duckett R A, et al. Modelling of the energy absorption by polymer composites upon ballistic impact[J]. Composite Science and Technology, 2000,60:2631 –2642.

[126] Wen H M. Penetration and perforation of thick FRP laminates[J]. Composites Science and Technology, 2001,61:1163 –1172.

[127] 梅志远,朱锡. FRC 层合板抗高速冲击机理研究[J]. 复合材料学报,2006(04):143 –150.

[128] Wu E, Chang L C. Woven glass/Epoxy Laminates subject to projectile impact[J]. International Journal of Impact Engineering,1995, 16(4): 607 –619.

[129] Lee S W R,Sun C T. Dynamic penetration of graphite/epoxy laminates impacted by a blunt – ended projectile[J]. Composites Science and Technology, 1993,49: 369 –380.

[130] Chen J K , Medina D F. The effects of projectile shape on laminated composite perforation[J]. Composites Science and Technology,1998,58:1629 –1639.

[131] 江大志,沈为,彭立华,等. 层合复合材料冲击损伤破坏过程研究—数值分析[J]. 复合材料学报, 1997,14(4): 32 –36.

[132] 梅志远,朱锡,刘燕红. 混杂纤维增强复合材料板抗侵彻数值仿真及实验验证[J]. 兵工学报, 2003,24:373 –378.

[133] Shim V P W,Tan V B C , Tay T E. Modelling Deformation and damage characteristics of Woven fabric under Small Projectile Impact [J]. International Journal of Impact Engineering, 1995, 16 (4): 585 –605.

[134] Espinosa H D,Lu H C,Zavattieri P D , et al. A 3 – D Finite Deformation Anisotropic Visco – Plasticity Model for Fiber Composites[J]. Journal of Composite Materials, 2001,35(5): 0369 –0410.

[135] Zukas J A,Scheffler D R. Impact effect in multilayered plates[J]. International Journal of Solids and Structure, 2001,38:3321 –3328.

[136] Yildiz H,Sarikanat M. Finite – element analysis of thick composite beams and plates[J]. Composite Science and Technology,2001,61: 1723 –1727.

[137] Ishikawa T, Chou T W. One – dimensional micromechanical analysis of woven fabric composites[J]. AIAA Journal, 1983,21(12): 1714 –1721.

[138] Jovicic J,Zavaliangos A F Ko. Modelling of the ballistic behavior of gradient design composite armors[J]. Composites: Part A, 2000,31: 773 –784.

[139] Vniief R,Ave M. Numerical simulation of rod particles hypervelocity impact effectiveness at various attack angles[J]. International Journal of Impact Engineering, 1997,20:79 –88.

[140] Libersky L D,Petschek A G ,Carney T C, et al. High strain lagrangian hydrodynamics. a three dimensional SPH code for dynamic material response [J]. Journal of Computational Physics, 1993,109: 68 –75.

[141] Nayroles B,Touzot G,Villon P. Generalizing the finite element method:diffuse approximation and diffuse elements[J]. Computer Mechanic, 1992,10: 307 –318.

[142] Bogdanovich A E, Yarve E V. Numerical analysis of impact deformation and failure in composite plates, Journal of Composite Materials, 1992,26(4), 520 –545.

[143] Belytschko T, Lin J I. A three – dimensional impact penetration algorithm with erosion[J]. International Journal of Impact Engineering, 1987, 5:111 –127.

[144] Shen W, et al. A numerical analysis for failure of composite laminates under impact, ISCM – Ⅱ,1992.

316

[145] L Vu – Quoc, X Zhang, L Lesburg. A normal force – displacement model for contacting spheres account-ing for plastic deformation: force – driven formulation[J]. J. Appl. Mech., 2000,67:363 –371.

[146] Kodikara J K. A general interaction analysis for large deformations, International Journal of Number Meth-od in Engineering, 1993, 36(17):2863 –2876.

[147] Rice D L. Large displacement transient analysis of flexible structure[J]. International Journal of Number Method in Engineering, 1993, 36(9):1541.

[148] Maslov B P. Nonlinear deformation and strength of stochastic composite with a damage matrix[J]. Me-chanics of Composite Materials, 1991, 27(5):509.

[149] 黄英,刘晓辉,李郁忠. Kevlar 织物增强复合材料层合板冲击损伤特性研究[J]. 西北工业大学学报, 2002,20(3):486 –491.

[150] Basavaraju B R,Dahsin L,Xinglai D. Thickness effects on impact response of composite laminates[J]. Proceedings of the 13th Annual Technical Conference on Composite Materials, 1998 (9):21 –23.

[151] 张铱,穆建春. 复合材料层合结构冲击损伤研究进展(Ⅱ)[J]. 太原理工大学学报, 2000,31 (1): 1 –4.

[152] Gama B A, Gillispie J W, Mahfuz J R H, et al. High strain – rate behavior of plain – weave S – 2 Glass/Vinyl Ester composites[J]. Journal of Composite Materials, 2001,35 (13):1201 –1228.

[153] Espinosa H D,Lu H C,Zavattieri P D, et al. A 3 – D Finite Deformation Anisotropic Visco – Plasticity Model for Fiber Composites[J]. Journal of Composite Materials, 2001,35 (5):0369 –0410.

[154] 梅志远. 朱锡. 张立军,等. 纤维增强复合材料层合板弹道冲击研究进展[J]. 力学进展,2003,33 (3):375 –389.

[155] Abrate S. Impact on Laminated Composites:Recent advances[J]. Application of Mechanics Review, 1994, 47(11): 517 –544.

[156] Enboa W,Chang L C. Woven glass/Epoxy Laminates subject to projectile impact[J]. International Jour-nal of Impact Engineering, 1995,16: 607 –619.

[157] 梅志远,朱锡. 现代舰船轻型复合装甲发展现状及展望[J].武汉造船,2000,(5):5 –12.

[158] 梅志远,沈全华,朱锡,等. 中小型水面舰船抗毁伤结构设计初探[J]. 中国舰船研究,2007, 2 (6): 68 –72.

[159] 侯海量,朱锡,阚于龙. 陶瓷材料抗冲击响应特性研究进展[J].兵工学报,2008,29(1):94 –99.

[160] 侯海量,朱锡,阚于龙. 轻型陶瓷复合装甲结构抗弹性能研究进展[J].兵工学报,2008,29(2): 208 –216.

[161] 朱锡,张振中,刘润泉,等,混杂纤维增强复合材料抗弹丸穿甲的实验研究[J],兵器材料科学与工程,2000,23(1):3 –7.

[162] 侯海量,朱锡,刘志军,等. 高速破片冲击下船用陶瓷复合装甲抗弹性能实验研究[J].兵器材料科学与工程,2007, 30(3): 5 –10.

[163] 侯海量,朱锡,谷美邦. 爆炸载荷作用下加筋板的失效模式分析及结构优化设计[J].爆炸与冲击, 2007,27(1):26 –33.

[164] 朱锡,张振华,刘润泉.水面舰艇舷侧防雷舱结构模型抗爆试验研究[J]. 爆炸与冲击, 2004,24 (2).

[165] 张振华,朱锡,刘润泉.水面舰艇舷侧防雷舱水下抗爆防护机理研究[J]. 船舶力学, 2006(01).

[166] 矶部孝. 水下弹道的研究[M]. 北京: 国防工业出版社,1983.

[167] Varas D, Lo'pez – Puente J, Zaera R. Experimental analysis of fluid – filled aluminium tubes subjected to high – velocity impact [J]. International Journal of Impact Engineering, 2009,36:81 –91.

内 容 简 介

　　舰船结构毁伤力学是研究在战争环境载荷作用下舰体结构抗爆与防护设计方法和毁伤程度评价方法的一门科学。本书涵盖了作者团队成员 20 多年对舰艇结构抗爆抗冲击与装甲防护的研究成果,主要阐述了舰体结构在武器命中后可能受到爆炸与冲击载荷的表征与计算方法、舰体结构在该载荷作用下的动力响应或毁伤破损程度计算方法,以及舰体结构毁伤程度的表征和评价方法等问题。本书可供舰艇结构抗爆抗冲击设计者使用,也可为提高舰艇毁伤打击效果提供参考。

Damage mechanics of warship structure subjected to explosion load is a science researching the design and protect method and evaluation of warship structure subjected to air or underwater explosion. The research of dynamic response and protect method of warship subjected to explosion by the authors in twenty years is presented in the book. The calculation and express method of the dynamic load of weapon imposing on warship structure, the prediction method of the dynamic response of warship structure subjected to the load and the damage grade and evaluation method of warship are introduced. This book could be used by both designer of warship structure and weapon to warship.